Hans Scherer
STOPOVER

DIE ANDERE BIBLIOTHEK
Herausgegeben
von Hans Magnus Enzensberger

Hans Scherer

STOPOVER

Ein Jahr auf Reisen

Eichborn Verlag
Frankfurt am Main 1995

INHALT

EINLEITUNG

Der erste Augenblick des Denkens ist auch der letzte. Davon war ich immer überzeugt. Meine erste Erinnerung kreist um eine riesige, schwarze Dampflokomotive, die in ein ungeheuer großes, schwarzes Zimmer einfuhr, exakt dorthin, wo ich stand. Nach meiner Berechnung muß das »Zimmer« die Halle des Kölner Hauptbahnhofs gewesen sein. Die Angst vor Lokomotiven hat mich ein Leben lang begleitet. Noch mehr Angst hatte ich vor den Elektrokarren, die auf den Bahnsteigen zwischen den Reisenden herumkurvten. Vorne auf dem Wagen stand ein Mann, der mit einem Fußhebel den Karren zum Fahren brachte. Ich hatte Angst vor den Wagen, aber noch mehr, ich liebte sie auch: Ich hätte sie zu gern selbst einmal gesteuert. Der Konflikt irritierte mich.

Auf den Bahnsteigen meiner frühen Erinnerung gab es überhaupt nur Rätselhaftes. Dann und wann erschien beispielsweise ein schwarzer Mann, schwarz gekleidet und mit schwarzrußigem Gesicht, der mit einem langen Hammer an die Radachsen des Zuges schlug. Es war ein undurchschaubares Ritual. Wasserdampf sprühte von unten herauf. Die in meinen Kinderaugen monströse Lokomotive verursachte einen Höllenlärm. Ich drückte mich ängstlich an meine Mutter und ließ ihre Hand nicht mehr los.

Daß unsere Familie so überaus reisefreudig war, hatte zwei Gründe. Der erste Grund war meine gleichsam angeborene Heimatlosigkeit. Wir wohnten in Trier an der Mosel, mein Vater stammte aus dem Saarland, meine Mutter aus dem Rheinland. Beide stammten aus kinderreichen Familien; beide Familien hielten fest zusammen, und es war eine unausgesprochene Selbstverständlichkeit, daß wir, die Abtrünnigen, die Abweichler, zu jedem Familienfest erscheinen mußten. Der zweite Grund für meine frühen Reisen war der Krieg. Meine Mutter, die für ihr Leben gern »unterwegs« war, wie sie mir später gestand, unternahm abenteuerliche Reisen, um meinen Vater, wo immer er als Soldat stationiert war, zu besuchen. Mein Bruder und ich waren stets dabei. So lernte ich in Belgien zum Beispiel zum ersten Mal Kinder kennen, die in zwei Sprachen reden konnten. Ich war begeistert. Was für Möglichkeiten!

Später reisten wir, um den Bomben auszuweichen, wobei es allerdings auch passieren konnte, daß wir genau in die Bomben hineinfuhren. In einer fremden Stadt — ich glaube, es war Hannover — rannten wir eines Nachts im Fliegeralarm durch die verdunkelten Straßen und suchten einen Bunker. Wir fanden ihn auch, aber man ließ uns nicht hinein, weil wir »Fremde« waren. Zum ersten Mal erlebte ich, daß Reisen nicht immer ein Vergnügen sind.

Bald folgte die sogenannte Evakuierung. Auf einem Militärlastwagen fuhren wir in das Dorf, in dem mein Vater geboren ist, während rechts und links von der Straße schon Granaten einschlugen. Nach dem kalten Winter 1944 der traumhaft schöne Frühling 1945 — wir fuhren auf einem Pferdekarren zurück nach Trier, rechts und links von der Straße lagen aufgedunsene Tierkadaver, Pferde, Kühe, Schweine, zerschossene Kanonen, Munitionskisten. Überholt wurden wir von amerikanischen Lastwagen, auf denen dichtgedrängt deutsche Kriegsgefangene standen. Meine Mutter hatte mit meinem Bruder und mir eingeübt, was wir rufen sollten, wenn wir zufällig auf einem der Laster, es hätte ja sein können, meinen Vater entdecken würden. Ich mußte beispielsweise rufen: »Mach dir keine Sorgen, es ist alles in Ordnung!« Es war nichts in Ordnung. Aber das ist ein anderes Thema.

Jetzt fingen die Hamster-Reisen an. Ich bin in Bussen gereist, auf Lastwagen, auf Pferdekarren, auf Fährschiffen und immer wieder in übervollen Zügen. Vor ein paar Monaten in Albanien, als ich die Züge sah mit den eingeschlagenen Fenstern, mit den Menschentrauben an jeder Tür, mit den Reisenden auf dem Dach, da erinnerte ich mich wieder an die Nachkriegszugfahrten durch die deutschen Ruinenstädte. Eine Nachtfahrt verbrachte ich in dem zugigen Verbindungsstück von einem Wagen zum anderen, der Ziehharmonika. Die bitterste Erinnerung an diese Reise: Die eine Flasche Speiseöl, die wir gegen kostbare Zigaretten getauscht hatten, der einzige Ertrag dieser Reise, war ausgelaufen und hatte auch noch alle anderen Sachen im Koffer unbrauchbar gemacht. So ein Unglück war damals nicht zum Lachen.

Es war vor allem die Rheinstrecke, die ich in meinem Leben wohl an die tausend Mal herauf- und hinuntergefahren bin. Jeder Ort, jede Biegung der Geleise ist mir bekannt und vertraut. Das eine Mal fuhr ich mit Herzklopfen nach Hause, das andere Mal war ich auf der Flucht vor zu Hause. Die Strecke war immer die gleiche, und sie ist es geblieben. Immer hielt ich Zeitungen, Bücher und Schreibzeug bereit. Nie habe ich gelesen oder geschrieben. Immer habe ich aus dem Fenster gestarrt. Die Fortbewegung selbst ist ein Teil meines Lebens, so daß sie keiner Begründung und keiner Entschuldigung bedarf: Ich reise in höherem Auftrag.

In den späten fünfziger Jahren — ich hatte schon ein paar Reisen nach Italien, Griechenland, Korsika hinter mir — fuhr ich zu einem dreimonatigem Sprachkurs nach Cap d'Ail an der Côte d'Azur. Anfang März, als ich ankam, glühte die Küste in einem nie wieder erlebten Blumenrausch. Das tintenblaue Meer, der grelle Himmel, dieses Feuerwerk der Blüten, vor allem aber das lässige Leben, das mir damals als Inbegriff des französischen *savoir-vivre* erschien — es war ein Fest. Dazu kam die damals noch keineswegs selbstverständliche Internationalität.

Zwar wohnten wir in Wellblechbaracken, an deren Decken Prozessionen von Tausendfüßlern zogen, die den Schlafenden nachts zuweilen ins Gesicht fielen, primitiver kann man sich eine Unterkunft nicht vorstellen, aber tagsüber beobachteten wir Cocteau beim »Dekorieren« seines berühmten Amphitheaters im Centre Méditerranée, wir sprachen sogar mit dem Meister und waren glücklich. Nach dem Mittagessen wurde zu symphonischer Musik Tischtennis gespielt. Es ging weniger darum, zu gewinnen als um das möglichst lange Hören des gleichmäßigen Plopp, Plopp, Plopp und um das Miteinanderreden. Wir sprachen vor allem darüber, was jeder einzelne machen wollte nach Cap d'Ail, nach dem Fest, das leider einmal zu Ende gehen würde. Beim Tischtennisspiel wurden Karrieren geplant und wieder abgebrochen. Das Merkwürdigste an dem Cap d'Ail-Erlebnis: daß viele gehalten haben, was sie damals versprachen. Was wollte ich werden? Ich schreibe, sagte ich, und da die anderen sich bereits für das Schauspiel, die Malerei, die Architektur, die Dichtung, das Modedesign entschieden hatten, alles nur Künstler, fiel ich nicht weiter auf.

Als ich ankam in Cap d'Ail, fühlte ich mich zuerst fremd und abgewiesen. Ich kam nämlich zwei Tage später als die anderen, die sich, so erschien es mir, bereits zu einer Gruppe zusammengefunden hatten, während sich um mich keiner kümmerte. Ich war beleidigt und schlecht gelaunt. Sollen sie doch ihren Sprachkurs halten, mit wem sie wollen, dachte ich. Ich fahre heute nach Nizza. Über meinen ersten Besuch in Nizza gibt es zwei Fassungen. Die erste, die unveröffentlichte, die Wahrheit nämlich, erzähle ich hier zum ersten Mal: Es war ein furchtbarer Reinfall. Auch in Nizza verbesserte sich meine Laune nicht. Allein durch die Stadt zu wandern, machte mich noch einsamer. Ich habe mir zwar alles angesehen, was man als Tourist an einem Tag in Nizza sehen kann, aber die Stadt gefiel mir überhaupt nicht. Es war heiß. Das Essen war schlecht und teuer. Was für ein Getue um Nizza, dachte ich. Ich verstand es nicht.

Am späten Nachmittag fuhr ich mit dem Bus zurück ins Centre. Schon am Eingang wurde ich von einigen aus der Gruppe begrüßt. Wo ich denn den ganzen Tag gewesen sei? Meine Laune verbesserte sich spontan: Wenigstens meine Abwesenheit hatte man bemerkt. Nun ja, sagte ich, ich war in Nizza. In Nizza? fragten ungläubig die anderen. Es kamen immer mehr dazu. Er war in Nizza, sagten sie, erzähl, erzähl! Es stellte sich heraus, daß außer mir tatsächlich noch keiner in Nizza gewesen war. Nizza, sagte ich zögernd, das ist schwer zu erzählen, das muß man sehen.

Die anderen setzten sich um mich herum. Ich begann mit der Erzählung der zweiten Fassung meines Besuchs in Nizza. So eine Stadt! Der alte Hafen mit den teuren Yachten. Die Promenade des Anglais. Die Treppenstraßen und Gassen der Altstadt. Die bunten Bonbons und die kandierten Früchte in den Konditoreien. Das Matisse-Museum in Cimiez. Der nach Friedrich Nietzsche benannte Platz auf dem Schloßberg. Als ich dann auch noch Nietzsche zitierte:

Das weiße Meer liegt eingeschlafen,
und purpurn steht ein Segel drauf,
Fels, Feigenbäume, Turm und Hafen,
Idylle rings, Geblök von Schafen,
Unschuld des Südens nimm mich auf

— da wußte ich, daß ich gewonnen hatte. Du lieber Himmel, es war der erste Reisebericht meines Lebens.

Es war alles wahr, und es war alles gelogen. Was Reisende alles erzählen! Ich höre ihnen gern zu, aber ich glaube ihnen kein Wort.

»Der Fremde ist fremd in der Fremde«, hat Karl Valentin gesagt, ein Nichtreisender, ein Reiseverweigerer, man hört das Gruseln aus dem Satz. Die Fremde jedoch, die der eine meidet oder meiden will, ist es gerade, der sich der andere mit Lust aussetzt: Er kann nicht genug von ihr bekommen. Die Fremde kann süchtig machen.

Einerseits gehöre ich zu denen, die wegfahren, um nach Hause zurückzukommen, die das feste Standquartier als Bedingung des Reisens voraussetzen. Andererseits jedoch verzaubert mich auch bei der kleinsten Reise die Idee des Wegseins, der ewigen Wanderschaft. Meine gelegentlichen Berichte, wie andere Leute Ansichtskarten verschicken — mit einem Pfeil auf dem Bild: Hier wohne ich —, sind nur Stationen auf meiner Reise. Oder Signale? Immer denke ich an Alfred Anderschs Erzählung *Mein Verschwinden in Providence,* die von ganz anderen Umständen handelt, die ich aber wegen des Titels verehre: Ich steige ins Flugzeug und sage mir vor, ich verschwinde jetzt in Providence — wer wird mich dort schon suchen?

*

Der folgende Bericht aus Providence besteht aus zwanzig Hauptsätzen und einigen Nebensätzen sowie einer Mystifikation als Nachwort.

Frankfurt im April 1995 Sr.

I

SILVESTER IN RIO DE JANEIRO

Die Vorbereitungen zum Fest und sein Nachhall waren am Ende interessanter als das Fest. Als wäre Rio de Janeiro nicht auch allein schon Fest genug. Der prachtvolle Anflug in der ersten Morgendämmerung. Wie der Nebel aufsteigt aus diesem rätselhaften Labyrinth der Buchten und Fjorde, das einst auch die ersten europäischen Besucher so verwirrte, daß sie die Landschaft für das Mündungsgebiet eines großen Flusses hielten, die Mündung des Rio de Janeiro eben. Der Besucher von heute fällt immer noch darauf herein: Wo ist Fluß? Wo Bucht? Wo Küste? Der Zuckerhut bietet keine Orientierung. Kaum glaubt man ihn ausgemacht zu haben, entdeckt man den zweiten, dritten, vierten, fünften Zuckerhut. Zuckerhüte vermehren sich offenbar durch Zellteilung. Die kahlgewaschenen Kegelberge umstehen wie schwarze, schweigende, nachdenkliche Riesen die Millionenstadt und scheinen sich einen Jux daraus zu machen, vorwitzige Touristen in die Irre zu führen. Ich habe die Stadt nie verstanden. Rio läßt sich auf Stippvisiten nicht durchschauen. Vermutlich muß man dort wohnen, vielleicht gar dort geboren sein, um sie verstehen zu können.

An diesem frühen Silvestermorgen lag über der immer lachenden, immer tanzenden Stadt eine sonderbare Hochstimmung, die nicht belebend, sondern eher lähmend wirkte. Die ersten Bewohner von Rio, die wir auf dem Flughafen trafen, erzählten uns aufgeregt, daß sie spätestens am Nachmittag die Stadt verlassen wollten, irgendwohin an den Strand fahren oder gar fliegen. Jeder hatte seinen »Geheimtip«, wo »man« unbedingt hin müsse, wenn man dazugehören wolle, wo »man« sich traf, wo »man« unter sich sei und wo die Musik spiele. Nun kamen wir über den Atlantik hergeflogen, um Silvester in Rio zu erleben, und die Cariocas nahmen Reißaus. Wir waren verwirrt. Wir waren übermüdet vom Flug. Wir spürten in der aufgehenden Sonne, die einen heißen Tag versprach, dieses unerklärliche Frösteln, das meist dem Überspringen von Zeit- und Klimazonen folgt. Eigentlich wollten wir gar nicht mehr feiern. Wir wollten nur noch ausschlafen.

Die Fahrt über die neue Autobahn in die Innenstadt und an die Copacabana, die eigens für die Teilnehmer der großen, letzten Endes enttäuschenden Umweltkonferenz gebaut worden war, ein ziemlich brutales, überbreites Betonband in einer Sumpflandschaft, hob nicht gerade unsere Stimmung. Längst haben sich an den Rändern der Straße neue Slumsiedlungen gebildet. Das rabenschwarze, ans Ufer schwappende Sumpfwasser stinkt zum Himmel. Nackte Kinder planschen in den schmutzigen Tümpeln. Rio, unverblümter als andere Städte, bietet sich dem Besucher immer als Ganzes dar. Da mag dieses oder jenes Hotel noch so grell mit seinen Palast-Titeln prunken, da mögen die Strände noch so weiß, Meer und Himmel noch so blau, die Menschen so sorglos und die Bikinis und Badehosen noch so knapp sein, Rio präsentiert immer auch seine Schattenseiten, Elend, Armut, diese seit Jahren fortschreitende, fast lächerliche Inflation, die die Preise von heute auf morgen ändert und dem Dollar-Besitzer immer phantastischere Möglichkeiten eröffnet. Es ist, als läge eine schleichende Krankheit in der Luft.

Nicht Straßenräuber oder Kinderbanden, vor denen die Bewohner von Rio den Besucher unentwegt warnen, bewirken diese rätselhafte, nicht näher bestimmbare Bedrohung, die der Besucher in Rio empfindet, es ist vielmehr diese monströse, gefräßige Stadt, die sich selbst bedroht. Die stereotypen Warnungen vor den bösen Räubern werden übrigens von den Leuten in Rio wie ein Ritual betrieben. Fast könnte man glauben, sie seien stolz darauf. Wie es in New York gleichsam zum guten Ton gehört, Freunde, zumindest Freunde von Freunden zu haben, in deren Wohnung schon einmal eingebrochen worden ist, so kann in Rio jedermann von furchtbaren Überfällen aus dem Bekanntenkreis berichten. Der Besucher fühlt sich hilflos diesen Erzählungen gegenüber. Was sollte er dagegen sagen? Brav, wenn auch widerwillig, habe auch ich wieder Armbanduhr, Ring, Paß, Geld, Ticket in den Hotelsafe gelegt. Du lieber Himmel, ich kenne nicht die im Moment gültige Statistik, und bestimmt ereignen sich in Rio tags und nachts die wildesten Schurkenstücke, ich will das nicht verharmlosen, aber im großen und ganzen verhält es sich so, daß Rio nicht »unsicherer« ist als New York, Rom oder Frankfurt. Gewiß, man muß auf der Hut sein; man sollte sich genau ansehen, mit wem man spricht; man sollte auf Schlepper nicht hereinfallen. Diese Empfehlung gilt aber ebenso für Paris, Barcelona, Bombay oder Bangkok, er gilt überhaupt überall.

Angst macht dumm. Sie zerstört jede Verbindung zum Leben. Sie verstellt uns den Blick. Sie macht uns arm, indem sie uns die Wirklichkeit vorenthält. Wer sich aus lauter Angst vor allfälligen Straßenräubern aus dem Palast-Hotel nicht heraustraut, der sollte lieber gleich zu Hause bleiben. Ich habe in Rio keinen verbrecherischen Taxifahrer getroffen, bin weder überfallen noch massakriert worden, lebe immer noch. Ich bin keiner Kinderbande begegnet, nur bettelarmen Kindern, denen ich gern etwas gegeben hätte, wenn man mir im Hotel nicht verboten hätte, Geld mitzunehmen. Nein, ich bin in Rio nur Menschen begegnet, die ebensoviel Angst vor Räubern hatten wie ich selbst. Dabei wurde ich von Stunde zu Stunde wütender, weil ich nicht einmal am Silvestertag eine Uhr bei mir hatte. Was soll man mit einer Uhr, die man nicht tragen darf? Dann könnte man sie auch gleich den Räubern schenken.

Der Schlaf nach einem langen Flug ist fast das Schönste am Fliegen. Spannungen lösen sich, der Alltag versinkt, im Aufwachen lockt schon das Fremde: Eine neue Stadt, ein neues Ziel, auch Wiederkommen, nach Veränderungen suchen — es gehört zu den Seligkeiten meines Lebens. Silvester begann ich also erst am Nachmittag. Der Hotelpool zur Copacabana hin lag schon im Schatten, der Pool zur anderen Seite unter gleißender Sonne, die elektronische Thermometeruhr an der Copacabana zeigte 37 Grad Celsius.

Ein kleiner Junge, schwäbischer Zunge, vergnügte sich mit einer einsamen, wenngleich endlosen Serie von Kopfsprüngen in den Pool, wobei er meistens auf dem Bauch oder auf dem Rücken landete, was seinen Fleiß nur anzuspornen schien. Es spritzte und platschte. Die Inhaber der ersten Liegestuhlreihe verzogen sich nach hinten, die der zweiten Reihe gaben nach den ersten Wassergüssen wohl oder übel ihre Zeitungslektüre auf. Dabei war es gerade so spannend: Alle brasilianischen Zeitungen berichteten in großer Aufmachung über den Mord an der Fernsehserien-Schauspielerin Daniella Perez, deren Wohnung sich nur wenige Häuser vom Hotel entfernt an der Copacabana befand. Was für ein Mord! Wie von einer Werbeagentur für die gerade laufende Serie *Corpo e Alma,* jeden Abend um 20.15 Uhr, bestellt.

Verdächtigt und gesucht wurde ihr Serienpartner Guillerme de Padua, ein hochfahrender Schönling, dessen Frau — das war die Neuigkeit des Nachmittages — gerade verhaftet worden war: Über den Verbleib ihres Ehemannes wisse sie nichts. Die Leiche der Daniella Perez war, kaum hundert Meter vom Fernsehstudio entfernt, nackt in einem Gebüsch gefunden worden. Die Zeitungsreporter überschlugen sich mit den Nachrichten über delikate Einzelheiten. Die Eifersuchtszenen in der Serie zwischen Daniella und Guillerme, die man bislang für ein Spiel gehalten hatte, sollten echt gewesen sein. Was für ein Silvestermord!

Vor dem Haus, in dem sich das Appartement der unglückseligen Daniella befand, standen die Menschen und zeigten nach oben. Dort, auf der dritten Etage habe sie gewohnt. Am Strand der Copacabana lief der Badebetrieb wie alle Tage. Das endlose Ballspielen, Laufen, in der Sonne Posieren: Von der Copacabana her gesehen, scheint in Rio der Versuch endgültig gelungen zu sein, das Leben in der Badehose zuzubringen und immer jung und schön zu bleiben. Wie stellen sie das nur an? Was treiben sie nur den lieben langen Tag? Das träge Strandleben scheint wie eine Droge zu wirken.

Betrachtet man an den Souvenir- und Zeitungsständen die Ansichtskarten von der Copacabana, die die Fremden verschicken sollen, so erkennt man plötzlich, wie falsch das Bild ist, das sie zeichnen, wie falsch die Leute von Rio vermutlich selbst die Copacabana sehen: Die Ansichtskarten zeigen fast nur lachende Mädchen in knappen Bikinis. Da es den Fremden offensichtlich so gefällt, handelt es sich vermutlich um eine bewußte Irreführung. In Wahrheit spielen die

Mädchen eine kümmerliche Statistenrolle. Die Copacabana ist wie alle brasilianischen Strände eindeutig männlich bestimmt. Bruce Weber hat in seinem fotografischen *O Rio de Janeiro* vermutlich als einziger die Wirklichkeit gesehen: Die Copacabana ist mehr als ein Markt, mehr als ein Treffpunkt, sie ist eine Lebensform, ein Denkmodell.

Die breite Avenida Atlantica war an diesem Nachmittag für den Autoverkehr gesperrt. Kurioserweise trauten die Fußgänger, die in Scharen an der Strandseite wie an der Häuserseite entlangpromenierten, dem Frieden nicht. Nur wenige wagten sich auf die Straße, immer noch ängstlich sichernd nach allen Seiten, ob nicht doch ein Auto komme. Aber es kam keines. Es war stiller als sonst. Am Strand trafen die ersten Macumba-Schulen Vorbereitungen für das nächtliche Fest. Ernsthaft blickende Jungmänner und Jungfrauen steckten mit schwarzen und weißen Kerzen ein Feld im Strand ab wie Goldgräber ihren Claim. Kaskaden von Kerzen. Viele brannten schon. Macumba, Candomblé, Santeria, Vaudo — man müßte Hubert Fichte heißen, um die einzelnen Kulte auseinanderzuhalten. Auf jedem Feld wurde anderen Heiligen ein Altärchen gebaut, Gipsfiguren, bunt bemalt, doch stets mit grellweißen Gesichtern, weiße Götter, ach, abgenutzte, verbrauchte Götter! Vor jedem Altar Räucherkerzen und Opfergaben, leere Colaflaschen, angerauchte Zigaretten, abgeknabberte Früchte, eine abmontierte Autonummer. Die Heiligen der afro-amerikanischen Sekten gieren nach den Reliquien der neuen Zeit.

Ein bunter Zug mit schräger Musik zog sich über die Avenida. Transvestiten im Glitzerfummel machten wie die Funkenmariechen im Kölner Karneval vorwiegend auf Polizisten Jagd, überreichten Papierblumen, verteilten Küßchen nach allen Seiten. Jede Queen mit großer Entourage: die Verantwortlichen für Schminke,

Frisur, Kostüm, für Stimmung die Hofnarren, für die Sicherheit die Herolde, für die Reputation die Freunde und Geliebten. Man dachte an den Film *Paris is burning:* Als hätten die Herrscherinnen dieser Nacht an der Copacabana die Ideen für ihre phantastischen Gewänder Pariser Couturiers abgeguckt, obwohl es sich in Wahrheit, wie jeder weiß und was jeder sah, umgekehrt verhielt: Die Phantasie hält sich lieber an diejenigen, die ihrer bedürfen. Nicht in der Haute Couture entstehen die Ideen, dort mögen sie allenfalls verwirklicht werden; die Ideen entstehen ganz tief unten.

Die Dämmerung war hereingebrochen, blitzschnell wie immer in den Tropen. Die Scharen der Fußgänger waren zu prozessionsartigem Gedränge angewachsen. Das Fest hatte begonnen. Man dürfe nur weiße Kleidung tragen, hatte man uns gesagt. Zuerst sah es so aus, als hätten sich nur die Fremden an das Gebot gehalten. Doch je später es wurde in der Nacht, um so weißer wurde auch die Kleidung der Einheimischen — und wäre es nur die weiße Badehose. Der ganze Strand flimmerte jetzt im flackernden Kerzenlicht; abgebrannte Kerzen wurden immer wieder durch neue ersetzt. An den Macumbaständen hatten die Medien ihren Dienst begonnen. Es sind meist junge, intelligent aussehende Frauen, die sich nur unwillig in Trance versetzen lassen. Ihr mißgelauntes Gesicht scheint aber auch Teil des Geschäftes zu sein, um dem Passanten klarzumachen, welcher Mühe sie sich unterziehen. Ich durchschaue es nicht. Glaubt dieser federgeschmückte Schamane, der wie ein wildes Pferd durch den Sand hüpft, tatsächlich an seine Geisterbeschwörung? Hält dieser ernste Knabe, der die Stirn des stöhnenden und um sich schlagenden Mediums mit einer feuchten Binde kühlt, den Hokuspokus für wahrhaftig? Und sind diese jungen Mädchen, die die Requisiten wie Cola, Zigaretten, Kerzen bereithalten, die mit ihren weißen Blusen aussehen wie brave Klosterschülerinnen, tatsächlich von diesem schmierigen, herumhopsenden Spökenkieker überzeugt? Mir graust davor, daß das allgegenwärtig Göttliche solchermaßen auf Abruf sichtbar gemacht werden könnte.

Das große Silvester-Dinner im Hotel hatte ich verschmäht; ich wollte lieber herumlaufen und gucken; außerdem war ich zu einem Geburtstagsessen eingeladen. Daraus wurde nichts. Denn von den vielen geladenen Gästen aus der Innenstadt kam keiner an die Copacabana durch. Der Verkehr war zusammengebrochen. Das Fest verlief nach seinen eigenen Gesetzen, die alle anderen für diese Nacht außer Kraft setzten.

Die Avenida Atlantica war Bühne und Tanzfläche. Nur wußte längst keiner mehr, welche Musik der vielen Bands, Solisten und Lautsprecher für diesen Bezirk der Avenida die gültige war. So tanzte fast jeder nach seiner eigenen Musik. Woher der Nachschub der Getränke kam, beachtliche Mengen, ich bin nicht dahintergekommen, spätestens gegen 22 Uhr lag eine allgemeine Trunkenheit über der Copacabana. Die Medien stöhnten lauter und schlugen wilder um sich. Die schicken Matrosen eines französischen und eines amerikanischen Schulschiffs waren überall, und überall begehrt. Wie hatten sie es nur geschafft, in diese unglaublich engen, weißen Hosen zu kommen? Und wie sollten sie jemals da wieder herauskommen? Rätsel über Rätsel. Wenn ich nur eine Uhr bei mir hätte! Eben war ich noch vor dem *Méridien*-Hotel, da war es gerade 23 Uhr; jetzt war ich vor dem *Rio Palace*. Es mußte bald Mitternacht sein.

Etwas benommen stapfte ich durch den Sand zum Strand. Mir war gar nicht nach Feiern. Wie immer zu Silvester war meine Stimmung eher düster. Das laute Fest legte sich mir auf die Seele. Wo die anderen fröhlich feiern, daß es weitergeht, würde ich mich lieber verkriechen und trauern, eben weil es immer weitergeht. Warum hört das keiner, dieses unablässige, zu Silvester besonders laute Ticken der Zeit? Am Strand unten am Meer, erhellt nur vom Mondlicht, das sich in den Wellen spiegelte, fand ich alle, die mit mir auf die Zeit lauschten.

Wir standen da, sahen über das Meer hinaus auf den Mond. Von der Ferne hörten wir Böllerschüsse und Glockenklang, Jubel und Musik. Wir sahen das Feuerwerk über der Promenade, den Feuerbrunnen, der sich vom Dach des *Méridien*-Hotels auf die Copacabana ergoß. Ein paar hatten Champagner dabei. Wortlos wurden die Flaschen weitergereicht. Man durfte nicht trinken, bevor man einen Schluck dem Erdgott geopfert hatte. Später gingen wir zum Meer, manche gingen auch ins Wasser, und warfen weiße Blumen in die zurückweichende Brandung, ein Opfer für die Meergöttin. Das Opfer galt als angenommen, wenn es nicht zurückgeworfen wurde.

Was sollte ich jetzt noch tun? Oben auf der Avenida waren die Tänze wilder geworden. Die Alten tanzten, die Jungen tanzten, jeder tanzte für sich und doch in verschlungenen Kombinationen. Von irgendwoher wurden immer neue Flaschen Champagner, billiger Rotwein, ordinärer Branntwein, Wermut, Liköre gereicht, man mußte nur trinken, um dazuzugehören. Ich sah im Geiste vor mir ein makelloses weißes Bett in einem klimatisierten Hotelzimmer. Ich ging. Befestigte an der Zimmertür die Bestellung eines opulenten Frühstücks für den späten Neujahrsmorgen und dachte, bevor ich einschlief: Beim Silvesterfeiern kommt es auf den Menschen an, ob an der Copacabana oder auf dem Eisernen Steg — ein Fest läßt sich nicht erzwingen; man ergibt sich ihm oder man wehrt sich dagegen.

Am Neujahrsmorgen war die Luft klar. Die Sonne leuchtete. Das Leben begann von neuem. Am Saum der Copacabana hatten die Wellen viele weiße Blumen angeschwemmt.

II

PASSKONTROLLE

Mit einem gewissen Stolz pflegt M. zu erzählen, daß sein Paß bei jeder Kontrolle genau überprüft werde. »Ich scheine überaus verdächtig auszusehen«, sagt er. »Wie ein Spion? Wie ein Rauschgifthändler? Wie ein weltweit gesuchter Heiratsschwindler?« M. lebt, so sieht es aus, recht zufrieden mit seinem kriminellen Image. Ich habe ein anderes Problem: Ich stehe bei allen Paßkontrollen in der falschen Reihe. Selbst wenn die Abfertigung zunächst zügig läuft, stellt sich am Ende heraus, daß der Paß meines bürgerlich aussehenden Vordermannes schon seit einem Jahr abgelaufen ist. Früher in London geriet ich versehentlich regelmäßig in die Reihe für *British Subjects* und mußte mich dann später noch einmal bei der viel längeren Reihe für gewöhnliche Subjekte anstellen. Ich meide Schlangen vor Paßkontrollen, in denen ich Menschen, die wie M. aussehen, zu erkennen glaube. Es hilft nichts. Entweder ist der für meine Reihe zuständige Kontrolleur derjenige, der es am genauesten nimmt — »Nehmen Sie die dunkle Brille und den Hut ab«, sagt er zu mir, während er sich das Paßbild ansieht —, oder er zieht alle Problemfälle wie ein Magnet an: Eine Chinesin mit ägyptischem Paß möchte Bekannte aus Pakistan in Tuttlingen besuchen, bevor sie in die Vereinigten Staaten weiterreist — oder so. Ich muß jedenfalls immer warten. Meine Nachbarn im Flugzeug stehen längst unten am Gepäckband, während ich immer noch in der Schlange vor der Paßkontrolle stehe. Ich habe es mit der kürzesten Reihe versucht. Dann wird die längste Reihe schneller abgefertigt. Ich stelle mich in der längsten Reihe an. Alle aus der japanischen Reisegesellschaft vor mir wollen einen schönen Stempel in ihren Paß und zeigen untereinander, was für schöne Stempel sie schon in ihren Pässen haben. Wenn überhaupt keine Paßkontrolle stattfindet, wie beispielsweise meistens beim Abflug in Frankfurt, gerate ich mit Sicherheit in eine Reihe von Jungtouristen, die mit oder ohne Kontrolle auf jeden Fall ihren Paß vorzeigen wollen. Es muß einen bösen Geist der Paßkontrollen geben, der mich nicht leiden kann. Der gute Geist der Paßkontrollen hat sich mir nur einmal gezeigt. In Paris auf dem Flughafen Charles de Gaulle standen Haufen Volks vor der schmalen Pforte zur Seligkeit. Dann kam ein Uniformierter, öffnete ein neues Tor, winkte mir: »Kommen Sie aus einem EG-Land?« fragte er, »dann können Sie durchgehen.« Ich stand schon auf dem Rollband, sah mich noch einmal um und verstand die Welt nicht mehr.

AM AMAZONAS

Manaus erreicht man entweder nie oder auf Umwegen. Oder mit einem Pinga-Pinga-Flug, wie die Brasilianer sagen, das heißt, das Flugzeug geht auf und nieder; kaum ist es in der Luft, schon setzt es wieder zur Landung an in einer unbekannten Stadt an einem unbekannten Ende der Welt. Von Rio aus braucht man gut fünf Stunden. Oder waren es sechs? Oder sieben? Da fast bei jeder Landung die Uhr vor- oder zurückzustellen ist — was man in Deutschland die Kulturhoheit der Länder nennt, scheint in Brasilien die Herrschaft über die Zeit zu sein: jeder Bundesstaat hat seine eigene Zeit —, ist der Fluggast am Ende völlig verwirrt, stellt die Uhr um eine Stunde zurück, gibt noch eine Stunde Sommerzeit dazu und sagt sich im stillen: Wie kurz oder wie lang der Flug auch gewesen sein mag, es reicht. Wir sind in Manaus.

Der Flughafen wirkt verblüffend aufgeräumt und frisch geputzt, geräumig, kühl, viel Glas und viel Beton. Hätte ich mir anders vorgestellt, will ich gerade denken, da sitze ich schon im Sammeltaxi, fliege in einer Kurve meiner linken Nachbarin, einer soignierten älteren Australierin, auf den Schoß, entschuldige mich, werde dabei aber hochgeschleudert bis an die Autodecke, mein kostbarer grauer Hut hat seine stolze Form verloren, ich falle zurück, lobe im Geiste das weiche Polster, was allerdings bewirkt, daß nun die Australierin in meinen Armen liegt. Die Kommunikation zwischen den Autoinsassen ist vorbildlich. Wir lachen, suchen immer nach unverfänglichen Festhaltemöglichkeiten, reden, obwohl keiner den anderen versteht: Es ist viel zu laut, drinnen und draußen, zu heiß, zu wild, zu aufregend. Ungerührt führt uns der Fahrer indessen vor, wie man in Manaus einen Stau bewältigt: Man überfährt ihn.

Er wechselt von einer Spur auf die andere, schneidet gnadenlos, wer ihm zuvorkommen will, scheucht Fußgänger, die schon die halbe Straße überquert haben, wieder zurück auf den Bürgersteig, er überfährt jede Ampel, als handle es sich dabei nur um eine stehengebliebene Weihnachtsdekoration. Der junge Polizist, er sieht aus wie ein Kind, der drohend unseren Wagen an den Straßenrand gewinkt hat, verhandelt mit dem Fahrer. Dieser zeigt nur mit dem rechten Daumen nach hinten, wo wir sitzen. Der Kinderpolizist guckt herein, ach so, er salutiert — und weiter geht die wilde Fahrt. Wir sehen uns an. Wer sind wir denn? Wir müssen wer sein. Wir sind in Manaus.

Wie Zwiebelringe umgeben die Bretterhütten der Elendsviertel die Innenstadt. Um den Hafen herum mit einer unvorstellbaren Sammlung aller denkbaren Bootstypen, vom Kanu bis zur Millionärsyacht, und um die von einem gewissen Gustave Eiffel gebaute Markthalle herum, Mercado Municipal, konzentriert sich das städtische Leben. Bettler, die wortwörtlich im Straßenmüll lagern, und hochbeinige, glutäugige Schönheiten, Gewimmel und Gewusel. Baracken neben Hochhäusern, Neubauten, die wieder Ruinen geworden sind. Seit dem Kautschukboom und der Goldgräberzeit ist die Stadt an Höhen und Tiefen gewöhnt; zur Zeit setzt sie auf die Freihandelszone, deren Manager und Spekulanten, wie Experten wissen wollen, die wahren Totengräber Amazoniens sind. Ich kann es nicht beurteilen. Leider habe ich Manaus nur auf zwei Stippvisiten kennengelernt. Hätte ich mich nicht schon beim ersten Mal in Manaus verliebt, beim zweiten Besuch, als man mir ausgerechnet dort, wo sich nach Meinung empfindsamer Schriftsteller »die Hölle und ein Dreckloch« befinden sollen, wortlos und selbstverständlich half, war ich bereit, alle zeit- und klimabedingten Häßlichkeiten von Manaus zu übersehen.

Schon die Einwohnerzahlen scheint jeder Autor von Brasilienführern nach Lust und Laune anzugeben. Das reicht von achtzigtausend über dreihunderttausend, achthunderttausend, einer Million bis zu eineinhalb Millionen, wobei die letzte Zahl ebenso aus der Luft gegriffen ist wie die erste. Die Menschen, die dort wohnen, die alle Hoffnung auf diese Stadt gesetzt haben, wahrhaftig keinen Wohlstand, sondern nur ein bißchen Glück erwarten, ein bißchen Sicherheit, die spielen in den zur Zeit modischen Berichten über Amazonien sowieso keine Rolle. Pseudoökologische Schlagworte, angereichert mit gottweißwelchen Wissenschaftlerzitaten, beherrschen die Diskussion und vernebeln die Wirklichkeit, die man erst versteht, wenn man im strömenden Regen frierend unter dem tropfenden Hüttendach eines Indianers steht — der alte Mann, die alte Frau, die nackten Kinder — und wenn man nicht mehr weiß, was man sagen soll. Ob die empfindsamen, wenngleich redseligen Schriftsteller dann immer noch vom »Dreckloch« und von der »Hölle« gesprochen hätten? Wie gern hätte ich mir Manaus näher angesehen. Wie gern hätte ich mir den Zusammenfluß der beiden Ströme angesehen, die dann zusammen den Amazonas bilden. Aber es ist nichts daraus geworden. Das muß ich erzählen.

Das Sammeltaxi setzte uns, gehörig durchgerüttelt, vor einem Fünf-Sterne-Hotel weit draußen vor der Stadt ab. Einige der Mitfahrer, auch die Australierin, meine leidgeprüfte Nachbarin, hatten damit ihr Ziel gefunden. Wir anderen sahen uns ratlos an und wußten nicht mehr, wie es weitergehen sollte. Doch während wir noch standen und schauten — vor dem Hotel schlug träge das braun-blaue, schlammige Wasser des Rio Negro ans Ufer —, sahen wir, daß der

Fahrer und einige Helfer unser Gepäck ziemlich halszerbrecherisch über glitschige Wege und ausgetretene Treppchen nach unten an den Fluß transportierten, wo ein abenteuerlich aussehendes Boot dümpelte. Kopfüber oder geschultert trugen sie schwere Koffer und Taschen, gingen den oft gebogenen Weg in einer Reihe — an welchen Film nur erinnerte mich das Bild? Das Boot war eine kühne Kombination aus einer chinesischen Dschunke und einer arabischen Dau ohne Segel, am ehesten entsprach es wohl der *African Queen.* Unser Schiff hieß allerdings *Ariau,* doch afrikanische Assoziationen stellten sich während der Reise immer wieder ein.

Denn während wir auf der *Ariau* noch auf zwei säumige Mitreisende warteten, begann ich mit der Lektüre von André Gides *Kongoreise.* Das Buch wurde mir fast zum Reiseführer; nahezu auf jeder Seite entdeckte ich verblüffende Parallelen von Gides Unternehmen in Zentralafrika zu unserer Amazonienreise. Selbst Gides botanische Ahnungslosigkeit, daß er etwa über das Anpflanzen der Maniokfelder und über das Aufforsten nicht Bescheid wußte, vollzogen wir nach. Ich bedauerte, daß ich die *Wahlverwandtschaften,* Gides regelmäßige Lektüre im Dschungel, nicht dabeihatte.

Die *Ariau* hatte abgelegt. Die Gesellschaft, neun Personen, war komplett, der Himmel dramatisch. Wolkengebirge in Schichten übereinander, während am Horizont die Sonne blitzte. Es regnete, dabei sahen wir rechts und links und vor uns Regenbögen. Drei, vier Minuten später war die Lage umgekehrt: Die *Ariau* dampfte unter gleißender Sonne, während uns ein dichter Regenvorhang umgab. Wir fuhren exakt in eine dunkle Wolke hinein. Der vor Manaus fast bodenseebreite Rio Negro wurde schmal wie ein Nadelöhr — bald sahen wir die Silhouette von Manaus nur noch als Türme am Horizont oder schwimmend über Wolkenschichten —, aber schon öffnete sich die Waldenge des Flusses zu einem zweiten und einem dritten und einem vierten See mit unzähligen Wasserarmen, von denen die wichtigsten, wie wir erst später erfuhren, oft sogar unsichtbar sind, weil sie von allerlei Wasserpflanzen mit farbenprächtigen Blüten überwachsen sind. Wir beobachteten den Flug der großen, schwarzen, rabenartigen Vögel.

Über die kleine Gesellschaft, die sich auf der *Ariau* zusammengefunden hatte, ließe sich gewiß ein Roman schreiben. Unser italienisches Liebespaar zeigte sich zuerst sehr reserviert gegenüber den anderen. Renata und Rodolfo waren nur mit sich selbst beschäftigt, mit Küssen und Streicheln und Reden. Später suchten sie allerdings Gesellschaft, vor allem Renata wurde ausgesprochen mitteilsam — da war es fast schon zu spät, obwohl wir bereits beim ersten gemeinsamen Abendessen in der Lodge den Grund ihrer Zurückgezogenheit erkannt hatten: Rodolfo, ein Möbelhändler aus Udine, nördlich von Triest, sprach kein Wort Englisch.

Der Japaner Yamahah, der in Boston Wirtschaftswissenschaften studierte, war zwar immer etwas drollig gekleidet, aber beneidenswert praktisch ausgerüstet. Wenn es regnete, trug er sofort einen Regenumhang, unter dem er alle seine elektronischen Geräte verstecken konnte. Immer hatte er die richtigen Schuhe an. Für alle Wechselfälle des Lebens trug er elektronische Apparate in rätselhaften Futteralen bei sich: zu allen erdenklichen Messungen allzeit bereit. Stets suchte er nach der spezifisch japanischen Eigenschaft in allen Themen, ob wir über Wirtschaft, Sprache, Essen, Kunst oder Landschaft sprachen — und er fand auch immer das »Japanische« an der Sache. Er hatte den größten Appetit und die ausdauerndste Neugierde: Ungerührt fragte er in seinem singenden Englisch weiter, wenn seinen Gesprächspartnern schon die Augen vor Müdigkeit zufielen.

An steter Aufmerksamkeit stand das junge Paar aus dem Sudan Yamahah nicht nach. Zwar hatten sie uns ihre Namen genannt, aber keiner hatte sie behalten. Vor allem er hielt sich vornehm zurück, war immer höflich interessiert, erzählte dann und wann auch ein paar Geschichten aus dem Sudan, daß die Beduinen dort sich beispielsweise Affen für den Test des Trinkwassers hielten, aber er achtete merklich auf Distanz, und man verstand, wenn man mit ihm sprach, daß er sowieso schon die ganze Welt gesehen hatte. In Khartum war er Geschäftsführer eines Unternehmens für Agrarmaschinen. Seine hübsche und lustige Frau war interessierter an der Gesellschaft. Man spürte, wenn man mit ihr sprach, daß es ihr Spaß machte, unterwegs zu sein, fremde Menschen zu treffen, zu reden, zu scherzen, Abenteuer zu erleben. Ich wollte ihr ein Kompliment machen und sagte: »Sie sehen aus, als kämen Sie direkt aus einem Mädchenpensionat vom Genfer See.« Sie lachte und antwortete: »Meine Schwester ist gerade in einem Schweizer Internat. Ich war in England in der Schule.« So falsch hatte ich also nicht gelegen. Um die Fersen und an den Unterschenkeln trug sie eine geheimnisvolle Tätowierung.

Erna und Ludwig waren gleichsam die natürlichen Wortführer unserer Gesellschaft; das lag nicht zuletzt an der Lautstärke. Die beiden, ein Ehepaar aus Vancouver/Kanada, bürgerlich mit dem Verkauf von Luxusautos beschäftigt, hatten im Laufe vieler Jahre als Globetrotter auch den hintersten Winkel Südamerikas bereist. Sie wußten phantastische Geschichten zu erzählen, von Zitronen, die süß schmecken, oder von Kellnern in Paraguay, die mit traumwandlerischer Sicherheit stets die falschen Getränke bringen. Daß das kuriose Pärchen touristische Katastrophen von ähnlicher Bedeutungsschwere magnetisch anzog, versteht sich von selbst. Als Gepäck hatte er einen übervollen Pilotenkoffer, sie einen Rucksack, das war alles. So waren sie Jahr für Jahr fünf, sechs Wochen unterwegs. Diesmal ging es von Ecuador über Kolumbien nach Brasilien; von Manaus aus wollten sie zu den Iguassu-Wasserfällen und dann nach Rio, wo sie allerdings, dank der verkreuzten brasilianischen Flugwege, auch vorher schon einen Zwischenstop eingelegt hatten. Erna hatte mich nämlich auf der *Ariau* mit einem verblüffenden Vergleich zwischen Rio und Vancouver begrüßt, der mich sprachlos machte. Der Vergleich war mir nicht geläufig. Später gewöhnte ich mich an die Vergleiche mit Vancouver. Sie bildeten die Basis aller Erlebnisse, die Erna und Ludwig beschieden waren.

Man wurde nie klug daraus, wann die beiden ernsthaft oder scherzhaft redeten. Auf der *Ariau* verfluchten sie die »Luxus-Touristen«, die in Nobelhotels wohnten und nur in der Sonne lägen. Kaum aber hatten wir die rutschigen Planken unserer luftigen Urwald-Lodge betreten, angesprungen von Kapuzineräffchen, Faultieren, Ameisenbären und Papageien, schon begann Erna das große Gejammer und Geklage: Warum wollten wir nur unbedingt in den Urwald? Kaum hatte es zu regnen begonnen, befand Erna, daß es nicht einmal in Vancouver so schlechtes Wetter gebe. Als Erna das Buffet zum ersten Abendessen sah, schloß Erna sofort, das werde es nun wohl jeden Abend geben, womit sie leider recht behielt. Die Wasserspülung in ihrem Baumzimmer funktionierte nicht, es gab Ungeziefer; Erna lamentierte. Erna hatte Angst vor Schlangen, Mücken und Alligatoren. Sie jammerte lauthals, wir lachten, Ludwig, die Ruhe in Person, bog immer alles glatt. Nichts konnte ihn erschüttern, seine Frau am wenigsten. Wie hatte sie gezetert, als wir abends, nachts auf Alligator-»Jagd« gehen wollten. In Wirklichkeit stand sie als erste am Anleger, und schon saß sie auf dem begehrten ersten Platz, laut protestierend selbstverständlich. Sie war nicht umzubringen. Mit ihren struppigen, schon etwas spirrigen, rötlich schimmernden Haaren erschien sie mir wie das eherne Denkmal des Entdecker-Tourismus.

Nach über drei Stunden Fahrt drehte die *Ariau* scharf nach links ab in einen schmalen, fast dunklen, hochbewachsenen Seitenarm des offenen Flusses. Der Kapitän zeigte uns hinter der wie eine Insel vorragenden Landzunge die *Ariau Tower Lodge,* zu der wir wollten. Erst viel später erfuhren wir, daß alle diese Seitenarme Straßennamen tragen, als handle es sich um ein Stadtviertel von Manaus. Vor unserem Boot bewegte sich das Wasser. Ein gewaltig großer Fisch sprang auf und ließ sich platschend wieder fallen. Es war einer der relativ selten gewordenen Flußdelphine im Rio Negro. Wir beobachteten seinen Sprung noch oft, immer an der gleichen Stelle. Dann entdeckten wir endlich zwischen den Bäumen den Turm, die Lodge, unser Baumhaus, wie soll man dieses seltsame Gebilde von Hotel nur beschreiben?

Ein Gerüst aus Stahlrohren und vom Regen immer nassen, rutschigen Holzplanken verbindet auf einer Stelzenhöhe von etwa zwanzig Metern mit schmalen Gängen, Treppchen, Brückchen ein Labyrinth von fünf Haupt- und fünf Nebenhäusern, die auch wiederum aus Holzplanken auf Stahlstelzen gebaut sind. Im ersten Haus befand sich auf der dritten Etage — wenn ich mit meinen schweren Stiefeln die halsbrecherische Treppe hinaufging, schwankte die ganze Anlage — hinter einem unscheinbaren Türchen, versteckt wie ein Theatergag, der Speisesaal, der, zumindest auf den ersten Blick, einer völlig anderen Welt anzugehören schien: Er sah aus, man wollte es einfach nicht glauben, wie ein normales Restaurant. Auch dieser Eindruck war, wie sich schon beim ersten Essen herausstellte, voreilig, denn die Affen veranstalteten rundherum an den Fenstern und auf dem Vordach einen Höllenlärm, nur um anzukündigen, daß die Vorstellung nun beginne, so daß von einem »normalen Restaurant« weiß Gott nicht die Rede sein konnte. Die Vorstellung, das Affentheater, hieß immer: Die Bettler-Virtuosen geben sich die Ehre.

Der eine Affe spielt den Elenden, der mit letzter Kraft seinen um Hilfe bittenden Arm ausstreckt; man könnte weinen. Der andere Affe ist der Akrobat, der unglaubliche Springkunststücke vorführt. Zwei Kapuzineräffchen sind die Lieben, die sich zwar untereinander streiten, daß die Fetzen fliegen, die aber, sobald man sie ansieht, sich so lieb und herzig geben, daß man sie nur noch in den Arm nehmen möchte. O diese Heuchler, falsch und verlogen. Was mich an Affen immer schon gestört hat: daß sie den Menschen so ähnlich sind.

Mit dem Restaurant auf dem dritten Stock war der Aufbau des ersten Lodge-Hauses noch keineswegs am Ende. Es ging noch vier Stockwerke höher. Ganz oben befand sich, windschief und schwankend, eine Terrasse wie eine Gondel über den höchsten Bäumen. Dieser schon von weitem zu sehende Turm — wie haben wir, im strömenden Regen im Kanu sitzend, seinen Anblick herbeigesehnt! — gab der Anlage ihren Namen. Die anderen Häuser — das Personalhaus, zwei Häuser mit Hotelzimmern, das Empfangshaus, wo es sogar einen Fernsehapparat gab, die Baumsuite, das Tarzanhaus, alle miteinander durch Plankenwege auf Stelzen verbunden — waren nicht gar so luftig wie das erste Haus, aber ebenso planlos an- und auf- und übereinandergebaut. Schlingpflanzen, armdicke Lianen umgaben die Stege wie ein Vorhang.

Erst Tage später, als unser Blick für Pflanzen und Tiere geschärft war, entdeckten wir in den Sümpfen unter den Stelzen eine ganze Alligatorfamilie, lauernd, geduldig, bedrohlich. Dabei waren einige von uns am ersten Abend in der Dunkelheit unten an dem Sumpf entlangspaziert. Das tat später niemand mehr.

Wie unsinnig wären die Gefahren und Anstrengungen einer solchen Reise in die ungeschützte Wirklichkeit, wenn wir nicht bereit wären, uns auch den Abenteuern des Geistes zu stellen. Die Wälder und Sümpfe Amazoniens mit ihrer verschwenderischen Fülle und Pracht sind in Wahrheit ein überaus empfindlicher Organismus. Wir schritten staunend und stumm in einer Reihe durch den dunklen Urwald wie durch den Zeittunnel, der Mann mit der Machete vorneweg, wie Ray Bradbury es in einer seiner Geschichten erzählt. Das törichte Abholzen, über das nun schon so viel geschrieben und gesprochen wurde, ohne daß sich viel geändert hätte, ist nur eines der Probleme. Der Wald nämlich, der nun schon seit Jahrtausenden wie eine verläßliche Lunge die Atemluft produziert, von der wir alle leben, der das Klima reguliert, Wind und Regen, steht auf einer geradezu lächerlich dünnen Humusschicht, die an Nährstoffen unglaublich arm ist. Eine planvoll, das heißt regelmäßig betriebene Landwirtschaft, wie sie etwa in der späten Steinzeit üblich war, würde den Boden bereits auslaugen, so daß er nach kurzer Zeit der Versteppung anheimfiele. Die Indianer wußten, daß der Anbau von Maniok, wofür sie ein Waldstück abbrannten, auf diesem Feld erst nach vielen, vielen Jahren wieder möglich ist. So erklärt sich das scheinbare Paradox, daß ein »guter« Bauer, wie unser Führer sagte, der sich bemüht, ein paar umgrenzte Felder zu bebauen wie ein Europäer, also möglichst viel aus dem Boden herauszuholen, mehr Schaden anrichtet als ein »schlechter« Bauer, der in diesem Jahr ein Feld bebaut, es im nächsten Jahr aber wieder aufgibt und weiterzieht.

Eine intensive Landwirtschaft, wie wir uns das vorstellen, mit Kunstdünger und Insektenschutzmitteln, ist in Amazonien nicht möglich. Sie würde ebenso großen oder vielleicht sogar noch mehr Schaden anrichten wie das Abholzen aus Gründen der Holzindustrie oder der Ansiedlung. Ist es uns aus den Industriestaaten jedoch erlaubt, dort mitzusprechen, etwa gar mitzubestimmen? Wie sollten wir dem bettelarmen Amazonas-Bäuerlein erklären, er schade mit seinem kümmerlichen Maniokfeld dem Weltklima? Der zertretene Schmetterling aus Bradburys Geschichte, der dann den Ablauf der Weltgeschichte verändert hat, ist schon vor vielen hundert Jahren getötet worden.

Eine dumpfe Ratlosigkeit bedrückte mich während der Reise. Vielleicht werde ich alt, dachte ich und konnte über Ernas dramatische Geschichte, wie sie nachts einen schwarzen Frosch in ihrer Baumhaus-Toilette gefunden hatte, nicht so herzlich lachen wie die anderen. Ich hatte übrigens auch einen schwarzen Frosch in der Toilette gefunden; ich hatte ihn nur verschwiegen.

In den dunkelsten Winkeln des Waldes sahen wir die prachtvollsten Schmetterlinge. Wie unvernünftig verschwenderisch ist die Natur! Hat der Mensch in seiner Gedankenlosigkeit sich ausgerechnet die Natur zum Vorbild genommen? Oder versteckt er hinter dem wohlfeilen Hinweis auf die Natur nur seine Dummheit?

Einmal geriet unsere geordnete Reihe im Urwald — der Mann mit der Machete immer vorneweg — in ein leicht panisches Durcheinander. An einer Lichtung sprach der Führer mit leiser Stimme: Hier, wo ein kleines Waldstück gerodet war, würden sich die Schlangen am liebsten tummeln. Er mahnte zur Vorsicht. Es raschelte im Gebüsch. Die Schlange, die ein paar von uns sahen, sei erstaunlich lang und dick gewesen, hieß es. Während der Gespräche beim Abendessen wurde sie immer länger und dicker. Die Musterung ihrer Haut wechselte von gefleckt zu gestreift. Ich hatte nur das Rascheln gehört. Später glaubte ich mich an ein gestreiftes Rascheln zu erinnern.

Der Regen fing harmlos an. Wir wollten am Nachmittag im Kanu zum Piranhafischen fahren und ein Indianerdorf in der Nähe besuchen. Wir waren erst zwei, drei Kilometer von der Tower-Lodge entfernt, als es schon goß wie aus Eimern. Wir saßen in merkwürdigen Plastikgewändern im Kanu, aus Mülltüten geschneidert — bis auf Yamahah natürlich, der den letzten japanischen Regenschutzschrei trug —, und froren. Noch am Mittag war die Temperatur bei über dreißig Grad Celsius gelegen, jetzt saßen wir im Kanu und klapperten vor Kälte mit den Zähnen: Das glaubt uns keiner. Die Sudanesin, sogar die kühle Italienerin, Erna, wir alle krochen etwas näher zusammen, versuchten uns gegenseitig zu wärmen. Daß wir einem anderen Kanu, das in einem überwachsenen Flußarm steckengeblieben war, aus der Seenot helfen konnten — mit Anlauf flogen wir über die Pflanzen hinweg und zogen das andere Boot mit —, gab unserer Stimmung Auftrieb, aber die Wolken wurden immer dunkler. Unser Führer hatte wohl sein Vergnügen daran, uns zu demonstrieren, warum der Regenwald Regenwald heißt, aber schließlich gab auch er auf: Wir mußten umkehren.

Ausgerechnet für diese Nacht war die Alligator-Jagd geplant. Es sollte nur eine Jagd zu Demonstrationszwecken sein. Ob es auch wirkliche Jagden gibt? Ich halte es für möglich. Der Regen hatte nicht aufgehört, war aber merklich schwächer geworden. Der Führer hatte uns gebeten, während der Jagd nicht zu sprechen. Sogar Erna hielt sich an das Gebot. Nur das verliebte Pärchen konnte es nicht lassen, ununterbrochen zu flüstern und zu raunen und zu schmusen. Vielleicht vor Aufregung. Tatsächlich saßen wir alle in höchster Anspannung der Sinne in dem Boot. Allein die Vorbereitungen des Jägers und des Bootsmanns waren aufregend. Eine Schlinge wurde an Bord gehoben, allerlei geheimnisvolle Fläschchen. Der junge Jäger stand vorne im Boot und wies mit einem Scheinwerfer den Bootsmann an, wo er hinfahren sollte. Wir hatten schon zehn, zwölf vergebliche stille Anfahrten ans Ufer hinter uns, vielleicht hatten die anderen tatsächlich schon etwas gesehen, sie schwärmten später von den Augen der Alligatoren, die im Licht des Scheinwerfers wie Taschenlampen aufgeblitzt hätten — ich hatte nichts gesehen, aber die Nacht im Urwald war wunderbar. Das Rauschen des Regens, der Wind in den Blättern, die Schreie der Vögel, das dumpf-grollende Knistern aus dem Schwarz des Waldes, das Dampfen über dem Wasser, die laute Stille.

Wieder fuhren wir mit abgestelltem Motor ans Ufer. Obwohl sich der Jäger nicht rührte, sah ich die Anspannung seines Körpers. Jetzt sah ich auch den Alligator, ein großes, mächtiges Tier schob sich quer vor das Kanu. Nur ein leichter Wellenschlag, der Alligator war weggetaucht. Wieder nichts. Wir waren schon tiefer in das Gewirr der Flüsse und Wälder hineingefahren als am Nachmittag. Der Jäger wollte uns unbedingt einen Erfolg zeigen. Aber das Jagdglück erfordert Geduld. Wir fuhren weiter.

Jetzt sollte es sein: Keiner von uns hatte diesmal einen Alligator gesehen. Wir beobachteten, wie der Jäger langsam und konzentriert sein Hemd abstreifte; dann, es ging so wahnsinnig schnell, mit einem Schrei, an den einige sich später nicht mehr erinnerten, stürzte er ins Wasser; vor Schreck vergaßen wir zu atmen. Der Jäger tauchte auf mit einem mittelgroßen Alligator in der linken Hand, dem er mit der rechten das Maul zuhielt. So kletterte er ins Kanu. Wir hatten Herzklopfen. Der Führer begann mit einem weitausholenden Vortrag über den Lebensraum der Alligatoren. Niemand hörte zu. Wir bestaunten nur das schöne, jetzt in Todesangst zitternde Tier in den Fäusten des stolzen, triefnassen Jägers. Wir konnten es anfassen. An der Bauchseite war es warm und weich, der Rücken war hart und glänzend, schöner als jede Krokodillederhandtasche, wie Erna befand. »Er soll ihn wieder schwimmen lassen«, dirigierte sie. Der Jäger gab dem Tier einen verächtlichen Klaps. Er erinnerte mich an einen portugiesischen Stierkämpfer, der den besiegten Stier lächerlich macht und dann laufenläßt. Der Alligator, kaum begriff er seine Freiheit, war wie ein Blitz im Wasser verschwunden. Doch unter der Schande, gefangen worden zu sein, wird er, fürchte ich, lange leiden.

Am nächsten Morgen nahmen wir Abschied von der Gruppe. Sie fuhr mit der *Ariau* zurück nach Manaus. Von dort aus fuhr jeder weiter in die Welt. Vermutlich würde keiner den anderen jemals wiedersehen. Leise Wehmut beschlich uns, als wir die *Ariau* hinter der Biegung des Flusses verschwinden sahen. Aber wir hatten noch große Pläne. Das vom Regen verhinderte Programm wollten wir nachholen. Nach Manaus wollten wir fahren, dort bleiben, von dort dann ... Ich aß ein Rührei zum Frühstück. Ausgerechnet beim Rühreiessen zerbrach meine Zahnprothese. Mein Unglück erregte nur Heiterkeit. Um so wütender wurde ich. Ich litt, die anderen lachten mich aus. Ich wollte nur noch nach Hause. Ich mußte nach Hause. Ich konnte nicht essen. Noch schlimmer war, daß ich nicht sprechen konnte. Ich fühlte mich wie ein Fisch ohne Wasser. So habe ich keine Piranhas gesehen, war weder in Manaus noch am Amazonas.

Im Flugzeug las ich, wie deprimiert Gide von seiner Kongoreise zurückgekehrt ist.

FÜR ALLE HÜHNER DIESER WELT

Den denkwürdigen Abend von Dugum hat keiner der Beteiligten jemals vergessen. Dugum ist ein armseliges Hüttendorf im Norden von Äthiopien, nicht weit von Makale, schon nahe der Grenze zu Eritrea. Wir waren den ganzen Tag über staubige Pisten gefahren und hatten am Abend nur noch ein Ziel vor Augen: das Gästehaus von Dugum, das äthiopische Freunde uns geschildert hatten, mit kühlen, weißen Laken über den Betten und einer Dusche. Es war schon dunkel, als wir ankamen. Die Dusche funktionierte nicht, weil es schon seit Monaten nicht mehr geregnet hatte. Natürlich gab es keinen Strom, aber auf dem Tisch im Haupthaus brannte für jeden von uns eine Kerze. Jeder von uns hatte sich eine Flasche Hirsebier aus unseren Vorräten im Wagen besorgt: so saßen wir nun erwartungsvoll am Tisch. Die Konversation hatte mit koptischer Kunst begonnen und war über die Chancen und Aufgaben von Entwicklungshilfe am Ende bei der Frage angelangt, was es denn nun zu essen gebe. Die Frage war schnell beantwortet: nichts. Das Candle-light-Dinner fand ohne Essen statt. Denn auf dem Markt von Dugum war einfach nichts aufzutreiben gewesen, nicht einmal ein mageres Huhn, auch wenn wir zehn oder zwanzig Dollar dafür bezahlt hätten. Es gab eben nichts.

Am nächsten Morgen kamen Kinder aus einem Nachbardorf mit einer Schüssel voll hartgekochter Eier. Wir kauften die ganze Schüssel, bezahlten jedes Ei doppelt und mußten noch fünf Flaschen Hirsebier obendrauf geben. Im weiteren Verlauf der Reise gab es jeden Abend *Doro Uot,* eine Art Hühnergulasch, der allerdings vorwiegend aus einem Brei aus Hirse, Mais und Gerste besteht, in dem man, wenn man Glück hat, ein bis zwei Stücke Hühnerfleisch findet. Unter der Bezeichnung »Huhn mit Reis« kannte ich eine Variation dieses weltweit verbreiteten Gerichtes bereits von meiner Reise durch Afghanistan. Für etwa zwanzig Personen wurde eine Schüssel von der Größe einer Kinderbadewanne aufgetragen. In ihrer Mitte erhob sich eine aufgetürmte Reispyramide, an deren vier Enden zur Dekoration vier blankgekochte Hühnerbeine in die Höhe ragten. Die europäischen Studienreisenden stocherten lustlos in dem Reis herum, nahmen alle möglichen Pillen, Pulver und Tinkturen gegen gottweißwelche Krankheiten und ließen die fast volle Schüssel wieder abtragen. Die freundlichen Afghanen wunderten sich; sie hatten uns das Beste gegeben, das sie hatten.

Reis mit mehr oder weniger zerkochtem Huhn habe ich auch auf Sansibar gegessen, in den Mangrovensümpfen von Südthailand, im Dschungel von Malaysia, im Teehaus von Peshawar in Pakistan und bei glühender Hitze vor dem Sonnentempel von Konarak im indischen Bundesstaat Orissa. In der einstigen DDR soll man gegrillte Hähnchen »Goldbroiler« nennen, in Bayern heißen sie »Gummiadler«. In der Cafeteria auf dem höchsten Stockwerk des World Trade Centers in New York empfahl man mir *chicken in the basket,* was sich im Geschmack als paniertes Kunsthuhn herausstellte, synthetisch irgendwie. O Huhn, o Zivilisation. Die Kulturgeschichte des gemeinen Haushuhns, *Gallus domesticus,* muß noch geschrieben werden.

Die magersten Hühner habe ich auf dem Marché fer von Port-au-Prince in Haiti gesehen. Die Marktfrauen halten ganze Bündel von ihnen, zehn, zwanzig Stück, an den Beinen mit dem Kopf nach unten; manchmal schlägt noch eines von ihnen mutlos mit den Flügeln, bald nicht mehr. Auf der Fahrt durch das Hochland von Haiti passierte uns das Unglück, daß ein besonders aufgeregtes und dummes Huhn in unser Auto lief — tot. Die Dorfgemeinschaft machte uns unmißverständlich klar, daß es sich gerade bei diesem Huhn um das Huhn gehandelt habe, das goldene Eier legte und gewissermaßen eine siebenköpfige Familie ernährte. Das Huhn als Welternährer. Wir haben alles bezahlt und wurden schließlich sogar zum Hühneressen eingeladen. Das Fleisch war zäh, wir mußten feste kauen. Der Mensch liebt, was er ißt. Das ist überall so. Und der Mensch ißt, was er liebt. Mir zum Beispiel sind Hühner grundsätzlich sympathisch.

III

AUS DEM NOTIZBUCH

Gestern hohes Fieber. Morgen startet die Reise nach Persien. Überlegte, ob ich absagen soll. Er erinnerte mich an meine Erfahrung, daß es mir auf Reisen immer gut geht. Das ist richtig. Auf meiner Afghanistan-Reise vor vielen Jahren waren am Ende alle Mitreisenden krank — am meisten litt der afghanische Fahrer unter Durchfall — nur ich war gesund. Aber kaum war ich drei Tage zu Hause, brach meine Hepatitis aus. Ich schreibe mir das auf, um mir selbst Mut zu machen. Es stimmt nicht ganz, ich habe auch unterwegs schon Krankheiten erlebt. Auf Sizilien damals zum Beispiel, wo ich alle Fahrten in einer Art Dämmerschlaf erlebt habe und am Ende gar nicht mehr wußte, wo ich gerade war. Oder in Ankara, wo es mir ziemlich schlecht ging und ich nach drei Tagen schon wieder zurückgeflogen bin, erster Klasse, weil alle anderen Plätze ausgebucht waren. Daß ich aus der Reise dennoch einen Aufmacher zusammenphantasiert habe, macht mich noch heute stolz, obwohl ich es vielleicht nicht laut sagen sollte. Es könnte meiner journalistischen Reputation schaden. Als wäre Phantasie nicht auch eine reelle Reiseerfahrung. — Soll ich nun also morgen fliegen? Gewiss werde ich fliegen. Soweit kenne ich mich. Und wahrscheinlich wird schon im Flugzeug das Fieber auf normal zurückgehen.

DENN DER MORGEN TAGET HELL

Kalte Wüstennacht über Isfahan. Die Stadt flimmert in funkelnden Lichtern wie die Raumstation in einem Science-fiction-Film. Zwei Dinge beweisen dem flüchtigen Besucher schon auf den ersten Blick, daß Iran reich an Erdöl ist: Taxifahren und Fliegen ist lächerlich billig — der Flug von Teheran nach Schiras kostet zwanzig Mark —, und an Licht wird nicht gespart. Gegenüber der trostlosen Dumpfheit allenthalben, der ständigen Überwachung durch selbsternannte Tugendwächter, gegenüber der bedrohlichen Atmosphäre, die sich dem Besucher schon auf dem Flughafen von Teheran auf die Seele legt, wirkt das grelle Licht obszön und herausfordernd. Aus dem schmalen Eingang zum Zurkhane von Isfahan, einem der traditionellen persischen Gymnastikklubs der Keulenschwinger und Rasseltänzer, strömt das Licht wie ein Fluß in die Dunkelheit der Gasse.

Wir werden mit frommen Segenswünschen begrüßt. Schon dringt beißender Schweißgeruch in unsere Nasen. Im Innenraum setzen wir uns auf Plastikstühle um ein arenaartiges Rund, etwa sechs Meter im Durchmesser, einen Meter tief. Rundum an den Wänden hängen vergilbte und neuere Fotos der starken, meist dickbäuchigen, schnurrbärtigen Männer, Sieger vergangener Wettkämpfe, mit nackten Oberkörpern und bestickten Kniehosen. Darüber das unvermeidliche, allgegenwärtige Bild Chomeinis. An der Stirnwand hockt auf einem erhöhten Stuhl, wie der Schiedsrichter beim Tennis, der grimmig blickende Vorsänger vor einer Batterie von Schlaginstrumenten, Trommeln,

Glocken, Schellen. Die Gladiatoren betreten die Arena.

Es sind acht oder neun Männer, zu denen später noch drei, vier hinzukommen. Die meisten sind alt oder von mittlerem Alter, einer von ihnen soll gar neunzig Jahre alt sein, so wird uns übersetzt, aber es sind auch drei junge dabei. Wenn sie den Kampfplatz betreten, berühren sie den Boden mit der rechten Hand und führen sie an die Stirn. Sie legen gegenseitig die Hände aneinander, umgreifen sich, nehmen körperlichen Kontakt miteinander auf. In einer Art ritualisiertem Streit mit vielen Verbeugungen werden die Plätze verteilt: die Rangordnung. Der Vorsänger schlägt die helle Glocke und die dumpfe Trommel und beginnt seinen Gesang. Es sind Lieder von Hafis und Khayyam, Suren aus dem Koran, vermutlich auch volksliedartige Texte. Im Rhythmus laufen die Kämpfer im Kreise, bis sich einer von ihnen, der wohl jüngste und überdies stärkste, wie sich zeigen wird, aus dem Kreise heraus in die Mitte begibt und sich in gewaltigen Zuckungen um sich selber dreht. Immer schneller wird der Tanz, immer entrückter werden die Augen des Tänzers und die der ihn anfeuernden Läufer im Kreise.

Die Zurkhane-Kämpfer führen ihre Tradition bis auf Darius zurück, als junge Männer in den Akademien das Handwerk der Krieger erlernten. Später wurden sie Ritter, Pahlevan, genannt, deren Taten der persische Dichter Firdausi (im 10. Jahrhundert) in seinem *Buch der Könige* besungen hat. Nachdem der Islam die Herrschaft übernommen und Iran sich dem Schiitentum zugewendet hatte, wurde es die Aufgabe der Pahlevan, der frommen, starken Männer, über den Glauben zu wachen. Zur Zeit des Schahs, vor der Revolution, wie man heute in Iran sagt, waren die Zurkhane-Klubs nur noch ein Freizeitvergnügen, Kraftsportvereine.

Ich habe damals eine solche Vorführung gesehen, bezeichnenderweise in der Melli-Bank in Teheran. Es kam mir vor wie eine altmodische Zirkusvorstellung, wie eine Persiflage auf die Leibesübungen nach Turnvater Jahn. Unvergeßlich ist mir die Anwesenheit eines saudiarabischen Prinzen, der, hingelagert auf schwellenden Kissen, mit der rechten, von goldenen Ringen schweren Hand die Nackenhaare eines Knaben liebkoste. Was mir damals als orientalisches Amusement erschien, war nun in Isfahan verbissener, fanatischer Ernst. Die starken Männer schwangen die schweren Keulen über die Schulter, sie tanzten unter dem hin- und hergeworfenen eisernen Bogen, der achämenidischen Waffen nachgebildet ist. Ihre Sehnen sind allerdings durch Ketten mit eisernen Rasseln ersetzt worden. Folterinstrumente der Selbstkasteiung, der Sühne, der Reinigung der Seele, um sie bereit zu machen für gottesfürchtige Taten — etwa eine Frau anzuzeigen, von deren Haar man mehr sieht, als nach iranischen Gesetzen schicklich ist, oder auch für den empfohlenen Mord an Salman Rushdie. Sollte sich ein Mörder finden, so wird er aus dem großen, landesweiten Kreis dieser Männer kommen. Der Gedanke quält mich während der Reise.

Warum war ich überhaupt hingefahren? Warum fährt man heutzutage nach Iran? Es ließe sich leicht schwärmen von den Ruinen der Tempel, der Paläste und Gräber von Persepolis, die zu kennen und zu verstehen für die europäische Kultur und für das jüdisch-christliche Weltbild ebenso wichtig ist wie das Wissen von den ägyptischen Pyramiden. Mit glänzenden Augen könnte man erzählen von der unvergleichlichen Farbenpracht der Moscheen von Isfahan, von der Eleganz ihrer Linienführung, von den architektonisch raffinierten Kolonnaden und Brücken, gegen die sich der Ponte Vecchio in Florenz wie eine Attrappe ausnimmt. Vor allem müßte man erzählen von der Liebenswürdigkeit der Menschen, von ihrer geduldigen Freundlichkeit, von ihrem naiven, gleichwohl intelligenten Vorwitz, mit dem sie jeden Fremden ausfragen und nie müde werden, zu hören, wie »draußen« die Mode aussieht, was für Musik man hört, was für Filme man sieht, was für Bücher man liest. Es fehlt ihnen die Fremdenscheu, die man aus anderen islamischen Ländern kennt; die Perser haben keine Angst vor Kameras und vor westlichen Sprachen. Wenn die Offiziellen auch immer wieder darauf hinweisen, wie kläglich die vom Schah angestrebte Reform gescheitert sei, so war doch die von ihm und seinem Vater bereits geförderte Öffnung Irans zum Westen hin so durchgreifend und für das Denken der Menschen so bestimmend, daß nicht einmal das restriktive Regime Chomeinis daran etwas zu ändern vermochte. Mit Verwunderung glaubt der flüchtige Besucher zu bemerken, daß Iran sich mehr noch oder mindestens ebenso wie die Türkei — mit eigenwillig komischem Trotz — als ein »westliches« Land fühlt.

Es herrscht hier eine paradoxe Mischung von westlichem Denken und islamischem Fundamentalismus, die nach dem Urteil von Historikern schon immer in Iran bestanden hat. Angesichts der alltäglichen Engstirnigkeit der islamischen Gesetze schrumpft das Regime des unaussprechlich Bösen, wie es in manchen Medien zuweilen geschildert wird, auf das ihm zustehende Maß: Dummheit, Heuchelei, arrogante Besserwisserei und, vor allem, Willkür. Im hellen Tageslicht erscheint das Regime weit schrecklicher als in seiner mythischen Diabolisierung. Im Jahresbericht 1992 berichtet amnesty international von »mindestens 775 Hinrichtungen«, wahrscheinlich sogar dreitausend. Es herrscht Sippenhaft; Familienangehörige von Flüchtlingen werden in Geiselhaft genommen. Die

Bahai werden gnadenlos verfolgt. Seit der Ankunft Chomeinis in Teheran, 1979, hat ihre Zahl um 20000 abgenommen. Ehebrecher, Ehebrecherinnen, Homosexuelle werden gefoltert, in Arbeitslager gesperrt und gesteinigt. Willkürlich erscheint das Regime vor allem deshalb, weil nach dem Tod Chomeinis die politische Linie des Landes völlig undurchschaubar geworden ist.

Wie die einstigen Kremologen nach Artikeln und Auftritten bestimmter Funktionäre darüber rätselten, wer in der Sowjetunion das Sagen habe, so versuchen jetzt in Teheran die Angehörigen der westlichen Botschaften in jedem Nebensatz offizieller Verlautbarungen politische Signale zu erkennen. Der derzeitige Regierungschef Rafsandjani gilt als »liberal«, aber keiner weiß genau, warum. Jeder weiß, daß er es mit einer starken Opposition zu tun hat, die noch schärfere Gesetze fordert als Chomeini selbst. Bestimmt hat Salman Rushdie recht, daß man immer wieder nach dem Todesurteil fragen soll. Was das nutzt, bewies der Auftritt des iranischen Botschafters in Bonn: Man denke nicht daran, wegen Wirtschaftsbeziehungen oder Kulturabkommens das Todesurteil aufzuheben. Das Kopfgeld auf Rushdie wurde auf zwei Millionen US-Dollar erhöht. In Iran halten sich die Offiziellen bedeckt, Fragen weichen sie aus, weisen auf Gesetze und blicken stumm und fromm. Soll ich den Teppichhändler im Bazar von Isfahan fragen, was er vom Todesurteil gegen Rushdie hält? Der Teppichhändler sagt: »Ach, Sie waren schon einmal hier, vor der Revolution«, sagt es und verdreht die Augen. Ich gehe weiter.

Einst haben einige Feministinnen in der islamischen Kleidung der Frauen tatsächlich eine bewußte Demonstration gegen das traditionelle Frauenbild des Westens gesehen. Du lieber Himmel! Das war vor der Revolution. Wenn man heute sieht, wie brutal die Frauen zu ihrer häßlichen Vermummung gezwungen werden, käme das niemandem mehr in den Sinn. Was für ein erotisch gestimmtes Land, könnte man glauben, wo das Zeigen eines Fußknöchels die Männer schon wild macht. Aber die Heiterkeit wirkt hier schal. Der verhaßte Schleier steht nicht nur für Sitte und Moral, er ist nicht nur eine Diffamierung der Frauen, indem er ihnen dummdreist erotische Provokation unterstellt, er war vor allem ein patentes Instrument, die Frauen, die in Iran einst eine bemerkenswert starke Stellung hatten, aus dem öffentlichen Leben zu verbannen. Nähert man sich dem Haus Chomeinis in Teheran, das inzwischen zu einer Art Wallfahrtsstätte geworden ist — man erinnert sich aus vielen Fernsehsendungen an das Haus, an den Glaskasten, an den Sessel mit dem Mikrophon davor —, dann sieht man, daß die wenigen Frauen hier, so kurios es klingt, noch verschleierter sind als sonst. Nicht nur Haare, Nacken, Körper sind schwarz bedeckt, nicht nur die Mundpartie, sondern das ganze Gesicht ist schwarz verhüllt. Sie müssen durch das Gewebe sehen. Wie Mumien erscheinen sie, wie Zombies, müßte man wohl sagen. Ihr Anblick macht traurig, und man versteht es nicht.

Über Willen und Wesen Gottes verfügen die Regierenden selbstherrlich. In seinem Namen soll das alles so geschehen. Das ist das ärgerlichste an dem Regime und seinen Funktionären, daß sie ihre eigene kleingeistige Verklemmung auf ein von ihnen selbst bestimmtes Gottesbild projizieren. Nicht vor Gott muß man sich fürchten, sondern vor den eifernden Gottesfürchtigen. »Auch im Westen«, sagte ein iranischer Touristiker, seien die »Nacktereien« jetzt in Verruf geraten, womit er auf einen Streit zwischen Nacktbadenden und Badehosenträgern in diesem Sommer an der Ostsee anspielt; in Frankreich muß etwas ähnliches vorgefallen sein. Wer also keine »Nacktereien« mehr wolle, sagte der Iraner, und wer »sich nicht mischen wolle«, damit meint er das Baden in nach Geschlechtern getrennten Badeanstalten, der sei herzlich zum Badetourismus am Kaspischen Meer oder am Persischen Golf eingeladen. Also auch Badetourismus in Iran.

Was den Tourismus angeht, so sind die Pläne und Vorstellungen der jetzigen Regierung ebenso maßlos, wahnwitzig und irreal wie die des Schahs. Letzterer hatte in einem kühnen Plan von 1973 für 1990 bereits zwölf Millionen ausländische Besucher in Iran vorausgesagt, Studienreisende und Badetouristen. Zahlen nennt die jetzige Regierung zwar nicht, aber die Einnahmen durch den Tourismus sollen bis zur Jahrhundertwende so groß werden, daß sie selbst die Einnahmen durch das Erdöl ersetzen können. Man erkennt fast beruhigt, daß sich an irrationalen orientalischen Übertreibungen seit *Tausendundeiner Nacht* noch nichts geändert hat. Im vorigen Jahr wurden angeblich 60000 ausländische Besucher gezählt; was und wie gezählt wurde, keiner weiß es. Gruppenreisen sind möglich, Individualreisen sind nur theoretisch möglich — die Touristiker nicken, ja, ja, doch, doch —, aber Visumanträge sind bisher noch immer abgelehnt worden. Selbst Geschäftsreisende müssen, um ein Visum zu bekommen, fast immer die Einladung ihres iranischen Geschäftspartners vorweisen. Die Hotels, meist amerikanische, vom iranischen Staat übernommene, sind ziemlich heruntergekommen; man kann es aushalten, aber komfortabel sind sie nicht. Das Personal ist gutwillig, aber ungeschult. Das Essen ist von ödem Einerlei, Huhn, Lamm oder Fisch mit Reis, cremig-süße Torten als Nachtisch. Auf einer Rundreise lernt man die Qualitäten der Brotfladen unterscheiden: Sie reichen von geschmacklosen, feuchten

Lappen bis zu knusprigen, orientalisch gewürzten Pfannkuchen. Das alkoholfreie Bier *Bavaria* aus der holländischen Brauerei Van de Funste erfreut sich unter europäischen Besuchern großer Beliebtheit. Sonst wird Beuteltee getrunken oder ein recht gutes iranisches Mineralwasser in Plastikflaschen.

»Fülle mir den Becher, Schenke, / denn der Morgen taget hell, / aber eile und bedenke, / daß der Himmel kreiset schnell.« Ach, Hafis. Die erstaunliche Tatsache, daß Hafis' Lieder und Gedichte selbst in der wildesten Chomeini-Zeit nicht verboten waren, wird damit begründet, Hafis habe in einem Vorwort erklärt, solch »unanständige« Gedichte habe er nur unter Zwang, auf Wunsch eines Fürsten geschrieben. Die tausend Sagen und Legenden um das Leben des Dichters im 14. Jahrhundert, über das man in Wirklichkeit nichts weiß, sprechen eine andere Sprache. So sei Hafis am Ende seines Lebens vor den Thron des damals herrschenden Mongolenführers Tamerlan geschleppt worden, weil er seine Steuern nicht bezahlt hatte. Tamerlan sagte: Wer in einem seiner Verse behaupte, für die Augen des Geliebten alle Schätze der Städte Samarkand und Buchara hinzugeben, der könne doch nicht mittellos sein. Hafis entgegnete: »Eben deshalb bin ich ja pleite!« Schiras, die Stadt Hafis', ist wunderschön, eine nach Blumen duftende Oase in der Wüste, die wahrhaft zu trunkenen Liedern anregt. In der Halle des Hotels lautet eine Inschrift in mannshohen Buchstaben: *Down with USA.* Auf dem Flughafen fallen uns Frauen auf, die unter dem schwarzen Gewand Stöckelschuhe und ausgefranste Jeans tragen.

Gegen 23 Uhr unternehmen wir im Taxi eine Rundfahrt durch die Zwei-Millionen-Stadt; wir suchen eine Diskothek, ein Café vielleicht, ein Kino, ein Lokal, wo man sich trifft — nichts. Die Kinos haben geschlossen. Wir finden ein paar Imbiß-Buden, an denen man fröstelnd einkauft und nach Hause eilt. Die Lichter strahlen hell. Was geschieht hinter den Mauern? Was erzählt man dort? Was denkt man dort? Der Taxifahrer liefert uns wieder im Hotel ab. »Vor der Revolution«, sagt er und verdreht die Augen. Für die Fahrt berechnet er etwa zwei Mark.

Isfahan und Teheran sind große, eindrucksvolle Städte. Der Höhepunkt der Reise war für mich jedoch die tageslange Busfahrt von Schiras nach Isfahan. Man fährt durch eine Geröllwüste; nicht so pittoresk wie auf dem Sinai oder in der Sahara, auch weniger farbig, rauher, härter. Es ist die unverstellte iranische Gegenwart. Später auf dem Weg verwandelt sich die Wüste in ärmliches Bauernland, schwer zu bearbeiten, mühsam zu bewässern. In Pasargade besichtigten wir die Reste der Achämenidenhauptstadt, die Cyrus der Große erbauen ließ. Die Lehmfassaden der hohen, an einen Hügel gelehnten Wohnhäuser des Städtchens Yezd-i-Khast erinnern an die Wohnstädte im Jemen, um deren Erhaltung sich die Unesco bemüht. Von Yezd-i-Khast spricht niemand. Die Häuser verfallen. Keine Unesco. Wie hätte man dem alten, freundlichen Bauern, der den hoch mit Grasgarben beladenen Esel antrieb, erklären sollen, daß sein jämmerlich armes Haus ein Kulturdenkmal der Menschheit sei? Kinderaugen lugten über die Ränder der Mauern. Was finden die Fremden nur an unseren Häusern, werden sie sich gefragt haben. Die Fremden mit den Kameras bemühten sich immerhin, freundlich zu grüßen. Das war alles, was wir ausrichten konnten.

Auf dem Weg nach Isfahan, es dämmerte schon und es war kalt geworden, besichtigten wir auch den Friedhof des Städtchens Schah Reza, das seinen Namen merkwürdigerweise behalten durfte. Wie auf jedem iranischen Friedhof fanden wir auch hier ein weites Feld für die Toten des irakisch-iranischen Krieges.

Eine Million Tote sollen dem Krieg auf iranischer Seite geopfert worden sein, 400000 auf irakischer Seite — oder umgekehrt, wer will das zählen? Auf jedem Grab eine kleine Glasvitrine mit dem Bild des Toten, blumengeschmückt, die vielen Toten, es sind immer halbe Kinder darunter, Siebzehnjährige, Zwanzigjährige. Wofür am Ende? Für den Starrsinn zweier »gottesfürchtiger« Männer und deren karrieregieriger Gefolgschaft.

Im Norden von Teheran, den die Stadt beherrschenden Demawend hinauf, mit einem prachtvollen Blick auf das sich im Sonnenlicht farbig verändernde Gebirge und über die flimmernde Stadt hinweg, dort wohnen von alters her die reichen Leute. Hier hat einst der Schah residiert. Hier befinden sich auch die wenigen noch halbwegs intakten internationalen Hotels. Im Süden von Teheran wohnen die Armen. Das war immer schon so. Am südlichen Stadtrand, dem Industriegebiet, soll es gar Slums geben von indischen Ausmaßen. Wenn es sie gibt, so ist es unserem iranischen Guide gelungen, uns geschickt daran vorbeizumanövrieren. Wir haben sie nicht gesehen. Es wird nicht gebettelt, und, man glaubt zu sehen, es wird auch nicht gehungert. Auch das Trinkwasser ist gut. Die Grabmoschee für Ajatollah Chomeini wurde mit Bedacht im Süden der Stadt errichtet. Ein herausfordernd einfaches Stahlgerüst. Im Innern herrscht eine erstaunlich lockere Atmosphäre. Man darf nicht nur fotografieren, man wird zum Fotografieren geradezu aufgefordert — bis einem jungen Japaner von einem übellaunigen Wärter, willkürlich, ohne Vorwarnung, die Kamera plötzlich weggenommen wird; der junge Mann wird abgeführt. Auf Fragen heißt es, der Japaner habe wohl zu nahe am Grab Chomeinis fotografiert. Ein Gottesurteil — die Laune des Wärters. In Iran weiß niemand genau, was man darf und was man nicht darf.

Ohne die Hilfe unseres iranischen Guides hätte ich meine »vorgeschichtliche« Eisenkanne aus dem Bazar von Isfahan, die beileibe nicht alt ist, sondern deren Herstellung ich gewissermaßen selbst überwacht habe — in Gedanken hatte ich sie sofort zu einem Readymade erklärt — nicht durch die fünf- oder sechsfachen Ausfuhrkontrollen des Flughafens bekommen. Gegen die Gepäckkontrollen in Iran verblassen selbst die israelischen Kontrollen zu einem Zeitvertreib. Genau das ist es, ein Zeitvertreib der Zöllner; sie wollen einfach wissen, was diese Westler alles mitschleppen. So wird ständig ausgepackt und eingepackt und ausgepackt und eingepackt, bis einer, er trug ein Pflaster auf der Nase, auf meine Kanne zeigte und sagte: *»This is old.«* Das war jetzt das Gesetz. Ich mußte warten und warten und warten, bis sich der Guide, dem ich bisher wenig Aufmerksamkeit geschenkt hatte — er war mir nicht geheuer — meiner erbarmte. Er brachte einen höherrangigen Beamten zu dem Zöllner mit dem Pflaster auf der Nase, der mich keines Blickes mehr würdigte, umarmte den Beamten und sagte: *»My good old friend.«* Dann unarmte er mich und sagte: *»My good old friend.«* Damit war jedes Hindernis für meinen Rückflug beseitigt. Die schwere Eisenkanne durfte ich mitnehmen.

Beim Flug über Teheran sahen wir noch einmal das Grab Chomeinis. Nichts strahlt heller in dieser taghell erleuchteten Raumstation.

MIT DREI HERZEN

Man kann nicht immer von Sehenswürdigkeiten erzählen, von hohen Bergen und weißen Stränden, von luxuriösen Hotels oder von den wenigen erlesenen Restaurants in der Welt, die man kennen muß. Es muß auch einmal von gewöhnlichen Toiletten gesprochen werden. Erst kürzlich äußerte einer die Idee, einen internationalen Toilettenführer zu schreiben, in dem die Toiletten, den Michelin-Sternen gleich, mit einem, zwei oder drei Herzen bewertet werden sollten. So weit muß man es ja nicht treiben, wenngleich der Gedanke etwas Bestechendes hat. Die Herzen erinnern an das berühmte grüne Häuschen, das Plumpsklo auf dem Lande, das es schon seit langem nicht mehr gibt, das aber kurioserweise fast jeder noch kennt. Woher eigentlich? Ich habe es auf dem kleinen Bauernhof meiner Großeltern im saarländischen Hochwald in vollem Betrieb erlebt. Der Blick von hier war wohl nicht gar so aufregend wie der aus den Pissoirs von Clichy, den Henry Miller so innig beschreibt. Aber man saß recht gemütlich dort auf dem ausgeschnittenen Holzdeckel. Es war blitzsauber. Man las die in handliche Stücke zerschnittene Zeitung, die das Toilettenpapier ersetzte, und fand nie die Fortsetzung des Artikels, den man gerade interessant fand. Im Winter allerdings pfiff eisiger Wind durch alle Ritzen des Häuschens; die Aufenthalte dort wurden dann verblüffend kurz. Daß einer meiner Verwandten, ein »Deserteur« vom März 1945, in diesem grünen Häuschen sitzend, den Abmarsch der Waffen-SS und den Einmarsch der Amerikaner abgewartet hatte, man erzählte die Geschichte noch jahrelang; vermutlich gilt sie heute schon als Legende.

In einem wirklich guten französischen Restaurant führt der Weg zur Toilette durch die Küche. Das gilt immer. Man kann sich darauf verlassen. Wenn ich auf Reisen, unausweichlich und immer wieder, diesen fürchterlichen, angeblich hygienischen Stehklosetts begegne — die ersten oder die letzten trifft man schon in Paris — denk' ich immer an das heimelige grüne Häuschen meiner Großeltern, auch an die Buchidee des »Drei-Herzen-Klos« (nach Michelin-Bedeutung: Lohnt einen Umweg!); denn ich ergreife sofort die Flucht. Für den Gebrauch von Stehklosetts muß man vermutlich geboren sein. Ich kann es nicht. Ich müßte mich vollständig ausziehen, um den Toilettenvorgang einigermaßen zivilisiert zu überstehen. Außerdem sehe ich mit Entsetzen, daß der Fußboden dieser Steheta-blissements immer naß, meistens verunreinigt ist: In diese schmierigen, schmutzigen Fußlöcher soll ich mich stellen? Da gehe ich lieber. Unter Gebildeten und Pseudo-Gebildeten findet man amerikanische Hotels großer Ketten in Dritte-Welt-Ländern ganz und gar unmöglich, als begänne mit ihnen der kulturelle Niedergang. Ich liebe diese Hotels allein wegen ihrer wunderschönen Toiletten, *western style.* Sollte sich partout kein amerikanisches Hotel in der Umgebung finden, so gibt es bestimmt eine Bank: In den ärmsten Ländern stehen die prachtvollsten Banken, und jede Bank verfügt über eine Toilette, *western style.* Sollte es weder Hotel noch Bank geben, ist ein Wald immer noch jedem Stehklosett vorzuziehen.

Wer hat sich den Unfug mit den Stehklosetts nur ausgedacht? Ein wild gewordener Hygieniker hat Länder und Kontinente mit seiner eigenen Angst vor der Infektion durch alle nur denkbaren Krankheitserreger über die unschuldige Klobrille angesteckt. Nach dem Urteil von Medizinern ist eine Infektion über die Klobrille theoretisch zwar möglich, doch bedürfe sie so vieler Voraussetzungen, daß sie praktisch so gut wie nie vorkomme. Das liegt unter anderem daran, daß die meisten Menschen schon im eigenen Interesse dafür sorgen, daß die Klobrille sauber bleibt. Jedes verschmutzte Handtuch, ganz zu schweigen von den Trockengebläsen, die Bakterien und Viren gleichmäßig im Toilettenraum verteilen, ist nach Meinung von Medizinern und Hygienikern weitaus gefährlicher als die Klobrille. Nur Bischöfe, Päpste, Könige, Minister und Manager stecken sich regelmäßig auf angeblich verschmutzten Klobrillen an; gewöhnliche Menschen müssen gottweißwas anstellen, um ähnliche Krankheiten auf diesem Wege zu bekommen.

Nun ist die Welt aber so, wie sie ist. Im Orient zum Beispiel, vorwiegend in islamischen Ländern, ist das Stehklosett zu einer Art Kult geworden: Ost gegen West. Man erinnert sich mit Unbehagen an die komischen, jedoch bitterernst gemeinten Vorschriften Chomeinis für den Gebrauch des Stehklosetts und für die Reinigung der Gläubigen nach dem Gebrauch. Heute gibt es im Iran westliche Toiletten nur noch in den wenigen, ziemlich heruntergekommenen, einst amerikanischen Hotels, und auch dort befindet sich neben der Rolle Toilettenpapier immer die für die vorgeschriebene Reinigung notwendige Handdusche. Hier versagt jeder Westler. Obwohl es nicht zu bestreiten ist, daß diese Art der Körperreinigung bestimmt hygienischer ist als die mit Toilettenpapier. Wo den Deutschen meistens das Bidet schon verdächtig ist — die meisten halten es für etwas Weibliches, etwas Französisches — nehmen sie die Toiletten-Handdusche ratlos in die Hand und hängen sie am liebsten ungenutzt wieder an den Haken: Man kann halt Wasser damit spritzen.

Wie auch immer, der Reiseplan richtet sich nicht nach der sanitären Ausstattung der betreffenden Länder. Das ist am Ende auch richtig so. Denn in Afghanistan zum Beispiel hatte ich überhaupt keine Toilettenprobleme. Erstens gibt es, außer in Herat und in Kabul, überhaupt keine Toiletten, weder Steh- noch Sitzklosetts. Und zweitens kauft man sich am besten sofort einen Pathanen-Anzug, pyjamaartig. Man lernt ihn schätzen — im Wald, im Straßengraben, auf der Wiese hinter der Herberge, wo immer man eine Toilette sucht.

ES IST ZEIT

Das erste, was mir in der Moschee auffiel, war die alte Pendeluhr im Eingang und der Abreißkalender an der Wand. Es war die Moschee auf Rhodos, eher eine Sehenswürdigkeit für Touristen als ein Bethaus; denn die islamische Gemeinde auf der griechischen Insel ist nur klein, und nach dem Zweiten Weltkrieg und den griechisch-türkischen Auseinandersetzungen ist sie immer weiter geschrumpft. Die Pendeluhr und der Abreißkalender erschienen mir daher auch als Kuriosa, die ich nicht einzuordnen wußte. Wenige Jahre später hatte ich schon viele Moscheen gesehen, in Edirne, Istanbul und Izmir, in Kairo und Alexandria, in Teheran, Schiras und Isfahan, in Herat, Kabul und Kandahar, in Peshawar, Lahore und Hyderabad, in Kuala Lumpur und in Jerusalem — immer erklärten die Fremdenführer den Haram, die Mihrab, die Minbar, die Maksura und die Medrese, den Betsaal, die Gebetsnische, die Predigtkanzel, den abgeteilten Raum für den Herrscher und den Lehrraum. Ich suchte indessen heimlich nach der Pendeluhr und dem Abreißkalender; beides fand ich in jeder Moschee, als gehörten sie dazu wie Tabernakel und Ewiges Licht in einer katholischen Kirche, während Uhr und Kalender in christlichen Kirchen auffallend fehlten. Sogar in dem beängstigenden Gewühle der islamischen Pilgerstadt Meschhed im Nordosten von Iran spülte mich die Menge wieder vor die Pendeluhr und den Abreißkalender. Ich kannte das schon. Stehen die christlichen Kirchen außer der Zeit? Über der Zeit? Die Moscheen stellen sich ausdrücklich in die Zeit, oder sie ordnen sich ihr unter. Das war meine improvisierte Interpretation, die allerdings die Turmuhren der christlichen Kirchen nicht berücksichtigt. Vielleicht galten die Pendeluhren der Moscheen nur als Ersatz für fehlende Turmuhren. Aber wie sollte ich es deuten, daß es Synagogen mit und ohne Uhr gibt? Synagogen mit und ohne Abreißkalender? In der Semper-Oper in Dresden entdeckte ich kürzlich hoch über dem Bühnenrahmen eine gigantische Uhr, ein früher Digital-Zeitanzeiger, die Stunden in römischen Ziffern, die Minuten in arabischen; die Uhr soll zur Original-Ausstattung gehören. Es ist vermutlich der einzige deutsche Theatersaal mit Uhr. In Italien hat jede alte Opernbühne ihre Uhr. Die Kunst ordnet sich der Zeit unter, dachte ich wieder. Die Musik spielt unter der Uhr. Aber meine schöne Philosophie über die äußere und die innere Zeit ist nun ins Wanken geraten. Denn hoch über dem Hauptaltar von St. Quirin in Tegernsee entdeckte ich im Rahmen zu dem Kreuzigungsgemälde von Karl Loth von 1690 eine klassizistische Uhr. Sie funktioniert zwar nicht mehr, die Zeiger zeigen schon seit vielen Jahren, wie man mir erklärte, auf fünf Minuten vor zwölf, aber es ist unsere Erden-Zeit, hereingenommen in den heiligen Raum. Vielleicht weisen mich meine vielen Uhren-Beobachtungen rund um die Welt nur auf eines hin: Der Zeit entgehst du nicht.

IV

WAS UNTERSCHEIDET DIE RATTE VOM REH?

Gern denk' ich an Mandawa zurück. Ich höre im Schlaf den klagenden Schrei der Pfauen und das heisere Bellen der Hunde, das irgendwo auf den Zinnen des Palastes beginnt und sich wie eine Tonstafette fortsetzt hinunter ins Tal, wo ein Chor laut-wütend antwortet. Der hechelnde Kampflärm dringt herauf über die Dächer der schlafenden Stadt bis vor die Zimmer des Palastes. Nachts werden hier blutige Schlachten geschlagen, von denen der Mensch keine Ahnung hat. Mit dem ersten Heraufdämmern des Morgens verliert sich das Gebell in der Wüste. Die Hunde graben sich Löcher in den nachtkühlen Sand und lecken ihre Wunden. In Mandawa haben wir über Indien nachgedacht und darüber, was wir hier wollten oder hier verloren hatten.

Wir hatten am frühen Morgen Jaipur, die quirlige Hauptstadt Rajasthans, verlassen und waren Stunde um Stunde bei steigender Hitze durch die Wüste Thar gefahren. Zwar fuhren wir nur durch wenige Dörfer, Marktflecken, passierten einsame Gehöfte, Schmiedewerkstätten, kuppelbesetzte Leichenverbrennungsplätze, klapprige Hütten und Zelte am Straßenrand, aber wie auf allen Straßen der sogenannten Dritten Welt trafen wir auch hier wieder auf den unablässig fließenden Strom der hin und her ziehenden Menschen. In bunten Lastwagen, in überfüllten Omnibussen, auf Karren, die von hochmütig blickenden Kamelen gezogen werden, zu Fuß unterwegs mit Herden von Schafen, Ziegen, Eseln oder mit unglaublich schweren Lasten auf dem krummen Rücken. Dieser unverwechselbare Geruch auf indischen Straßen aus Staub, Kurkuma, verdorrtem Gras und Exkrementen, ein heißer Modergeruch, der lähmend wirkt und auf eigentümliche Weise gefährlich zu sein scheint, man muß sich an ihn erst gewöhnen. Indien empfängt den Fremden nicht mit offenen Armen. Indien stellt sich quer.

Das mag den Reisenden zuerst stören oder gar verärgern, bis er begreift, daß Indien erst hinter diesem Distanz gebietenden magischen Zirkel aus Schmutz, Krankheit, Armut, Ekel, erst hinter den wohlfeilen Klischees des Fremdenverkehrs beginnt. Die Indien-Reisenden sind meistens wortkarg, wenn sie zurückkommen, das Erzählen fällt ihnen schwer. Sagen sie, »es war phantastisch« — Indien ist phantastisch in des Wortes reinster Bedeutung; wie anders sollte man etwa Jaisalmer nennen, eine hochgetürmte Stadt mit Tempeln und Palästen aus feinstem Marmorschnitzwerk, mit noblen Patrizierhäusern, bemalt und mit Steingittern, mit idyllischen Straßen, in denen es brodelt und dampft vor Leben, aber mitten in einer weit und breit todesflirrenden Wüste, bis an den Horizont —, dann erregt das Wort »phantastisch« Anstoß zu Hause, die Daheimgebliebenen blicken vorwurfsvoll und fragen: »Und die Armut haben Sie nicht bemerkt?« Erzählt der Reisende hingegen von zerlumpten Bettlern, von hungrigen, hoffnungslosen Kindern, von heiligen, ausgemergelten Kühen, oder erzählt er etwa von seinen eigenen Mühen, mit dem Klima und den Anstrengungen der Reise fertig zu werden, dann muß er sich die spöttische Frage gefallen lassen, warum er denn überhaupt hingefahren sei. Indien macht es dem Reisenden schwer.

Die selbstzufriedenen Nichtreisenden machen es sich dagegen mit ihrem Vorwurf zu leicht. Wer sich dem Abenteuer der Wirklichkeit nicht aussetzen will, der sollte auf keinen Fall nach Indien reisen. Der in Trinidad geborene, indische, also »westindische« Schriftsteller V. S. Naipaul hat in seinem vielzitierten und durch und durch pessimistischen Buch *Indien — eine verwundete Kultur* letzten Endes gestehen müssen, daß er als Gast im eigenen Land Indien nicht verstanden hat. Um wieviel mehr muß der europäische Besucher sich fragen, ob sein stereotypes Entsetzen vor dem indischen Elend weniger menschliches Mitleid als abendländische Blasiertheit beweist. Wo die Europäer doch offensichtlich immer wissen, wie man manierlich wohnt, sie sagen »menschenwürdig«, wie man sich anzieht, was man ißt und wie man es mit der Hygiene hält; und nur die armen, armen Inder wissen es nicht. Nein, so ist es eben nicht. Diese Einsicht haben die Indien-Reisenden den Daheimgeliebenen voraus.

Die hochragenden modernen Wohntürme an den Stadträndern von Kalkutta und Bombay zum Beispiel, kümmerliche Versuche, das millionenfache Obdachlosenproblem zu bewältigen, wirken fast lächerlich. Der Vorschlag einer Gruppe junger, progressiver indischer Architekten, die Slums nicht zu beseitigen, sondern mit funktionierenden, hygienischen Einrichtungen zu versehen, wird dagegen jeden Indien-Reisenden sofort als die bessere Idee überzeugen.

Während wir über Hunger und Armut philosophierten, berichtete der in Neu-Delhi erscheinende *Indian Express,* wie schwärmerisch sich der indische Kosmonaut, der in der Raumkapsel der Russen mitflog, über die Aussicht auf seine Heimat geäußert hatte: *»India looks best on earth!«* Zählt Indien denn überhaupt zur dritten Welt? Mit seinen Forschungslaboratorien, mit seiner Industrie, seinen Bodenschätzen, seiner Landwirtschaft, mit seinem raffinierten Welthandel? Mit der natürlichen Cleverness seiner Bewohner? Mit dem märchenhaften Reichtum der indischen Oberschicht?

Als wir verstaubt, hungrig und durstig, müde und hinfällig von der Hitze in Mandawa ankamen, mußten wir uns erst einer Schar bettelnder Kinder erwehren. Sie hielten sich nicht lange beim Betteln auf, sondern griffen in unsere Tragetaschen, Jackentaschen, Hosentaschen, es wurden immer mehr. Bis vor dem äußeren Portal des Palastes ein würdiger weißbärtiger Hofmarschall mit roter Livree und einem silbernen Stab erschien, worauf die Kinder wie ein Spuk verschwunden waren. Musikanten saßen in einer Ecke des weiten Innenhofes und spielten Schwermütiges, Flöte und Trommel, zu unserer Begrüßung. Wir wurden mit duftenden Blumenkränzen empfangen, und der Hausherr selbst tupfte uns den roten Punkt auf die Wurzel des Nasenbeins. Dabei war die Farbe etwas zu flüssig geraten, so daß sie uns bald, während der feierlichen Begrüßungsworte, wie Blut von der Stirn tropfte. Der Palast von Mandawa gefiel uns auf den ersten Blick.

Das Haus mit den ineinander verschachtelten Aufbauten stammt in seiner jetzigen Form aus dem Jahr 1750, bestimmt aber wurde es auf bereits früher bestehenden Gebäuden errichtet. Wie alle Paläste in Rajasthan gleicht das Bauwerk von außen einer Burg, einer gewaltigen Festung. Innen hingegen verwandeln sich die schweren, dicken Mauern in zierliche Säulen mit filigranem Schnitzwerk. Mit Teppichen ausgeschlagene Mauernischen, verschwiegene Treppchen, geheimnisvolle Gänge, die plötzlich vor einer Wand enden — oder ist es nur eine Tapetentür?

Um zu den Zimmern oder Suiten zu gelangen, muß man über Brücken, Treppen hoch, übers Dach, vielleicht über eine Leiter wieder herunter und noch einmal ein Treppchen hoch, dann steht man vor einer Pforte, so schmal und so niedrig wie ein Nadelöhr; ein kiloschweres Schloß hängt vor der Tür. Drinnen eröffnet sich ein Zaubergarten, ein schwellendes Bett im Alkoven, Kissensitze und geschnitzte Tischchen mit Intarsien in einer Fensternische aus farbigem Glas, antike Möbel, antike Bilder; ein leerer Nagel an der Wand demonstrierte augenfällig, wie sehr die Bilder meinem Vorgänger gefallen hatten. Das große Badezimmer, in dem alles vorschriftsmäßig funktionierte — bis auf den elektrischen Strom, der mehrmals am Tag ausfiel —, war wiederum über ein Treppchen und durch eine niedrige Pforte zu erreichen; ohne an einem Ende mit dem Kopf an den harten Stein zu stoßen, war die Durchquerung kaum möglich. Das Essen wird in der oberen Halle von zwei, drei Dienern serviert, die stumm zu sein scheinen. Am Abend waren wir zur Vorführung des Marionettentheaters auf dem Dach eingeladen. Wir sahen wilde Ritterkämpfe, gemessen tanzende Frauen und einen Reiter, der durch einen veritablen Feuerreifen sprang. Die quietschende Bambusflöte, die der Puppenspieler während der Vorstellung zwischen den Zähnen hält und bläst, ist die Puppensprache.

Mandawa und das benachbarte Nawalgarh sind die Hauptorte der Region Shekuwati, die wegen ihrer einmaligen Fresken in und an Patrizierhäusern eine Sonderstellung in Rajasthan einnimmt. Rajasthan, das Königsland, das Stammland der Rajputen, der Söhne der Sonne, des Mondes und des Feuers, ist heute der zweitgrößte indische Bundesstaat. Auch während der langen, etwa sechshundertjährigen Moslem-Herrschaft in Indien hat Rajasthan seine Selbständigkeit behauptet — in grausamen Schlachten oder auch durch geschicktes Verhandeln und Verhalten. Selbst als die

Engländer kamen, blieb Rajasthan weitgehend »unabhängig«, zumindest sah es so aus: Die allmächtigen Maharadschas standen sowieso auf der Seite Englands, so bedurfte es keiner Unterwerfung.

In der indischen Unabhängigkeitserklärung von 1947 wurde es den Rajputen freigestellt, sich Indien oder Pakistan anzuschließen. Traditionell herrschte in Rajasthan ein friedliches Einvernehmen zwischen den Religionen. Die höfische Musik beispielsweise wie auch viele Werke der Architektur sind rein muslimisch. Doch alle neunzehn Fürstentümer und Königreiche stimmten schließlich für Indien, traten aber erst 1949 der Indischen Union bei. 1971 dann hat die Bundesregierung unter Indira Gandhi die staatliche Apanage der Fürsten gestrichen. Sie haben ihren Frieden mit dem neuen Regime noch lange nicht gemacht.

Über die tatsächliche Stellung der Fürsten und ihrer Familien, über ihren politischen Einfluß und ihre Geschäfte kann man als Besucher jedoch kaum Konkretes erfahren. Sie werden verehrt, bewundert, bestaunt, vielleicht sogar geliebt, auf jeden Fall sind sie noch immer unermeßlich reich, reisen rund um die Welt, führen immer noch ein großes Haus, halten hof, auch wenn viele Paläste heute als Hotel fungieren, bewirtschaftet entweder direkt vom Maharadscha oder von einer »wohltätigen« Stiftung, die im Auftrag der Fürsten solch niedere Geschäfte betreibt.

Ein gigantisches Kuriosum ist das *Umaid-Bhawan-Palast*-Hotel aus rotem Sandstein in Jodhpur, in seiner Monstrosität zugleich ein Beispiel für den Niedergang der indischen Kultur, die radikale Kunsthistoriker schon um 1750 enden lassen, die aber auf jeden Fall nach dem Einmarsch der Engländer ins Protzige umschlug. Das Hotel bildet insoweit eine Ausnahme, als es von Anfang an als Gästehaus geplant war; gebaut wurde es erst zwischen 1929 und 1943. Die offizielle Begründung lautete damals wie heute, daß der noble Fürst der notleidenden Bevölkerung von Jodhpur Arbeit verschaffen wollte. So entstand dieses Haus, das jedem, der es betritt, zunächst einmal den Atem verschlägt. Durch immer breiter sich öffnende Gänge und Hallen und geschwungene Treppenhäuser mit Kristall-Lüstern und kostbaren Holzverkleidungen gelangt man endlich in die zentrale Halle, deren Kuppel sich mit St. Peter in Rom vergleichen läßt. Von hier aus führen sternförmig die langen Gänge zu den riesigen Schlafgemächern, Salons, Konferenzsälen, Ankleidezimmern mit begehbaren Spiegelschränken. Allein die Tür zum Restaurant aus Kupfer und Glas mit Adlern aus Messing als Türgriff ist so schwer, daß man sie als einzelner kaum bewegen kann. Das Haus, das als First-class-Hotel geführt wird, ist die Ausgeburt eines geschmacklosen Spleens, es bedrückt den Besucher in all seiner falschen Pracht und macht ihn traurig. In Mandawa haben wir uns wohler gefühlt.

Die Fresken von Shekawati übrigens, auch das ist eine Rarität in Rajasthan, sind eben keine Dokumente höfischer Kultur oder religiöser Kunst, sondern Beweise für ein stolzer und selbständiger werdendes Bürgertum im 19. Jahrhundert. Rajasthan war früher ein reiches Land, in der Vorzeit auch ein fruchtbares. Durch das Versickern von Wasserläufen, vielleicht auch durch falsche Bodenbewirtschaftung verwandelte sich das Land erst in der Neuzeit in die Wüste Thar. Reichtum brachten nun ausschließlich Handel und Handwerk. Vor allem die Region Shekawati war Sitz alter und berühmter Kaufmannsfamilien, deren Namen in Indien auch heute noch bekannt sind. Damals belieferten sie von Shekawati aus die Fürstenhöfe, als Bankiers handelten sie auch mit Geld und waren oft reicher als die Fürsten selbst. Heute wohnen die Nachkommen meist in Kalkutta oder in Delhi. Ihre alten

Häuser in Nawalgarh oder in Mandawa behalten sie zwar in Besitz, aber sie verkommen und verfallen, lange wird von der Herrlichkeit nicht mehr viel zu sehen sein.

Dabei handelt es sich bei diesen Wandmalereien (zwischen 1850 und 1940) um äußerst seltene Zeugnisse von moderner Kunst in Indien. Unbefangen und naiv schilderten die Maler an den Hauswänden das Leben, wie sie es sahen oder wie man es ihnen erzählt hatte. Göttergeschichten, das Leben am Hofe, den Tiermarkt, die ersten Eisenbahnen, Luftballons, Zeppeline und Flugmaschinen, europäische Touristen als Karikatur, Erotisches, Göttliches, Himmlisches und Irdisches, alles durcheindander, immer heiter, unprätentiös und handwerklich gekonnt. In den meisten Reiseführern ist der Name Shekawati nicht einmal erwähnt.

Während wir die Fresken besichtigten, immer umgeben von prachtvollen Pfauen, die sich auf Mauervorsprüngen oder Türmen effektvoll in Szene setzten, verdunkelte sich plötzlich der Himmel, und die Pfauen flogen rauschend davon. Auch wir wurden in einen Keller gedrängt. Für wenige Minuten brauste ein wilder Sandsturm durch die Stadt. In dem Kellerzimmer arbeiteten mehrere junge Männer, ohne uns oder den Sandsturm zu beachten, in der Zigarettenfabrikation. Wir waren in eine Heimwerkstatt für diese kleinen schwarzen indischen Zigaretten geraten, die in den Städten für ein paar Pfennig verkauft werden. Der Tabak kam aus Nordindien, hier wurde er nur verarbeitet, geliefert wurden die Zigaretten dann nach Bombay. Jeder der Männer drehte am Tag etwa 1200 bis 1400 Zigaretten, das ergab einen Verdienst von 20 Rupien, etwa fünf Mark.

In Jaipur haben wir den Palast der Winde gesehen. Herauf zu der Festung Amber sind wir nach traditioneller Touristenweise auf dem Elefanten geritten. In Bikaner, Jodhpur und Udaipur haben wir die märchenhaften Paläste besichtigt mit An-, Vor- und Aufbauten vom 13. bis zum 19. Jahrhundert. Die Miniaturen und Einlegearbeiten, Wände mit Edelsteinen besetzt. In Jaisalmer, der wundersamen Wüstenstadt, habe ich mich vor lauter Gucken jämmerlich verlaufen. In der schon fallenden Dämmerung war ich froh, endlich einen Betteljungen zu treffen, dem ich mein Problem auseinandersetzen konnte. Als der Junge begriff, daß ich wirklich auf seine Hilfe angewiesen war, sagte er kein Wort mehr, nahm mich bei der Hand und führte mich getreulich durch die ganze Stadt. Nie und nimmer hätte ich allein da hindurchgefunden. Als ich den Jungen belohnen wollte wie einen Taxifahrer, genierte er sich, dann nahm er das Geld und lief weg. Vermutlich habe ich es nun doch wieder falsch gemacht.

Soll ich erzählen von den Reis- und Blumenmustern im Jain-Tempel von Ranakpur, von rätselhaften Mandalas? Oder vom Tanz der alten Männer unter dem Mangobaum beim Picknick vor Udaipur? Oder von dem besessenen Professor auf der Kamelfarm bei Bikaner, der uns erstaunliche Dinge über die sensible Klugheit der Wüstentiere berichtete, dann aber nicht lockerließ, bis er uns seine stattliche Sammlung von Kamelföten, Früh- und Mißgeburten in Spiritus, vorgeführt hatte? So genau wollten wir es nicht wissen. Lieber erzähle ich von dem Besuch im Rattentempel von Deshnoke, 32 Kilometer hinter Bikaner.

Der Tempel aus dem 14. Jahrhundert mit seiner wunderbaren Fassade aus Marmorintarsien ist der Göttin Kami Devi geweiht, die ihrerseits als eine Inkarnation der mächtigen Göttin Durga gilt. Die Legende sagt, daß Kami Devi sich am Ende ihrer Tage in eine weiße Ratte verwandelt. Immer wenn man in ihrem Tempel, in dem alle Ratten heilig sind, eine weiße Ratte sieht, bedeutet das, daß die Göttin selbst anwesend ist. Unsere Besuchergruppe war tapfer zu dem Ausflug nach Deshnoke gestartet. Skeptisch wurde sie erst, als man ihr mitteilte, daß sie zum Besuch des Tempels nicht nur Ledergürtel und Schuhe ablegen müsse, sondern auch die Socken auszuziehen habe.

Im Innenhof ging es noch einigermaßen zivil zu. Dann und wann lief eine graubraune Ratte gemächlich quer über den Platz. An der Seite war ein Gatter voller Ratten, die gerade gefüttert wurden. Schlimm wurde es erst beim Betreten des Tempels. Es war ein unbeschreibliches Bild: überall Ratten, Hunderte, Tausende von graubraunen, nicht allzu großen, irgendwie verkümmert, verwachsen aussehenden Ratten. Auf den Altären, auf den Figuren, im Rankenwerk der Fenster, überall. Vor unseren Füßen hockte eine offensichtlich kranke, wohl sterbende Ratte, die während unseres kurzen Besuches von mindestens drei kräftigen Ratten begattet wurde. Hinter dem Altar, wo sich das eigentliche Heiligtum befand, war der Boden schwarz bedeckt von wimmelnden Ratten.

Die Besucher waren starr und steif auf der Schwelle stehengeblieben. Nur wenige trauten sich noch vor über den glitschigen Boden, der natürlich voll von Rattendreck war. Nie habe ich ein befremdlicheres Schauspiel gesehen, abstoßend und faszinierend zugleich; dem frommen Hindugläubigen neben mir, der die Reise nach Deshnoke als Pilgerfahrt aufgenommen hatte, offenbarte sich das Göttliche in diesem animalischen Hexenkessel. Die schreckliche Göttin Durga, die weiße Ratte, hat keiner gesehen, unergründlich für uns Sterbliche sind die Ratschlüsse der Götter.

Das Satyrspiel lieferte allerdings unsere Gruppe, die nach zwei, höchstens drei Minuten, von Entsetzen und Ekel gepackt, fluchtartig den Tempel verlassen hatte. Sie war nicht nur hinausgestürmt, sondern saß, würgend und mit roten Köpfen, im Bus; befallen von einer Reinigungsmanie, sammelte sie Papiertaschentücher und putzte und putzte Füße, Schuhe, Socken, Hosen. Der Tempelplatz mit seinen merkwürdigen Devotionalienlädchen interessierte sie partout nicht mehr, sie wollten zurück ins Hotel, baden, sich umziehen, einer, ein besonders Hygienischer, veranstaltete im Hotel eine Generalwäsche seiner gesamten Garderobe, die er beim Tempelbesuch getragen hatte.

Nun begab es sich aber, daß auf der Rückfahrt zum Hotel einer aus der Gruppe nicht weit von der Straße zwei Rehe im Unterholz entdeckte. Der Bus mußte anhalten, damit alle die Tiere sehen konnten. War das ein Entzücken! Einer versuchte später eine Diskussion in Gang zu bringen, er fragte: »Was unterscheidet die Ratte vom Reh? Moralisch? Ästhetisch? Hierarchisch? Heraldisch? Oder haben wir es hier allein mit einer Frage des Images zu tun?« — Aber niemand antwortete ihm. Vom Rattentempel wurde auf dieser Reise nicht mehr gesprochen.

DIE PEST

Das Auswärtige Amt in Bonn hat seine Gesundheitswarnungen für Reisende nach Indien bereits am 11. Oktober 1994 wieder eingestellt. Das war nur wenige Wochen, fast nur Tage nach dem überall aufgeregt kommentierten Ausbruch der sogenannten Pest. Eingestellt wurde auch die Warnung vor der Malaria in Rajasthan, was nicht etwa heißt, die Malaria sei überwunden und es bedürfe für Reisende nun keiner Vorsorge mehr, aber mehr als die übliche Vorsorge ist nicht zu tun. Es gibt keine Krankheit auf der Erde, die es in Indien nicht gibt und die auf Grund der mangelnden Hygiene und der insgesamt schwachen Abwehrkräfte der von Hunger, Arbeit und Armut ausgezehrten Menschen in Indien nicht sofort zur Katastrophe werden kann. Wenn die Medizin und ihre Gläubigen gern von »ausgerotteten Krankheiten« sprechen, so hat die Hysterie um die sogenannte Pest in Indien immerhin deutlich gemacht, daß alle diese Krankheiten — Pest, Aussatz, Cholera und viele andere — unverändert weiter bestehen: Sie lauern auf ihre Wiedergeburt. Das bewiesen allein die großen Mengen an Medikamenten, die die Pharma-Industrie sofort bereitstellen konnte — sie hätte diese kaum auf Lager, wenn sie nicht auch mit solchen Krankheiten rechnete. Im Falle Pest wurde nebenbei bekannt, daß in den immer um Hygiene bemühten Vereinigten Staaten von Amerika jährlich mindestens zwei Menschen an Pest sterben und daß in Australien sogar eine Impfung gegen die Pest üblich ist. Von dieser raten europäische Ärzte wegen der starken Nebenwirkungen im allgemeinen ab.

Zur sogenannten Pest in Indien sind sich die meisten Experten inzwischen einig, daß die Pest gar nicht die

Pest war, vielmehr eine rätselhafte Krankheit, die in Indien mehr oder weniger regelmäßig nach starken Monsunregenfällen, wie es sie in diesem Jahr gegeben hat, auftritt. Nach glaubhaften Berichten gab es in der Stadt Surat, etwa zweihundert Kilometer nördlich von Bombay, dreiundsechzig Tote, in Delhi zwei Tote. Ohne in den Streit der Mediziner und Virologen einzugreifen, das Wort »Pest« löste eine Medienkampagne aus, die man, wenn sie nicht so erschreckende Auswirkungen gehabt hätte, nur lächerlich nennen kann. Die hohe Zahl von Stornierungen gebuchter Reisen nach Indien brachten die meist kleineren Spezialveranstalter an den Rand des Ruins. Die Zahl der Reisenden sank auf Null. Flüge wurden abgesagt. Der Charterflugbetrieb nach Goa, das mindestens fünfhundert Kilometer von Surat entfernt liegt, wurde eingestellt. Air India meldete zwischen September und Dezember 1994 einen Rückgang um sechstausend Passagiere. Auch andere Fluggesellschaften waren von der panischen Angst, die von den Medien immer wieder angeheizt wurde, betroffen. Bei der Lufthansa begleiteten Ärzte die Flüge nach und ab Indien, die den Passagieren ein Gefühl von Sicherheit vermittelten — medizinisch betrachtet: lediglich eine Maßnahme zur Beruhigung, als PR-Gag aber von geradezu magischer Bedeutung: Lufthansa verzeichnet keine Verluste im Indien-Geschäft.

Nun hat sich die Lage beruhigt. Der Flugverkehr funktioniert wieder reibungslos. Die Buchungen laufen an. Geblieben oder gar verstärkt hat sich allerdings das ohnehin schon schlechte Image von Indien als Land der Bettelarmut und des Schreckens — und eingestellt hat sich hoffentlich ein bitteres Aufstoßen aller eilfertigen Leitartikler, Glossenschreiber, Sonntagsredner, Fernsehmoderatoren und sonstiger Zeitgeistler, die sich beschwörend und händeringend auf die Pest gestürzt hatten wie die Geier auf den Kadaver. Von der Schwarzen Madonna bis zum heiligen Rochus, vom Mittelalter über Nostradamus bis zu Camus wurde alles Pestbezügliche zitiert. Selbstverständlich fehlten auch nicht die Hinweise auf Aids, Krebs und andere Zeitkrankheiten: die Pest — ein Zeichen, ein Signal, eine Gottesstrafe. Der wie mit Öl geschmierte Ablauf des Medienbetriebs hatte groteske Züge: Nicht die Pest war ein Zeichen, sondern dieser aufgeregte Medienapparat war ein Zeichen für die Hysterie unserer Zeit. Die Pestredner aller Grade waren durch eine Eigenschaft miteinander verbunden: Noch nie hatte einer von ihnen seine gegen Fußpilz desinfizierten Füße auf den krankheitsschwärenden Boden Indiens gesetzt. Gipfel der Lächerlichkeit: Eines Tages wurde in den Nachrichten aller Fernsehkanäle verkündet, nun habe die große Flucht aus Surat nach Bombay eingesetzt und nun sei die Weiterverbreitung der Pest nicht mehr aufzuhalten. Zum Beweis sah man einen überbesetzten Zug der indischen Eisenbahn. Darüber kann jeder, der jemals in Indien war, nur lachen. Denn es gibt nur überbesetzte Züge in Indien. Man weiß nicht, wo sie alle hinfahren, aber das ganze Land befindet sich ständig auf der Reise. Würde man einmal einen leeren indischen Zug zeigen — das wäre alarmierend.

GÖTTER OHNE PROGRAMM

Das Eisenbett von Bagalkot stand auf schwankenden Beinen und war umgeben von einem fleckigen Gazevorhang, dem angeblichen Moskitonetz, das freilich mit seinen vielen Schlitzen und anderen Öffnungen für jede manierliche Mücke eine echte Herausforderung bieten mußte. Ich war todmüde hineingekrochen, hatte auf das schmutzige Laken nicht geachtet und hatte mich auch nicht gefragt, wie viele Schläfer vor mir die schwarzweiß karierte Wolldecke in der empfindlich kühlen Nacht schon wärmend um sich geschlungen hatten. In meinem Kopf spulte sich die Busfahrt ab: Wie lange war ich nun schon unterwegs in Karnataka? Acht Tage, zwei Wochen, zwei Monate, fuhr ich schon ein Leben lang durch Indien? Am Morgen hatten wir in Bijapur die traumhaften islamischen Sehenswürdigkeiten der Stadt aus dem 17. Jahrhundert besichtigt. Dann waren wir wieder mit dem Bus gefahren, hatten das Leben in kleinen Dörfern und auf den Feldern beobachtet, Sonnenblumen, Linsen, Chili, Zuckerrohr. Dazwischen die starken, prächtigen und so unendlich geduldigen Wasserbüffel, die schönsten Tiere vielleicht, die es auf der Erde gibt.

An einem stinkenden Tümpel sahen wir zu, wie Kinder die Büffel zur Tränke führten, sie putzten und mit ihnen im Wasser planschten. An diesem Nachmittag war es wohl, als Frau M., die älteste, doch immer aktivste unter den Reiseteilnehmern, sagte: »Es rührt mich, wenn ich sehe, wie liebevoll die Kinder mit den Tieren umgehen.« Ich suchte nach einem rationalen Grund und glaubte bemerken zu müssen: »Es bleibt ihnen gar nichts anderes übrig; die Tiere sind für ihre Existenz lebenswichtig.« »Ja, schon«, sagte Frau M., »aber der Büffel könnte doch auch ihr Großvater sein.«

In meinem schwankenden Bett des *Burga Vihar*-Hotels von Bagalkot fuhr ich in wirren Träumen alle Busstrecken noch einmal hin und zurück. Ich hörte die nächtlichen Kämpfe zwischen Hunden und Wildschweinen vor dem Haus. Das Heulen der Hunde, das Schreien der Katzen. Was für Dramen Nacht für Nacht. Während des Schlafs erschienen mir die Träume logisch, hinterher bemerkte ich, daß sie weder Anfang noch Ende hatten. Da, plötzlich ein Schrei, genau vor meiner Tür. Ein Gelärme und Gebrülle, von allen Seiten hörte ich das patschende Getrappel nackter Sohlen. Jetzt konnte ich auch die dominierende Stimme identifizieren: Es war der zahnlose Alte, der Boß, der Besitzer des Hotels, der uns am Abend so ausnehmend freundlich begrüßt hatte, und der Schrei vor meinem Zimmer war der Weckruf für das Personal. Meine Uhr zeigte fünf, das Frühstück für unsere kleine Gruppe war für sechs Uhr angekündigt, jetzt mußten die Vorbereitungen getroffen werden. Auf dem Gang vor meinem Zimmer, ein ziemlich freischwebendes Treppenhaus in permanentem Weiterbau, schienen Wettrennen mit nackten Füßen stattzufinden. Ich war wach, gerüstet für einen neuen Bus- und Besichtigungstag, und so kroch ich aus meinem Gaze-Abteil, übrigens von keiner Mücke gestochen, es gab in dem Zimmer überhaupt keine Mücken.

Am Abend war der Strom zweimal ausgefallen; gesucht waren Taschenlampen, Feuerzeuge, Streichhölzer und Kerzen. So mußte man auch kalt duschen. Das mochte am Tag erträglich sein — die Temperaturen stiegen regelmäßig auf dreißig Grad Celsius oder gar darüber. Am Abend klang es jedoch weniger angenehm. Denn mit dem raschen tropischen Sonnenuntergang sanken die Temperaturen sofort auf fünfzehn Grad und weniger. Doch für den Morgen hatte uns der zahnlose Alte heißes Wasser versprochen. Die ungewöhnliche, extravagante Einrichtung meines Zimmers bestand aus einem europäischen Sitzklosett im Badezimmer, das ich nach den vielen orientalischen Stehklosetts genoß wie einen unverdienten Luxus, den ich gegenüber den anderen in der Gruppe auch verschwieg, damit sie nicht neidisch würden. Als ich an diesem Morgen von Bagalkot, die Wasserspülung betätigte, ich traute meinen Augen nicht, das Wasser dampfte, es war kochend heiß. Der Installateur des Hotels muß da eine Leitung verwechselt haben. Die Dusche, fragte ich mich irritiert? Aber auch sie war heiß. Der etwas klemmende Wasserhahn war sogar so heiß, daß ich mir beim Aufdrehen die Finger daran verbrannte Ach, die Welt ist doch schön. Unter der Dusche hätte ich am liebsten »Guten Morgen, Karl« gesungen, mein Lieblingslied von Hildegard Knef, dessen Text ich nur immer wieder vergesse und der in Bagalkot vielleicht auch etwas unangebracht gewesen wäre.

Unten war der Frühstückstisch gedeckt. Für Frau S., die an diesem Tag Geburtstag feierte, hatte das Personal ein wunderschönes, knallbuntes Plakat gemalt. Es gab Blütenketten über Blütenketten. Auf dem gedeckten Tisch standen Kerzchen wie zu Weihnachten. Zeni, der hübscheste der Hotelboys, hatte den Auftrag, für unser Wohl zu sorgen. Vor Verlegenheit wußte er nicht, ob er seinen Sarong, der hier wohl Dhoti heißt, schürzen oder glatt herunterstreichen sollte. So tat er abwechselnd das eine und das andere. Von Zeit zu Zeit sah der zahnlose Alte mit strengem Blick herein, ob alles nach unserem Geschmack sei, ob wir fleißig zulangten und nichts zurückwiesen. Es gab kräftigen, kohlrabenschwarzen Tee, Rühreier und Fladenbrot. Damit wäre es genug gewesen, aber damit ging es erst los. Eine Brotpastete nach der anderen kam in großen Platten auf den Tisch, süße, scharfe, nach fremden Gewürzen schmeckende. Man konnte sich nicht bei einer aufhalten, die vielleicht besonders interessant schmeckte, schon legte Zeni eine neue auf den Teller — mit den Händen natürlich, womit sonst? Wir hatten uns längst daran gewöhnt. Als Höhepunkt — irgendein mißgünstiger Reisender muß das irgendwann einmal dem Hotelbesitzer von Bagalkot eingeredet haben — gab es Bratkartoffeln. Europäer, so muß er glauben, Deutsche zumal, essen am liebsten ungewürzte Bratkartoffeln. Keiner von uns besaß das Herz, ihm zu sagen, daß Indisches uns viel besser schmecke. Denn wir hatten gesehen, mit welcher Liebe er die Bratkartoffeln zu jeder Mahlzeit extra für uns zubereitet hatte. So werden die faden Bratkartoffeln vermutlich für alle Zeiten eine Spezialität seines Hauses bleiben.

Ich war also wieder in Indien. Von Hyderabad aus im indischen Bundesstaat Andhra Pradesh durchquerten wir den selten besuchten Bundesstaat Karnataka von Ost nach West, am vorletzten Tag in einer Gewalttour mit dem Bus von Hospet bis Goa, etwa 365 Kilometer über brüchige Straßen, von früh um sechs bis nachts um elf. Ausgelassen von Karnataka haben wir leider die Küste und den südlichen Bezirk um die Hauptstadt Bangalore, was bei den passionierten Indienfahrern unter den Reiseteilnehmern sofort das Signal setzte: Dahin müssen wir das nächste Mal.

Für Indien muß man geboren sein. Bei den einen löst schon die Nennung des Namens Entsetzen aus. Sie schlagen die Hände über dem Kopf zusammen, bedecken das Gesicht, schütteln sich und murmeln etwas von Armut, Krankheit, Seuchen, Terrorismus: Wie kann man nur in ein solches Land reisen? Die anderen verschließen die Augen nicht vor der Gegenwart. Sie wollen sehen, was sie schreckt: Indien ist die

Gegenwart. Gewiß mit tausend Problemen, von denen allerdings keines gelöst wird, indem man das Land meidet und draußen niemand weiß, wovon eigentlich die Rede ist. Nehmen wir die Kinderarbeit zum Beispiel und die Schulpflicht. Letztere besteht nicht und sie wird auch nicht einmal gefordert, weil die Schule die soziale Struktur auf dem Lande durcheinanderbrächte und weil es in den Großstädten schon viel zu viele Arbeitslose mit Hochschulbildung gebe. Darin steckt eine brutale Wahrheit, deren Bedeutung man erst begreift, wenn man am Tümpel steht, in dem die juchzenden Kinder die Wasserbüffel putzen, »vielleicht ihren Großvater«.

In keinem Land wechselt die Stimmung so radikal von depressiver Niedergeschlagenheit zu euphorischer, allesumschließender Begeisterung. Während der ganzen Reise geisterte Dominique Lapierres umstrittener Roman *Stadt der Freude* durch meinen Kopf, in dem der Autor die verblüffende These vertritt, daß Hoffnung nur im tiefsten Elend geboren werden kann: Würde einer in westlichen Wohlstandsländern nach dem Sinn des Lebens fragen, würde man sich in den Slums von Kalkutta oder Bombay ausschütten vor Lachen über ihn. Ach, es wäre so ungemein praktisch, wenn wir sagen dürften: Gott wird es schon richten, so wie er es mit dem Großvater auch gerichtet hat. Aber ohne unsere Mithilfe wird es nicht gehen, und mindestens das macht jeder Indien-Besuch deutlich: Zu tun gibt es genug; man müßte nur endlich damit beginnen.

Ich gehöre zu denen, die Indien lieben mit allem, was dazugehört. Denn Liebe, die sich nur die besten Stücke aussucht, ist keine Liebe. So liebe ich denn auch den Dreck, die Armut, die Krankheiten, die Probleme und die Menschen, die allesamt liebenswert, meistens klug, wenngleich zur Organisation völlig unbegabt sind. Das ist vielleicht ihre liebenswerteste Eigenschaft. Schon wenn ich das Flugzeug verlasse, schnuppere ich nach dem unverwechselbaren Geruch Indiens, diesem Gemisch aus Sandelholz, modrigem Laub, heißem Fett, Exkrementen und abgestandenem Urin, Rosenöl und Weihrauch. Einmal auf dieser Reise allerdings — es war vor der Ankunft in Bijapur, vor einem glühenden Sonnenuntergang sahen wir die mächtigen Türme der islamischen Stadt —, da trieb uns der infernalische Gestank des Feldes, auf dem wir standen, rasch wieder in den Bus. Es muß die Cloaca maxima gewesen sein, die wir uns zur Besichtigung ausgesucht hatten. Da muß man sich entscheiden: Schönheit oder Gestank. Unser guter Ranjan, ein Reiseführer aus Passion, der nie lockerließ, bis wir wirklich alles gesehen hatten, kam als letzter in den Bus zurück und tat, als hätte er nichts Unangenehmes bemerkt. Ich dachte an die Geschichten aus *Tausendundeiner Nacht,* die von denen für märchenhaft gehalten werden, die sie nur in Auszügen kennen. Wer sie vollständig gelesen hat, weiß, daß in ihnen ebensoviel Häßliches wie Schönes erzählt wird, daß das Häßliche sich oft in Schönes verwandelt und das Schöne zuweilen in Häßliches.

Kunst- und religonsgeschichtlich zerfiel unsere Reise in zwei Teile: Mit Hyderabad, Bidar, Gulbarga und Bijapur hatten wir die vier bedeutendsten islamischen Städte Südindiens kennengelernt mit wahrhaft großartigen Baudenkmälern. Vor allem Bijapur, von 1640 bis 1686 Hauptstadt des Moslemreiches von Goa bis Tanjore, ist unvergeßlich. Das Grabmal für König Mohmad Adil Shah hat bis auf wenige Meter die Ausmaße des Petersdoms in Rom. Die äußere Höhe der Kuppel beträgt 65 Meter. Noch besser hat mir die Jama-Masjid-Moschee aus dem 16. Jahrhundert mit einem prachtvollen Arkadenvorbau gefallen. Von unserem geliebten Bagalkot an — Bagalkot selbst ist ein unbedeutendes Provinzstädtchen — befanden wir uns im Bereich früher oder gar der frühesten hinduistischen Bauwerke. In Aiholi zwischen den Flüssen Godavari und Kistna gründeten die Hindukönige um 450 nach Christus ihr Reich. Mit vielen Höhen und Tiefen bestand es bis 1665, als die Mogule nach blutigen Schlachten die Herrschaft in Indien übernahmen. Karnataka ist wirtschaftlich einer der ärmsten indischen Bundesstaaten, kulturell aber einer der reichsten.

Wir haben die Tempel von Aiholi gesehen, siebzig Hindutempel auf engstem Raum, die frühesten Zeugnisse drawidischer Baukunst im westlichen Dekkan. Wir haben die Höhlentempel von Badami aus dem 6. Jahrhundert gesehen, Tempel aus dem Fels herausgekratzt, nur zu vergleichen mit den Höhlenkirchen von Lalibela in Äthiopien. Schließlich haben wir die Tempel- und Palaststadt Vijayanagar (Hampi) gesehen, die auch heute noch als eine der wichtigsten hinduistischen Wallfahrtsstätten in Südindien gilt. Immer wieder drängten sich Vergleiche auf zwischen der Hindu-Kunst und der Mogul-Kunst, wie beide Stile sich ergänzten und gegenseitig befruchteten, wie selbst griechische Bauelemente verwendet wurden, wie auch, spätestens nach Alexanders Eroberungszug, indisch-asiatische Elemente in der griechischen Baukunst zu finden sind.

Es gehörte zu den Eigenarten unserer kleinen Gruppe, am Abend Bilanz zu ziehen. Ranjan hielt drei strenge Vorträge über den Hinduismus und soziales Leben in Indien. Er feierte die Toleranz des Hinduismus — mit leicht scheelem Blick auf den sich immer breiter machenden Islam. Seine Meinung blieb nicht unwidersprochen. Doch nur um ihm einen Gefallen zu tun, so glaubte ich herauszuhören, sagten dann die meisten Reiseteilnehmer, ja, im hinduistischen

Teil habe eine freundlichere und friedlichere Stimmung geherrscht. Das ist so nicht ganz richtig. Der Islam in Indien ist vom Fundamentalismus noch weit entfernt, wenngleich man vor der Gefahr nicht sicher sein kann. In Hyderabad, Bidar oder Bijapur trifft man nur selten auf verschleierte Frauen. Die islamischen Frauen tragen ebenso stolz ihren Sari wie die Hindufrauen auch. Und im Golconda-Fort von Bidar oder im zauberhaften Garten des Mausoleums von Bijapur hat man uns ebenso freundlich empfangen wie später in den Hindu-Tempeln. Daß es uns in den ersten Hotels nicht so gut gefiel wie später in Bagalkot oder in Hospet, lag ausschließlich an der obskuren indischen Steuerpolitik, die Bauspekulanten für den Bau von Hotels, also für die angebliche Förderung des Tourismus, mit einer Prämie belohnt, auch wenn sie die Hotels dann verfallen lassen. In ebensolchen, kaum erbauten, schon abbruchreifen Spekulationskästen hatten wir übernachtet. Nein, an der mangelnden Freundlichkeit liegt es nicht.

Daß die Zahl der Muslime in Indien beunruhigend zunimmt, hat andere Gründe. Vor allem ist es die Armut und es ist das Ausbildungsproblem; beides wird vom Hinduismus kaum zur Kenntnis genommen. Zwar ist in irgendwelchen hinduistischen Schriften auch von Güte und Mildtätigkeit die Rede, aber der Hinduismus ist eine Religion ohne Programm. Das ist seine Stärke und seine Schwäche, seine Schönheit und seine Brutalität. Die Göttergeschichten sind interpretierbar wie die Göttergeschichten Homers. Jeder darf sie weiterspinnen. Jeder darf daran glauben, oder er kann es lassen. Der Hinduismus baut in unvernünftigem Trotz auf seine Ewigkeit und versucht, sich durch eine Welt heuchlerischer Vernünftelei zu mogeln.

Gewiß würde jeder aus unserer Gruppe etwas anderes als Höhepunkt der Reise benennen. Ich hörte bei allen Vorträgen über Tempel, Paläste und Königreiche stets auf den seltsamen Vogel, den ich schon aus der israelischen Wüste kannte, der immer »pst, pst« ruft, als hätte er der Welt ein obszönes Geheimnis mitzuteilen. Am meisten faszinierte mich die Erde, die an manchen Stellen aufbricht, so daß der rote Sandstein darunter sichtbar wird wie eine blutende Wunde. Oder die Steine in der Umgebung von Vijayanagar. Mein Gott, was für Steine! Aus schwarzem, grauem und rotem Granit, riesige Blöcke, wie von einem Künstler aufgeschichtet. Ich sammelte und sammelte, ich hätte sie am liebsten alle mitgenommen.

Als der Taxifahrer vor dem Frankfurter Flughafen frohgemut meinen Koffer anhob, um ihn in den Kofferraum zu hieven, ließ er ihn vor Schrecken zuerst wieder los. »Haben Sie da Steine drin?« fragte er. »Ja«, sagte ich.

ZUM TEE NACH BOMBAY

Bombay ist eine wilde und liebenswürdige Stadt. Nach vorsichtiger Schätzung — es gibt in Indien keine Meldepflicht — leben in Bombay zwischen zwölf und dreizehn Millionen Menschen. Sie sind hergekommen, weil in der Millionenstadt die Möglichkeiten, etwas zu verdienen, immer noch größer sind als auf dem Lande, obwohl hier auch die Not beißender und brutaler ist. Wenn man also schon über Slums, Armut und Krankheiten redet, dann muß man auch über die Hoffnung in den Augen der Bombayer Schuhputzer, Zeitungsverkäufer, Altwarenhändler, Rikschafahrer und Zuckerrohrsaftauspresser reden. Mit welchem Mut und Vertrauen sie jeden Morgen — lange vor Sonnenaufgang, wenn vom Meer her ein kühler Wind weht — ihre Pfennigberufe von neuem beginnen, und mit was für einem kindlichen Glauben sie an der Idee festhalten, in dieser monströsen Stadt ihr Glück zu machen. Mir macht Bombay daher keine Angst, sondern, im Gegenteil, die Hochachtung vor der Stadt und ihren Menschen macht mir Mut: So einfach lassen wir uns nicht unterkriegen.

Das Gateway of India, das die Briten 1924 in der Art eines römischen Triumphbogens an der Stelle errichteten, an der zum ersten Mal ein englischer König indischen Boden betreten hatte — König Georg V. 1911 — ist der einzige Platz von Bombay mit touristischem Gewusel. Zwischen den Touristen Andenken- und Postkartenverkäufer, Fremdenführer, Schlangenbeschwörer, Musikanten und Märchenerzähler; Matrosen, die ihre Boote für Ausflüge anbieten; tollkühne Schwimmer, die sich für ein paar Rupien von den

Klippen in das stinkende, schwappende Meer stürzen; Schlepper für alle Arten von Waren, Geschäften, Menschen; Alleinunterhalter, so ein Junge mit einer schwarzweiß gepunkteten Apachen-Mütze, die für ihn um mindestens vier Nummern zu groß war, der zudem das Unglück hatte, sich auf italienische Touristen spezialisiert zu haben. Als einzige Fremdsprache konnte er Italienisch. Es gab aber keine Italiener. So hielt er sich an mich und an mein mangelhaftes Küchen-Italienisch. Ich lernte seine Dienste bald schätzen. Denn in seiner Gegenwart hielten andere Verkäufer und Schlepper respektvollen Abstand.

Nur um das Gateway of India herum sind die Händler und Bettler von dieser leicht aggressiven Zudringlichkeit, daß man ihnen lieber aus dem Weg geht. In der Innenstadt, nur wenige Meter weiter, sind Touristen eine fast unbekannte Spezies. Der Alltag der Millionenstadt ist mit anderen Dingen als Besichtigungen beschäftigt. Gerade dieser Umstand, diese Alltäglichkeit, verleiht Bombay höhere Weihen. So gehört beispielsweise ein Sonntagabend am Strand, weit draußen in der Flughafengegend, zu meinen interessantesten indischen Reiseerlebnissen. Ein bescheidener Vergnügungspark war die Attraktion am Strand. Handbetriebene Kettenkarussels; Ponyreiten; Tanzbären und dressierte Affen; Ringwerfen auf Preise, die kaum teurer waren als die Wurfringe; Süßigkeiten, die so exotisch aussahen, daß ich kaum widerstehen konnte; und dieses Gejuchze und Gejubel der Kinder und des gesamten Publikums. Es war ein Moment des Friedens und der Entspannung — wie der Wellenschlag des Meeres, schwer wie Öl.

Am liebsten trinke ich Tee in Bombay. Das ist keine umständliche oder gar feierliche Zeremonie wie in manchen Hotels in Großbritannien oder wie etwa im Tee-Salon des *Orientals* in Bangkok. Der Tee ist in

Indien ein populäres Getränk: Die Inder trinken so viel Tee, daß sie die gesamte Tee-Produktion des Landes auch in Indien selbst verkaufen könnten. Der Export der besseren und teureren Sorten hat allein devisenwirtschaftliche Gründe. Hinzu kommt, daß die Inder auf ungeliebte, doch unverkennbare Weise immer noch gehorsame Schüler der Briten sind und wie diese die starken, schwarzen Assam-Tee-Sorten bevorzugen, während die Deutschen zum Beispiel den hellen, leichten Darjeeling lieber mögen. Zwei europäische Nationen kaufen fast die gesamte Darjeeling-Ernte auf, die Deutschen und die Russen. Schon aus diesem Grunde ist in indischen Hotels oder Restaurants Darjeeling eine Rarität. Der indische Tee, wie man ihn in Bombay trinkt, ist ein kohlrabenschwarzer Sud, aromatisch, bitter, der sich angenehm mit Milch verbindet und zuweilen mit Ingwer oder Mango geschmacklich verfeinert wird.

Ich kenne in Bombay vier Plätze, wo man seinen Tee mit besonderem Vergnügen genießen kann. Den ersten davon — das Teehaus neben dem Prince of Wales-Museum, ein Studenten- und Intellektuellen-Treffpunkt, in dem die Diskussionen wichtiger waren als der Tee, wo Parsen, Muslime, Hindus, Christen und Gottlose gemeinsam redeten und Tee tranken — habe ich diesmal trotz der Hilfe meines italienisch-indischen Boys nicht mehr gefunden. Es war einfach verschwunden. Der zweite Platz, sehr kultiviert, der Welt gleichsam enthoben, aber auch abgeschlossen, ist die Terrasse vor dem Swimmingpool des *Taj Mahal*-Hotels. Ab und zu platscht einer der dicken Hotelgäste in das funkelnd blaue Wasser des Pools, über das aufgeregt langflügelige Libellen huschen. Manchmal krächzen große Raben aus einer Ecke des Gartens. Sonst ist es still und von schläfrig-träger Langeweile, die man zivilisiert nennen darf.

In der *Sea Lounge* des Hotels auf der ersten Etage ist mehr los. Das Café des berühmten Hotels bietet einen herrlichen Blick auf das Gateway of India und den kleinen alten Hafen. Die Gaukler stehen auf der anderen Seite der Straße wie auf einer Bühne und führen den Gästen der *Sea Lounge* ihre Kunststücke vor. Man sitzt wie in der Opernloge. Während man mir also unten auf der Straße gerade den »indischen Seiltrick« vorführte — ein kleines Mädchen hing wie eine Fahne an der Spitze des etwa drei Meter hohen Seils, während der Meister beschwörend um das Seil herumtanzte —, suchte ich mir in der arg blumig geschriebenen Karte ein Stück Kuchen aus. Ich entschied mich für die Schokoladentorte, weil es in der Karte hieß, mit diesem Backwerk verbänden viele Stammgäste des Hotels eine jahrelange *»love affaire«*. Meine eigene *love affaire* mit dem Kuchen dauerte nur wenige Minuten. Er war trocken, alt, kühlschrankkalt und so süß, daß man vor lauter Zucker nichts anderes schmekken konnte. Aber der Tee, serviert in einer alten, fleckigen Silberkanne, war herrlich bitter und unergründlich schwarz.

Der schönste Platz für einen guten Tee in Bombay ist zur Zeit wohl der Tee-Salon in der riesigen Halle des *Oberoi*-Hotels. Abgesehen von den unglaublichen Sonnenuntergängen hinter einem flammenden Horizont — die einzige Schönheit, die Smog und Dreck uns bescherten — ist die Aussicht wenig bemerkenswert. Man kann den nie abreißenden Betrieb in der Halle beobachten. Geschäftsleute, die ihre Gesprächspartner suchen. Touristen, die wie die Soldaten ihren Gepäckberg bewachen. Die Brigade der weißgekleideten Pagen mit weißen Handschuhen und weißen Käseschachteln auf dem Kopf, die unermüdlich auf silbernen Tabletts Briefe und Rechnungen herumtragen und für die Gäste die Aufzugknöpfe drücken mit jener anerzogenen Hingabe, daß man glauben muß, man sei der einzige Gast in diesem Tausend-Zimmer-Hotel. Der Kellner im Tee-Salon, indisch, doch von eindeutig britischer Distinguiertheit, immer leicht angewidert von den Niederungen des Daseins, servierte hoheitsvoll den Tee. Der ganze Tisch stand schon voller Silberschalen, Kännchen, Tellerchen. Aber etwas zugänglicher, immerhin, wurde der Kellner erst, als ich ihm die Wahl des Kuchens überließ. Er brachte mir, wie nicht anders zu erwarten, Englischen Kuchen, der in der Tat vorzüglich war. Dabei blieb ich bei späteren Besuchen. Immer zum Sonnenuntergang. Einmal hat der Kellner mir sogar meinen Platz freigehalten. Als ich mich dafür bedankte, sagte er: »Ihr Platz ist immer Ihr Platz.« Ich war gerührt. Wozu man es im Leben bringen kann. Jetzt habe ich in Bombay einen festen Tee-Platz.

AUS DEM NOTIZBUCH

Was in meiner Karnataka-Geschichte verschwiegen wurde: Ich hasse die indische Begrüßungszeremonie, in der man dem Fremden eine Blumenkette umlegt und ihm einen roten Flecken auf die Stirne malt. Mit den Blumenketten weiß ich nie, was ich tun soll. Am nächsten Morgen sind sie Unkraut, und ich werfe sie in den Papierkorb, und mit dem roten Flecken auf der Stirn komme ich mir angemalt vor wie ein Clown; ganz abgesehen davon, daß die rote Farbe beim Bemalen regelmäßig tropft: Drei gute Hemden und ein weißes Jackett wurden mir auf diese Weise verschmutzt. Ich mag nicht dieses pseudoreligiöse Tralala und ich hasse meine eigene, gespielte Ehrfurcht in solchen Fällen. Selbst das übliche Ausziehen der Schuhe vor dem Besuch von Moscheen und Tempeln — gut, natürlich halte ich mich daran, aber ich mache es immer mit innerlichem Widerstreben. Was für ein flachgeistiges Gottesbild steht hinter all diesen Zeremonien.

Frau G. kam am Abend im gerade in Hyderabad gekauften neuen Sari. Um ihr ein Kompliment zu machen, sagte ich, sie sei die erste europäische Frau, die ich kenne, die einen Sari zu tragen verstehe. Stolz erzählte sie mir darauf, daß Helene Freund, die einstige, recht eigenwillige Pressedame der Dr.-Tigges-Reisen ihr einmal gesagt habe: »Kindchen, Kindchen, eine europäische Dame trägt in Indien keinen Sari!« Ich: »Das ist nicht falsch.« Frau G., aufgeregt, alle Wirkung des Kompliments war verschwunden, »aber wieso denn?« Das verstehe sie nicht. Ich: »Das ist wie Amerikaner, die im Hofbräuhaus einen Sepplhut tragen.« Frau G. war beleidigt und sprach den ganzen Abend kein Wort mehr mit mir. Aber ich bleibe dabei.

Würde Lagerfeld oder Gaultier einen Sari entwerfen, erhielte er in Europa den Rang eines artifiziellen Prachtgewandes. In Indien dagegen besitzt er lediglich den Rang einer Landestracht. Und dann das Getue, das die europäischen Frauen um das Binden des Saris machen. Sie binden ihn eben nicht, wie es richtig wäre, sondern stecken ihn fest und brauchen dazu gottweißwieviele Sicherheitsnadeln. In Wirklichkeit ist der Sari das einfachste Kleidungsstück, das man sich denken kann: Ein langes Stück Tuch, billig oder kostbar, wird einfach um den Leib geschlungen, und der Rest wird über die Schulter nach hinten geschlagen. Das ist das ganze Geheimnis. Mit dem malaiischen Sarong oder dem indischen Dhoti, also dem rockartigen Kleidungsstück für Männer, verhält es sich nicht anders: Man schlingt es um den Leib und es sitzt fest. Jeder Saunabesucher kennt das übrigens, denn das Saunatuch ist nichts anderes als ein Sarong. Sollte es sich wirklich einmal lösen, schlingt man es noch einmal fest. Die indischen Jungs nehmen das locker. Unter dem Dhoti sind sie übrigens nackt.

In Bidar habe ich mich in einen der Straßenjungen verliebt. Er war nicht der hübscheste unter ihnen, aber der, der am besten Englisch sprach und der bestimmt Anführer der Gang war: In seiner Gegenwart blieben die anderen auf Distance. Ob ich einen Sohn hätte, fragte er plötzlich. Ich: »Nein.« »Ich bin der Sohn«, sagte er darauf mit ernstem Gesicht. »Der älteste Sohn ist der King, nicht wahr. Auch in *Germany?*« »Nun, ja«, sagte ich.

V

AUS DEM NOTIZBUCH

Es war am Samstagmittag um Viertel vor eins, als ich in Rom durch die Via Francesco Crispi spazierte und im Schaufenster einer Kunsthandlung ein paar Drucke entdeckte, die mich interessierten. Ich blieb vor dem Fenster stehen, sah, daß die Drucke 5000 Lire pro Stück kosteten, sechs Mark also ungefähr, ging weiter, unschlüssig, ging wieder zurück, besah mir noch einmal die Bilder. Eine Katze stelzte mit würdigen Schritten durch die offenstehende Ladentür, lagerte sich breit vor der Vitrine und begann sich zu putzen. Jetzt hatte ich mich entschlossen, ich ging also in das Geschäft. Draußen war es heiß und laut und staubig, hier drinnen war es still; Bilder überall, an den Wänden, in Kisten und in Stößen auf dem Boden. Hinter einem kleinen Tisch mit der Kasse saß ein alter Mann, friedlich über der Zeitung zusammengesunken; er schlief. Von römischen Räuberbanden, über die so viel geschrieben und gesprochen wird, hat man in der Via Francesco Crispi offensichtlich noch nichts gehört. Wie sollte ich mich verhalten? Ich ging wieder hinaus. Die Katze unterbrach ihre Körperpflege für einen Moment und sah mich, so schien es mir, spöttisch an. Ich ging wieder hinein, diesmal mit festerem Schritt, und hustete vorsorglich. Der alte Mann schlug die Augen auf. Ich entschuldigte mich, ihn gestört zu haben. Er winkte müde ab. Ich sagte, diesen und diesen und diesen Druck, ob ich mir die Bilder ansehen könnte. Doch,

doch, sagte er, morgen, jetzt sei geschlossen. »Kommen Sie morgen wieder«, sagte er und stützte seinen Kopf auf eine Hand, als wolle er wieder einschlafen. »Aber Sie können mir doch drei Bilder verkaufen; ich werde morgen nicht mehr in Rom sein.« Er stand unwillig auf, warf eine dicke Mappe auf die Ladentheke, setzte sich wieder hinter seine Kasse und beobachtete mich. In der Mappe waren Drucke von Zeichnungen fast aller bekannten Renaissancemaler. Ich suchte drei heraus, hatte das Geld passend, 15 000 Lire, drehte mich um — er war tatsächlich wieder eingeschlafen. Ich legte das Geld auf seine Zeitung, nahm meine drei Bilder und ging.

MIT DEM LUXUSSCHIFF DURCHS MITTELMEER

Jedes Schiff ist eine Insel. Verheißungsvoll für die einen, abschreckend für die anderen. Schiffe sind unwirkliche Welten im Meer des Alltags. Die *Seaborne Spirit* dümpelte vor Reede im Hafen von Naxos.

Es ist ein verhältnismäßig kleines Schiff, 10000 Bruttoregistertonnen, knapp vier Jahre alt, ungemein schnittig. Der Bug ist spitz wie ein Damaszener Dolch, das Heck dagegen wirkt plump und abgeschnitten; dort verbirgt sich die sogenannte Marina, deren Geheimnisse sich erst später offenbarten. Es regnete, besser gesagt, es goß in Strömen. Der eine Passagier, der gegen alle Regeln des Schiffsplaners ausgerechnet hier einsteigen wollte, saß etwas ratlos in seinem Taxi und wußte nicht, wie es weitergehen sollte. Die Autoscheiben waren undurchdringlich trüb vom Regen. Die Scheibenwischer konnten der Wassermassen nicht mehr Herr werden. Erst als er ausstieg, sah er auf der Hafenmole den einsamen weißen Sonnenschirm, unter dem auf einem Gartenstuhl und an einem barähnlichen Gestell ein weißuniformierter, goldbetreßter Steward saß. Der Sonnenschirm samt Posten war die Landdependance der *Seaborne Spirit*. Man wartete auf die Landgänger, die Taormina besichtigten oder, trotz Regen, mit dem Hubschrauber über den Ätna flogen, und außerdem wartete man auf den einen zusteigenden Passagier.

Noch bevor ich den Taxifahrer bezahlen konnte, hatte ich schon ein Glas Champagner in der Hand. Ich mag gar keinen Champagner. Doch wo immer das Schiff seine Präsenz betonen wollte, gab es Champagner.

Champagner ist ein Ausweis des Luxus. Die *Seaborne Spirit* ist ein veritables Luxusschiff.

Das Schiff fährt unter norwegischer Flagge. Es wurde auf einer deutschen Werft, der Schichau-Seebeck-Werft in Bremerhaven, gebaut. Als Heimathafen ist Oslo angegeben, wenngleich der Hauptsitz der Reederei sich in San Francisco befindet. Für den Touristiker ist damit die Lage klar: Die *Seaborne Spirit* ist eines der vielen Schiffe, die für den amerikanischen Markt gebaut worden sind, nun aber dem Überangebot an amerikanischen Schiffen und dem damit verbundenen Druck auf die Preise entgehen wollen, indem sie auch um europäische Passagiere werben und europanahe Routen — wie beispielsweise das Mittelmeer, die spanischen Atlantikinseln und das Nordland — etwas stärker berücksichtigen. In unserem Falle war das Schiff, das höchstens 204 Passagiere aufnimmt, nur zur Hälfte ausgebucht. Unter den Passagieren waren nur sieben Europäer, alle anderen waren Amerikaner — viele von ihnen bereits seit Singapur an Bord —, die auch in Nizza noch nicht ausstiegen, sondern weiterfuhren nach Spanien und immer weiter, wohin das Schiff sie trägt — fliegende Amerikaner also, deren Fluch und Heimat das Schiff geworden ist.

Es ist ein überaus komfortables Exil, das sie sich ausgesucht haben. Die *Seaborne Spirit* ist der Traum eines Schiffsarchitekten, eingerichtet mit jener unaufdringlichen Eleganz und Perfektion, die man erst an Kleinigkeiten bemerkt: Alles ist edel und vom Allerbesten. Es gibt nur Suiten an Bord, Schlafzimmer und Wohnzimmer. Jede Suite verfügt über ein Panoramafenster, ein Farbfernsehgerät und eine Videoanlage, einen begehbaren Schrank — das Licht darin geht an, wenn man die Tür öffnet — und über ein geräumiges Badezimmer. Der Kühlschrank ist bis zum Rand mit den edelsten Alkoholika gefüllt, Gin, Cognac, Whisky,

Rum, Champagner natürlich — wer spezielle Marken bevorzugt, kann das bei der Buchung angeben —, der Obstkorb wird jeden Abend frisch gefüllt, der Zimmerservice ist rund um die Uhr im Dienst. Alles steht dem Passagier ohne Aufpreis zur Verfügung. Trinkgeld wird nicht erwartet; das Personal weist es stolz zurück. Wer trotzdem etwas geben will, muß ein paar Formulare ausfüllen und zwei Tage vor dem Ende der Reise abgeben. Es ist das erste Schiff, das ich erlebt habe, auf dem den Passagieren das Trinkgeldgeben absichtlich schwergemacht wird. Das hat seinen Preis.

Für eine Zehntagereise im Mittelmeer etwa sind zwischen 12220 und 22200 Mark pro Person zu zahlen, denn auch die Suiten sind nach Größe, Lage und Ausstattung noch einmal untereinander verschieden. Der durchschnittliche Tagespreis auf der *Seaborne Spirit* beträgt 1232 Mark pro Person, dazu kommen noch An- und Abflug zu den einzelnen Häfen und, eventuell, Hotelkosten. Fast grundsätzlich wird angenommen, daß Ehepaare oder Freundespaare reisen, daß die Suiten also immer von zwei Personen belegt werden. Singles sind im großen Schöpfungsplane nicht vorgesehen. Die Einzelbelegung einer Suite vom Typ A kostet im Normalfall einen Aufpreis von fünfzehn Prozent des Gesamtpreises; bei einigen Reisen steigt der Aufpreis aber bis zu 200 Prozent. Nicht nur das Trinkgeldgeben wird schwergemacht, auch das Alleinreisen soll gleichsam amtlich verhindert werden. Bei anderen Schiffen müßte man an dieser Stelle vielleicht fragen, ob durch die Preispolitik der Kreis der in Frage kommenden Passagiere nicht von vornherein eingeengt wird. Die *Seaborne Spirit* indes zielt auf eine Klientel, die solche Fragen überhaupt nicht versteht.

Gewiß, jüngere oder gar junge Passagiere gab es auf dem Schiff nicht. Die zwei Kinder, die zuweilen für etwas junge Unruhe auf dem Sonnendeck sorgten, waren die Enkel des Kapitäns, der auf dieser Reise von seiner Familie begleitet wurde. Die beiden aparten jungen Damen, die abends in der Bar ebenfalls für junge Unruhe sorgten, waren Angestellte eines Reisebüros, die das Schiff für eine Incentive-Reise testeten. An dem einen Tisch mit den drei, vier extravagant gekleideten jungen Damen saß die Begleitung der auftretenden Sänger und Tänzer. Der andere Tisch mit den weniger extravaganten, aber sehr sympathischen jungen Damen, das waren die Ehefrauen der ausgezeichneten polnischen Bandmusiker. Je näher man das Schiff und seine Passagiere kennenlernte, um so mehr schrumpfte die Zahl der vollzahlenden Passagiere: ein paar stille, man darf wohl annehmen finanziell gutgestellte, ältere bis alte Amerikaner, Damen mit weißem, leicht blau getöntem Haar, Herren mit buntem Seidentuch zu einem rosa Jackett, mit edel und teuer geflochtenen Sommerschuhen — eine abgeklärte Welt. Ruhig und erhaben zog die *Seaborne Spirit* ihre Bahn. Vermutlich wünschte sich jeder der Passagiere das Schiff genau so, wie es war, und an die etwaigen Wirtschaftlichkeitsüberlegungen der Reederei oder die Rechnerei eines vereinzelten Unterwegseinsteigers verschwendeten sie keinen Gedanken.

Daß die *Seaborne Spirit* ein besonderes Schiff ist, das sich von anderen Kreuzfahrtschiffen — um nicht zu sagen Vergnügungsschiffen — bewußt absetzt, zeigte sich kurioserweise am Nichtvorhandensein einiger Einrichtungen, die auf anderen Schiffen üblich sind. So fiel es beispielsweise als erstes auf, daß es keinen Duty-free-Shop gibt, nirgendwo werden verbilligte Tabakwaren, Spirituosen oder Parfums angeboten. Man wundert sich, bis man überlegt: Wer sollte denn so etwas hier kaufen? Sollten diese Passagiere wirklich dahinter her sein, ihren Bourbon oder ihr Chanel No. 5 ein paar Dollar billiger einzukaufen? Der Gedanke ist fast lächerlich. So gibt es an Bord auch keinen Raum mit Waschmaschinen und Bügelautomaten zur Selbstbedienung; dafür allerdings eine hervorragend funktionierende Wäscherei. Bei den Buffets wurde selbstverständlich nicht fotografiert, obwohl dies auf fast allen Kreuzfahrtschiffen Brauch ist. Die Geburtstagsfeiern, die auf anderen Schiffen Abend für Abend stattfinden, mit Kerzentorte und dem gemeinsamen Singen der Geburtstagshymne, so etwas gab es auf der *Seaborne Spirit* nur einmal, am letzten Abend der Reise an einem fröhlichen Tisch; andere Geburtstage wurden wohl diskreter gefeiert. Schließlich gibt es auf der *Seaborne Spirit* auch keine Diskothek, ohne die andere Schiffe sich erst gar nicht auf den Markt wagen würden.

Wo andere Schiffe neuerdings gern ihre Diskothek einrichten, ganz oben, ganz vorn — der schönste Platz des Schiffes, wo sich früher, als die Seefahrt noch ein ernstes Transportgeschäft war, stets die beliebteste und teuerste Bar oder der Salon befand —, war hier, der alten Tradition folgend, die *Sky-Bar* eingerichtet worden. Man saß in breiten, bequemen Sesseln vor den gläsernen Wänden, sah Schiffe, Inseln, Küsten vorübergleiten. Man war in der Welt und doch außer ihr, über ihr.

Der Steward servierte Kaffee, Tee, Champagner. Das Surren der Motoren klang nur leise herauf. Ein alter Herr, der jeden Nachmittag in der *Sky-Bar* für sich allein Domino spielte, war eingenickt. In der Mitte des Raumes war auf einem Fernsehschirm die Radaranzeige von oben, von der Brücke, zu sehen. Obwohl es in Prospekten heißt, das Schiff habe eine »offene Brücke«, das heißt, jeder Passagier habe Zutritt zu ihr, achtete Kapitän Daniel Danielsen darauf, daß die Brücke nur vom seemännischen Personal betreten wurde. Die »offene Brücke« paßte nicht in sein Bild von Seefahrt. Das gehöre sich einfach nicht, sagte er.

Kapitän Danielsen ist ein Leben lang zur See gefahren, auf kleinen Schiffen und auf den allergrößten. Zur *Seaborne Spirit* wechselte er, weil die Reederei, für die er früher tätig war, sich an eine Altersgrenze für Kapitäne hielt, Danielsen sich aber viel zu jung für einen beschaulichen Kapitänsruhestand fühlte. Und außerdem, zum Jammer seiner Ehefrau, die sich inzwischen allerdings auch daran gewöhnt hat: Er kann von den Schiffen nicht lassen. Danielsen ist so, wie man sich einen Kapitän eben vorstellt. Er ist bestimmend und gütig; er herrscht und ist zugänglich für jedes Wort; er achtet auf die geringste Kleinigkeit — etwa auf ein paar lose Kacheln in der Herren-Sauna — und sieht großmütig über Fehler hinweg. Sympathisch wurde er mir, als er bei der Farewell-Party in ernsten und schlichten Worten die Passagiere daran erinnerte, sie seien durch die Adria gefahren; das Schiff stand während dieser Zeit in ständiger Funkverbindung mit UN-Schiffen und amerikanischen Funkstationen rund um das Mittelmeer, damit die *Spirit* nicht zufällig serbische oder kroatische Hoheitsgrenzen verletze. Danielsen vermied das übliche Trallala bei solchen Parties, sondern mahnte seine Passagiere, draußen herrsche schmutziger Krieg, hier drinnen aber Frieden. Dafür müsse man dankbar sein.

Hier drinnen herrschte nicht nur Frieden, sondern ein Geist von Freundlichkeit und Wohlhabenheit, daß man es fast nicht glauben mochte: Warum verwöhnen mich alle so? Warum will jeder mir jeden Wunsch von den Lippen ablesen? Gäbe es keine anderen Gründe für eine Schiffsreise, so wäre der ausgezeichnete Service, der für nahezu alle Schiffe verbindlich ist, mit dem sich heute kaum ein Hotelservice messen kann, schon Grund genug. Das Essen war demgegenüber eine kleine Enttäuschung. Zwar entsprach es durchaus einer gehobenen Hotelküche, doch fehlte ihm, zum Beispiel bei den

Nachspeisen, der kulinarische Pfiff. Selbst der Kuchen am Nachmittag war nach amerikanischer Art einfältig und einfallslos. Dafür allerdings zeichnete sich das Showprogramm am Abend in der *Amundsen Lounge* wieder durch eine professionelle Perfektion aus, wie nur Amerikaner sie präsentieren können: Eine kleine Gruppe, zwei Paare, Sänger und Sängerin, Tänzer und Tänzerin, die einfach alles konnten. Dazu Peppino d'Agostino, ein italienischer Gitarren-Virtuose, 1956 in Messina geboren, der seine Stücke und Lieder selbst schreibt, der Schwarm aller Damen an Bord; noch in diesem Jahr wird Peppino zu einer Deutschland-Tournee starten.

Der »Professor«, ein Historiker von einer amerikanischen Universität, dessen Aufgabe an Bord darin bestand, zu den Haltepunkten des Schiffes — Venedig, Ravenna, Taormina, Sorrent, Rom, Nizza — kleine, populärwissenschaftliche Einführungsvorträge zu halten, war der geborene Schiffsplauderer. Seine Garderobe schien einem Magazin für gehobene Freizeitkleidung entnommen zu sein, die feinen, dezent gemusterten Hemden, die weißen Hosen, der bunte Pullover, das Cashmere-Jackett, der weiße Smoking, die feinen Schuhe. »Er ist exzellent«, flüsterte mir eine Dame ins Ohr, »er ist ein glänzender Tänzer.« Sein Gepäck, ich beobachtete es in Nizza, entsprach einem Weltreisegepäck. All die klugen und schweren Bücher, dachte ich, und all die Hemden, die Tücher und Krawatten, die ein Tänzer so braucht.

Am ersten Morgen an Bord wurde ich wach von den Wassergüssen an meinem Fenster. Es kann doch nicht immer noch regnen, dachte ich erschrocken. Oder sollte es schon wieder regnen? Nein, es regnete nicht. Die Sonne schien strahlend von einem blauen Himmel. Die Wassergüsse kamen von der automatischen Fensterputzanlage, die mich fortan jeden Morgen auf dem

Schiff weckte. Wir waren in Sorrent. Das angebotene Ausflugsprogramm reichte von Pompeji bis Capri. Ich blieb in Sorrent. Sah mir die Kathedrale an mit ihren merkwürdigen Votivgaben vor dem Bild der Madonna: silberne Beine, silberne Arme, silberne Herzen, silberne Püppchen. Was für Fürbitten hatte die Madonna hier erhört? Beim Mittagessen im Restaurant des Schiffes saß ich als einziger — und wurde gleichzeitig von sechs, sieben Stewards bedient. Für die knapp hundert *Spirit*-Passagiere auf dieser Reise stand immerhin ein Personal von 140 Personen zur Verfügung.

Am nächsten Morgen waren wir in Civitavecchia, dem modernen Hafen von Rom. Fast alle Passagiere, einschließlich Kapitän Danielsen, fuhren mit dem Bus nach Rom. Aber keineswegs alle machten die Führung durch die Vatikanischen Museen mit, obwohl sich an keiner Stelle der Reise so deutlich zeigte, daß wir uns von anderen Touristen unterschieden. Es war ein Samstag, und die Führung war erst für den späten Nachmittag vorgesehen. Wie aber jeder Rombesucher weiß, sind die Vatikanischen Museen immer nur knappe Zeit geöffnet und am Samstagnachmittag sowieso geschlossen. Für uns waren sie offen. Tatsächlich hatten wir, ein Grüppchen von etwa zwanzig bis dreißig Personen, alle Museen für uns allein. Wir wurden zwar etwas getrieben, weil die Wärter hinter uns gleich alle Türen versperrten, aber es war ein wahrhaft luxuriöses Erlebnis, in diesen sonst übervollen Räumen einmal atmen zu können. Der Höhepunkt: die Sixtinische Kapelle — ausschließlich für uns. Sofort legte sich eine Dame, die während der ganzen Reise in Habitus und Gestus ihr inneres Künstlertum zum Ausdruck brachte, mitten in der Kapelle flach auf den Rücken und besah sich die Deckengemälde.

Wo selbst Goethe die Worte fehlten — »Ich konnte nur sehen und anstaunen«, schreibt er, »die innere

Sicherheit und Männlichkeit des Meisters, seine Großheit geht über allen Ausdruck« —, wo selbst ihm die Worte fehlten, standen wir schweigend. Wenn es nur keinen Krieg gibt, dachte ich, und irgendein Politiker findet am Ende seine Ideen größer und wichtiger als die Kunst. In Dubrovnik haben wir es gerade erlebt.

Weil der Bus der Rom-Besucher erst gegen neunzehn Uhr wieder in Civitavecchia eintraf und das Schiff gleich danach ablegte, sagte Kapitän Danielsen am nächsten Tag bedächtig: »Der Rom-Ausflug war vielleicht etwas zu lang.« Es war nur ein knapper Tag gewesen, und außerdem mußten wir, um im nächsten Hafen, Nizza, nicht zu früh anzukommen, in beiden folgenden Tagen und Nächten noch einige Male stoppen, denn für die modernen, schnellen Schiffe ist das Mittelmeer zu klein. Über die Landausflüge besteht allerdings ein merkwürdiges Mißverständnis: Einerseits wollen die Schiffsreiseveranstalter die Kreuzfahrten durch längere Liegezeiten in den Häfen verändern, andererseits aber sollte schon dieser eine Tag in Rom zu lang gewesen sein. Der Tag auf See, der jetzt auf unserem Programm stand, langweilte tatsächlich niemanden. Denn so sind die Passagiere — im Grunde wollen sie gar nichts anderes als auf See sein; die Landausflüge sind nur Beiwerk.

Wir hatten jetzt also Zeit genug. Die Sonne schien, endlich hatte der Frühling auch den Süden erreicht. Vor der Nordspitze von Elba fuhren wir bis auf etwa tausend Meter ans Ufer heran, warfen Anker, die Marina im Heck des Schiffes wurde ausgefahren. Über diese Einrichtungen verfügen im allgemeinen nur Schiffe, die vorwiegend in der Karibik und in der Südsee fahren, in tropischen Gegenden also, wo meist warmes Wetter herrscht. Immerhin, wir haben die Marina im Mittelmeer erlebt. Es handelt sich um ein Seewasserschwimmbecken mit einem Ponton, von dem aus man bequem ins Wasser steigen kann. Außerdem ist es eine Art kleiner Hafen, den das Schiff mit sich führt. Jede Art von Wassersport ist möglich, Tauchen, Segeln, Surfen, Wasserski. Ein juchzendes Vergnügen bot vor allem das Banana-Boot, ein Gummiboot für drei, vier Personen, die darauf reiten, während es von einem Motorboot rund um das Schiff gezogen wird. Man wunderte sich, wie rasch die Marina in Betrieb war. Plötzlich machte die seriöse, stille *Seaborne Spirit* den Eindruck eines wimmelnd betriebsamen Strandhotels. Wir waren in jeder Beziehung autark und für alle Eventualitäten des Lebens gerüstet.

Am Ende ging es dann sehr schnell. Schon am Abend vor der Ausschiffung hatten wir das Gepäck vor die Türen der Suiten gestellt, riesige Gepäckstücke, Schrankkoffer, Anzug- und Kleiderfutterale, ganze Berge, Schmuck- und Kosmetikköfferchen. Am frühen Morgen stand ich auf dem obersten Deck und beobachtete die Anfahrt an die Côte d'Azur und die Einfahrt in den alten Hafen von Nizza. Die Küste war zuerst nur eine schmale Linie am Horizont. Aus einem Dunst von Gold und Rosa stiegen dann die vertrauten Berge auf, der Kopf des Hundes hinter der Skyline von Monaco, auf der anderen Seite das sanfte Hügelland von Cannes, Cap Antibes, wir fuhren in die weit geöffneten Arme der Bucht der Engel, wir waren in Nizza.

DAS GEHEIMNIS DER BADEHOSE

Die Bademode steht in einem reziproken Verhältnis zum Sommerwetter. So ist bei kühler Witterung eine Neigung zu knappem Fröstel-Look verbreitet. In einem glühend heißen Sommer hingegen beginnen auch die Nacktesten der Nackten sich wieder anzuziehen. Mode läßt sich in keinem Falle logisch erklären. Mode reicht stets über die Logik hinaus. Der Mode ist nie und nirgends zu trauen: indem sie vorgibt, die Geheimnisse ihrer Träger und Trägerinnen zu schützen, enthüllt sie schamlos das Wesentliche. Kein Kleidungsstück ist intimer als Badehose oder Bikini; kein Kleidungsstück offenbart deutlicher, wie ihre Besitzer oder Besitzerinnen sich selber sehen oder wie sie gern gesehen werden möchten; kein Kleidungsstück erzählt unbefangener über geheime Wünsche und verschwiegene Geschichten. Dabei gilt es in der Öffentlichkeit als abgemacht, die Bademode mit einer gewissen Geringschätzung zu behandeln: als habe man, weiß Gott, anderes zu tun, als sich auch darum noch zu kümmern. Man habe gekauft, was gerade dagewesen sei, heißt es dann etwa. Oder man führt kichernd und errötend seinen Bekannten das neue Stück vor: »Ist es nicht zu gewagt? Kann ich das denn noch tragen?« Vorsichtshalber gibt man am besten von Anfang an der armen Verkäuferin die Schuld. Oder die Mode selber wird angeklagt: man habe sich schließlich für das verrückte Stück entschieden, weil es heutzutage ja nichts Vernünftiges mehr gebe. Beim Kauf von Badekleidung wird geheuchelt und gelogen, daß sich die Balken biegen; viele der Käufer betrügen sich sogar selbst, und sie wissen es noch nicht einmal. Aus Zufall trägt keiner weder Bermudas noch Tanga. Das gilt als empirisch gesicherte Erkenntnis an allen Stränden der Welt.

Der weibliche Badeanzug zeichnet sich auch in diesem Sommer durch extrem hohen Beinausschnitt aus. Der aparte Einteiler, zum Beispiel im Smoking-Look mit eingesetzter oder aufgemalter Frackschleife erweist sich für das heute üblich gewordene Sonnenbad oben ohne als hinderlich. Viel praktischer ist dagegen eine Art Latzhose, deren schlichte Bänder einfach um den Hals, um den Leib und zwischen den Beinen hindurch geschlungen werden. Die Auswahl des Badeanzugs, die jeder für sich selbst trifft, leidet zuweilen daran, daß die meisten Menschen ohne jegliche Kenntnis ihrer rückwärtigen Ansicht dahinleben. Das trifft die Frauen wie die Männer. Betrachtet man zum Beispiel die abgeschnittenen Jeans, die in Florida und Kalifornien schon seit vielen Jahren als Badebekleidung obligatorisch sind, muß man sich darüber wundern, wie individuell verschieden von den Menschen die Anatomie und damit der Ansatz von Bein und Gesäß beurteilt wird.

Die männliche Badehose schwankt sozusagen seit griechisch-römischer Zeit zwischen einem engen, korsettartigen Panzer und locker weiten Shorts, wobei auch mindestens ebensolang schon der Streit darüber währt, welche dieser Badebekleidungen die eigentlich »männliche« sei. So entspricht etwa die jugendbewegte Dreieckshose der dreißiger Jahre, seitlich geknotet, ziemlich exakt dem heutigen *Cache-Sex* oder *Pourquoi-Pas,* wie die Franzosen sagen. Andere, nicht weniger »männliche« Männer schwören indes auf grelle Boxershorts, weil sie hart und lässig zugleich seien. Wer will sich da auskennen? »Out« sind Punkte,

Blümchen, Karos, Wappen. Unheimlich »in« sind Streifen, quer und längs, Ton in Ton.

Die merkwürdigste Bademode überhaupt habe ich an einem Dünenstrand bei Estoril in Portugal erlebt, wo illegalerweise nackt gebadet wurde. Doch immer wenn ein paar Regentropfen fielen, zogen sofort alle Anwesenden, Männer und Frauen, brav ihren Badeanzug an und warteten ruhig ab, bis die Sonne wieder schien. Das Leben, insonderheit das Strandleben, bleibt letzten Endes ein undurchschaubares Rätsel.

ZÖPFCHEN

In Rom führen immer noch alle Wege zur Spanischen Treppe. Ein paar Filme, so alt und verstaubt, daß sich die heutigen Besucher der Spanischen Treppe ihrer kaum erinnern werden, haben das angerichtet. Dort auf den ausgetretenen Stufen in der Sonne zu sitzen, adelt die Besucher zu römischen Weltbürgern. Die jungen Leute reden, als wüßten sie schon alles, das gehört zu ihrem Lebensgefühl, frei, lässig, ein wenig hochfahrend, blasiert, immer auf dem letzten Stand. Die Alten staunen, manche ärgern sich, sind neidisch auch: Konnten wir uns diesen aufreizend ausgestellten Müßiggang leisten? Die alten Filme, die der Spanischen Treppe erst diesen Rang eines begehbaren Altars verliehen haben — für den Gott der ewigen Jugend —, die alten Filme eben beweisen, daß die mißgünstigen Alten nur ihre eigene Zeit vergessen haben. Die anderen denken melancholisch: Auch die Blütenträume der Jugendlichen von heute werden welken. Zur Zeit ist der letzte Schrei auf der Spanischen Treppe ein buntes Zöpfchen im sonst glatten Haar. Geschäftige Händler haben die Marktlücke sofort erkannt und arbeiten das Zöpfchen an Ort und Stelle in das Haar ein. Eine nicht zu dicke, doch auch nicht zu dünne Haarsträhne wird mit bunten Wollfäden umwickelt; das Zöpfchen soll möglichst starr vom Kopf abstehen. Man muß es heutzutage einfach haben. Ein Mädchen bestellte es für ihren jungen Freund; das Winden des Zöpfchens dauert noch keine drei Minuten; das Mädchen hat bereits eines. Fast alle auf der Spanischen Treppe tragen ein Zöpfchen. Am Rand, an der Mauer hockend, beobachtete ich einen jungen Mann, der ungerührt des Treibens rings um ihn herum in einem

Buch las. Pier Vittorio Tondelli, *PAO, PAO*. Der hat kein Zöpfchen, dachte ich, bis er endlich seine Lektüre beendete und aufstand: Rechts von seinem Kopf stand das Zöpfchen ab.

DAVID

Um den David herum drängen sich in Florenz die Besucher, sowohl um das Original in der Accademia als auch um die Kopie auf der Piazza della Signoria. Man umschreitet lauernd die überlebensgroße Figur, die soll es nun also sein, manche können sie nicht ertragen. Vielleicht ist das der stärkste Beweis ihrer künstlerischen Kraft, daß sie auch heute noch, nach fast fünfhundert Jahren, eine ästhetische Zumutung ist. Julien Green, der von dem strahlenden, wiewohl auch etwas lieblichen Perseus von Cellini in der Loggia dei Lanzi schwärmt, schreibt in seinem Reisetagebuch *Meine Städte* über den David: »Ich habe nie verstanden, warum dieser David eine solche Bewunderung erregt. Er ist ziemlich häßlich mit seinem dicken Kopf, seinen Affenarmen, und die Hände mit den hervorstehenden Adern sehen wie die eines Schlächters in den besten Jahren aus, während Jünglinge doch schöne Hände haben sollten.« Der gute Julien Green hat schon klügere Dinge gesagt. Der letzte Nebensatz erinnert an die Entrüstung eines Spießers, Kunst müsse doch schön sein. Michelangelo ist nie und an keiner Stelle in diesem Sinne »schön«. In allen seinen Werken ist es stets seine Kunst, die erst die Schönheit setzt. Studiert man in Florenz die wirklich ausgezeichnete Kopie auf der großen Piazza genau, die ihrerseits auch bereits historische Qualitäten für sich beanspruchen darf, erkennt man, daß selbst sie schon etwas »geschönt« ist. Das Gesicht erscheint um ein Gran freundlicher, die Adern auf den Füßen und Händen treten nicht gar so arg hervor, sogar die Hand, die affenartige, erscheint etwas kleiner, Michelangelo, das beweist die Figur in der Accademia, hat auf den Zartsinn der Touristen keine Rücksicht genommen. Es ist sein Meisterwerk. Die Übergröße irritiert den Betrachter: Ein kleiner Mensch steigt auf zu fast göttlicher Größe. Michelangelo hat sich nicht nur an die anatomischen Einzelheiten des Modells gehalten, vielleicht war es ein »Schlächter in den besten Jahren«, sondern auch an die biblische Geschichte. In einer Nebenhalle der Accademia stehen Hunderte von Gipsplastiken, Kopien antiker Originale; Julien Green und viele Touristen fänden hier vermutlich eher ihr Ideal.

DAS GRÖSSTE ÜBERHAUPT

Italien ist das Land, das die meisten deutschen Touristen als erstes besucht haben. Auf meiner ersten Reise, 1956, erinnere ich mich, daß man unter den Vorspeisen täglich zwischen Pasta und Risotto wählen konnte. Während die Pasta mich sofort überzeugte, in jeder Form und mit allen Zutaten, hatte ich mit dem Risotto meine Probleme. Eine geschmacklose, klebrige Pampe, so kam es mir vor, deren poetisch klingender Name mehr versprach, als er hielt. Heute weiß ich: Ich hatte den Risotto nicht verstanden. Mich irritierte bereits die Eröffnung einer »Risotteria« in Zürich, die ich vor einigen Jahren miterlebte. Was finden die Leute nur daran, dachte ich. Als ich dann in der Küche des unvergleichlichen Meisterkochs Jacques Maximin in Nizza den »Rizotto de Homard safrané« entdeckte, eine der vielen preiswürdigen Spezialitäten seines Hauses, fing ich an, mir Gedanken zu machen. Jetzt erst, nach vierunddreißig Jahren und einem kurzen Aufenthalt in der Toskana, bin ich hinter das Geheimnis des Risottos gekommen: Er ist überhaupt das Größte, was die italienische Küche sich ausgedacht hat. Wie nahezu alle Haute-cuisine-Gerichte entstammt auch der Risotto einfachsten Verhältnissen; ein Arme-Leute-Essen, nichts weiter. Man rührt den Reis an, italienischen Reis natürlich, dafür muß man allerdings mindestens fünfundzwanzig Minuten rühren — es ist also kein amerikanischer Instant-Reis — und fügt, fast nach Belieben, ein paar Zutaten hinzu, Gemüse, Meeresfrüchte, Safran, Pilze, Butter, Gewürze. Von allem nur ganz wenig. Denn das ist das Geheimnis: Der Geschmack wird nur angedeutet; man muß ihn suchen mit der Zunge — wenn man ihn gefunden hat, ist es eine Quelle der Seligkeit. Nicht zufällig gilt der Risotto in den italienischen Restaurants in Deutschland als Rarität. »Er wird selten gefragt«, erklärte mir ein Padrone. »Es dauert nämlich seine Zeit, bis man ihn verstanden hat.«

TAXI IN ROM

Mit römischen Taxifahrern stehe ich seit meiner ersten Italienreise auf Kriegsfuß. Damals war ihr beliebtester Trick, entweder keinen Taxameter zu besitzen, so daß der Preis für jede Fahrt ausgehandelt werden mußte, oder, schicksalsergeben, auf einen defekten Taxameter hinzuweisen und ein angeblich großzügiges Angebot zu machen. Der Fahrgast war immer der Dumme. Da man als Fremder die Entfernungen schlecht abschätzen konnte, betrug der ausgehandelte oder angebotene Preis oft das Doppelte oder Dreifache des korrekten Preises. Letzteren erfuhr man meist durch Zufall: Man traf plötzlich einen ehrlichen Taxifahrer — und glaubte seinen Augen oder Ohren nicht zu trauen. Oder ein sadistischer Hotelportier klärte mit sorgenvollem Blick den Fremden auf über die Schlechtigkeit der Welt. Daß man ihr hilflos ausgeliefert war. Daß man jeden verdächtigen mußte, ob Feind, ob Freund, sympathisch oder unsympathisch — den Freundlichen, Fröhlichen war am wenigsten zu trauen. Es gehörten einige Jahre Reiseerfahrung dazu, darüber nicht die Lust am Reisen zu verlieren.

Inzwischen sind die Methoden der römischen Taxifahrer subtiler geworden. Immer noch funktioniert der Kleingeldtrick: Die Rechnung stimmt zwar, aber der Fahrer kann keine Lire herausgeben. Man sieht ihm an, wie peinlich ihm die Situation ist. O diese Gauner, diese Komödianten! Der Fahrer leidet, er sucht alle Taschen ab, er windet sich. Soll man ihn wirklich ins Vatikanische Museum zum Geldwechseln schicken? Man ließe ihn gar nicht herein; die Besucherschlange vor der Kasse ist hundert Meter lang. Wo könnte er sonst wechseln? Nirgendwo. Soll er also die zehntausend Lire als Extratrinkgeld behalten; nach dem derzeitigen Umtauschkurs sind das immerhin vierzehn Mark. Vielleicht ist damit auch ein »Ablaß« verbunden; in Rom muß man alle himmlischen und höllischen Möglichkeiten in Betracht ziehen.

Unangenehmer sind die Taxifahrer, die mit falschen Anfahrtsgebühren operieren. Zur Zeit zeigt in Rom der Taxameter vor der Abfahrt 6400 Lire, umgerechnet fast neun Mark, ein stolzer Preis. Tatsächlich kann man für den Betrag in der Innenstadt relativ lange fahren, ehe die Gebührenuhr sich weiterbewegt. Den Lauftakt der Uhr scheint man jedoch irgendwie beeinflussen zu können: Bei den einen Fahrern läuft sie schneller als bei anderen.

Skandalös wird es erst, wenn die Uhr des bestellten Taxis vor dem Hotel schon über neuntausend Lire anzeigt und tickt und tickt und tickt. Der hilfsbereite Hotelportier, der vor wenigen Minuten noch perfekt Deutsch und Englisch und Französisch sprach, versteht plötzlich gar nichts mehr. Der Fahrer will dem Fahrgast wortreich erklären, auch die Anfahrt zum Hotel müsse bezahlt werden. In solchen Fällen muß man hart bleiben: Nicht einsteigen; ein anderes Taxi bestellen. Der erste Fahrer fuhr zornig davon. Bei dem zweiten zeigte die Uhr die korrekten 6400 Lire, es war alles in Ordnung. Bekannt ist die Geschichte, in der der Taxifahrer dem Gast erklärte, es müsse *»andata e ritorno«* bezahlt werden, die Rückfahrt also auch, in Rom sei das so. Darum verdoppelte er am Fahrziel den Preis und erwartete auch noch ein Trinkgeld.

Ich wurde zum Opfer eines anderen, »ordnungsgemäßen« Tricks. Nach der Fahrt vom Hotel zum Flughafen zeigte der Taxameter 38000 Lire. Ich rechnete mit einem Gepäckzuschlag. Da der Fahrer so freundlich war, selbst einen Gepäckwagen zu besorgen, eine außerordentliche Aufmerksamkeit, dachte ich daran, ihm 45 000 Lire zu geben. Die Rechnung sah aber anders aus. Der Fahrer rechnete und rechnete und rechnete, dann präsentierte er mir das Ergebnis seiner geistigen Bemühungen: 53 500 Lire. »Das kann doch nicht sein«, wagte ich zu widersprechen. Er zog ein zerknittertes Papier aus seinem Handschuhfach, auf dem, versehen mit amtlichen Stempeln, in vier Sprachen zu lesen war, er könne auf der Fahrt zum Flughafen tatsächlich 14000 Lire Gepäckgebühr, das sind umgerechnet fast zwanzig Mark, berechnen. So geht die Rechnung auf: 38000 Lire Fahrt plus 14000 Lire Gepäckgebühr plus 1 500 Lire Trinkgeld, das er sich für seine Freundlichkeit selbst verordnet hatte — ich mußte zahlen. Mit Röntgenaugen hatte er meine Finanzen durchschaut: Es reichte gerade; ich hatte keine Lira mehr.

VI

DER LETZTE TOURIST

Nachdem Jean-Paul Sartre im September 1951 sein Werk *Saint Genet, Komödiant und Märtyrer,* abgeschlossen hatte — zwei Jahre lang hatte er daran gearbeitet —, fühlte er ein leichtes Unbehagen und eine Leere in sich. Er fuhr zuerst nach London, dann nach Italien, Rom, Neapel, Capri, Venedig. »Was werde ich schreiben?« fragte er von unterwegs. »Ich habe hundert Pläne, und ich weiß es nicht. Das amüsiert mich.« Er entschied sich schließlich für ein Reisebuch über Italien, das den geheimnisvollen Titel *Königin Albemarle oder Der letzte Tourist* tragen sollte. Doch während er daran arbeitete, wurde er 1952 in den politischen Streit zwischen der französischen Rechten und der Linken hineingezogen. Er schrieb *In Krieg und Frieden.* Immer wieder sehnte er sich nach der »degagierten Literatur«. »Ich verzehre mich nach der Italienreise«, heißt es in einem Brief. Aber er blieb fortan bei der engagierten Literatur.

Das groß, eventuell sogar mehrbändig geplante Reisebuch besteht also nur aus wenigen Fragmenten, Kapitelanfängen, Tagebuchnotizen, die im Nachlaß gefunden wurden und nun — penibel ediert, mit fast übertriebener Akkuratesse, um das schmale Buch zu füllen — bei Gallimard in Frankreich und bei Rowohlt in Deutschland erschienen sind. Mit der *Königin Albemarle — La regina Albemarla o Il ultimo turisto,* wie Sartre selbst in altmodischer Italienschwärmerei den

Titel bestimmt hat, obwohl es in korrektem Italienisch *turista* heißen müßte — weiß die Herausgeberin, Arlette El Kaim-Sartre, auch nichts Rechtes anzufangen. Sie hält den Namen für eine Erfindung Sartres, des poetischen Klanges wegen. Für »der letzte Tourist« bietet sie immerhin zwei Interpretationen an: Erstens reiste Sartre im Herbst und im Winter; »der letzte Tourist« könne also auf die Nachsaison deuten. Das wäre allerdings eine allzu simple Übersetzung. Zweitens verstand sich Sartre als Nachfolger der großen französischen Reisenden wie Montaigne, Chateaubriand und Valéry Larbaud und aus diesem Geschlecht eben als der Letzte. Diese Deutung kommt der Absicht des Autors wohl näher. Tatsächlich ahnte Sartre das Heraufdämmern des Massentourismus, vor dem ihm graute, obwohl er das Schlagwort noch nicht einmal kannte. Aber er war glücklich, das Ende einer langen Geschichte miterleben zu dürfen.

Denn das ist das Aufregende, fast Sensationelle an diesem Buch, daß Sartre im Gegensatz zu allen ihm folgenden intellektuellen Tourismuskritikern den Touristen nicht verspottete oder gleichsam beschuldigte, Mittäter an der Zerstörung der Welt zu sein, sondern den Grund für das Ende einer Kultur in der Geschichte suchte. So fühlte sich Sartre auch keineswegs als der bessere Tourist, wie das unter Tourismuskritikern später üblich wurde. Die Bezeichnung Tourist gilt für ihn fast als Ehrentitel, den er selbst mit Stolz trägt. Man muß das aus der Zeit verstehen. Der Krieg war gerade vorbei. Man konnte wieder reisen, und Sartre reiste so gern, das verrät jede Zeile des Buches, daß er überhaupt nicht auf den Gedanken kam, das Touristsein könne am Ende ehrenrührig sein.

Der Tourist ist für ihn ein Suchender, ein Wallfahrer, der zu den Stätten der Vergangenheit und der Gegenwart pilgert. Sartre fühlt sich als jugendlicher Herumtreiber, der auch solche Sätze in sein Buch schreibt: »Ich sehe Leute herumwimmeln, Straßenbahnen fahren vorüber, der Himmel steigt plötzlich mit der Sonne höher; ich bin in irgendeiner Stadt. Der Bus setzt mich an einem Hotel in der Nähe des Castel dell'Ovo ab. Ich lasse meine Koffer aufs Zimmer tragen und gehe los.« Immer wieder beobachtet und beschreibt er die sich verändernden Farben des Himmels. Auf Capri beschäftigt ihn die Geometrie der Felsen. In Venedig notiert er den schönen Satz, der ihn tatsächlich als großen Reisenden ausweist: »Das einzige Mittel, eine Stadt ein wenig zu besitzen, ist, seine persönlichen Probleme darin herumgeschleppt zu haben.«

Vor einigen Bildern aus venezianischen Sammlungen stellt er fest, daß die Maler weniger an der heiligen Ursula oder am heiligen Markus interessiert waren als an den wohlgeformten Leibern der Diener und Straßenjungen. Daraus zieht er den kühnen Schluß, ohne die Homosexualität der Künstler hätte die Renaissance vermutlich gar nicht stattgefunden.

Obwohl die meisten Kapitel (Fragmente) des Buches von Venedig handeln, sind die einleitenden Stücke über Rom und Neapel wohl die gelungensten. Meisterlich ist die Beschreibung der Kapuzinergruft an der Via Veneto in Rom, wo die Mönche aus Knochen und Gerippen verstorbener Mönche Bilder und Ornamente zusammengesetzt haben. Sartre macht sich Gedanken darüber, wer wohl bestimmt hatte, welche Mönche hier als Bildmaterial verwendet wurden. Er malt sich aus, wie die Mönche, den Trüffelschweinen gleich, über das Grabfeld gekrochen seien, um nach geeigneten Knöchelchen zu suchen. »Frevel«, schreibt er. »Es ist bestimmt nicht christlich, mit einem Knochenhaufen Puzzle zu spielen, Grabschändung, Sadismus, Nekrophilie!« Sartre zieht eine politische Parallele: »Diese Kapuziner sind die Großonkel des Mailänder Pöbels, der den toten, an den Füßen aufgehängten Mussolini ohrfeigte. Diese Mönche konservieren die menschlichen Überreste, um die Lust zu verlängern; sie hindern den Menschen daran, Ding zu werden, um ihn als Ding behandeln zu können, sie entreißen die Gebeine ihrem mineralischen Schicksal, um sie der Karikatur einer menschlichen Ordnung dienstbar zu machen.«

Wohl selten hat ein Heide mit mehr innerer Frömmigkeit über den Tod gesprochen. Die Unschuld ist es, die Sartres Buch auszeichnet. So sah er die Welt. Die Reise war nur ein Anlaß.

AUF CAPRI IM WINTER

Das Stück hieß *Der Regen.* Später wurde es mit Rita Hayworth verfilmt, *Die Göttin im Regen* oder so ähnlich. Autor war Somerset Maugham. In den Düsseldorfer Kammerspielen wurde der Regen einst durch eine ständig laufende Wasserleitung simuliert. Das Stück handelt von einer kleinen Reisegesellschaft, die auf einer tropischen Regeninsel gestrandet war. Ein Missionar und seine Ehefrau, eine Prostituierte und ein amerikanischer Matrose. Der Missionar bekehrt die Prostituierte und verführt sie anschließend; die beiden anderen Personen sind von allen Ereignissen, vor allem aber von dem dauernden Regen, entsetzt. Auf Capri habe ich sie jetzt alle wiedergetroffen. »Wir könnten das Stück auf der Piazetta spielen«, sagte einer. »Einverstanden, ich spiele die Rolle der Rita Hayworth.« »Den Hotelboy machen wir zum Matrosen.« »Missionare haben eine undankbare Rolle.« Das Schlimmste aber war, daß wir keine Ehefrau fanden. Oben, auf den Stufen zur Kirche, stand im strömenden Regen ein Schurke mit schwarzem Bart und böse blitzenden Augen. Nur einen Blick schleuderte er auf uns, die frivole, spöttische, gickernde Gesellschaft in der *Bar Tiberio;* dann warf er sich ein Tuch um die Schultern — aus welcher Oper stammte das? ach, aus allen —, zog seinen schwarzen Hut mit breiter Krempe bis auf die Augen ins Gesicht und ging nach rechts ab. Links hüpfte ein Mädchen mit weißen Strümpfen durch die Wasserpfützen, platsch, platsch, platsch. Auf Capri fühlt man sich immer im Theater, im Parkett wie auf der Bühne.

Im Winter hat die Insel alles Süßliche, Liebliche, Touristische abgeworfen wie ein Baum das Laub.

Man könnte glauben, die Insel wehre sich gegen die sommerliche Zumutung. Manchmal pfeift der Wind über sie wie über das Nordkap. Der Regen fällt nicht in Tropfen, nicht in feinen Spritzern wie aus einer Dusche, er ergießt sich wie aus umgedrehten Töpfen. Man fühlt sich unbehaglich, ausgesetzt den Elementen, denkt an Bekehrung und Verführung, man fühlt sich eingeschlossen, fern von der Welt.

Viermal habe ich am Ende den Weg gemacht vom Hotel hinunter zur Marina Grande, der Strom war ausgefallen, das Telefon funktionierte nicht mehr, die Fähre nach Neapel verschob ihre Abfahrt immer wieder, Sturm. Schließlich verkündete der Kapitän seinen Entschluß, wir fahren erst morgen um sieben Uhr. Um sechs Uhr früh stand ich wieder mit vollem Gepäck unten am Hafen. Es regnete. Es war dunkel bis auf ein leises, blaues Leuchten am Horizont. »Capri lag nun ganz finster vor uns, und zu unserem Erstaunen entzündete sich die Vesuvische Wolke so wie auch der Wolkenstreif je länger, je mehr, und wir sahen zuletzt einen ansehnlichen Strich der Atmosphäre im Grunde unseres Bildes erleuchtet, ja wetterleuchten.« Die Vesuvische Wolke habe ich nicht gesehen. Sonst alles, was Goethe beschreibt, und selbst die grausliche Geschichte, wie die Matrosen und Passagiere auf Goethes Schiff im Sturm sich mit langen Stangen bewaffneten, um im äußersten Notfalle das Schiff von den Felsen Capris abzuhalten, selbst diese Geschichte glaube ich ihm jetzt. Nur daß er, Goethe, als die Männer kleinmütig wurden im Sturm, wie ein junger Gott in ihre Mitte trat und ausrief: »Kehrt in euch selbst zurück . . .«, das zu glauben fällt mir auch heute noch schwer. Die fatale Nähe Capris hat wohl auch den Dichter angeregt, a bisserl Theater zu spielen. Von sich selbst begeistert, wie ein Schauspieler als Hamlet, schreibt er: »Diese Worte taten die beste Wirkung.«

Es regnet nicht während des ganzen Winters auf Capri. Und auch die Temperaturen, sogar wenn der Wind heult, sind relativ mild, am Tage sinken sie selten unter zehn Grad Celsius. Nur gibt es kaum Heizungen in den Häusern, Hotels und Restaurants; die wenigen, die es gibt, funktionieren nicht oder schlecht. Nach ein paar Tagen ist man durchgefroren von den Fußsohlen bis zu den Haarspitzen, man bibbert vor Kälte. Nicht die Italiener, um endlich mit einer alten Legende aufzuräumen, die Südländer seien so verfroren, die Nordländer so abgehärtet: Ich habe es immer genau umgekehrt erlebt. Auch auf Capri. Wer über Kälte klagte, jammerte, wem die Nase lief, waren die paar versprengten Ausländer; die Italiener indes saßen in ihren eleganten, leichten Leinenanzügen, den obligaten dünnen Cashmere-Mänteln, mehr zur Dekoration als zur Kälteabwehr nur über die Schultern geworfen, in der *Bar Tiberio* und lauschten, höflich, aber unbeteiligt, unseren sich von Tag zu Tag steigernden Kältegeschichten. Sie machten mich zornig: Bin ich der einzige Mensch, dem hier kalt ist?

Die Bevölkerung von Capri besteht übrigens nicht nur aus Cashmere-Trägern. Oder doch? Mit Geschäften, neben den offiziellen hat fast jeder noch diesen und jenen Handel, mit der Gastronomie, mit Landbesitz und Landverkauf, vom Gepäckträger bis zum Hotelier, es geht ihnen nicht schlecht. Wer keinen kamelhaarfarbenen Cashmere-Mantel trägt, zieht im Winter gelbes Regenzeug an wie die Leute an der Nordsee. In Mode sind zur Zeit auch Dufflecoats aus hartem Segeltuch, steif wie Karton, mit Stahl-Haken statt Knöpfen, als gälte es, mit ihnen oder an ihnen befestigt in den Weltraum zu fliegen. Man wird als Fremder aus den Leuten von Capri nicht recht klug. Auch wenn sie adlige Namen tragen oder sich kleiden wie die Fürsten und auch so gehen und so sprechen, so kokettieren sie doch alle mit ihrer Herkunft von den Hirten, Bauern, Fischern. Capri erfüllt auf einzigartige Weise alle Voraussetzungen für den sogenannten In Place: Die Insel ist herausfordernd einfach und unglaublich versnobt.

Mein Hotelzimmer hatte einen wunderschönen Majolika-Fußboden mit traumhaften Farben und Mustern. Ich habe ihn hassen gelernt. Er war noch kälter als alles andere. Vom Bett zum Badezimmer legte ich mir eine Teppichbrücke aus Badetüchern. Nach der ersten Nacht bat ich um eine zweite Decke; nach der zweiten Nacht um eine dritte Decke. In meinem Traumschiff unter fünf Klafter Federbett — daß ich ausgerechnet auf Capri an Heinrich Waggerls Weihnachtsgeschichte dachte — überlegte ich: Was bewirken solche kalten Nächte? Kindersegen? Schreiben mit klammen Fingern? Fernsehen? Ich träumte von billigem Glühwein auf deutschen Weihnachtsmärkten.

Am nächsten Morgen nahm ich unverdrossen meinen dauernden Kampf mit dem Zimmermädchen wieder auf, es möge doch bitte die Jalousien vor den Balkontüren offenlassen, nicht den Einfall jedes Sonnenstrahls verhindern, als müsse man das Zimmer kühl halten. Außerdem sehe ich gern hinaus, auch nachts. Mein Blick ging über verwinkelte Dächer, rechts der beängstigende graue Felsklotz von Anacapri, der Monte Solaro, links der Monte Tiberio; gegenüber die breite Fassade des im Winter geschlossenen Hotels *Quisisana,* aus dessen Restaurant einst Oscar Wilde verwiesen worden war, wie André Gide beschreibt, ordentliche Menschen duldeten nicht so einen wie ihn neben sich am Tisch. Ordentliche Menschen. Mein Zimmermädchen hatte eine trotzige Art, mein Lamentieren zu überhören. Die Jalousien waren immer wieder geschlossen. Nach fast einer Woche hatte ich es geschafft, aus den unergründlichen Schätzen des Hotelkellers ein zusätzliches Heizöfchen zu organisieren. Zum ersten Mal verbreitete sich Wärme in meinem Zimmer. Da fiel der Strom aus.

Manchmal waren am Abend drei, vier Tische im Restaurant des Hotels besetzt. Meistens aber saß ich allein dort. Zwei Oberkellner umtanzten mich gravitätisch, zwei Kellner, die wie Bauernburschen aussahen, brachten dann das Essen — und feixten unter sich oder auch mir gegenüber über die ungebrochene Feierlichkeit der beiden Großmeister der Servierkunst. Auch das war wieder Theater: wie sie mir die Karte reichten, obwohl die Auswahl so gering war, daß ich sie am zweiten Abend schon nicht mehr gebraucht hätte. Wenn man sich auf die »Empfehlung des Chefs« verließ, war man immer gut beraten. Ungerührt ob der Kälte, stellten sie meine Sprudelflasche in den silbernen Sektkübel und bestanden darauf, mir einzuschenken, obwohl ich das Geschäft lieber selbst besorgt hätte. Zu jedem Gang verordneten sie mir ein halbes Glas Wasser, mehr nicht. Schon nach dem ersten Abend war ich verliebt in das Zeremoniell. Jeden Tag wartete ich gierig auf das Dinner. Es verzauberte mich.

Das Hotel, obwohl von klinischer Kühle, hatte etwas Altes, Stolzes, Erhabenes. Die abgezirkelten Gespräche mit den beiden Oberkellnern, die zu allem auch noch diesen unverwechselbaren, berufsbedingten Knickgang hatten, daß der Bediente sich bei dem Bedienenden bedankt. Wie konnte nur in Deutschland dieses dumme Gerücht aufkommen, das Dienen habe etwas Unterwürfiges. Die natürliche Würde der beiden alten Herren bewies das Gegenteil. Herausgehoben aus den Niederungen des Alltags, verwandelte sich die Tafel allabendlich in diesen merkwürdigen Festzauber durch den selbstverständlichen Ernst ihrer Handhabungen. Ich fühlte mich aufgenommen, gewürdigt im Sinne des Wortes. Ihnen zuzusehen beim Entgräten eines Fisches etwa war nur mit einer japanischen Tee-Zeremonie zu vergleichen. Wenn ich die Regeln dieses Gesellschaftsspieles einhalte, dachte ich, werden die beiden für mich sorgen, wenn es sein muß, würden sie sich für mich schlagen; wenn ich die Regeln nicht einhalte, werden die beiden Zeremonienmeister so tun, als würden sie mich nicht kennen.

Für zwei, drei Nächte wohnte in dem Hotel ein Liebespaar. Ich sah sie nur beim Dinner. Sie hatten alles, was es gibt auf der Welt. Sie waren verliebt, jung, schön, klug und reich vermutlich, sie hatten Geschmack, sie waren nach der letzten Mode gekleidet. Ob sie es wohl wissen, fragte ich mich dauernd, daß sie alles schon haben? Sie sahen sich nur an. Sie sagten kein Wort während des ganzen Essens. Er biß krachend auf die Schalen der gerösteten Garnelen. Sie biß krachend auf die Schalen der gerösteten Garnelen. Sie kauten sich an. Wortlos standen sie auf, sahen sich immer noch an — und gingen. Ich muß das schon einmal in einem Film gesehen haben. Wenn man so alt wird, hat man alle Szenen schon irgendwann und irgendwo einmal gesehen. Ach, Gott, mein Öfchen, dachte ich.

Einmal hatten wir für ein paar Nächte eine feurige Dame aus Mailand zu Gast, die sich den Capri-Aufenthalt wahrscheinlich ganz anders vorgestellt hatte. Zu ihrem Status gehörte es aber gleichsam, sich das nicht anmerken zu lassen. So überlächelte sie tapfer jeden inneren Konflikt, unterhielt sich angelegentlich und lächelnd mit einem älteren Ehepaar am Nebentisch — und aß beispielsweise jeden Bissen mit einer Art Anlauf: Sie aß rhythmisch. Das habe ich noch nie in einem Film gesehen. Plötzlich erinnerte ich mich eines kuriosen Dialogs, den ich mit dem Taxifahrer am Tag meiner Ankunft auf Capri geführt hatte und der mir nun so komisch vorkam, daß ich fast laut gelacht hätte, was die Feierlichkeit des Mahls allerdings erheblich gestört hätte. Er: *»Sorry, but I have my wife in the car!«* Ich: *»I have no problems with your wife!«*

Wenn es ganz schlimm wurde mit der Kälte, ging ich zu Glauco in die Sauna. Dort war ich zwar auch der einzige Kunde, aber Glauco wußte über jeden Inselklatsch Bescheid. Er sprach italienisch, ich deutsch, aber mit etwas Pantomime, Theater und gutem Willen verstanden wir einander, jedes Wort. Wer mit wem und wer dieses Haus gekauft und wieder verkauft hatte, Glauco wußte alles, und daß dieser offensichtlich verrückte, fremde, kältekranke Deutsche sich für derart entlegene Sachen interessierte, Glauco fand das so toll, daß er mir sogar eine Eintrittsermäßigung von fünftausend Lire offerierte. Ich war peinlich berührt. Meinen größten Lacherfolg hatte ich bei ihm mit meiner Erzählung, wie man mich an diesem Morgen im Friedhof eingesperrt hatte.

Natürlich war ich wieder auf dem Friedhof von Capri, auf dem römisch-katholischen und auf dem interessanteren nichtkatholischen, dem sogenannten Fremdenfriedhof, auf der niedrigsten Stufe der Friedhofsterrasse gelegen. Der verwitterte Grabstein des Barons Fersen; das Grab mit dem Rilke-Gedicht; das Grab von 1923, auf dem unter einer Glasglocke noch heute das »Beileidsbuch« offen zur Eintragung ausliegt. Als ich den Friedhof verlassen wollte, es regnete wieder, fand ich zwei schwere Eisenketten um das eiserne Portal, mit Vorhängeschlössern gesichert. Die Vorstellung, nun Tag und Nacht auf dem naßkalten Friedhof verbringen zu müssen, war so lustig nicht. Ich rief also und wurde tatsächlich von zwei Straßenarbeitern gehört. Wie wir das angestellt haben, eine immerhin drei Meter hohe Mauer zu überwinden, was für Nebenbauwerke dafür errichtet werden mußten, behalte ich lieber für mich.

Ein Zeichen will ich darin nicht sehen, daß mich einen Tag später bei meiner Wanderung über die Via Krupp die Vorstellung verfolgte, wenn ich hier abstürze, hätte ich die besten Aussichten, als Gerippe oder als Gespenst die nächste Saison zu beherrschen. Verschollen, würde es zuerst heißen, einfach verschollen, weg. Dann, später, vielleicht im Mai würden spielende Kinder mich finden, an einem Sonntag, vielleicht hätten sie einen Blumenkranz im Haar, und ich würde sie erschrecken: buuh! In Wirklichkeit ist es so, daß sich die Via Krupp, dieses kühne Bauwerk, diese kunstvolle, in den Fels gehauene Spirale, in einem jämmerlichen Zustand befindet. An mehreren Stellen ist das Geländer zerbrochen. Man muß klettern, darf nicht nach unten sehen in die brodelnde Tiefe, man kann leicht ausrutschen, abstürzen. Ich war noch einmal da, als es fast schon Nacht war. Von unten stieg der Nebel auf. An diesem Abend sah man den Mond, die Sterne, die hohen Bäume am Abhang. Die Wellen schlugen hart ans Ufer. Es war wie ein Brüllen in der Luft. Wer hat die Götter so beleidigt? Wem gilt ihr Fluch?

Am schönsten war die Wanderung auf den Monte Tiberio. An der Piazetta durchschreitet man eine schmale Pforte. Die Pforte ist keine Pforte, sondern das Tor zur Straße, die auf den Berg der Villa Jovis führt. Die Straße ist keine Straße, sondern nur ein schmaler Weg. Auf den ersten Metern gibt es noch Geschäfte rechts und links, kleine Restaurants, Pensionen. Die wilden, doch Gott sei Dank recht zahmen Hunde verfolgen noch eine Weile den Fremden, bettelnd, bis dessen zielbewußtes Vorangehen sie irritiert und sie zur Piazetta zurücktrotten. Die meisten Touristen lieben die Hunde; ich mag sie weniger. Es gibt niemand auf Capri, der mit seinen Gucci-Schuhen nicht schon voll in den Hundedreck getreten wäre. Dann fluchen übrigens auch die sonst so hundeliebenden

Touristen. Man vergißt das allerdings, wenn man bemerkt, daß an einigen Stellen des asphaltierten Weges sich ein paar Hunde mit ihren Pfotenabdrücken selbst ein Denkmal gesetzt haben. Die allgegenwärtigen Elektrokarren auf Capri, wie früher bei uns auf den Bahnsteigen, auf denen Gepäck und Menschen und das ganze Leben transportiert werden, verfolgen zuerst auch den Fremden wie die Hunde, bleiben dann zurück. Der Fremde geht allein auf den Berg.

Auch im Winter duftet die Macchia. Die lila Bougainvilleen blühen, auch eine gelbe, sehr giftig aussehende Königskerze, niedriges Palmgebüsch. In einem Weingarten war um ein strubbeliges Stofftier eine Art Altar gebaut; von einem Baum hing ein Puppenkopf aus Porzellan herunter; um bunte Stangen waren Lappen gebunden, die jetzt im Winde flatterten. Ein Opfer für den Gott? Oder nur eine Vogelscheuche? Weinlaub ist schön. Zwischen dem Wein stehen Zitronen- und Mandarinenbäume, an denen reife Früchte hängen. Rotkehlchen hüpfen über die Weinranken. Aber es gibt auch Gelbbäuche unter den Vögeln. (Goethe wußte auch nichts über Ornithologie. Der brave Eckermann war entsetzt, als er das eines Tages bemerkte.) In einem alten Reiseführer lese ich, daß der Weg zur Villa Jovis »über freies Feld« führt. Das freie Feld ist arg geschrumpft. Mir kommt es vor, als schrumpfe es Jahr für Jahr mehr. Die Offiziellen schwören, das könne nicht sein. Es darf nichts gebaut werden. Es darf nur um- und angebaut werden. Fast an jedem Haus wird um- und angebaut. Aber darum will ich mich nicht kümmern.

Auf den Ruinen des Palastes von Kaiser Tiberius, der Villa Jovis, standen schon zwei Japaner. Ich bin der Hase, sie sind die Igel. Die Ruinen sind nach heutiger Denkart der Archäologen allzu radikal restauriert, fast renoviert worden. Das Haus muß in zwiebelartigen

Gängen angelegt worden sein; wirkt erstaunlich »modern«. Der Blick hinüber nach Anacapri, hinunter auf die Faraglione, die Felsen im Meer, nimmt dem Besucher fast den Atem. Zwischen den weißen Schaumkronen erkennt man ein paar kleine Boote im Meer. Man bekommt Angst um die, die darin sitzen. Auf der anderen Seite sieht man die Landspitze von Sorrent. Es gibt keinen schöneren Blick auf die Welt. Nur die Götter sehen sie so.

Ich bin wieder zur Villa Fersen gegangen. Sie ist immer noch verschlossen wie seit fast siebzig Jahren. Sie sieht verfallen aus, traurig und düster. Um sie herum, so etwas kann auch nur den Capresern einfallen, hat man wortwörtlich einen Müllplatz angelegt. Um zu der Villa zu kommen, muß man erst über Berge von stinkendem Unrat und von Scherben zerschlagener Klosetts klettern. Die Klosetts ordentlicher Leute. Reste untergegangener Zivilisation.

In der *Bar Tiberio* saß ich mit einem Komitee gesetzter Herren zusammen — von der Stadtverwaltung, von der Industrie- und Handelskammer, vom Hotel- und Gaststättenverband, von der Geschäftswelt, von der Partei, von den Jungunternehmern, so ähnlich hießen die Verbände, die sie vertraten, und wir berieten über das Thema Wintertourismus auf Capri. Der vorwitzige Fremde äußerte den Verdacht, auf Capri wollten die Leute vielleicht gar keinen Tourismus im Winter. (Im Winter auch noch; es ist genug, wenn sie im Sommer kommen.) Nein, nein, um Himmels willen nein, schallte es ihm entgegen. Aber gewiß hätten sie gern Wintertourismus. So palaverten wir einen ganzen Nachmittag lang, bis nach und nach alle schläfrig geworden waren. Ein Wirbelwind trieb eine leere Kartoffelchipstüte über die Piazzetta. Der Fremde hatte zwischendurch einen kamelhaarfarbenen Cashmere-Mantel anprobiert, war aber zu dem Entschluß gekommen, daß er dafür noch nicht alt genug sei. Es war schon dunkel. Ich muß über das alles noch einmal mit Glauco sprechen, sagte ich und ging.

DER MAULESEL HATTE HUSTEN

Der Zug von Olbia nach Alghero auf Sardinien sollte um acht Uhr abfahren. Bis dahin war noch eine Viertelstunde. Ich stand mit großem Gepäck im Eingang des Hotels und wartete auf ein Taxi. Aber es kam nicht. Auf der dem Hotel gegenüberliegenden Seite des kleinen Platzes stand eine Kutsche. Der Kutscher hatte dem Pferd einen Sack mit Futter umgebunden. Das Pferd kaute genüßlich. Der Kutscher beobachtete mich. Ich sah ihm von weitem an, daß er meine Situation durchschaut hatte. Er witterte ein Geschäft. Betont langsam kletterte er auf den Kutschbock, nahm die Peitsche in die Hand, lockerte die Bremse, sagte etwas, das wie »bhrühh« klang, und zog mit den Zügeln den Kopf des Pferdes hoch. Das Pferd — eben noch so friedlich beim Frühstück und jetzt, du lieber Himmel, schon Kundschaft zu so früher Zeit — tänzelte unsicher. Der Kutscher brachte sein Gefährt in Hab-acht-Stellung und sah mich weiter an. Ich war immer nervöser geworden. Das Taxi kam nicht. Was sollte ich tun? Also gut, dachte ich, dann nehme ich eben die Droschke, und winkte dem Kutscher. Von da an ging alles im Laufschritt und im Galopp. Das Gepäck war aufgeladen. Ich saß neben dem Kutscher. Er sagte »bhrühh, bhrühh« und schnalzte mit der Zunge und ließ seine Peitsche über dem Pferd knallen. Wir galoppierten über die klobigen Pflastersteinstraßen von Olbia, daß tatsächlich die Funken stoben. Das arme Pferd. Der arme Tourist. Ich hielt mich krampfhaft an der Kante des Sitzes fest. Plötzlich fiel mir ein, daß ich gegen alle Reiseregeln keinen Preis ausgehandelt hatte:

Er wird ein Vermögen fordern, dachte ich. Der Kutscher lenkte den Wagen stehend; vermutlich hatte er kurz vorher *Ben Hur* gesehen. Um eine Minute vor acht trafen wir vor dem Bahnhof ein. Der Preis? »Was sie wollen«, sagte er lachend. Ich rannte zum Bahnsteig, sprang in den schon anfahrenden Zug. Das war meine schönste Kutschfahrt.

Ich bin auch im afghanischen Herat mit der Kutsche gefahren, vom Basar zu unserer Herberge, die weit draußen lag, fast schon am Rande der Wüste. Die Sonne brannte gnadenlos. Ich hielt eine dickbauchige, feinziselierte blaue Flasche in der Hand, die ich auf dem Markt erhandelt hatte, das blaue Glas von Herat, das schon in der Antike als Kostbarkeit galt. Die Flasche ist immer noch das Prunkstück meiner Sammlung. Aber sonst, wenn es um Kutschfahrten geht, bin ich der Schrecken aller Mitreisenden: Kaum sehe ich eine Kutsche, vor dem Central-Park in New York etwa oder vor der Kathedrale von Palma de Mallorca, vor dem Kolosseum in Rom oder vor der Oper in Wien, schon versuche ich, Mitreisende zum Kutschfahren zu überreden. Denn mit der Kutsche zu fahren, ist ein geselliges Erlebnis — außer man ist in Eile in Olbia. Kaum einer will mit mir fahren. Kaum einer versteht diese geruhsam zockelnde Harmonie von Tier, Mensch und Umgebung. Diese schöne Schwermut, die langsam zerrinnt wie die Zeit.

Der Maharadscha von Gujarat in Westindien zeigte mir einst seinen Wagenpark. Darin befanden sich sage und schreibe vier Rolls-Royce-Autos verschiedener Jahrgänge. Ich muß damals gegen alle Höflichkeitsgebote verstoßen haben, indem ich fragte: »Aber eine Kutsche haben Sie nicht?« Der Maharadscha würdigte mich keines Blickes mehr.

Einmal bin ich im ägyptischen Luxor mit der Kutsche gefahren, von der Anlegestelle der Schiffe auf dem

Nil bis zum Karnak-Tempel, dem vieltausendtorigen Theben. Das Zugtier der Kutsche war ein Maulesel, und der Maulesel hatte einen bösen Husten. In einer tiefen Stimme drang aus seiner Brust das Hustengeräusch, das seinen ganzen Körper erschütterte. Auf dem Rücken war er blutig geschlagen von den Stockhieben des Kutschers, der ihn zur Eile antrieb. Ich versuchte ihm zu erklären, daß ich es überhaupt nicht eilig hätte. Es half nichts. Ich versuchte ihm zu erklären, er bekäme ein gutes Bakschisch, wenn er aufhören würde, das Tier zu schlagen. Es half nicht. Der klagende Hustenton des Maulesels, der trotz seiner offensichtlichen Schmerzen geduldig und ergeben klang, ist mir als der ewig vergebliche Ruf einer gequälten Kreatur im Gedächtnis geblieben. Das war meine unangenehmste Kutschfahrt.

VII

DIE LAUTE NACHT VON DRUSCHBA

Silberne Litzen am Pullover zeichneten die dickbrüstige Madame als Hexe aus. Auf dem von Ulmen und Linden umstandenen Platz vor der Sveta-Petka-Samardshijska-Kirche von Sofia suchte sie lauernd nach Kundschaft. Sie war auf Handlesen spezialisiert. Mit ihren weichen Patschhändchen streichelte sie die Hand des Kunden, sah diesem eher in die Augen statt auf dessen Hand, sagte: »Ooh, ooh!« Es muß ein böses, böses Schicksal gewesen sein, das sie unter einer Fingerkuppe erfühlt hatte. Dann strahlte sie plötzlich. Das war ein gutes Schicksal. Eine lange Lebenslinie vielleicht? Oder die Wahrheit über die kompliziert verlaufende Liebeslinie? Sie murmelte unverständliche Wörter in einer unverständlichen Sprache. Sie tätschelte dem Kunden tröstend, mütterlich die Wangen. War die Lebenslinie am Ende doch nicht so lang? Die Frau macht mich nervös. Und ich versteh' sie nicht.

Hinter ihr hatten sich vier alte Männer in bulgarischgestickten weißen Blusen aufgestellt und spielten auf einer Fiedel und mit rätselhaften Schlaginstrumenten Humtata-Musik, humtata, humtata. Ein magerer junger Mann jonglierte mit vier gelben Tennisbällen und spuckte gleichzeitig wie eine Fontäne — das war der Höhepunkt seiner Darbietung — drei Tischtennisbälle hoch in die Luft, die er auch wieder mit dem Mund auffing. Ich warf zehn Leva in den Hut, etwa 80 Pfennig. Mehr hatte er an dem Morgen nicht eingenommen. Die uralten Straßenbahnen, die den Platz quietschend umfahren, verursachen beim Überqueren der wirren Geleise ein merkwürdig hartes und lautes Schlagen. Die Menschen eilen ernst und geschäftig vorüber. Die Gaukler finden wenig Aufmerksamkeit. Sofia ist keine Stadt für Müßiggänger. Bestimmt ist es eine der unbekanntesten Hauptstädte Europas. Sofia erscheint uns fremd und vertraut zugleich.

Wir kennen den ernsten Blick der Menschen und ihre geschäftige Eile. Wir kennen die Bäume, die Architektur der Häuser, die klingelnden, quietschenden und klappernden Straßenbahnen, selbst die Lage der Stadt in einer theatralischen Talmulde, umgeben vom Ljulin-Gebirge im Westen und der Sredna Gora im Osten. Sie erscheint uns als immer wiederkehrendes Muster mitteleuropäischer Städte. Fremd ist die Sprache, die Schrift, der graue, östliche Staub von Ärmlichkeit und Moder. Aber was heißt hier fremd? Obwohl wir um die inneren Zusammenhänge wissen, sieht es fast so aus, als nähmen wir es der Stadt, den Menschen, dem Land übel, daß wir so rücksichtslos mit der Armut konfrontiert werden. Mäkelnd registrieren wir: Sofia hat keinen Charme; Sofia ist keine südländische Stadt; sie ist eher düster, drückend, schwer. Sofia ist eine ehrliche Stadt, die weder sich selbst noch dem Fremden etwas vormacht.

Die Intellektuellen, nach Politik und Wirtschaft befragt, wiegen bedenklich ihr Haupt. Man will sie aufmuntern: In viel ruhigeren Bahnen verlaufe hier das Leben als in Rumänien; der Kurs der Leva sei einigermaßen stabil (für eine Mark zwölfeinhalb Leva); hier gebe es nicht diese krankhafte Gier nach westlichen Produkten und westlicher Lebensart. Solche Reden nimmt man in Sofia mit bitterem Lachen auf: »Ja, uns geht es noch besser als den Albanern!« Der vorlaute Besucher aus dem Westen verschweigt darauf lieber seinen Kommentar, daß er die langsame bulgarische Form der Privatisierung für besser halte als die hektische Goldgräber- und Spekulanten-Privatisierung, wie sie etwa in Rumänien betrieben wird. Den Bulgaren geht es natürlich viel zu langsam. Wer im Westen könnte ihnen das übelnehmen? Dennoch ist es richtig, daß die Atmosphäre des gesamten Lebens in Bulgarien relativ friedlich, dem Besucher aus dem Westen will es scheinen, sogar hoffnungsvoll ist. Denn weder haben die Menschen hier Hunger gelitten, vor der Wende, wie in Rumänien, noch wurde die Revolution mit hundertfachem Mord und Totschlag erkämpft. So sehen die Bulgaren die Politik ziemlich locker, unverkrampft.

Daß die Passanten vor den Café-Terrassen des *Balkan*-Hotels die Hälse recken, um zu sehen, was diese windigen, aufgeputzten fremden Nichtstuer auf ihren Tellern haben, mag für letztere ein prickelnd perverses Vergnügen bedeuten. Dabei möchte man den Passanten zurufen: Es ist mehr Show als Luxus. Aus dem Innern des Cafés klingt gedämpfter Harfenklang, *Ave Maria*. Die giftfarbenen Torten sind süß, klebrig, mächtig. Den mißgünstigen Vorwitz der Passanten versteht jeder, der mit offenen Augen durch die Stadt geht: Eine Flasche Mineralwasser, entnimmt man sie dem Kühlschrank im Hotelzimmer, kostet 1,50 US-Dollar, in einem bulgarischen Restaurant kostet sie zwei Leva, 16 Pfennig etwa. »Sie müssen bei uns ungarisch essen«, empfiehlt der Taxifahrer und schwärmt von der Zigeunermusik. Die Bulgaren erzählen immer augenzwinkernd von den Zigeunern. Manches sei illegal, was diese tun, aber genau das scheint ihnen zu gefallen. Die Rumänen mögen die Zigeuner überhaupt nicht. »Unsere« Zigeuner, erklärt mir gravitätisch ein bulgarischer Schriftsteller, seien keine rumänischen Zigeuner.

»Unsere« Sprache sei der serbischen verwandt, aber mit den Serben hätten sie nichts zu tun. Von weiteren nationalen Unterschieden will ich nichts mehr hören. Das versteht nun er wieder nicht und ist fortan etwas verschnupft.

Im Archäologischen Museum von Sofia findet zur Zeit eine bemerkenswerte Ausstellung *Jüdische Kultur in Bulgarien* statt. Wie überall in der Welt verlief das jüdische Leben in Bulgarien in Wellen, in Höhen und Tiefen. Im 14. Jahrhundert war Bulgarien ein Fluchtpunkt für Juden, vorwiegend aus Frankreich, Spanien, Mitteleuropa. Im frühen 19. Jahrhundert erlebten die Juden dann auch hier eine schwere Zeit. Nach 1878 jedoch, nachdem der russisch-türkische Krieg Bulgarien von türkischer Herrschaft befreit hatte, lebten die Juden hier gleichberechtigt als freie Bürger. Das dürftige Katalogblatt zur Ausstellung weist mit Stolz darauf hin, daß die Juden auch in der Zeit während des Dritten Reiches in Bulgarien eine Heimat hatten. Die ausgestellten Werke, Bibelrollen, Kultgeräte, beweisen eine reiche, fast prachtvolle Kultur.

Die Dauerausstellung des Museums fesselt den westlichen Besucher vor allem durch ihre orientalisch-sorglose Art der Präsentation, wie er sie zum Beispiel aus Kairo kennt: Die Vitrinen sind mit den kostbarsten Dingen derart vollgestopft, daß es schwerfällt zu glauben, irgendeiner wisse noch, was sich wirklich darin verbirgt. Kostbare Gläser neben relativ unbedeutenden Öllämpchen, alles in Massen, Schmuck, Figuren, Tongefäße, bemalte Vasen. Auf einem Fußboden aus altersgrauen Holzdielen stehen tonnenschwere Marmorfiguren. Es sind vorwiegend die bekannten römischen Kopien griechischer Originale, doch bis auf wenige Ausnahmen erscheinen die Figuren hier stämmiger, irdischer, weniger elegant und göttlich verklärt.

Das Historische Museum von Varna, ein weitverzweigtes, mächtiges Bauwerk aus der Gründerzeit, bietet äußerlich und innerlich eine Art Fortsetzung des archäologischen Museums von Sofia. Der einzige Besucher an diesem Tag wird ständig von acht bis zehn einander abwechselnden Frauen begleitet, die mißtrauisch darauf achten, daß er erstens alles sieht, also kein Bild, keine Figur, keine Vitrine ausläßt, daß er aber zweitens auf keinen Fall etwas mitnimmt. Hatte ich, hakenschlagend wie ein gejagter Hase, gerade eine meiner Begleiterinnen abgeschüttelt, hörte ich sofort das Klapp-klapp der Pantinen einer anderen hechelnd hinter mir her. Am Ende gefiel mir das Spiel. Nur um die Damen zu beschäftigen, habe ich dreimal die Runde gemacht. So einen interessierten Besucher hatten die schon lange nicht mehr.

Das Gold der Thraker in den Vitrinen ist der größte Schatz des Museums. Man glaubt es nicht, wenn man es nicht gesehen hat. Das Gold in dicken Klumpen, fast unbearbeitet: Jede Bearbeitung, so könnte man glauben, würde den Wert nicht erhöhen, sondern mindern. Was diesen Schmuck so unerhört »modern« erscheinen läßt, ist die Tatsache, daß die thrakischen Goldschmiede wie Designer der Gegenwart allein auf die Wirkung des Materials setzten. Daneben gibt es allerdings auch fein ziselierte Schmuckstücke, aus späterer Zeit, aus »historischer Zeit«, wie man sagt, wie etwa die geflügelte Siegesgöttin Nike, die ein Medaillon hält, das Prunkstück des Museums. Der gesamte Schmuck stammt aus Gräbern aus der Umgebung von Varna. Leider sind die ausgestellten Stücke entweder gar nicht oder nur mit kyrillischen Buchstaben beschriftet: Als Besucher muß man mehr über die Dinge nachdenken, sich nach Büchern umsehen (was in Bulgarien nicht einfach ist) und immer wieder fragen. Über einen geöffneten Sarkophag im Museum konnte mir keiner Näheres erzählen: Man sieht ein menschliches Gerippe mit gekreuzten Armen; in einer Hand ein goldenes Zepter; an der Seite ein goldenes Schwert; über dem Kopf einen goldenen Kranz. War es ein König? Ein Fürst? Oder nur ein Dichter? Ein Mann jedenfalls: Sein Penis steckt in einem goldenen Futteral. Auch die Kniescheiben und Armgelenke sind mit Gold geschmückt. Ich ernannte ihn einfach zum Dichter-König von Varna und ließ die acht bis zehn Museumsdamen mit ihm allein.

Varna und die Badeorte am Schwarzen Meer entsprechen auf eine fast lächerlich spiegelbildliche Weise Konstanza und den rumänischen Badeorten: »Denn Theben ist für Memphis das, was Lausanne für Genf ist.« Am Schwarzen Meer verhält es sich so ähnlich wie in dem Schlager der Comedian Harmonists. Varna ist mehr Großstadt, Konstanza mehr altmodische Residenz. Die rumänische Strandpartie ist flacher, breiter, der Wald rückt nicht so nah ans Meer. In den bulgarischen Badeorten wechseln Steilküsten mit sandigen Buchten, und immer reichen der Wald oder die Weingärten, die Obstplantagen oder Zwiebelfelder direkt bis ans Meer. Die Anlagen aber wiederholen sich. Gibt es in Konstanza ein Marinemuseum, gibt es auch in Varna ein Marinemuseum. Muß in Rumänien an jedem Strand eine Rutsche für Kinder stehen, geht es auch in Bulgarien nicht ohne Rutsche. Oft sind die Unterschiede nur minimal, graduell, atmosphärisch, schwer auszumachen. Die Hotelbauten, das Urlaubsleben insgesamt scheint in Bulgarien etwas solider begründet zu sein als in Rumänien, was allerdings nicht ausschließt, daß man zuweilen auch an der bulgarischen Schwarzmeer-Küste Bauten von haarsträubender Häßlichkeit findet. Aber das sind Ausnahmen.

Nehmen wir Druschba zum Beispiel. Genaugenommen ist Druschba ein Vorort von Varna, das älteste bulgarische Seebad. Druschba, »unter dem Namen kennt es die Welt«, sagte feierlich ein Vertreter des bulgarischen Fremdenverkehrsamtes, jetzt heißt es gar nicht mehr Druschba, sondern wie früher »Sveti-Konstantin«. Der Name »Druschba« sollte die bulgarisch-russische Freundschaft festigen; fast jede bulgarische Stadt hat übrigens ihren meist modernen Vorort »Druschba«; in Sofia unterscheidet man gar in Druschba I und Druschba II. Das nimmt man in Bulgarien nicht so wichtig. Mit Umbenennungen hat man Erfahrungen. Selbst Varna hieß vor wenigen Jahren noch »Stalin«. Vermutlich wird es in den Reisekatalogen noch lange Druschba heißen; bleiben wir also dabei.

Unvergeßlich ist die laute Nacht von Druschba. Das Gekicher der Möwen, ungewöhnlich großer Exemplare, begann gegen zwei Uhr in der Früh. Ich schreckte aus dem Schlaf: Wer lacht auf meinem Balkon? Ein höhnisches Gelächter wie von bösartigen alten Männern. Es waren die Möwen. Von weiter her, vom Strand wohl, klang das Geheul wilder, kämpfender Hunde. Unten aus dem Hotelgarten hörte ich das Babygeschrei brünstiger Katzen. Zwischen den Möwen das Gezirp anderer Vögel. Aus einem der hohen Parkbäume klang der merkwürdige Glockenruf der Nachtigall. Im Zimmer sägte unverdrossen ein Heimchen; ich habe es nie entdeckt. Ferne schlugen die Wellen ans Ufer. Nachts ist viel los in Druschba. Ich bin tief und fest wieder eingeschlafen. In den folgenden Nächten ließ ich mich von den Möwen nicht mehr erschrecken. Möwen können sehr hochmütig sein.

Das Grandhotel von Druschba, ein Haus von 1977, als Thermalbadehotel gebaut, mit großem Schwimmbad im Garten, wird geradezu als Musterhotel geführt. Vier Bars, ein Café, drei Restaurants. Das Personal ist freundlich und hilfsbereit, das Essen ist gut. Mit

Schrecken erinnert man sich der Zeiten, als man in Bulgarien noch jeden Klacks Butter beim Frühstück extra bezahlen mußte, als das Speiseeis noch gewogen wurde, als man sich für jedes Getränk in einer langen Schlange anstellen mußte. Das ist Vergangenheit. Heute wird das alles großzügig gehandhabt, als hätte man es schon immer so gehalten. Warum das Grandhotel von Druschba dennoch von anderem Zuschnitt ist als Hotels dieser Art im Westen? Ja, warum eigentlich? Das ist so einfach nicht zu beantworten. Es liegt im wesentlichen daran, daß der Pauschaltourismus nach wie vor am Schwarzen Meer beherrschend ist, während das Grandhotel, wie man es sich im Westen vorstellt, der Individualgäste bedürfte. Die gibt es hier aber nicht. Ein Blick auf die Preise zur Illustration: Als individuell reisender Ausländer bezahlt man für die Übernachtung in einem Doppelzimmer 132 US-Dollar. Für das gleiche Zimmer muß ein Bulgare nur 610 Leva, knapp 50 Mark, zahlen. Daß es überhaupt Einheimische gibt, die diesen Preis bezahlen können, ist ein Glück für das Hotel; denn die Einheimischen sorgen erst für Farbe. Was aber zahlt der Pauschaltourist für das Zimmer? Das ist das große Geheimnis der Veranstalter. Vermutlich liegt man nicht falsch mit der Annahme: Die Pauschaltouristen zahlen noch weniger als die Einheimischen. An diesem Punkt brechen Anspruch, Vorstellung und Wirklichkeit der Urlaubswelt auseinander.

Es fällt auf, daß es in Bulgarien mehr Alleinreisende, auch mehr ältere Reisende als in Rumänien gibt, wo die Mehrzahl der Touristen Ehepaare mit Kindern sind. Viele Bewohner der ehemaligen DDR, die »immer schon« nach Bulgarien in Urlaub gefahren sind, kommen auch heute noch. Sie sind dem Land treu geblieben. Sie kommen gern. Sie kennen sich hier aus. Sie streifen auch mehr durch das Land als die Westler, die sich lieber am Strand festsetzen. Die Ostdeutschen sprechen gern über den Ort, sie vergleichen engagiert die einzelnen Hotels, deren Leistungen und Preise, was die Westler eher langweilt, hier ein paar Pfennig mehr, dort ein paar Pfennig weniger. Die ostdeutschen Urlauber, jeder einzelne ist wie eine Nachrichtenbörse. Nur eine Frage — schon rattert der Ticker los.

Das *Palace*-Hotel am nördlichen Ostende von Druschba war früher für die bulgarische Nomenklatura reserviert. Heute will es mit dem Grandhotel konkurrieren. Nach Lage und Einrichtung wäre das wohl möglich. Noch aber scheint ein Fluch über dem Haus zu liegen: Man geht nicht hin. Die riesengroße Halle — traurig und leer. Die schöne Bar — geöffnet und leer. Das Restaurant, der Souvenir-Shop, der Strand — alles funktioniert, aber keiner ist da. Die Übernachtung im Doppelzimmer kostet hier für Einzelreisende 62 US-Dollar. Direkt neben dem *Palace* eine Bauruine, von der Wende überrascht: Es ist nichts mehr mit Nomenklatura.

Den Sonntagmorgen verbrachte ich in der Kathedrale von Varna. Weihrauchschwaden, Schweißausbrüche — und diese Stimmen im liturgischen Wechselgesang. Der kleinwüchsige Priester im grünen Chormantel sang wie ein Opernstar. Von der Balustrade antwortete ihm der Chor der Männer mit den dunklen Stimmen. Der hochgewachsene, schwarzbärtige Diakon, der den Ritus mit harschen Gesten dirigierte, hatte einen starken Bariton. Der Liebling der Gemeinde war jedoch zweifellos der jugendliche Subdiakon mit der glockenreinen Tenorstimme. Sein Bart war noch wirr sprießend, nicht immer wußte er, wie und wo er richtig zu stehen hatte, der Diakon wies ihn dann fast gewalttätig zurecht. Aber wenn er sang, wer hätte dann noch zu mucksen gewagt. Nach dem Gottesdienst begannen die Eheschließungen. Bei dreien war ich zugegen. Aber draußen wartete noch eine ganze Reihe von Paaren. Der Priester, dem der Dienst inzwischen wohl etwas lang wurde, setzte den Ehepartnern allzu routiniert die Kunststoffkrone aufs Haupt. Der Diakon raunte ihm vor den betreffenden Stellen im Text immer die Namen der Hochzeitskandidaten zu, Carol und Mirjam, Theodor und Katharina, Arnoldo und Susanna.

Von Varna nach Druschba, das sind zehn Kilometer. Dreimal bin ich diese Strecke gewandert, bei Wind und Wolken, bei greller Sonne und einmal im Nebeldunst. Ich war verliebt in diese Strecke. Das Meer, die aufragende Steilküste, das fruchtbare Bauernland dahinter. »Das hätten Sie erst früher einmal sehen sollen«, erklärte mir ein ostdeutsches Ehepaar. Das war, als vor uns ein Igel den Weg überquerte. Sehr langsam, sehr beschwerlich, sehr vorsichtig. Als er unseren Tritt wahrnahm, blieb er zunächst ratlos mitten auf dem Weg stehen, blinzelte nach rechts und links, dachte wohl bei sich: Die scheinen friedlich zu sein — und bewegte sich weiter, mühsam erkletterte er einen Stein, doppelt so hoch wie er selbst. Dahinter verschwand er. »Hast du das schon mal gesehen, Elfriede?« »Nein«, sagte Elfriede, »das habe ich hier noch nie gesehen.« »Sehen Sie«, sagte ich.

Am Ortsende von Varna befindet sich das Bad des bewegten Wassers: Aus einem dicken, offensichtlich abgebrochenen Rohr spritzt Thermalwasser in einen schlammigen Tümpel. Wenn die Sonne scheint, versammeln sich in ihm und um ihn herum Badegäste aus Varna, Alte, Sieche, Kinder, Jugendliche. Sie bewegen sich in dem schmutzigen Wasser, beschmieren sich mit dem Schlamm, der wohl gegen allerlei Krankheiten helfen soll. Ein gehbehinderter Mann am Rande des Tümpels wurde von seiner Frau beschmiert. Mit beiden Händen nahm sie den tropfenden Schlamm und trug ihn zu dem Platz, wo ihr Mann lag. Die Szene hatte etwas biblisch Rührendes. Sonst wird in dem Tümpel gelacht und gejuchzt und gestrampelt. Man dachte an Dürers Holzschnitte. Sehr hygienisch sah es nicht aus. Aber wann wäre das Sinnliche jemals hygienisch gewesen?

Der schönste Strand von Varna bleibt ein Geheimnis der Einheimischen. Er gehört nicht zu einem der Seebäder, sondern befindet sich an der Landzunge von Galata schräg gegenüber von Druschba, auf der anderen Seite der hohen Brücke von Varna. In Varna mündet nämlich der Varnensko Ezero ins Schwarze Meer, und vor der Mündung verbreitert sich der Fluß fast bis zum See. An der Spitze von Mündungssee und Meer liegt das beschauliche Dorf Galata. Dort eben, unten am Meer — man muß durch die Obstgärten hinuntersteigen und kann sich dabei böse im Gestrüpp verirren — dort liegt ein wunderschöner weißer Strand, den nur die Eingeweihten kennen. Eine bukolische Landschaft. Die Kirschbäume biegen sich zur Zeit unter der Last der Früchte. Man hört das Summen der Bienen, das Geblök der Schafe, den Wellenschlag.

Ich war mit dem Taxi nach Galata gefahren und wollte zu Fuß zurückgehen. Doch bevor ich mich auf den Weg machen konnte, fing mich ein kleiner, knurzeliger alter Mann ein und führte mich, ohne zu fragen, zu seinem Haus, exakt auf der Spitze von Galata, einem ärmlichen Gasthaus, von Touristen selten oder nie frequentiert. Der Wirt sprach ein drolliges Gemisch aus Deutsch, Englisch und Italienisch. Jetzt, sagte er, jetzt erst hätten die Deutschen mit Hilfe von Gorbatschow den Krieg gewonnen. Fast fünfzig Jahre hätten sie dafür gebraucht. Nein, von der Wende hielt er nichts. Er sei und bleibe Kommunist. Wer könnte denn von der Wende etwas halten? Was müßte das für ein Monstrum sein, wo es in Jugoslawien, in Rußland, in der Tschechoslowakei, in der ganzen Welt drunter und drüber gehe. Das hätten alles die Deutschen, die Nazis und Gorbatschow auf dem Gewissen. Dabei servierte er mir Kaffee, Limonade, stellte mich seiner Familie vor, steckte meine Taschen voll mit wunderschönen gelbroten Kirschen. Er beschimpfte mich und beschenkte mich. Ob das der wahre Kern der sogenannten Gastfreundschaft ist? Er stellt mich ruhig und sagt mir die Meinung. Zum Schluß, ich hatte gesehen, wie er seiner Tochter Anweisungen gegeben hatte, überreichte er mir einen eben geschnittenen Strauß dunkelroter Rosen. Ich wanderte verwirrt über die Klippe nach Varna.

Am Schwarzen Meer scheint nicht immer die Sonne. In diesem verdrehten Sommer war es sogar noch Mitte Juni recht kühl, und zuweilen regnete es in Strömen, daß man keinen Schritt aus dem Haus zu tun wagte. Vom Balkon des Grandhotels sah ich fröstelnd, daß sich das Wasser im Swimmingpool kräuselte. Nur die Möwen kicherten. Manchmal könnte man ihnen vor Wut den Hals umdrehen. Aber schön sind sie, wenn sie fliegen.

FÜR ALLE BAR-PIANISTEN

Seriöse Hörer reagieren auf das Geklimper eines Bar-Pianisten ebenso ablehnend wie auf die Musikberieselung im Supermarkt oder im Hotelaufzug. Dieses leise Herüberwehen einer Melodie, zerquetscht meist, noch eben an der Grenze der Wahrnehmbarkeit — obwohl es zu ihrer Beruhigung gedacht ist, macht es sie wütend, sagen sie. Es erniedrige die Musik und beleidige den Geschmack der Hörer. Wahrscheinlich haben sie recht. Es gibt noch stärkere Argumente gegen das Dauergedudel. Angesichts ständig laufender Fernsehgeräte, Radios und Kassettenrekorder muß man sich allerdings fragen, ob hier nicht gemogelt wird: Theoretisch ist jeder dagegen, praktisch ist fast jeder dafür. Nur wagt das kaum einer zuzugeben. Die Musik des Bar-Pianisten scheint von grundsätzlich anderer Qualität zu sein. Aber das ist vermutlich der erste Eindruck. An dieser Stelle ließe sich eine musiktheoretische Betrachtung einschieben, ob der Bar-Pianist sich tatsächlich von der Tafelmusik im Mittelalter oder im Barock herleite, was übrigens auch nicht mehr war als Musikberieselung. Oder ob die körperliche Anwesenheit des Pianisten, Live-Musik, einen phänomenologischen Unterschied darstelle zu elektronisch multiplizierter Musik in der Melkanlage, damit die Kühe mehr Milch geben.

Die Wahrheit aber ist, das will ich endlich sagen: Kaum betrete ich am Nachmittag eine Hotelhalle und höre von hinten links aus der Bar das Geklimper eines Pianisten, *As time goes by,* schon überlege ich, es wäre doch Zeit für einen rosafarbenen Gin-Sling à la Singapur, der entfernt nach Mottenpulver riecht und wie abgestandene Limonade schmeckt.

Harfenmusik zur Dämmerstunde und zum Dinner kenne ich aus Tokio, in den Vereinigten Staaten soll es Mode sein, im *Balkan*-Hotel in Sofia traf ich jetzt die Harfnerin wieder. So kam es mir vor. Es sind immer blonde Engel, so gut, so lieb, so rein. Die heilige Cäcilia selbst hat ihnen das Instrument verliehen. Nun sitzen sie zwischen Trunkenbolden, Abenteurern, gierigen Geschäftsleuten und gefräßigen Schöngeistern und zupfen himmlische Melodien auf ihrem windschnittigen Instrument, das sich, *honi soit qui mal y pense,* etwas obszön an ihren Körper schmiegt. Die Harfe zwischen Himmel und Hölle, das Instrument kokettiert mit den Extremen.

Unter der Rubrik »Musikalische Moden« soll auch das Kapitel »Singing Bar« abgelegt werden. Auch sie wurde in Amerika erfunden und ist inzwischen in Europa angekommen. Dort spielt ein Pianist die Melodien bekannter Songs, die im Chor von den Gästen gesungen werden. Manchmal wagt sich ein Solist mit bebender Stimme aus dem Chor hervor, fällt wieder in ihn zurück. Perfektionistisch wie Amerikaner in Dingen der Unterhaltung sind, werden die Texte der Songs vorher verteilt, damit jeder mitsingen kann. So weit ist man in Europa noch nicht. Nur in Rom gibt es ein Restaurant, wo es üblich ist, vor dem Servieren des Hauptgangs fromme Marienlieder zu singen; die Texte findet man unter seinem Teller. Doch sind die »Singing Bar« und das »Singing Restaurant« eine Form der aktiven Musik, die etwas von unserem Thema wegführt.

Näher kommt ihm die klassische »Piano-Bar«, wie es sie beispielsweise an der Croisette in Cannes gibt: eine Bar mit einem Klavier, auf dem jeder Passant, der es sich zutraut, spielen darf. Es ist ein zwar öffentlicher, aber dennoch geheimer Treffpunkt der Virtuosen. Hochgemute Konzertpianisten spielen Schlager, übellaunige Schlagerpianisten spielen endlich einmal Mussorgskys *Bilder einer Ausstellung* — und fühlen sich hinterher besser.

Mein Herz aber schlägt für die gewöhnlichen Bar-Pianisten, deren Musik kaum einer bewußt hört, die gleichsam ins Leere spielen, in die Unendlichkeit, die eine Melodie in den Raum stellen und dann darauf warten, meist vergeblich, daß die Musik irgendwo ankommt.

Wo überall habe ich ihnen schon mit Andacht gelauscht? Auf der Brückenbar des Luxusdampfers zwischen New York und Montreal. In dem kleinen Konzert-Café am Bund von Schanghai. In einer Hotelhalle in Port-au-Prince auf Haiti, während draußen die Revolution vorbereitet wurde. Und eben wieder in Bulgarien, im Café des Strandhotels. Jeden Nachmittag klimperte der Pianist sein ganzes Repertoire herunter, drei Stunden ohne Pause, von 15 bis 18 Uhr. Mit der eigenwilligen Haartracht und seinen weltentrückten Augen sah er aus wie Einstein persönlich. Ein Virtuose war er nicht. Zuweilen griff er träumerisch daneben, verstand es dann aber glänzend, den falschen Ton, nach den Regeln seiner Zunft, als eine neue Variation zu kaschieren. Ich lauschte ihm, sooft mir Zeit blieb. So ließ sich fast mathematisch ermitteln, wann dieser Melodie jene folgen müsse. Nach den Gesetzen dieser Formel mußte er also nach *Don't cry for me, Argentina* unbedingt *Yesterday* spielen. Die Zusammensetzung des willkürlich scheinenden Konzerts war in Wirklichkeit streng durchdacht: Das eben war sein Werk. Sah er darin seine musikalische Mission?

Es gelang mir nicht, ihn zu beobachten, ohne daß er meinen Blick erhaschte und sich im Spiel verneigte, als hätte ich ihm laut applaudiert. Daß die Musik überhaupt einer zur Kenntnis nahm, schien ihm schon Beifall genug. Am Nebentisch erklärte eine ältere Dame einem älteren Herrn: »Ich muß Sie dauernd ansehen;

Sie sehen genauso aus wie der tote Mann meiner Freundin; die Nase, die Augen, die Stimme, alles!« Die Pianomusik, die immer so harmlos scheint, richtet vielleicht mehr an, als wir uns vorzustellen wagen.

IN DER HÖLLE

Ob New York, Paris, Rom oder London, die meisten Autoren von Reisebüchern glauben fest daran, daß Touristen nichts anderes als Sehenswürdigkeiten im Sinne hätten. »Ich sehe mir in fremden Städten immer zuerst die Schuhgeschäfte an.« Eine gebildete Dame blickte trotzig in die Runde. Nun ja, Professor M. gestand darauf, daß ihn sein erster Weg stets auf den Friedhof führe. Das Gespräch brachte die sonderbarsten Interessen zutage. Einer war auf Kinoprogramme spezialisiert, ein anderer beurteilte das Niveau einer Stadt nach der Qualität ihrer Möbelhäuser. Und einer bestand darauf, daß der Besuch einer öffentlichen Badeanstalt den lebendigsten Eindruck von einer fremden Stadt vermittle. Damit war die Idee geboren, in Moskau — noch vor der Tretjakow-Galerie und der Basilius-Kathedrale — ein russisches Bad aufzusuchen.

Das Abenteuer beginnt an der Kasse. *»Bani, Bani«*, der westliche Besucher — mit Lederjacke und Seidenschal, herausgeputzt wie ein kapitalistischer Pfau — versuchte, die ratlos lächelnde Kassenfrau zu beschwören. Zuerst schickte sie ihn in ein Wannenbad, die vornehmste Abteilung des Badehauses am Marx-Prospekt. Nein, der Besucher kam traurig zurück. Das war nicht das Richtige. *»Bani«*, sagte er noch einmal. »Ach, *Bani*!« Auf einmal verstand sie ihn. Drei Kopeken kostet der Eintritt, zehn Kopeken Leihgebühr für das Badetuch, erste Etage links — rechts ist das Schwitzbad der Frauen, in der Mitte, hinter einem Vorhang, ist fleißig der zahnlose Hühneraugen- und Hornhautschneider am Werk.

Im Aus- und Ankleideraum spielt sich das Leben ab. Eine Halle mit vier langen Bankreihen. Über jedem

Sitz ein Kleiderhaken. In einer Ecke wird Domino gespielt, in einer anderen eine Art Skat. Der nahrhafte Dunst von abgestandenem Bier liegt über der Szene. Die Bademeister schleppen immer mehr Flaschen des leichten Gebräus heran. Alle Bademeister sehen aus wie der Kellner in Ingmar Bergmans *Schweigen*. Ebenso unverständlich und gutmütig wie dieser reden sie auch auf den westlichen Besucher ein. Sie drängen ihn zu einer schmalen Pforte: dort hindurch muß er und nackt.

Dahinter befindet sich das Reinigungsbad. Es dampft und qualmt wie in Großmutters Waschküche. Rundherum Duschen, Waschkojen, gekachelte Massagebänke. Ein spindeldürres nacktes Männchen mit einer Wachstuchschürze schrubbt einem puterroten Dicken mit einer Wurzelbürste den Rücken. Wolken von Seifenschaum. In der Mitte steht einer gedankenverloren in einer niedrigen Wanne und preßt über seinem Kopf immer wieder den nassen Schwamm aus. Die Reinigung erfordert Geduld und Sorgfalt. Aber den westlichen Badegast zieht es in den Schwitzraum, das innerste Heiligtum der Anlage.

Es ist wie in der Hölle so heiß. Die Männer, die die Glut im Ofen schüren, haben sich Strickmützen mit Ohrenklappen aufgesetzt und sehen aus wie die Teufel. Und sie lachen auch noch. Von oben, vom Ofen herunter, ist das Schnaufen und Stöhnen der Verdammten zu hören. Jetzt hilft nichts mehr, auch der Fremde muß die Treppe hoch, die auf den Ofen führt. Der heiße Boden verführt auch den Schwerfälligsten sofort zum Tanzen. Im Takt dazu peitschen sich die Nackten mit ihren Birkenruten. Da der Fremde selbst keinen Birkenstrauß besitzt, leiht einer der Teufel ihm seinen eigenen. So hüpft man vielleicht fünf Minuten auf der Ofenplatte herum, nur die Oberteufel halten das noch länger aus. Es riecht übrigens stark nach Wald, nach gekochtem Birkenlaub.

Im Ankleideraum verwandeln sich auch die wildesten Teufel in friedlich erschöpfte Biertrinker. Der westliche Besucher verabschiedet sich von den Bademeistern mit Handschlag. Der Teufel, der ihm den Birkenstrauß geliehen hat, ruft ihm ein paar Worte nach. Es muß etwas Freundliches gewesen sein. Die anderen lachen. Alte Bekannte. Russische Schwitzbadbekanntschaften.

VIII

AUS DEM NOTIZBUCH

Daß ich Paris erst so spät kennengelernt habe. Erst tastend, dann jubelnd. Inzwischen studiere ich alle Pariser Immobilienanzeigen, ob ich es mir leisten könne, meinen Wohnsitz dorthin zu verlegen. Ich kann es mir nicht leisten. Aber ich fahre oft und gern hin.

Mein erstes Hotel in Paris war zugleich auch das kurioseste. Den Namen habe ich vergessen. Es lag in einem Hinterhof am Boulevard des Capucines. Nicht im ersten Hinterhof, sondern im dritten oder vierten. Dieses System der korrespondierenden Hinterhöfe kenne ich sonst nur noch aus Berlin. Das Zimmer sollte gleichsam das Luxuszimmer des Etablissements sein — mit Bad und WC. Ich kam also mit meinem Gepäck oben an, auf der vierten Etage, fand das Zimmer: Es hatte die Größe eines mittleren Badezimmers. Der Blick aus dem schmalen, zugigen Fenster ging über die Dachlandschaft der Passage, man sah ein Stück Himmel und abfallende Dächer. Ich war entzückt. So pariserisch hätte ich es mir nicht vorzustellen gewagt.

Dann sah ich mir das Zimmer an. Es war nicht schön, aber in Ordnung. Ich fand auch das Badezimmer, unglaublich eng. Aber ich fand keine Toilette. Das kann doch nicht wahr sein, dachte ich. Wo ist die Toilette? Ich suchte alles ab. Ich öffnete sogar den Kleiderschrank — man weiß ja nie in Paris. Aber es gab keine Toilette. Ich fuhr also mit dem unendlich langsamen Aufzug noch einmal nach unten. Unten die

Aufzugtür war übrigens der einzige Luxus, den das Hotel zu bieten hatte: Sie öffnete sich nach der Ankunft des Aufzugs automatisch. Sie stöhnte gequält, müde, öffnete sich dann aber wie die segnende Hand eines Bischofs. Die Wirtin an der Rezeption hörte sich meine Frage an, zündete eine *Gauloise* an — alles wie im Film, wunderbar — und sagte: »Doch, es gibt eine Toilette. Sie haben sie nicht gefunden. Ich gehe mit Ihnen und zeige sie Ihnen.« Wir fuhren also wieder nach oben. Die Wirtin griff unter das Waschbecken und rollte die Toilette heraus. Sie war mit mehreren Schläuchen, Wasserspülung und Abfluß an das Kanalsystem angeschlossen. Es war die erste und bislang einzige Toilette auf Rollen, die ich gesehen habe.

PARIS FÜR SINGLES

In dem kleinen Bus beim Ausflug nach Versailles, ungefähr auf der Höhe von St. Cloud, sagte Walter es überdeutlich: »Wir sind eine Single-Reise.« Uns allen stockte der Atem. Vermutlich hatte von denen, die mit im Bus saßen, aber nicht zu uns gehörten, von den Australiern und Amerikanern zum Beispiel, keiner verstanden, was Walter gesagt hatte. Bis auf die vorwitzige, dreisprachig agierende, stupsnäsige Reiseleiterin unseres Versailles-Ausflugs allerdings, die es unbedingt hatte wissen wollen, die mit ihren Fragen nicht lockergelassen hatte, was wir für eine sonderbare Gruppe seien, was uns verbinde und zusammenhalte. Wir neun, vier Männer, fünf Frauen, kamen aus allen Enden Deutschlands; im Alter reichten wir von etwa dreißig bis fünfundsiebzig; einheitliche Interessen, Ziele, Vorlieben waren nicht auszumachen. Doch nun, nachdem der Senior der Gruppe deren Identität ein für allemal geklärt hatte, »Wir sind eine Single-Reise«, war es um nichts klarer geworden, was wir für eine Gruppe seien. Die Reiseleiterin, Würzburgerin von Hause aus — Single, wie ich vermute —, schwieg fortan bis zum Schloß, betreten, wie uns schien. Wir neun, bis auf Walter vielleicht, genierten uns: Wir litten an der rücksichtslosen Offenlegung unseres Status, der uns nun, dargeboten in dieser schamlosen Nacktheit, zum Nachdenken zwang.

Hatten wir mit der Teilnahme an dieser Reise als stolze Singles nicht schon verspielt? Nahmen wir daran teil, um Single zu bleiben und uns als solche zu beweisen? Oder um das Single-Dasein endgültig abzuschütteln? Waren wir Singles auf Zeit? Singles aus Gelegenheit? Oder Singles aus Mangel an Gelegenheit?

Gewiß lassen sich für die Teilnahme an der Reise auch triviale, gleichsam profane Gründe finden, etwa den, daß eine alleinreisende Frau in Paris niemals die *Folies-Bergères* oder das *Lido* oder das *Paradis Latin* besuchen könnte. Oder etwa den, daß die Alleinreisenden es leid seien, die hohen Einzelzimmerzuschläge zu zahlen: Bei dieser Reise war jeder Teilnehmer und jede Teilnehmerin ein »Vollmitglied« ohne wenn und aber und Zuschlag. Es ist schon bemerkenswert, mit welcher Sturheit sich das Hotelgewerbe gegen die Einsicht wehrt, daß die Zahl der Alleinreisenden zunimmt, daß den Alleinreisenden die Zukunft gehört. Die Hoteliers bauen ungerührt Doppelzimmer und kümmern sich einen Pfifferling um die Statistik. Es ist schon bemerkenswert, mit welcher Gedankenlosigkeit etwa die Veranstalter von Kreuzfahrten nahezu ausschließlich Doppelkabinen auf einem Schiff anbieten — Einzelkabinen oft nur für das Dreifache des gesamten Passagepreises — obwohl jedem Kenner der Szene klar sein muß, daß ausschließlich die Alleinreisenden das Ferment im Teich der Langeweile, vulgo: das Salz in der Suppe sind.

Alleinreisende werden überall gebraucht, im Reisegeschäft zumal. Aus braven Ehepaaren sind nur selten Funken zu schlagen. Alleinreisende indes, Singles eben, als »Störenfriede« geliebt und gehaßt, Außenseiter qua definitionem, sorgen dafür, daß die Karten neu gemischt werden. Aber wie undankbar verhält sich ihnen gegenüber die Gesellschaft, indem sie die »Einzelnen« mit leiser Verachtung und überhöhten Preisen bestraft.

Auf der Seite der Singles herrscht allerdings, wie oben schon angedeutet, eine gewisse Unsicherheit über den eigenen Status: Ist man bewußt das, was man ist? Oder hat es sich lediglich aus den Zufällen des Lebens so ergeben? Selbst die Diskussion über die Möglichkeit einer Eheschließung zwischen Homosexuellen scheint ein Beweis dieser inneren Unsicherheit zu sein. Einerseits ist nicht einzusehen, warum einer Gruppe von Menschen erbrechtliche, gleichsam menschenrechtliche, vor allem auch steuerliche Vorteile vorenthalten werden, die der Stand der Ehe auch kinderlosen Eheleuten garantiert. Andererseits jedoch besteht die Gefahr, daß durch diese neuen, etwaigen Ehen das unsinnige Klassen- und Kastendenken zwischen Singles und Doubles, dem die Homosexuellen sich gerade, progressiv, entronnen glaubten, von neuem gestärkt wird. Die Uneinigkeit der Gegner und Befürworter innerhalb der Gruppe deutet an, daß die Singles auch in Zukunft für sich selber kämpfen müssen. Vor allem müssen sie für sich entscheiden: Will ich Single sein, oder will ich es nicht.

Single kann man allerdings nur unter Doubles sein. Wenn Singles im Verein auftreten, etwa in einer Reisegruppe, wenn sie sich also ausgrenzen oder eingrenzen, dann verliert sich auch die Spannung, die ihre Existenz überhaupt interessant macht. Jede Isolation bedeutet den Verlust von Wirklichkeit. Da hier vom Reisen die Rede ist: Den Singles kann nichts an der Einrichtung von Spezialreisen liegen. Es geht lediglich um die Integration, um die Anerkennung einer Selbstverständlichkeit.

Was die Beobachter von außen von einer sogenannten Single-Reise erwarten, du lieber Himmel, das ist im einzelnen hier gar nicht zu beschreiben. Das Thema ist jedenfalls im Gespräch. So gibt es beispielsweise Agenturen für Reisepartnervermittlung. Nein, Ehepartnervermittlung, heißt es dort, sei nicht angestrebt; Urlaub im Doppelbett nicht unbedingt. Auf unserer Single-Reise in Paris wurde von so etwas überhaupt nicht gesprochen. Ob daran gedacht wurde? Wer will schon wissen, was einer denkt. Das nächtliche Picknick im Innenhof des Hotels, von einigen Teilnehmern und

Teilnehmerinnen der Reise spontan veranstaltet, nachdem sie am Nachmittag im Musée d'Orsay Manets *Déjeuner sur l'herbe* von 1863 gesehen hatten, war immerhin einer der Höhepunkte. Das Bild, sein Skandal, die Umstände des Picknicks, die Zeitverschiebung vom Mittag auf die späte Nacht, die Übertragung des Bukolischen in den umgrenzten Hof des fast heimatlichen Hotels — man könnte dabei auf merkwürdige Gedanken kommen. Gerühmt wurden aber später die Pasteten, das weiße Brot, der Käse, die Melonen aus der Provence und die baumfrischen Feigen, der Wein; später sprach man von einem »kulinarischen« Höhepunkt der Reise, nur kulinarisch; ich bin nicht dabeigewesen. Zwei Teilnehmer der Reise gingen, geduldet, wenngleich zum stillen Ärger der anderen, meist eigene Wege.

Der Reiseleiter, kein Single, aber selbst der fröhlichste und abenteuerlustigste unter den Singles, Reiseleiter zwar nur im Nebenberuf, als Hobby nach der Pensionierung, aber Reiseleiter aus Passion und Neigung, hatte für unsere Reise Paris in sieben ganztägige Spaziergänge eingeteilt. An dieser Einteilung hielt er mit der Beharrlichkeit eines preußischen Beamten fest; da half kein Stöhnen, Klagen, Weinen. Reiseleiter K. jagte seine kleine Truppe wie ein Sklaventreiber, so nannten wir ihn liebevoll, bei glühender Hitze durch Paris. Wer noch nie in Paris war, das traf für die meisten Teilnehmer und Teilnehmerinnen zu, der hat jetzt einen ersten Überblick über die große Stadt. Reiseleiter K. war von der alten Tugend durchdrungen: Eine Stadt muß man sich erwandern, da hilft nun alles nichts. Immer guter Laune, immer nach Neuigkeiten ausspähend, schritt er voran, wir folgten ihm, etwas gequält, aber schließlich in das Unabwendbare ergeben — und am Ende hatte er uns alle überzeugt und erobert. Daß er uns schon auf der Hinreise — ziemlich feudal übrigens in zwei sogenannten Großraumlimousinen, die die Amerikaner *vans* nennen — die Schlachtfelder von Verdun gezeigt hatte und auf den Stufen von Fort Douaumont stehend erklärt hatte: »Ich zeig' euch das, damit ihr mir nicht etwa auf den Champs-Elysées singt: *Warum ist es am Rhein so schön*« — das hatte mich von Anfang an für ihn eingenommen.

Single-Reise, fragte einer, der zum ersten Mal davon hörte, »dann wollten Sie mit französischen Singles zusammentreffen?« Das war im Plan nicht vorgesehen, und daran hat bisher auch noch keiner der wenigen auf diesem Gebiet tätigen Veranstalter gedacht, obwohl der Gedanke doch nahe läge, vielleicht zu nah, um ihn wahrzunehmen. Die großen Reiseunternehmen werben zwar hie und da mit »Einzelzimmern ohne Zuschlag« zur Off-Off-Saison: Sie gedenken der Alleinreisenden, wenn sonst keiner reist. Außerdem sind sie immer noch damit beschäftigt, ihren schlechten Ruf als Sextourismus-Unternehmen loszuwerden, so daß ihnen allein das Wort Single schon anstößig erscheint. Von ihnen ist eine internationale Vermittlung nicht zu erwarten. Wie es überhaupt zu den paradoxen Erscheinungen unserer Zeit gehört, daß wohl kein Gewerbe so national gebunden ist wie ausgerechnet das Reisegewerbe, das angeblich die Menschen zueinander führen will. Doch für das Miteinander müssen die Menschen wohl selber sorgen. Vielleicht ist das auch richtig so.

Auch unsere Reisegruppe blieb also allein für sich. Der Ausflug nach Versailles zusammen mit Gästen aus anderen Hotels blieb ein einmaliges Abenteuer. Reiseleiter K., der daran nicht teilnahm, stand dem Unternehmen sowieso skeptisch gegenüber, und Walters unbekümmertes »Selbst-Outing«, »Wir sind eine Single-Reise«, hatte den anderen die Lust an weiteren derartigen Experimenten verdorben. So stapften wir durch

Paris, Kilometer um Kilometer, in der Gruppe oder allein. Wir fuhren auf den Eiffelturm, wir wohnten auch in der Nähe des Eiffelturms. Jede Nacht sahen wir, wie sich aus dem Gewirr der Sträßchen und Gassen um die Rue de Grenelle dieses unglaubliche, von innen beleuchtete Eisengerüst bis in den Himmel erhob. Der eine oder andere verharrte still und staunend. Von Ferne klangen die Geräusche des laut schreienden Paris, bei uns war es ruhig, klein, fast dörflich, meistens gingen wir am Abend in das kleine Restaurant direkt neben dem Hotel, wo es weder Haute noch Nouvelle cuisine gab, dafür reelle französische Hausmannskost. Nach einer Woche hatten wir die ganze Karte abgegessen. Warum hätten wir weitergehen sollen, wo sowieso den meisten die Füße weh taten?

Wer Paris kennt, geht immer die alten Wege. Nie hätte ich mir vorstellen können, daß der noble Schreibpapierladen in der Rue St. Honoré, nahe der Rue Miromesnil, jemals aufgeben würde. Aber nun ist er einfach verschwunden. War er dort, wo sich heute der Schuhladen befindet? Oder dort, wo heute die Galerie mit den schrecklichen Blumenbildern ist? Von der Oper gehe ich zur Rue Vivienne, zur National-Bibliothek, durch die Galerie Colbert und die Galerie Vivienne zur Rue Etienne-Marcel, wo man die interessantesten Modeläden findet, ich überquere den Boulevard de Sébastopol, beobachte, was es in und um das Centre Pompidou zu sehen gibt, wandere durch die Rue Croix de la Bretonnerie ins Marais, gehe über die Place de Vosges zur Seine hinunter, an der Seine entlang zum Pont Solférino, weil es die Buchhandlung Martin Flinkers am Quai des Orfèvres auch nicht mehr gibt. Auf der anderen Seite der Brücke das Musée d'Orsay, am schönsten ist es in der Dämmerung, wenn die Kuppel von innen blau erleuchtet ist. Aus alter Anhänglichkeit wandere ich über die Rue de Lille bis zur Rue des Saint-

Pères, die mich endlich zum Boulevard St. Germain bringt. Ich trinke einen kleinen »Crème« im *Flore,* das muß sein, ich gehe natürlich zu *La Hune* und mache mich dann auf den Weg, den langweiligsten Teil meiner Wanderung, die Rue de Rennes hinauf bis zum Hochhaus Montparnasse. Was finde ich nur an dieser Rue de Rennes mit ihren öden Porzellangeschäften und Chemischen Reinigungen? Ich muß sie gehen. Weiter dann über den Boulevard du Montparnasse, die Rue Vavin hinunter bis zum Jardin du Luxembourg. Als ich endlich am Medici-Denkmal ankomme, stellt sich ein kleiner, alter Garten-Polizist in Positur, pfeift auf seiner Trillerpfeife, daß es allen Besuchern in den Ohren klingt, und erklärt feierlich: »Meine Damen und Herren, wir schließen nun den Garten, wir wünschen Ihnen einen guten Heimweg und eine gute Nacht!« Es war tatsächlich Nacht geworden. Still verließen die Liebespaare und ruhelosen einzelnen Wanderer den Park. Ich streifte am Odéon entlang, überlegte, soll ich nun essen gehen, im *Petit Prince* vielleicht oder bei *Lipps,* winkte dann aber doch einem Taxi und fuhr zurück zum Latour Mauburg. Schließlich war ich auf einer Single-Reise — und durfte den Anschluß nicht verpassen.

In den *Folies-Bergères* war Reiseleiter K. mehr enttäuscht als die Gruppe. Er hatte die Vorstellung pompöser in Erinnerung. Die heutige kam ihm verstaubt vor, abgetakelt, das Haus und die Bühne ziemlich heruntergekommen. »In zehn Jahren wird es das nicht mehr geben«, prophezeite er: Wir können sagen, wir sind dabeigewesen. Im *Lido* ist es prachtvoller, im *Paradis Latin* witziger und gemütlicher, hier wirkten die Revuebilder abgeschmackt und vulgär, die Glitzertreppe ausgetreten. Es fehlte vor allem der Mann im weißen Frack, der das Programm zusammengehalten hätte. Der Hin- und Rückweg zu der Revue über die durch und durch verdreckte, aber vor Lebendigkeit überquellende Rue Montmartre ist weit interessanter als die Bühnenshow.

Für den letzten Tag standen die großen Kaufhäuser auf dem Programm. K. hatte der Gruppe sogar freigegeben, gewissermaßen. Dann mußten wir auch schon packen; am Morgen standen der Veranstalter höchstselbst und ein Fahrer mit ihren Limousinen vor dem Hotel. Auf der Rückreise besichtigten wir die Kathedrale von Reims, K. erinnerte uns daran, wie Adenauer und De Gaulle sich hier die Hand gereicht hatten. Wir sollten es nicht vergessen, sagte K.

War es nun auf der Hinreise oder auf der Rückreise? Ein Bild verfolgt mich derart, daß sich in ihm für mich Paris und Single-Reise verbinden. Ein kleiner Hund wie ein Dackel, den wir vom Auto aus entdeckt hatten, rannte über die Autobahn. War er seinen Besitzern entlaufen? Oder hatten sie ihn schnöde ausgesetzt? Urlauber vielleicht, die den kleinen Hund nun nicht gebrauchen konnten. Man hört immer wieder davon, kann es kaum glauben, wir haben aber gesehen, wie der kleine Hund gerannt ist. Er rannte um sein Leben, so schnell ihn seine kurzen Beine trugen. Seine Überlebenschancen, man muß sie gering nennen. Er rannte, rannte, rannte. Es war still geworden in unserer noblen Limousine. Wir dachten an den kleinen Hund. Auch ein Single.

VERSUCH ÜBER DIE GRILLTOMATE

Die Erfindung der Grilltomate, *Solanum Lycopersicum Grillatum,* wird von einigen Forschern bereits in der Mitte des 19. Jahrhunderts vermutet. Damals wechselte der deutsche Name der Frucht vom poetischen Paradiesapfel (österreichisch Paradeiser) oder Liebesapfel *(amoris poma, pomme d'amour)* auf die robustere spanische Bezeichnung Tomate, die etymologisch auf ihre peruanische und mexikanische Heimat hinweist. Die jahrhundertelang als giftige und nichtsnutzige Zierfrucht geltende Tomate wurde just um diese Zeit als »neues Gemüse« entdeckt, als Gewürz für die Sauce, als »kühlenden Salat«, als Grundstoff für eine feine Suppe. Die Annahme jedoch, daß damit auch die Grilltomate schon geboren ward, ist urkundlich durch nichts zu belegen und beweist höchstens, wie leichtfertig die Entwicklungsgeschichte eines Gemüses auch von ernsten Forschern behandelt wird. Denn schließlich könnte man mit der gleichen Berechtigung behaupten, schon der göttliche Carême habe seine edlen Teller mit Tomaten-Paprika verziert, obwohl dieses süßsäuerliche Geschnitzel in seiner öligen Widerlichkeit eindeutig eine Erscheinung des Fast-food-Zeitalters ist: Jedes Essen trägt die Spuren seiner Zeit. Nein, für die Grilltomate war die Zeit erst um die Mitte dieses Jahrhunderts reif; glaubhaft klingen die Berichte der Historiker, die auch in der Grilltomate ein Werk der amerikanischen Besatzungszeit sehen. So soll beispielsweise im April 1946 in Paris, bei einem Essen im damals noch renommierten Restaurant *Maxim,* Jean Cocteau mit der Gabel in eine dralle Grilltomate gestochen haben, die daraufhin wie eine Fontäne aufspritzte und Cocteaus Pepita-Anzug am rechten Revers beklekkerte. *»This is really exciting«,* sagte unverdrossen der Dichter, der gerade Amerikanisch lernte. Sacha Guitry, der neben ihm saß, klatschte in die Hände und piekste seinerseits in seine Grilltomate, die sich ebenfalls in einer Fontäne entleerte. Die amerikanischen Gäste im Raum schlugen sich vor Vergnügen auf die Schenkel. Man sieht, die Grilltomate hatte in ihrer Frühzeit eine völkerverbindende Funktion. Seither hat der Grillteller (»Mixed Grill à la Chef«), dessen unabdingbare Zutat die Grilltomate ist, einen beispiellosen Siegeszug durch die europäische Gastronomie angetreten. Er ist sozusagen zum Rettungsanker für alle Möchtegern-Feinschmecker geworden, die nicht wissen, was sie in feinen Restaurants bestellen sollen. »Damit kann man nichts falsch machen«, sagen sie in ihrer praktischen Denkweise und trinken meistens einen Rosé-Wein dazu. Daß der Grillteller innergastronomisch eher unter der Abteilung »Resteverwertung« geführt wird, ist ein Kapitel für sich und gehört nicht hierher. Die Grilltomate aber, ein kugelrundes, aufgedonnertes Geschöpf, hüpfte vom Grillteller auf alle möglichen anderen Teller, mal auf das Wiener Schnitzel, mal auf die Berliner Leber, vor allem in Deutschland fühlte sie sich schon bald überall heimisch, anders gesagt, man kann bestellen, was man will, mit einer aufgeblähten Grilltomate muß heutzutage immer gerechnet werden. Ihre knallige Farbe gilt vielen als dekorativ; über ihren Geschmack hingegen hat sich offensichtlich noch nie ein Koch Gedanken gemacht. Denn sonst könnte er sie nicht servieren. Das Brutzeln auf dem Rost bekommt der empfindlichen Tomate überhaupt nicht. Ihr schönes volles Fruchtfleisch verwandelt sich auf dem Grill in eine säuerlich schmeckende Flüssigkeit, die außerhalb der roten Schale auch noch eklig aussieht; die

Brühe verteilt sich während des Essens über den ganzen Teller. Die edelste Erscheinungsform der Tomate, darüber sind sich Kenner einig, ist, in Scheiben geschnitten, mit Salz und Pfeffer gewürzt, auf einer mit reichlich Butter bestrichenen Scheibe Bauernbrot angerichtet, als schlichtes Tomatenbrot bekannt, wie dies sogar in der Wohnküche von Witzigmanns gelegentlich verzehrt werden mag, wenn die *Aubergine* Ruhetag hat. Gegen Tomaten ist weiß Gott nichts einzuwenden. Aber die Grilltomate ist ein überflüssiges Gemüse.

MEINE NASE

Im *Flore* ist mir das noch nie passiert. Im *Mabillon* erlebe ich es seit einiger Zeit jeden Abend. Da sitzt ein Kunststudent mit einem Skizzenblock und zeichnet die Gäste. Es ist immer ein anderer. Einer zeichnet mit Bleistift, einer mit Kugelschreiber, einer mit Kohle, einer mit Feder, einer mit Pinsel und Tusche. Guckt die Leute an, nimmt sie ins Visier, zeichnet, guckt wieder, zeichnet. Paris. Ich sitze am Fenster in der zweiten Reihe, wo nach alter Überlieferung früher oft Picasso gesessen haben soll, und beobachte auf der einen Seite die Passanten auf dem Boulevard, ein unübertreffliches Schauspiel, das *en suite* gespielt wird — man sitzt in der Ehrenloge — auf der anderen Seite sehe ich den Zeichnern zu. Warum hat er sich nun ausgerechnet diesen abgetakelten Lebemann ausgesucht mit dem müden Gesicht? Gäbe es nicht dankbarere Objekte? Links neben mir zum Beispiel die elegante ältere Dame, die, als sie das Café betrat, ihren Pelzmantel so verächtlich auf einen Stuhl warf, wie Mannequins ihre Mäntel auf den Laufsteg werfen. Der wohlerzogene junge Mann an ihrer Seite lauscht ihr ergeben. Ob es ihr Sohn ist? Oder ihr Liebhaber? Dafür sieht er zu brav aus. Aber das kann auch ein Trick sein. Die lärmenden Lederjacken-Rüpel, solche trifft man im *Flore* übrigens auch nicht, als Zeichnung, wer weiß, gäben sie vielleicht etwas her. Nachdem der Zeichner drei Ansätze mit dem Gesicht des alternden Schönlings gemacht hat, unzufrieden und wütend auf sich selbst hat er jedesmal das Blatt des Spiralblocks umgedreht, gibt er auf und wendet sich einer der Japanerinnen zu. Das Gespräch zwischen Mutter und Sohn beschäftigt mich doch sehr. Wenn ich nur wüßte, was *morfondre* heißt. Erst zu Hause wurde es mir klar, *se morfondre* heißt sich langweilen. Was für ein Opfer hat der Zeichner sich inzwischen ausgesucht? Ich sehe hin, ich sehe noch einmal hin, kein Zweifel, er zeichnet mich, ich sehe wieder weg, rücke etwas unruhig auf meinem Stuhl, ist mir unangenehm. Will er mein Profil zeichnen? Er hat mir die Stimmung verdorben. Bin ich ein Eingeborener im Kral? Darf sich jeder ungefragt von mir ein Bild machen? Heimlich habe ich gesehen, daß er schon vier, fünf Blätter seines Blocks umgedreht hat, wütend, wie es seine Art ist. Er sieht mich böse an, dann ebenso böse seine Zeichnung, dreht wieder ein Blatt um, beginnt von neuem, er kämpft mit der Zeichnung, ein einsamer Maler. Da muß ich jetzt durch, denke ich. »Wo ist das Problem?« frage ich ihn. Ich bin aufgestanden, an seinen Tisch gegangen und habe mir die Zeichnung angesehen. »Ihre Nase«, sagt er, »ich kriege Ihre Nase nicht hin.« »Was haben Sie gegen meine Nase?« — Das Bild, an diesem Abend war es ein Tuschezeichner, in Umrissen war ich vielleicht tatsächlich zu erkennen. Ich dachte an den Porträtmaler, der seine Auftraggeber zu fragen pflegte: Soll das Porträt schön oder ähnlich werden? An diesem Abend wurde also überhaupt nichts aus dem Bild. Der junge Zeichner wandte sich bald anderen Köpfen zu. Noch spät in der Nacht studierte ich vor dem Spiegel meine Nase. Mein Gott, so ungewöhnlich erschien sie mir nicht. Die zwei scharfen Falten, die rechts und links von ihr nach unten weisen, haben die Jahre eingezeichnet. Das wäre auch nicht erwähnenswert, wenn sich am nächsten Abend im *Mabillon* die Szene nicht wiederholt hätte. Ich saß am Fenster in der zweiten Reihe, wo früher Picasso oft gesessen haben soll. Man kennt das. Drei Tische weiter saß ein Kunststudent und zeichnete die Gäste, diesmal ein Füllfederhalter-Zeichner. Er schonte die Feder nicht, sie kratzte; ich hörte es bis zu meinem Logensitz. Prompt kam auch ich nach einiger Zeit wieder an die Reihe. »Ist es die Nase?« fragte ich ihn. Er sah mich verständnislos an. Ich erklärte ihm den Fall. Nein, es war nicht die Nase. »Mich interessierte nur die Haltung Ihres Kopfes«, sagte er, »und wie sie die Stirn mit der Hand stützen.« — Ich erinnerte mich, daß mein Vater auf allen Fotos, die ich von ihm kenne, die Stirn mit der Hand stützt. Vielleicht hat der Zeichner etwas Richtiges gesehen, dachte ich. Dafür mußte ich nun nach Paris fahren.

LUNCH IM RITZ

Feine Leute gehen mittags essen. Möglichst an einem Mittwoch oder an einem Donnerstag, wenn andere Leute gar nicht auf den Gedanken kommen, auszugehen. Man ist ja heutzutage nirgendwo mehr sicher vor ihnen. Daß das Mittagessen auch den gehobenen Ansprüchen der Feinschmecker entgegenkomme, ist indes eine unbewiesene Legende, für die allerdings die Wahrscheinlichkeit spricht. Denn Suppen, Saucen, Zutaten, die mittags wie abends auf der Karte eines kulinarischen Restaurants stehen, werden vermutlich auch im feinsten aller Feinschmecker-Tempel für den Abend nicht noch einmal zubereitet. Die Exklusivität der Mittagszeit wird von der Frische der Speisen geadelt. Wir hatten unseren Tisch im Restaurant des Hotels Ritz, *L'Espadon,* Der Schwertfisch, für 13.30 Uhr bestellt, weil wir 12 Uhr für zu früh und 14 Uhr für zu spät hielten — und lagen falsch damit. Der beleibte Empfangschef im Cutaway, eine Figur wie aus einem Weihnachtsmärchen, suchte auf seiner Liste nach unseren Namen und wollte es nicht glauben, bis er schließlich gequält *»mais oui«* sagte und einem der befrackten Kellner die Nummer unseres Tisches zuraunte.

Der relativ kleine Speisesaal war bis auf unseren Tisch besetzt, und das Essen war bereits voll im Gange. An manchen Tischen wurde sogar schon das Dessert serviert. Es stand sofort fest, daß wir mit unseren Cashmere-Jacken auf Jeans, die wir für besonders nobel gehalten hatten, hoffnungslos underdressed waren. Blieb nur die Hoffnung, man hielte uns für exotische Berühmtheiten, die tragen dürfen, was sie wollen. Aber auch diese Aussicht schwand, da unsere Plätze sich ausgerechnet neben zwei japanischen Damen befanden, die ihren Tisch wie eine Festung mit Tüten von Ted Lapidus, Lagerfeld und Gaultier umstellt hatten, während wir nur eine Tüte des Kaufhauses *Au bon Marché* aus braunem Packpapier aufzuweisen hatten. Der Apéritif, ein Glas trockener Champagner zu 95 Franc, hob unser Selbstbewußtsein, und ich gedachte mit Dankbarkeit der Lebensweisheiten meiner Mutter, die zu sagen pflegte: Wer bezahlt, hat recht.

Der Speisesaal am Ende des langen *Ritz*-Flurs mit den Vitrinen voller unbezahlbarer Überflüssigkeiten ist ein architektonisches Juwel der Belle Époque. Auf dem Gang dorthin wird man skeptisch von betont unauffälligen Herren gemustert. Hat man jedoch endlich an einem der weit auseinanderstehenden Tische Platz genommen — die großzügige Tischanordnung garantiert in Paris allein die Erstklassigkeit eines Restaurants —, schaut man direkt in den Himmel hinein. Das nur angedeutete Deckengemälde in einer Austernform besteht im wesentlichen aus einem zarten, verwaschenen Blau, umspielt von goldenen Engelchen. Der Louis-Quinze-Stil ist typisch für die Hotels der Belle Époque. Er wurde für alle Grandhotels der Jahrhundertwende, ob in London, Monte Carlo, Nizza oder Baden-Baden fast zu einer Verpflichtung. Leise ertönt himmlische Musik; bei unserem Besuch waren es die *Brandenburgischen Konzerte* von Bach.

Das Pariser *Ritz,* nach den Plänen des Architekten Charles Mewès erbaut, wurde am 5. Juni 1898 eröffnet. Bestimmt war das *Espadon* damals nicht der Speisesaal, sondern nur ein kleiner Saal am Rande. Daß er nun heute zum Restaurant des *Ritz* geworden ist, beweist zum einen den guten Geschmack der *Ritz*-Direktoren, zum anderen den Wandel der Zeiten: Das große Hotelrestaurant, wie César Ritz und sein berühmter Küchenchef Auguste Escoffier sich das gedacht hatten, gibt es nicht mehr. Ritz und Escoffier waren ausgerechnet die Erfinder der großen Karte, die auch noch die entlegensten Wünsche berücksichtigten. Heute gilt die kleine, feine Karte, die den persönlichen Stil des Küchenchefs herausstellt, als die kulinarische. Das ist im *Espadon* nicht anders als bei *Lucas-Carton* oder im *Robuchon* — mit einem merkwürdigen Unterschied allerdings: Im *Ritz* wird verblüffend schnell gegessen. Kaum hat man bestellt, schon steht das Gericht auf dem Tisch. Das ist überhaupt nicht pariserisch: Als wäre das Essen nur lästiges Beiwerk. Wir waren enttäuscht.

Mit einem Stern im *Michelin* und knappen vierzehn Punkten im *Gault/Millau* wird das *Espadon* von den Pariser Gourmet-Kritikern recht zurückhaltend beurteilt. Von aller Pracht des historischen Ambiente haben sie sich nicht blenden lassen. Man muß ihnen leider zustimmen. Das Menu zum Lunch kostet 360 Franc, das zahlt man in jedem Pariser Mittelklasse-Restaurant; die Preise sind also nicht überhöht. Schwerer wiegt, daß der geräucherte Lachs etwas trocken und der Salade Amère für meinen Geschmack zu sauer war. Als ungewöhnlich empfanden wir es, daß die Hauptgerichte delikater waren als die Vorspeisen. Das Mignon de Veau war köstlich, Escoffier selbst hätte es nicht besser zubereiten und anordnen können — ohne jede Verzierung, wie es sein Gesetz vorschreibt. Die Filets de Rouget mit Caviar — weder in Nizza noch in Cannes habe ich feinere, mit zarterem Biß gegessen, ohne daß die Knusprigkeit in der Sauce aufgeweicht war. Der Höhepunkt des Menus war aber das Käsebrett. Ich glaube, es enthielt alle 365 Käsesorten Frankreichs, die blauen, schwarzen, unansehnlichen, die gelben, weißen und roten, und alle Sorten waren reif auf die Minute. Zum Käse muß uns dann der Teufel geritten haben. Denn, nachdem wir uns bis dahin mit Evian begnügt hatten, bestellten wir jetzt — zum Teil auch aus Trotz, weil wir bemerkt hatten, daß die Kellner immer schneller servierten und uns, die letzten Gäste, am liebsten hinauskomplimentiert hätten — eine halbe Flasche Chateau Margaux von 1985. Der Sommelier machte gute Miene zum bösen Spiel. Wir genossen die Zeremonie in vollen Zügen, mußten dafür allerdings 950 Franc bezahlen.

Nach der in Paris üblichen Diskussion, ob der Café vor dem Dessert oder nach dem Dessert serviert werden sollte, und ich den armen Kellner verwirrte, indem ich darauf bestand, den Café *zum* Dessert zu bekommen, durfte der aufatmende Pikkolo, den freien Nachmittag im Sinn, endlich den Dessert-Wagen heranschieben. Und, Wunder über Wunder, alle Schüsseln mit geheimnisvollen Cremes waren gefüllt und frisch dekoriert, alle Torten waren unangebrochen, so daß man sich fast scheute, barbarisch in eine der Torten und Schüsseln hineinschneiden zu lassen. Wir entschieden uns für eine Birnen-Creme und eine Millefeuille mit Kiwi, weil es so aufregend aussah — und dachten nach über die Wunder der Pâtisserie. Nach und nach hatten sich alle Kellner verabschiedet. Nur unser Stammkellner, obwohl er zuweilen heimlich auf die Uhr sah, blieb gleichbleibend freundlich und zwang sich zur Ruhe. Wir erlösten auch ihn alsbald und gönnten ihm den Feierabend. Es war gerade 15 Uhr.

Im Hinausgehen besuchte ich die Toilette im Treppenhaus des *Ritz*. Mit seinen vergoldeten, wasserspendenden Schwänen ist der Waschraum eine veritable Sehenswürdigkeit. Dabei begegnete ich einem älteren Herrn, der vorher mit seiner Familie im *Espadon* gespeist hatte. Er sah unverwandt auf meine Jeans. Er ging noch einen Schritt zurück, um besser sehen zu können, schüttelte den Kopf und wusch sich unter dem Wasserstrahl der Schwäne die Hände. An diesem Tag, wird er gedacht haben, hat die Weltrevolution begonnen.

IX

FRANKFURTER PASSAGEN

Es muß während der Frankfurter Buchmesse 1971 gewesen sein. Der Messerat tagte permanent und teilte seine Beschlüsse auf nahezu stündlich stattfindenden Pressekonferenzen mit. Ob die Polizei auf dem Messegelände geduldet werde. Ob Buchdiebstähle lobens- oder tadelnswert seien. Ob dieser oder jener rechte Verlag, der die Erinnerungen einstiger Nazi-Größen, etwa die der Emmy Göring, veröffentlicht hatte, ausstellen dürfe. Ob Einigkeit darüber bestehe, daß die Literatur tot sei, tot, tot, tot. Am Abend stellte Klaus Rainer Röhl, damals Chef des Konkret-Verlags, im *Club Voltaire* in Anwesenheit des Autors das Buch *Ich klage an* von Friedrich Kaul vor. Kaul, genannt »Staranwalt der DDR«, hatte schreckliche Verbrechen des westdeutschen Kapitalismus gegen den unschuldigen Arbeiter- und Bauernstaat DDR ausfindig gemacht. Im *Club Voltaire* durfte er sich des Beifalls sicher sein; keiner der Anwesenden stellte seine Thesen in Frage. So saß er selbstzufrieden am Vorstandstisch, kurzbeinig, kahlköpfig und in stattlicher Leibesfülle, und kaute Erdnüsse. Erdnüsse in Schalen. Kaul knackte die Schalen mit den Zähnen auf, spuckte den Rest der Schalen ins Auditorium und knabberte die Erdnüsse mit sichtbarem Genuß. Das nahm kein Ende. Glaubte man, sie seien nun endlich verzehrt, griff er in die Tasche seines Jacketts und holte eine neue Faust Erdnüsse heraus. Stellte man ihm eine Frage, spuckte er, bevor er antwortete, seinen Mund leer. Vor seinem Platz bildeten Erdnußreste und Erdnuß Schalen eine Art Teppich.

Eine ältere Dame, fröhlich und unternehmungslustig, mit sorgfältig frisiertem, hochgesteckten Haar, eine Buchmessen-Besucherin, Buchhändlerin vielleicht, hatte zwei Mädchen unter ihren Schutz genommen und erklärte ihnen engagiert das Leben. »Frankfurt«, sagte eines der Mädchen, »ist eine schreckliche Stadt. Es ist alles so durcheinander und häßlich. Schauerlich. Nach der Buchmesse bin ich immer froh, wenn ich wieder abreisen kann.« Das Leiden an Frankfurt und das Lamentieren darüber gehörte damals (und gehört heute immer noch) zu den vorgeschriebenen Partythemen. Hochhäuser mußte man furchtbar finden. Über das Verkehrschaos von Frankfurt mußte man klagen, als wenn es in allen anderen Städten immer nur freie Durchfahrt gegeben hätte. Daß Frankfurt die Hölle der Bundesrepublik sei und daß die armen Frankfurter, die hier wohnen mußten, das Mitleid der gesamten Bundesrepublik verdienten, darüber mußte man sich einig sein. Längst hätte ich den erdnußsüchtigen Friedrich Kaul vergessen — wie alle anderen ihn auch vergessen haben —, wenn die ältere Dame nicht plötzlich gesagt hätte: »Nein. Ich sehe das anders.«

»Frankfurt hat vielleicht keinen Charme«, sagte sie, »Frankfurt ist keine liebenswerte Stadt, keine Weltstadt mit Herz, Frankfurt ist überhaupt keine Weltstadt oder gar Metropole, Frankfurt ist keine vornehme Stadt. Frankfurt hat keine Gesellschaft. Aber Frankfurt ist eine grundehrliche Stadt, die ihre Probleme unverschleiert zur Schau stellt. Heute nachmittag habe ich auf der Haschwiese hinter dem Stadtbad zwei Jungen beobachtet, die offenbar so viel Rauschgift genommen hatten, daß sie sich gegenseitig stützen mußten und dennoch immer wieder hinfielen. Ich habe geweint. In anderen Städten habe ich noch nie geweint. Ich komme immer wahnsinnig gern zur Buchmesse.«

Es war ein recht persönliches Bekenntnis zu Frankfurt mit allerlei Sprüngen und Brüchen. Über Drogenkonsum zum Beispiel, von Intellektuellen damals noch als schick empfunden, sollten bald alle anders denken. Selbst der oben schon erwähnte Klaus Rainer Röhl schrieb kurz nach eben dieser Buchmesse in *Konkret* einen Aufsatz, das Nehmen von Drogen sei gar nicht revolutionär — dieser Artikel hat den Drogensüchtigen ebensowenig geholfen wie das Weinen der alten Dame. Aber ich hätte sie damals umarmen mögen. Sprach sie doch aus, was ich dachte. In keiner deutschen Großstadt hat die Frage des Ansehens, des Image, wie man heute sagen muß, eine so wichtige, politische Rolle gespielt wie in Frankfurt.

Das war von Anfang an so. Die anderen Städte des Reiches, Köln, Mainz, Trier, Nürnberg, die allesamt größer, älter, reicher, schöner waren, betrachteten Frankfurt, diese Laus im Pelz, als Parvenu. Die Verachtung von Frankfurt hat Tradition. Fast sieht es so aus, als habe man diese Haltung der Nachbarn hier so sehr verinnerlicht, daß man sie nun selbst für wahr hält. In der offiziellen *Geschichte der Stadt Frankfurt,* herausgegeben von der Historischen Kommission, beklagt der Autor des Kapitels über die Reformation, daß die Stadt sich nie habe entscheiden können zwischen dem alten und dem neuen Glauben. Vor lauter skrupulösem Schwanken hätten die Frankfurter den Dreißigjährigen Krieg einigermaßen schadlos überstanden. Als Leser glaubt man seinen Augen nicht zu trauen. Dieses Schwanken und Lavieren zwischen den Religionen, für die Messestadt Frankfurt lebenswichtig und in Wirklichkeit von bewundernswerter politischer Weitsicht, wird hier zu einer verdrucksten Ratlosigkeit herunterhistorisiert.

Ähnlich ist die Haltung, die man in der Stadt gegenüber der Frankfurter Hochhauspolitik einnimmt. Was war das für eine Aufregung! Was für ein Gezeter und Lamento! Jedes Hochhaus mußte erstritten werden. Die Genehmigungsverfahren dauerten länger als der Aufbau. Hochhäuser, man kann sich das heute kaum noch vorstellen, galten als die Zeichen des Bösen und der Häßlichkeit: Sie waren der Beleg für die »Verbautheit« von Frankfurt. Daß andere deutsche Großstädte heute mit Neid auf die Silhouette der Frankfurter City blicken, wird dort niemand eingestehen, und selbst die Frankfurter können dem Frieden immer noch nicht trauen. Vielleicht genieren sie sich auch ein wenig. Denn unterstützt haben sie die Baumeister nicht. Frankfurter Hochhausarchitekten müssen einsame Künstler gewesen sein, zäh und überzeugt von ihrem Werk, gegen die gesamte Öffentlichkeit. Es ist ein schönes Werk geworden. Dabei erinnere ich mich, daß die Frankfurter, dumme und kluge, eines Nachts vor dem brennenden Selmi-Haus am Platz der Republik standen und — in der irrigen Annahme, damit sei das Hochhaus »verhindert« — Beifall klatschten und unverdrossen an die Revolution glaubten. So war das damals. Nur langsam haben die Frankfurter die Türme zu ihren Türmen gemacht und deren Licht zu den Lichtern ihrer Stadt.

*

Ich liebe die Türme und ihre Lichter. Lange Zeit war das merkwürdig aufgehängte Hochhaus zwischen Hofstraße und Untermainkai, hinter dem Theater an der Untermainbrücke, mein Favorit unter den Frankfurter Hochhäusern. Nur bedauerte ich, daß es so hoch gar nicht ist; es hätte gut fünf, sechs Stockwerke höher sein dürfen. Die Türme der Deutschen Bank, die hochgestellten Rechtecke der Hotels *Intercontinental* und *Mariott,* das Oktogon der Hessischen Landesbank, das Sandwich-Haus der Messeverwaltung, an dem mich lediglich die künstlichen Lorbeerbäumchen stören; der Bleistift des Messeturms, der kurioserweise im Treppenhaus des Städelanbaus ein marmornes Pendant findet: der Bleistift des Architekten. Das Hochhaus der Bank für Gemeinwirtschaft gegenüber dem Theater — mit seiner dreistöckigen Passage war es einmal als Mittelpunkt der Stadt gedacht. Aber mit den unklar gewordenen Besitzverhältnissen der Bank ist auch die Laden-Passage jämmerlich heruntergekommen. Heute muß man sich ihrer fast schämen.

Da ist es wieder, das alte Frankfurt-Syndrom: daß das hochgemut Geplante am Ende nicht funktioniert oder ins Bieder-Kleinstädtische gerät. Ob es die immer noch fehlende S-Bahn-Station im Messegelände ist — man muß sich das vorstellen, ein Schildbürgerstreich erster Ordnung, die S-Bahn führt durch das Messegelände, aber man kann dort nicht aussteigen, und es ist in zehn Jahren immer noch nicht gelungen, den Planungsfehler zu reparieren. Oder ob es der strahlengekrönte Turm der Genossenschaftsbank an der Mainzer Landstraße, Ecke Savignystraße ist, der von der Freiheitsstatue inspiriert zu sein scheint, an dessen Fassade große Fahnen verkünden: »Hier tut sich was, Gastronomie und Läden!« Von außen weiß tatsächlich keiner, daß es im Innern des Hauses eine Passage gibt: Falscher kann eine Passage nicht geplant werden.

Daß solche Fehler kaum mehr Beachtung finden als ein gelungener Bau oder ein gelungener Straßenzug wie etwa die gesamte Bockenheimer Landstraße, deutet, so seltsam es klingt, auf Urbanität hin, deren eine Eigenschaft eine allgemeine Gleichgültigkeit ist. Das Verhältnis der Frankfurter zu ihrer Stadt bleibt im großen und ganzen unverbindlich.

Ich liebe meine Türme und achte auf sie; fahre in fremden Aufzügen bis ins oberste Stockwerk, um den Überblick zu behalten. In der Dämmerung, wenn alle Lichter der Hochhäuser angeschaltet sind, bietet die Fahrt mit dem Zug über die Main-Neckar-Brücke den schönsten Blick auf Frankfurt: In einem feenhaften Licht scheinen sich die Hochhaustürme zu erheben und über der Stadt zu schweben. São Paulo mit seinem wogenden Hochhausmeer bis an den Horizont, Los Angeles, New York City bieten futuristische Bilder von erschreckender Realität, Vorzeitiges, Nachzeitiges. Die Frankfurter Hochhaussilhouette wirkt dagegen irreal, man reibt sich die Augen, aber sie bleibt in menschlichem Maß. Vielleicht ist sie tatsächlich etwas protzig, wie man es von außen gern sieht. Aber wer könnte bestreiten, daß auch die Angeberei eine allgemein menschliche Eigenschaft ist, nicht einmal eine unliebenswürdige.

Gerhard Zwerenz hat in seinem zornigen Roman, *Die Erde ist unbewohnbar wie der Mond,* an dem der Titel das Schönste ist und nach dem Rainer Werner Faßbinder später sein umstrittenes Frankfurt-Stück geschrieben hat, einen Menschen nach Sachsenhausen geführt und ihm von dort aus den Taunus und die im Frankfurter Tal wie auf einem Spargelfeld hochschießenden Türme gezeigt: Das Tal solle bis zum Taunus zu einem Hochplateau aufgefüllt werden. Eine teils witzige, teils ungemütliche Vorstellung, zu verstehen aus der Zeit, in der der Roman geschrieben worden ist. Es ist anders gekommen. Ich sehe aus meinem Sachsenhäuser Dachfenster auf die Stadt, beobachte, wie die Türme in Nebelschwaden verschwinden und wieder auftauchen, wie sich die Farbe ihres Lichts im

Laufe der Nacht mehrmals verändert. Ich stelle mir vor, was für ein Leben in ihnen und um sie herum herrscht. Ich höre ein Flugzeug; ich höre den Posaunenton, der eine Geleisbau-Arbeitergruppe — eine Rotte, wie mein eisenbahnerfahrener Vater sagte — vor einem herannahenden Zug warnt; ich höre das Quietschen der ersten Straßenbahn am Morgen. Ich lebe gern in der Stadt.

*

In den frühen siebziger Jahren, um noch einmal in den *Club Voltaire* zurückzukehren, war Frankfurt — die Alte Oper stand noch als Ruine; ihr Aufbau und ihre Verwendung waren ungewiß — eine zerrissene Stadt. Das Westend wurde von Bauspekulanten beherrscht. Es kam zu den ersten Hausbesetzungen. Die Berliner Straße und das Viertel um den Dom herum gehörten zu den ersten deutschen Neubaugegenden nach dem Krieg. Frankfurt wurde einst darum beneidet. Jetzt zeigten sich die Neubauten in ihrer öden, aggressiv einfallslosen Architektur als Schandfleck. Hier und dort entstand ein Hochhaus, doch man sah keinen Zusammenhang. Die Stadt fiel auseinander. So mußte es zumindest dem Fremden erscheinen. Auf der einen Seite Sachsenhausen mit seiner Apfelwein-Kleinstadtkulisse. Auf der anderen Seite das moderne Frankfurt, das allenfalls aussah wie die mißlungene Imitation einer mittleren amerikanischen Stadt ohne City. Von Schirn und Museumsufer, heute die kulturellen Vorzeigestücke der Stadt, war noch keine Rede.

Der erste Museumsneubau war das Historische Museum am Römer — und prompt wurde auch dieser zu einem Skandal. Denn in der Ausstellung hatte man sich, eilfertig wie immer, für das wegen der »gesellschaftspolitischen Relevanz« unbedingt nötige Schrifttafel-Museum entschieden. So wurde ein Ausstellungsstück beispielsweise erklärt, kühl bis ans Herz hinan: »Monstranz, katholisches Kultgerät aus der ersten Hälfte des 20. Jahrhunderts.« Es gab keinen sozialdemokratischen Bildungsunsinn, der in Frankfurt nicht sofort exerziert worden wäre, von der Stadtteilkultur — tödlich für eine Stadt, die sowieso kein Zentrum hat und die vor allem darunter leidet, daß gerade in der Mitte der Stadt nichts los ist — bis zu den antiautoritären Kindertagesstätten, Kitas genannt.

In zwanzig Jahren hat die Stadt sich herausgeputzt. Es wurde gebaut, saniert und entkernt. Über die zerbrochene, doch immer noch unverwechselbare Stadt wurde eine durchsichtige Folie von Glanz und Geld geworfen — wie es in den achtziger Jahren plötzlich üblich wurde, den Schein höher zu schätzen als das Sein. Als Besucher aus München plötzlich sagten: »Doch, doch, Frankfurt hat sich gemacht«, ließ diese gnädige Herablassung alle Alarmglocken läuten: Frankfurt war im Begriff, eine Stadt wie jede andere zu werden.

Den Besuchern hätte man zurufen mögen: Nicht dieses Frankfurt ist unser Frankfurt. Dieser Allerweltsschick, diese Boutiquen, Passagen, Flanierstraßen. Unser Frankfurt ist das kaputte Frankfurt, wo es unter der Oberfläche immer brodelt, wo der Schick nicht richtig sitzt, wo man alles versucht, aber wenig zu Ende bringt, unser Frankfurt ist eine Stadt im ständigen Werden. Gewiß wäre es albern, der alten Revolutionsstadt nachzuträumen oder diese gar in der Erinnerung zu vergolden. Lohnend indes ist es, darüber nachzudenken, was Frankfurt für die Intellektuellen der achtundsechziger Zeit eigentlich so interessant machte. Es war die Offenheit für neue Ideen. Das verband damals Frankfurt mit Berlin. Frontstadt hier und Frontstadt da. Frankfurt war eine Stadt der

Möglichkeiten. Im Grunde sind es immer nur die Möglichkeiten, die eine Stadt attraktiv machen oder die eine Stadt erst ausmachen. Städte, die unentwegt auf ihre Städtigkeit hinweisen, wie Berlin und München das beispielsweise gern tun — der Grund dafür muß ein städtischer Defekt sein.

Martin Mosebach erzählt in seinem voluminösen, viel gekauften, doch wenig gelesenen Roman *Westend* von einer Berliner Familie, die nach dem Krieg nach Frankfurt geraten ist, hier aber nach dem verlorenen Berlin sucht. »Wer sie reden hörte, mußte glauben, sie seien überall dabeigewesen: beim Ringverein und im Preußischen Herrenclub, beim Sechs-Tage-Rennen und bei Furtwängler, im Romanischen Café und im Hotel Adlon, beim Kronprinzen und bei Zille, ja, es klang so, als seien die Ostens unermüdlich auf den Beinen gewesen, und das waren sie natürlich nicht und hatten trotzdem nicht gelogen. Das Dabeigewesensein war die ihnen eigentümliche Erlebnisweise. Sie hatten ihre Seelen ausgesandt an die Orte der großen Ereignisse und saßen friedlich bei laufendem Radio und aßen ein schlichtes Abendbrot mit Rettich und Teewurst, und in ihrem Herzen pulsierte die Metropole.« Es folgt Mosebachs kabarettistisches Meisterstück, indem er die Ostens nun ständig Berliner Zustände loben und Frankfurter Zustände tadeln läßt, während der Leser eindeutig sieht, daß das gleiche einmal gelobt und einmal getadelt wird.

Im Westend soll es eine Bar geben, in der angeblich weinende Münchner sitzen, die trinken und jammern, daß sie in Frankfurt leben müssen. Ich habe die Bar noch nicht gefunden. Wahrscheinlich gibt es sie gar nicht. Aber sie ist gut erfunden. Weinende Münchner hat es in Frankfurt immer gegeben.

*

In den siebziger Jahren spielten Palitzsch und Neuenfels und ihr Ensemble im Frankfurter Schauspielhaus den *Baal,* die *Nora* und die *Medea.* Jede Aufführung war ein Skandal und Anlaß für wilde Diskussionen. Zum Ärger der Konservativen fehlte in Frankfurt immer das Repräsentative, das es etwa in München oder in Hamburg zu sehen und zu hören gab. Was die Konservativen übersahen: Das Frankfurterische, das in Lumpen daherkam wie etwa die Neuenfelssche *Medea,* spiegelte die Zeit oder war ihr voraus. Der Frankfurter *Ring* unter Michael Gielen und Ruth Berghaus war die wohl respektloseste Aneignung und Einordnung Richard Wagners in die Gegenwart, die offizielle Kritik mußte es anerkennen — die Konservativen vermißten das Feine, das wagnerianisch Pompöse, das mythische Gewaber. Dafür ist Frankfurt keine Stadt. Wo Glanz gefordert ist, versagt Frankfurt immer. Eine Bundesgartenschau mißlingt hier ebenso wie ein Turnerfest. Die Stadt, die im Kern so bürgerlich ist, hat sich dem bürgerlichen Gemüt stets verweigert.

Zum Vergleich der Städte bietet sich vielleicht das Verhältnis von Paris zu Marseille an. In Paris quellen die Galerien über vor dekorativer Kunst. In Marseille ist das Zeitgenössische zu besichtigen, das weiterführt. Frankfurt ist wie Marseille eine Zweitstadt, die keiner lobt oder *charming, cosy* und *wonderful* findet. Frankfurt muß immer selbst »hier« rufen, um auf sich aufmerksam zu machen. Dieser Zwang zur Selbstbehauptung indes hat seine verborgenen, weitgehend unentdeckten Möglichkeiten.

Als endlich die Alte Oper eröffnet worden war — als prachtvolles Konzerthaus; jahrelang hatte man gebangt, die Sozialdemokraten würden es am Ende doch noch fertigbringen, eine Kegelbahn oder eine Kita darin unterzubringen — und man sich vorbereitete für den ersten Opernball, wurde in Frankfurt tatsächlich diskutiert, ob man zum Smoking ein Frackhemd tragen dürfe. Da wurde jedem klar, daß eine Epoche zu Ende war und eine neue begonnen hatte.

*

Die Kaiserstraße und das Bahnhofsviertel existieren als Mythos und Wirklichkeit. Ich erinnere mich an eine Silvesternacht auf der Kaiserstraße, als von der einen Straßenseite auf die andere mit Feuerwerksraketen geschossen wurde. Die Szene war so absurd, so naiv und böse zugleich, daß sie dem Beobachter einen Eindruck von der brisanten Mischung aus Kriminalität und Vergnügen, aus Elend und behäbigem Bürgertum vermittelte. Das ist auf der Reeperbahn nicht viel anders, dort aber volkstümlich harmloser. Harmlos ist das Frankfurter Bahnhofsviertel gewiß nicht — bis auf die Tatsache vielleicht, daß zwischen Bordellen, Saunabädern, Pornokinos und Erotic-Shops auch das bürgerliche Alltagsleben abläuft. Solange ich Frankfurt kenne, so lange läuft auch bereits die Diskussion darüber, wie man das Bahnhofsviertel »bereinigen« könne und ob es überhaupt empfehlenswert sei, den Rotlichtbezirk umzusiedeln. Über meist gescheiterte Versuche ist das Unternehmen noch nie hinausgekommen.

Diese fast automatisierten Bordelle mit ihren langen Gängen auf allen Stockwerken, mit den Prozessionen von Männern entlang der Zimmer mit teils offenen, teils geschlossenen Türen — in den offenen stellen sich die Mädchen zur Schau —, das erotische Element mag allenfalls in der Anonymität bestehen. Die Obsession, sich stundenlang Pornofilme anzuschauen oder gierig in Magazinen zu blättern, bis eine mahnende Stimme aus dem Lautsprecher erklingt, nur wirkliche Käufer dürften noch weiter in den Magazinen blättern. Das klingt vertraut, man ist wieder auf der Ebene des Geschäfts. Nachts lädt mich ein einsamer Ägypter zu einem Whisky ein und erzählt mir seine Erlebnisse im Bahnhofsviertel. Viel hat er nicht erlebt. Er war in einer Tanzshow, er hat sich später Pornofilme angesehen, er ist durch die Bordelle gewandert. Das Schöne am Bahnhofsviertel: daß sich keiner schämt für das, was ihn dorthin getrieben hat. Bestimmt ist alles wahr, was man über die Kaiserstraße und das Bahnhofsviertel hört und liest, Kriminalität, Drogen, Krankheit. Aber wer authentisch das Leben kennenlernen will, wird am nächtlichen Gespräch mit einsamen Ägyptern nicht vorüberkommen.

An Internationalität werden nur wenige Straßen in Deutschland mit der Münchener Straße, parallel zur Kaiserstraße, mithalten können. Ins Bürgerliche übersetzt, gilt das ebenso von der Leipziger Straße in Bokkenheim oder von der Berger Straße in Bornheim. Weltoffen, multikulturell und was dergleichen Adjektive mehr sind: Man wagt es kaum laut auszusprechen, aber bisher leben in Frankfurt alle Nationen friedlich nebeneinander.

*

Früher bin ich oft den Oeder Weg hochgegangen. Immer besichtigte ich an der Ecke der Eschenheimer Anlage das Denkmal für Philipp Reis, den Erfinder des Telefons. Zwei nackte Jünglinge, den Sprech- und Hör-Apparat in den Händen, telefonieren da miteinander. Ich ging auf der leicht ansteigenden Straße, die im 19. Jahrhundert weit außerhalb der Stadt lag, bis zum Adlerflychtplatz, wo sich einst anstelle des heutigen Wohnhauses der Adlerflychtsche Hof befand, der dem Bankier Gontard gehörte. Genau hier hat sich das Drama zwischen Hölderlin und Diotima abgespielt, Liebesglück und Liebesqual. Von hier aus ist er verwirrt bis Bad Homburg gelaufen. Es gehört zu meinen fest geplanten, doch immer wieder verschobenen Passagen, Hölderlins Weg nachzugehen.

Heute gehe ich jeden Morgen über den Eisernen Steg, ärgere mich jeden Morgen über die unfreundliche Fußgängerampel am Mainkai, sehe mit grimmiger Zufriedenheit, daß die Kulissenhäuser gegenüber dem Römer längst Frankfurter Patina angesetzt haben, eines ist sogar schon zerbrochen, staune immer wieder über den Dom, komme nicht an der Ramsch-Buchhandlung gegenüber der Paulskirche vorbei, ohne nach Neuzugängen zu forschen, und wandere dann über die Neue Kräme zur Sandhofpassage, wo ich im *Liliput* meinen bitteren Milchkaffee trinke. Eva Demski beklagte sich, wie ich im *Journal*-Stadtführer lese: »Hier gibt es keine Gesellschaft für Schriftsteller, keinen Jet-set, nicht einmal Klatschspalten.« Andere Intellektuelle ergänzen das gern: Es fehle an geistigem Klima, was immer man sich darunter vorzustellen hat. Aber, du lieber Himmel, wer hindert sie eigentlich, ein geistiges Klima zu entfalten? Dem Luchterhand Verlag, der mit einer ähnlichen Begründung von Frankfurt nach Hamburg zog, scheint die Veränderung des Klimas so gut auch nicht bekommen zu sein. Betriebspsychologen wollen herausgefunden haben, daß diejenigen, die sich über schlechtes Betriebsklima beklagen, es selbst sind, die das Klima vergiften. An die vermißte Klatschspalten-Gesellschaft denkt man tatsächlich am wenigsten, wenn von Frankfurter Künstlern und Autoren die Rede ist. Ein bärbeißiger Hallodri wie Jörg Schröder mit seinen unvergessenen Erinnerungen *Siegfried* gehört weit eher zur Stadt.

*

Wenigstens an einer Stelle darf Frankfurt sich Weltstadt nennen, am Flughafen, und ausgerechnet dort wird sie von den Frankfurtern kaum wahrgenommen. Wer häufiger reist, dort abfliegt und ankommt, kann nur noch müde und nachsichtig lächeln, wenn mitfliegende Hamburger, Berliner, Kölner immer wieder das alte Klagelied anstimmen: Die weiten Wege in Frankfurt, keiner finde sich durch, keiner wisse Bescheid. Sie haben keine Ahnung. Sie vergessen die Größe. Wahrscheinlich kennen sie weder das Durcheinander von London noch das von New York mit seinen vielen verschiedenen Terminals. Der Plan für den Frankfurter Flughafen, der aus den sechziger Jahren stammt, war von genialem Weitblick. Der neue Münchner Flughafen, der sich durch gähnende Menschenleere auszeichnet und von dem nach einem großen Eröffnungsspektakel kaum noch einer spricht, bietet nichts, was der Frankfurter Flughafen nicht von Anfang an hatte.

Doch nicht die Größe ist es, die das Weltstädtische ausmacht. Es ist das bunte Getriebe. Es ist dieser Welttreffpunkt, der Frankfurt interessant macht. Ich sitze gern in dem Café in der Halle B und sehe mir die Leute an. Ich fliege gern ab, aber lieber noch komme ich zurück. Wenn das Flugzeug von Süden her landet, wenn es vorbeifliegt an der Stadt, am Henninger Turm, diesem häßlichen, doch heimeligen Monstrum, und ich mir sage, da unten, nicht weit vom Turm, da wohne ich, dann liebe ich Frankfurt, *right or wrong,* es ist meine Stadt geworden.

TAUBEN

Tauben galten in der Frühzeit des Tourismus als die Boten der Ferne. Es waren weniger die Brieftauben, die dank ihres wunderbaren Gespürs Fernweh und Heimweh gleichermaßen symbolisieren, als die gewöhnlichen Stadttauben, die vor allem auf jedem Touristenfoto von Venedig eine große Rolle spielten. Meistens war es so, daß die Ehefrau die Tauben auf dem Markusplatz fütterte, zum Posieren für das allfällige Foto auch ihre Arme mit etwas Futter bestreute. Die klugen, touristenerfahrenen Tauben wußten, was sie in solchen Fällen zu tun hatten: Sie stürzten sich in Scharen auf die Frau und das Futter; sie saßen auf den meist ausgestreckten Armen, sie saßen in ihrem Haar, sie bildeten Trauben vor ihren Füßen, Tauben schichtweise übereinander, sie schlugen Purzelbäume — und pickten und pickten und pickten. Das war die große Zeit der Tauben. Sie wurden geliebt und verehrt. Inzwischen hat sich das Image der Tauben erschreckend verändert: Tauben haben eine schlechte Presse. Man macht sie für die Übertragung böser Krankheiten verantwortlich. Der Taubendreck, so sagt man, zerstöre kostbare Giebel. Wer in Dachwohnungen wohnt, kann es bezeugen: Tauben bekleckern mit infamer Vorliebe frischgeputzte Fenster. Alle Kunstschätze des Metropolitan-Museums in New York erschienen mir weniger wichtig, nachdem mir exakt vor dem Eingang eine Taube auf den Kopf geschissen hatte. Zu ihrem schlechten Ruf kommt ihre übergroße Zahl. Diese Taubenscharen, die einst das Entzücken aller Touristen auf dem Markusplatz waren, kann man heute in jeder deutschen Kleinstadt beobachten. Mit Geburtenregelung haben die Tauben überhaupt nichts im Sinn.

Das schlimmste aber, die Menschen mögen sie nicht mehr.

Die alte Frau, die am Brunnen auf dem Platz der Einheit in Triest die Tauben fütterte, wurde von vielen dunkel blickenden Passanten zurechtgewiesen. Immer wieder wurde sie angesprochen, daß es ihr am Ende zuviel wurde. Sie streute den Rest ihrer Körnertüte in ihre Alte-Frauen-Handtasche, ging trotzig weiter, das heißt, sie tat nur so, als ginge sie weiter. In einem unbeobachteten Augenblick, wie sie wohl glaubte, drehte sie sich um, schüttelte ihre Tasche aus und verließ mit stolz erhobenem Haupt die Szene. Das sieht man oft heutzutage, daß Tauben nur noch heimlich gefüttert werden. In fast allen Krankenhäusern, Kurkliniken und Sanatorien hocken Tauben jeden Morgen an bestimmten Fenstern. Manche picken gar an die Scheibe, um die Patienten zu wecken. Sie haben die Zeichen der Zeit erkannt und bilden eine Allianz mit den Abgesonderten der Gesellschaft. Denn ihre Verfemung als unnütz und schädlich, die gegen alles modische Öko-Getue den seit Jahrhunderten betriebenen Vulgärdarwinismus des Menschen fortsetzt, ist nur ein Versuch, das schlechte Gewissen zu beruhigen. Städtische Umweltprobleme, zu denen, zugegeben, auch die Tauben noch beitragen, sind dennoch nicht die Probleme der Tauben.

Der weise Rat der schönen Vögel hat sich zu einigen Werbeaktionen entschlossen. So werden auch in diesem Frühling wieder die Tauben um die Tische der vielen Boulevard-Cafés herumhüpfen, vielleicht sogar auf den Tisch fliegen und für ein paar Kuchenbröckchen allerlei Kunststücke vorführen. Die Spatzen jedoch, anerkannte Sympathieträger, sind ihnen als Gaukler weit voraus. Die Tauben wirken ihnen gegenüber wie traurige Clowns, denen mehr zum Weinen als zum Lachen ist und denen man deshalb auch keinen

Kuchen gibt. Sie legen ihren Kopf schief, sehen die Kaffeehausgäste wissend an: Bestimmt wären sie den Gästen sympathischer, wenn man sie wenigstens essen könnte. Aber nein, sie hüpfen hoffnungslos herum. Manche hinken, Opfer des Straßenverkehrs, manche haben ein krankes, zerstrubbeltes Gefieder.

Mein *rencontre fâcheuse* mit der Taube von New York habe ich ihr längst verziehen. Ich will es nämlich endlich bekennen: Ich mag Tauben aller Gattungen, weiße, schwarze, graue, die Aufgeplusterten mit Kropf oder die schlanken Braun-Weißen. Mein Dachtaubenpärchen gurrt mich jede Nacht in den Schlaf. An einem der ersten schönen Frühlingstage lag am Fahrbahnrand der Alten Mainbrücke eine gerade überfahrene Taube. Der rechte blutverschmierte Flügel zuckte noch. Das war der erste Schatten auf dem Frühlingstag.

X

AUS DEM NOTIZBUCH

Der neuseeländische Schriftsteller Lloyd Jones reiste im Herbst 1991 nach Albanien, um Petar Shapallo zu suchen. Er hatte von dem Gerücht gehört, daß der einstige Diktator Enver Hodscha für öffentliche Auftritte ein Double beschäftigt hatte, Petar Shapallo eben. Lloyd Jones wollte nun die Wahrheit des Gerüchtes überprüfen und sehen, was aus Petar Shapallo geworden war. Über die Erlebnisse auf seiner Albanien-Reise hat Jones ein Buch geschrieben, *Der Mann, der Enver Hodscha war,* das in seiner lakonischen Sprache zu den komischsten und traurigsten Reisebeschreibungen gehört, die jemals veröffentlicht wurden.

Petar Shapallo, ein Zahnarzt, der dem Diktator auf fatale Weise ähnlich sah, war vor zwanzig Jahren bei Nacht und Nebel von seiner Familie getrennt worden. Chirurgen, Friseure und Schneider machten ihn äußerlich zu einem perfekten Spiegelbild des Diktators. Er wurde in einer Villa der Nomenklatura gefangengehalten, die er nur verließ, wenn er bei offiziellen Anlässen Enver Hodscha zu verkörpern hatte. Er wußte nicht, daß seine Frau und seine beiden Töchter umgebracht worden waren. So schreibt er Briefe an seine Frau und seine Töchter, die nie ankommen. Er stellt sich vor, was aus seinen Töchtern geworden sei. In Wirklichkeit war seine Identität ausgelöscht. Wenn Hodscha abnahm, mußte auch Shapallo dünner werden. Wenn Hodscha sich den Fuß verstaucht hatte, mußte auch

Shapallo hinken. Nach dem Tod des Diktators und dem politischen Aufruhr irrte der alte Mann, Shapallo, der Geist Enver Hodschas, verwirrt und ratlos durch Tirana. Er wurde geschlagen und herumgestoßen. In der deutschen Botschaft fand er schließlich einen Menschen, der ihm half und der für ihn sogar eine Fahrt aus der Stadt hinaus organisierte. Aber unterwegs ging Shapallo irgendwie verloren. Als Jones in Albanien ankam, galt Shapallo als verschollen.

Sein Reisebericht ist das Dokument einer detektivischen Nachforschung — mit Erfolg. Denn Jones findet Shapallo tatsächlich. Er lebt wie ein Tier in einer Höhle im Süden Albaniens, verwirrt, verstört, das tragische Opfer einer bösen Geschichte. Auf diesen Moment des dramatischen Auftritts von Shapallo ist das Buch hin geschrieben. Aber als das »Wunder« sich nun ereignet hat, begreift der Leser, daß der Höhepunkt des Buches weit vorher stattfindet. Es sind die bitterkomischen Schilderungen der vom Staat »korrigierten« Biographien fast aller Albaner, die Jones auf seiner Reise trifft. Wie die Albaner damit leben. Wie sie sich an die Eingriffe in ihr Leben gewöhnt haben. Wie sich ihr Leben gleichsam teilt in eine offizielle und eine wirkliche Biographie — damals unter Enver Hodscha, aber heute nicht viel anders. Treffender als der deutsche Titel heißt der englische Originaltitel *Biography,* denn das ist sein eigentliches Thema.

Jeder, der schon einmal hier gewesen ist, kann es bestätigen: Albanien, mitten in Europa gelegen, ist ein Land außerhalb der Zeit.

Petar Shapallo übrigens ist im Januar 1992 an einem Lungen-Emphysem gestorben. Man fand ihn in Decken gewickelt an die Wand einer Baracke gelehnt. Er soll in einem anonymen Loch bei Savra begraben worden sein.

AUCH ALBANIEN GEHÖRT ZU EUROPA

Eine Flotte verrosteter, verrotteter Frachter dümpelt im Hafen von Durrës. Die Ladekräne an den Kaimauern, von denen einige niedergelegt sind und nur noch das Gelände versperren, strecken unsinnig ihre Arme in den Himmel. Es gibt nichts auszuladen, nichts einzuladen. Durrës, so heißt es, ist der wichtigste Hafen von Albanien. Aber von den ausgeschlachteten Schiffen im Hafen fährt keines mehr aus. Alte Seemänner und jugendliche Arbeitslose sitzen auf den Schrottplanken und den Müllbergen hinter der Hafenabsperrung, rauchen selbstgedrehte Zigaretten aus schwarzem Tabak, starren ins Meer und beobachten — träge und gespannt, ernst und spöttisch zugleich — das Anlegen der Autofähre aus Triest. Es ist das Ereignis von Durrës, zweimal in der Woche.

Scharen von Kindern haben sich auf dem hochgereckten Heck eines tief im Wasser steckenden Frachters versammelt. Mit Winken und Rufen und akrobatischen Indianertänzen versuchen sie, die Aufmerksamkeit der Passagiere zu gewinnen: Für Geld, deuten sie an, würden sie vom Heck in das ölschlierige, verdreckte Hafenwasser springen — wie die Felsenspringer von Acapulco vor reichen Touristen, denen das grausige Schauspiel ein paar Dollar wert ist. Doch in Durrës gibt es keine Touristen. Auf dem Schiff sind vorwiegend Albaner, die in Italien in Hotels und bei der Ernte gearbeitet und ein paar hunderttausend Lire verdient haben. Unschätzbare Kostbarkeiten haben sie in ihren Plastiktaschen, Koffern, Tüten als Mitbringsel. Als extravagant und, offensichtlich, als die beliebtesten

Geschenke gelten Kinderfahrräder, recht teuer aussehend, mit komplizierten Klingelanlagen und, besonders wichtig, mit einer an der Fahrradstange zu befestigenden Flasche zur Erfrischung der kleinen Rennfahrer. Mit aufgeregter Sehnsucht werden die Heimkehrer erwartet. Auf den stinkenden Müllhügeln hinter der Hafenabsperrung, zwischen den Bahngeleisen, stehen die Familien, die Kinder aufgereiht wie die Orgelpfeifen, alle schön frisiert und herausgeputzt, soweit es die erbärmlichen Umstände zulassen. Sie springen hoch: Ob sie ihn schon sehen hinter der Mauer? Den Vater, den großen Bruder, den weitgereisten Onkel? Ob er das versprochene Fahrrad tatsächlich mitgebracht hat?

Nein, Touristen sind nicht an Bord. Ein paar geschäftige niederländische und skandinavische Missionare obskurer Sekten. Ein paar wilde Truckfahrer undefinierbarer Nationalität. Ein paar undurchsichtige Geschäftsleute, die von phantastischen Projekten reden. Die Ladung des Schiffes besteht vorwiegend aus Gebrauchtwagen, die aussehen, als hätte man sie direkt von einem mitteleuropäischen Schrottplatz hierher verfrachtet. An Bord trifft man auch ein paar stille, nachdenkliche albanische Heimkehrer aus den Vereinigten Staaten, aus Frankreich, aus Belgien, die vor zwanzig, fünfundzwanzig Jahren das Land als politische Flüchtlinge verlassen mußten. Ein paar von ihnen — der »Belgier« zum Beispiel, der Albanisch nur als Kind gesprochen hat, jetzt in geläufigem Französisch erzählt — mögen daran denken, jetzt vielleicht ein kleines Geschäft zu eröffnen oder einen Bauernhof zu kaufen oder sonst einen Handel zu machen: »Jetzt, wo alles wieder in Ordnung ist.« Du lieber Himmel, es ist nichts in Ordnung in Albanien.

Auf dem Weg zwischen Schiff und Hafenausgang erscheint es dem Fremden, als öffneten sich ihm alle

Pforten des Grauens. Da ist dieses trostlose Ambiente. Wäre der Hafen in Betrieb, man nähme alle Widrigkeiten hin; Fußgänger sind in keinem Hafen der Welt vorgesehen. Hier aber, von greller Sonne beschienen, nur Elend, stillgelegte Wracks, ausgebrannte, umgestürzte Eisenbahnwaggons, Ruinen von Lagerhäusern mit eingeworfenen Fensterscheiben, Dreck überall. Auf den etwa dreihundert Metern Wegs wird der Paß mindestens zehnmal kontrolliert. Gegenüber dem Fremden benehmen sich die Polizisten besonders barsch, als gewährten sie ihm eine Gnade, überhaupt an Land gehen zu dürfen. Indem sie immer wieder fragen, wieviel Landegebühr man bezahlt habe, kontrollieren sie, wie sich später herausstellt, lediglich den ersten Paßabstempler. Die Höhe der Gebühren wird nämlich ziemlich willkürlich bemessen. Mit fünf Dollar war ich relativ günstig weggekommen, im allgemeinen sind dreizehn Dollar zu bezahlen. Die Gebühren für jedwede Ordnungswidrigkeit sind eine erlaubte Aufstockung des Polizistengehaltes: Zehn Prozent davon dürfen sie behalten.

Die wichtigste Begegnung auf dem Höllenweg ist aber die mit den Bettelkindern. Weiß der Himmel, wie sie es geschafft haben, hinter die Absperrung zu kommen — einbeinig, hinkend, mit Krücken, zerlumpt und zerrissen, mit Ausschlag im Gesicht und an den nackten Füßen, glutäugig und mit schwarzen Haaren oder mit blauäugig-verträumtem Blick und mit hellblonden, fast weißen Haaren. Jedem Fremden seine Bettel-Entourage. Die Kinder versuchen, dem Fremden die Hände zu küssen. Wenn das unmöglich ist — weil er die eine Hand versteckt und mit der anderen seine Tasche trägt — küssen sie die Arme. Wie Katzen schmiegen sie ihren Kopf in die Armbeuge, daß es einem das Herz bricht. Schon der Versuch, ach, nur die Andeutung, etwas geben zu wollen, verursacht ein solches Gedränge unter den Kindern — wie Schwärme hungriger Tauben das Futter wittern und sich sofort um weitere Schwärme vermehren —, daß ich nur noch weg will, die Augen schließen und weg, nur weg: Was habe ich hier verloren?

Am nächsten Morgen stand ich auf der Terrasse des Hotels *Adriatik,* des einzigen noch halbwegs funktionierenden Hotels von Durrës. Die Sonne schien. Das Meer glitzerte wie Silber und Gold. Die Bucht unter dem Hügel von Durrës, auf dem die Reste der mittelalterlichen Stadtmauer zu sehen sind, ist von königlichem Schwung. Es ist die gleiche Sonne wie an der Copacabana oder an der Croisette, dachte ich. Und sind es nicht die gleichen Menschen, überall? Soll es mein Schicksal sein, nach feinen Hotels und weißen Stränden Ausschau zu halten? Daß Armut und Elend in Albanien mich mehr ergriffen haben als in anderen sogenannten Dritte-Welt-Ländern — ohne zynisch zu messen, wo es erbärmlicher gewesen sei, im hungernden Äthiopien oder in den Slums von Kalkutta — mag daran liegen, daß wir uns, unübersehbar, in unserem alten Europa befinden. Hier hat die Armut keine exotische Verbrämung. Nur wenige Kilometer von Durrës nach Süden liegt das antike Illyrien; jeder kennt den Namen aus dem Geschichtsbuch. Hier hat sich die Affäre zwischen Caesar und Pompejus abgespielt. Es ist unsere Geschichte. Und auch Albanien heute, das wird leicht vergessen oder verdrängt, ist unsere Geschichte.

Während in Afrika, Asien, Mittel- und Südamerika Armut und Elend so erklärbar wie rätselhaft erscheinen, ist das albanische Desaster, der totale Zusammenbruch des Staatswesens, die fast logische Folge eines verbrecherischen Regimes, dem allerdings in einem haltlosen, über jedes vernünftige Maß hinausgehenden Freiheitsrausch nur weiterer Niedergang folgte. Fährt man durch das Land und sieht die Ruinen von Fabrikhallen, die demolierten, bis auf den letzten Nagel ausgeraubten Lagerhäuser, die brachliegenden oder nur kümmerlich bearbeiteten Felder — man kann sich nicht vorstellen, daß es hier einmal funktionierende Textilwerke gegeben haben soll, Fabriken für chemische Erzeugnisse, für Zigaretten, Werften. Alles liegt still. In Lohn und Arbeit stehen nur die Staatsbeamten. Alles wird für teueres Geld importiert — in eben jenen riesigen Trucks, die wir auf dem Fährschiff gesehen haben, vom Mineralwasser bis zur Billigkleidung, höherwertige Waren sowieso. Der Staat lebt von dem Zoll, den er auf diese Importe erhebt. Steuern bezahlt niemand. Sogar die Polizisten finanzieren sich, wie wir gesehen haben, weitgehend selbst.

Auf der Terrasse des Hotels *Adriatik* wollte ich von all dem nichts wissen. Die Betten des Hotels sind gut. Der Sauberkeit der Handtücher ist nicht vorbehaltlos zu trauen. Im Zimmer hatte ich am Abend einen Skorpion erschlagen, den ich zuerst für einen besonders widerstandsfähigen Kakerlak gehalten hatte. Daß der kleine Kadaver am Morgen verschwunden war, unauffindbar, sollte mich hinfort etwas beunruhigen. Vorsichtshalber stellte ich künftig meine Schuhe — nach dem Rat eines alten Globetrotters — mit der Öffnung nach unten hin. Aber es ist doch ein Wunder, dachte ich, daß es hier tatsächlich von einem auf den anderen Tag warmes Badewasser gibt. Daß die Servierfrauen im Hotel es mir nicht übelnehmen, sondern nur über meinen Tick lachen, morgens, mittags und abends Tomaten mit Ziegenkäse zu essen, weil ich mich zu den anderen Gerichten nicht durchringen kann. Daß die Menschen so freundlich, heiter und gelassen sind. Was ich hier verloren habe, hatte ich gefragt? Auf der Terrasse wußte ich es schon. Zeichen von Hoffnung und Optimismus findet man nur bei den Armen.

Tirana, die Hauptstadt, von welcher Seite man sie auch betrachtet, eine schöne Stadt ist Tirana nicht. Die überbreiten Straßen, die ein kurioses Merkmal nahezu aller Städte im einstigen Ostblock sind, scheinen in Tirana noch einmal um einige Meter breiter. Die Stadt sieht so leer und kahl und verloren aus. Tatsächlich gibt es im Zentrum ein paar bombastische Regierungs- und Repräsentationsbauten, das historische Museum, das *Dajti*-Hotel, vor dem sogar ein Taxi steht, das einstige Haus der Partei, alles ins Maßlose getrieben, alles um ein paar Nummern zu groß. Nur an einer Ecke des gigantischen Skanderbeg-Platzes ein paar schöne alte Bürgerhäuser, braun-gelb gestrichen; ausgerechnet diese Häuser stammen aus der Zeit der italienischen Besatzung, die auch keine gute Erinnerung für die Albaner ist. In den Häusern sind die Büros verschiedener Ministerien untergebracht. Alle Bauwerke im Zentrum werden aber übertroffen von der Pyramide aus Glas und Beton, die als Mausoleum und Museum für den 1985 verstorbenen Staats- und Parteiführer Enver Hodscha gedacht war. Mit seinem Isolierungswahn und seinen Herrscherallüren hat er das Land in den Untergang getrieben. Nur in ein paar gar nicht so alten deutschsprachigen Reiseführern wird Hodscha als Staatslenker gepriesen. Sogar als Leser schämt man sich für diesen Unsinn. Hodscha ist heute auf dem Friedhof von Tirana, vor der Stadt, in einem Reihengrab beigesetzt; Blumen stehen nicht darauf. Von außen wird die Pyramide von den Kindern als Rutschbahn benutzt; im Innern soll ein »Kulturzentrum« sein, was immer man sich darunter vorstellen mag.

Tourismus-Minister Edmond Spaho ist ein umtriebiger junger Mann. Er verhandelt mit der Weltbank, mit europäischen Banken, mit Hotelkonzernen, mit Reiseveranstaltern. Er wirbt um Investitionen. Dem

Besucher legt er einen respektabel gedruckten touristischen Entwicklungsplan vor, auch einen Plan, wie die Umwelt zu schützen sei, dazu einen Entwurf des noch nicht verabschiedeten Gesetzes, wie Investitionen staatlich behandelt werden, wie Geld ein- und auszuführen sei. Dabei ist er Realist und weiß genau, daß alle diese schönen Pläne Papier sind und nichts weiter. Wer wollte denn in Albanien investieren? Wie könnte man sich einen Tourismus in Albanien vorstellen? Der Minister denkt an das türkische Modell, Ferienclubs mit einheimischem Personal und mit einheimischen Erzeugnissen in der Gastronomie. Bis dahin ist es aber noch ein weiter Weg. Der Mut des Ministers beeindruckt mich: dem Chaos einen Anfang entgegenzusetzen. Im albanischen Alltag ist von den hochgemuten Plänen des Ministers allerdings noch nichts bekannt.

Auffallend in Tirana und auch in allen anderen albanischen Städten ist, daß es den Begriff des Ladengeschäftes oder der Geschäftsstraße, die im Westen das Bild der Städte bestimmt, gar nicht gibt. Zigaretten, Getränke und Süßigkeiten, sonst gibt es ohnehin nichts, werden am Kiosk verkauft. In Griechenland gibt es einige Beispiele dafür, in Albanien wird das konsequent so gehandhabt. Nur in der schmalen Straße vor der albanischen Staatsbank herrscht wimmelnder Betrieb. Hier sieht man alle albanischen Männergesichter, die griechischen mit Schnauzbart, die aus dem Kosovo mit dem weißen Filzkäppchen, die hochgewachsenen Hellblonden aus den Bergen. Alle haben Bündel von Lek in der Hand und wollen sie gegen Dollar, Lire, Mark umtauschen. Die umherwandernden Polizisten mit finsterem Gesicht sorgen nur für den reibungslosen Ablauf der Tauschgeschäfte — prompt erlebten wir eine kleine Schlägerei —, aber das ist kein illegaler Handel. Warum beansprucht die Staatsbank den Umtausch nicht für sich?

Für die Albaner indes ist dieser Umtausch die einzige Möglichkeit, auf legale Weise an Devisen zu kommen: Ohne Devisen weder ein italienisches Visum noch Geld für die begehrte Ausreise. So gesehen, mag den Albanern das Umtauschgeschäft wie ein Geschenk der Regierung erscheinen — mit einem Schönheitsfehler allerdings, es gibt kaum Fremde, die umtauschen wollen.

Es gebe in Tirana ein Restaurant erster Klasse, hörten wir und wollten es nicht glauben. Man führte uns immer tiefer in die Wohngebiete der Stadt, wo sie von Slums kaum noch unterscheidbar sind. Schließlich landeten wir vor einem vergitterten Tor. Es wurde gerufen, man öffnete und führte uns in ein Kellergewölbe aus schmalen Backsteinen. Ein paar allzu geschmäcklerische Bilder an den Wänden, sonst elegant eingerichtet; *Chez Laurent* hieß das Restaurant, wir waren die einzigen Gäste. Das Essen war nicht schlecht. Die Rechnung am Ende, auch Kreditkarten wurden akzeptiert, betrug 64 Dollar für zwei Personen. Der Preis erschien uns angemessen, bis wir uns klarmachten, daß wir in einer Stunde zwei albanische Monatsgehälter verfressen hatten. Wer überhaupt ein Gehalt bekommt, wird rundum beneidet; die meisten Leute sind arbeitslos. Es gibt eine Art Sozialhilfe: weniger als zehn Dollar im Monat. Davon muß eine ganze Familie leben.

Daß die Stiftung Europäisches Naturerbe, mit Sitz in Bonn und Brüssel, kürzlich vor »Bettenburgen und Bohrtürmen und der Dynamitfischerei« in Albanien warnte, man möge bei der Planung auf die Brutplätze des »raren Krauskopfpelikans *(Pelicanus crispus)*, der Lederschildkröte, der echten Karettschildkröte oder der hochbedrohten Mönchsrobbe« Rücksicht nehmen, klingt angesichts der Wirklichkeit wie Hohn. Erstens sind die in dem Schreiben der Naturschützer genannten

Hotelbettenzahlen reine Phantasie, sowohl die angeblich vorhandenen als auch die geplanten, zweitens kommen die gutgemeinten Warnungen viel zu spät und gehen ins Leere. Denn die Umwelt ist bereits jetzt geschädigt, vor allem durch das rigorose Abholzen. Früher gab es zwischen Strand und Feldern einen dichten Wald. Es gibt ihn nicht mehr. Es stehen nur noch die Baumstümpfe. Jeder Baum wurde als Heizholz gebraucht. Das ist nicht nur am Strand so, sondern auch im bergigen Inneren. Die Schutzfunktion, die der Wald hatte, fehlt völlig. Der Boden zeigt alle Symptome der Erosion. Bald werden die Berge wie Halden aussehen, durchsetzt allerdings mit Hunderttausenden dieser häßlichen Ein-Mann-Beton-Bunker, die an Enver Hodscha erinnern. Einen Sinn hatten sie nie. Heute gibt es in Albanien mehr Bunker als Bäume. Daß eßbares Getier längst im Kochtopf gelandet ist, das werden auch die Naturschützer nicht mehr verhindern können.

Apollonia, nicht weit von Fier im Süden von Albanien, war in der Antike eine Stadt mit fünfzigtausend Einwohnern, eine bedeutende Stadt also. Die Ausgrabungen, die merkwürdigerweise von den Österreichern im Ersten Weltkrieg begonnen wurden, werden heute von Professor Dr. Neritan Ceka geleitet. Ein kleines Team von Archäologen — Franzosen und Albanern — lebt und arbeitet in den Räumen eines ehemaligen, halbzerfallenen Klosters, fernab von der Welt. Ihre Gastfreundschaft reichte zwar nur für einen Kaffee, mehr war nicht vorhanden, aber an keinem Platz in Albanien habe ich mich so wohl gefühlt, nirgendwo war es so friedlich wie an diesem Nachmittag in Apollonia.

Neritan Ceka ist in Albanien ein bekannter Mann. Er ist Mitbegründer der jetzigen Regierungspartei, war deren Fraktionsvorsitzender im Parlament und ist heute

Vorsitzender der »Demokratischen Allianz«, die zur Regierungspartei in Opposition steht. Weil die Regierung Berisha ihm nach kurzer Zeit ebenso korrupt erschien wie das kommunistische Regime vorher, wollte er von der Politik nichts mehr wissen. Er ging in seinen Beruf zurück. Es war ein Anfall von Resignation, wie er heute zugibt. Seine Rede schwankt zwischen Wut auf die Regierung und Sorge: Wie soll es nur weitergehen? Er beschwört das Chaos. Erst wenn alles kaputt sei, könne etwas Neues entstehen, vielleicht. Dann nimmt er die Wut wieder zurück, hofft auf die Wahlen in zwei Jahren, daß sie die Wende bringen, vielleicht. Ceka leidet an Albanien. Er fährt mit uns über das Land, zeigt uns, wie schön es sein könnte. Er spricht von dem idealen Klima, von seinen Vorstellungen eines sanften Tourismus — bis uns ein Eisenbahnzug begegnet, an dessen abgerissenen Türen die Menschen hängen wie ein Bienenschwarm. Ceka schweigt verbissen. Ceka will nichts mehr sehen und nichts mehr sagen.

Wir waren in den Bergen von Kruja. 1443 eroberte Skanderbeg, der albanische Nationalheld, die Stadt und baute sie in seinem Kampf gegen die Türken zur Festung aus. Das Skanderbeg-Museum, ein albanisches Walhall, hat die Tochter Enver Hodschas entworfen, wie uns der Direktor erklärt. Sieht man von den aufdringlichen Wandgemälden im reinsten sozialistischen Realismus ab, ist es ein interessanter Museumsbau. Die Ausstellungsstücke sind allerdings allesamt Kopien. Es geht weniger darum, in dem Museum etwas zu sehen, als darum, dem Freiheitshelden seine Reverenz zu erweisen.

Das archäologische Museum von Durrës ist dagegen im Parterre eines bescheidenen Wohnhauses untergebracht, und selbst dieses wäre dringend renovierungsbedürftig. Die ausgestellten Stücke, Tonwaren und

Bronzen, sind wunderbar und zeugen von dem Reichtum, der einst in der antiken Stadt, Dyrrachium, geherrscht hat. Vor allem die Marmorfiguren im Garten des Museums, teils aus griechischer, teils aus römischer Zeit, sind von ungewöhnlicher Kraft und von monumentalen Ausmaßen, so daß man an die sogenannte klassische Periode Picassos denken muß. Diese Faltenwürfe der Gewänder. Dieser Stolz in der Haltung der Figuren. Die Direktorin des Museums, die, um etwas dazuzuverdienen, selber Kopien als Souvenir herstellt und bemalt, glaubt unverdrossen, daß sie eines Tages ein richtiges Museum bekommen wird. Wie notwendig das sei, erklärt sie uns in ihrem drolligen Deutsch: Allein von einer Ausgrabungsstelle in Durrës seien »sechs Tonnen Aphrodite«, Marmor und Terracotta, zu versorgen. Sie wiederholt es immer wieder: »Sechs Tonnen Aphrodite.« Welcher deutsche Fonds zur Förderung der Archäologie könnte sechs Tonnen Aphrodite widerstehen?

Mitten in Durrës steht das Alexander-Moissi-Theater, benannt nach dem einstigen Reinhardt-Schauspieler, der 1935 in Lugano gestorben ist. Alexander Moissi war Albaner, neben Skanderbeg wohl der berühmteste. Der Direktor des Theaters, ein stattlicher Mann mit ondulierter Löwenmähne, in Sprache und Haltung ein Striese, als spiele er gerade Hamlet, mindestens aber den Caesar, stellte als englischsprachigen Dolmetscher den Dirigenten seines Orchesters vor. Dieser sprach zwar Englisch, hatte aber offensichtlich Probleme mit seinem Gehör, so daß unsere Unterhaltung, dem Ort angemessen, etwas deklamatorisch geriet. Nein, Stücke von Brecht oder Gorki oder von anderen bekannteren Autoren, auch in der kommunistischen Zeit sei so etwas nicht gespielt worden. Es gehe um Unterhaltung, erklärt der Direktor. Das Volk brauche nichts so sehr wie Unterhaltung. Er ist sichtlich stolz auf diese Weisheit und streicht über sein gepflegtes Haupthaar. Auf dem Programm, so erfahre ich schließlich, stehen Märchenvorstellungen und eine Art Schlager-Revue. Ob Autoren, die unter Hodscha Lobeswerke auf den Diktator schrieben, nun Probleme haben? Direktor und Dirigent verstehen meine Frage nicht. In Albanien sieht alles anders aus. Zum Abschied wiederholt der Direktor seine Weisheit von vorhin: Die Kunst, sagt er, ist Unterhaltung. Ein großes Wort. Nachdenklich stehe ich vor dem Moissi-Theater.

Schon von weitem sahen wir die gelb-schwarz-roten Schornsteine der *Espresso Grecia,* die uns nun von Durrës nach Triest bringen sollte. Obwohl wir das Schiff von der Herfahrt schon kannten, uns keine Illusionen machten, sondern wußten, auf was für einen Seelenverkäufer wir uns eingelassen hatten, weckte der Anblick des Schiffes dennoch Heimatgefühle. Schiffe sind mythische Wesen.

Von den italienischen Fährschiffen, mit deren Ruf es nicht weit her ist, repräsentiert die *Espresso Grecia* wohl die unterste Klasse. Man weiß, warum. Das Schiff fährt nahezu ausschließlich für Albaner; gefragt ist die billigste Passage. Dagegen wäre nichts zu sagen. Die Preise sind tatsächlich niedrig; die Deckpassage Durrës–Triest kostet in der Nebensaison umgerechnet 160 Mark. Daß aber ein ausgesprochen mieses Essen in dem unappetitlichen Selbstbedienungsrestaurant des Schiffes nicht unter 30000 Lire (etwa 35 Mark) kostet, ist eine Unverschämtheit. Die Kabinen sind muffig, eng. Die Duschen funktionieren nicht. Der Abfluß des Waschbeckens ist verstopft, so daß wir, um eine Überschwemmung der Kabine zu verhindern, alle zwei Stunden mit dem Zahnputzbecher das Wasser abschöpfen müssen. Man kann sich an Bord mit seinem Gepäck abschleppen, das Personal käme nie auf den Gedanken, einem Passagier zu helfen. Der Swimmingpool, im

Prospekt stolz angezeigt, steht vermutlich seit Jahren leer und rostet vor sich hin. Mindestens zwei Stunden vor dem Anlegen wird man ziemlich unfreundlich aus der Kabine gewiesen. Wo man mit seinem Gepäck bleibt, wen kümmert es? Das Schiff, 1976 gebaut, ist reif zum Verschrotten. Aber für Albaner, so denken die Eigner wohl, ist es noch lange gut genug.

Die Albaner, wir kamen nicht los von ihnen. Der Abschied in Durrës, so viele Tränen, so viel Winken und Rufen und so viel Glück-Wünschen für das Leben in einer neuen, fremden Welt. Die Kaimauer war schon gar nicht mehr zu sehen, da wurde immer noch gewinkt und gerufen. Es hätte nicht viel gefehlt, wir hätten mitgeweint. Ein paar Auswanderer musterten mich von der Seite, das ist also ein Deutscher, werden sie wohl gedacht haben, aus diesem Deutschland, wo alle so reich sind und wo alles so phantastisch funktioniert. Ich hoffe, sie haben auch gedacht, der sieht doch ganz normal aus, wie er mit uns gewinkt hat und fast mit uns geweint hätte. Daß die fremde Welt, die sie nun erobern wollten, ihnen gegenüber auch feindselig gestimmt sein könnte, daran hatte beim Abschied keiner gedacht. Der Gedanke stellte sich erst ein, als wir uns vor der Paßkontrolle versammelten. Wer authentisch wissen will, wie die Stimmung an Bord eines Auswandererschiffes im 19. Jahrhundert gewesen ist oder auf einem Exilantenschiff während der Nazizeit vor dem Anlegen in New York, der muß mit der *Espresso Grecia* von Durrës nach Triest fahren.

Ausgerechnet ein junger Albaner, achtzehn Jahre alt, auf der ersten großen Reise seines Lebens, als Reiseproviant eine Tüte mit Mandeln in der Hand, machte mich schließlich darauf aufmerksam, daß ich gar nicht zu warten brauchte. Mein Visum sei ja in Ordnung. Ich brauchte ja nur mit dem Paß zu wedeln und könne einfach durchgehen. Ich ging dann auch. Die Albaner machten bereitwillig Platz, schoben den Berg von Plastiktaschen und Koffern auseinander — und sahen mir nach.

XI

EISKALTES WASSER

Die Amerikaner haben das kalte Wasser erfunden. Hier soll nicht das hochmütig europäische Lamento über das miese amerikanische Essen und Trinken fortgesetzt werden. Es gibt ja auch ein paar amerikanische Spezialitäten, nach denen man allerdings lange suchen muß, und zur Not, um dem Fast food auszuweichen, kann man immer noch italienisch oder mexikanisch essen. Nein, darum geht es heute nicht. Es geht um die amerikanische Vorliebe für eiskaltes Wasser, die in meinen Augen manchen Fauxpas auf der Speisekarte ausgleicht.

Das fängt mit dem Frühstück an — die große Kristallkanne mit klarem Wasser, in dem die Eisstückchen funkeln und beim Eingießen appetitlich klingeln. Mag es unter feinen Europäern üblich sein, das Wasserglas stehen zu lassen, es nicht einmal anzurühren, ich trinke am liebsten zum Frühstück eiskaltes Wasser, bin darin amerikanisch wie die Amerikaner, lasse mir immer wieder einschenken. Der Eiswasser-Kellner blüht auf, endlich braucht ihn einer, endlich vermerkt einer seine Gegenwart.

Auch beim Lunch oder beim Dinner, Wassertrinker sind daran gewöhnt, nach dem Wasser rufen zu müssen. Jedem Bierdimpfl, jedem apoplexiegefährdeten Weintrinker wird ohne Aufforderung immer wieder das Glas gefüllt, da springen der Sommelier und seine Gehilfen. Wassertrinker müssen schon froh sein, wenn für ihr

Getränk überhaupt ein Glas vorgesehen ist. Das hat sich in den letzten Jahren merklich gebessert. Sogar in französischen Restaurants wird man nicht mehr des Hauses verwiesen, wenn man keinen Wein trinkt. Nach alter Sitte ist es in Frankreich, Italien, Österreich immer noch üblich, daß ein Glas Trinkwasser oder gar eine Karaffe mit klarem Wasser zum Gedeck gehört. Aber ebenso üblich ist es, von diesem Angebot keinen Gebrauch zu machen, sondern ein Mineralwasser zu bestellen. Wer die Mineralien- und Salzgehalte der einzelnen Brunnenwasser studiert und diese gar ernst nimmt, wird bald zu dem Ergebnis kommen, daß gewöhnliches Trinkwasser gar nicht das schlechteste ist. Bestimmt wird keines der Brunnenwasser so regelmäßig kontrolliert wie Trinkwasser. Sieht man von der gelegentlichen allzu üppigen Beimischung von Chlor ab, müssen auch Feinschmecker zugeben, daß der Geschmack des Trinkwassers im allgemeinen einwandfrei ist. Es gibt Glücksfälle. Einmal habe ich vieltausendjähriges Gletscherwasser in Alaska getrunken. In Indien kann man für ein paar Rupien, Bruchteile von Pfennigen, Quellwasser aus dem Himalaya trinken. Daß in Amerika aber das Wassertrinken so selbstverständlich ist, hat mich immer entzückt.

Über die Gründe will ich nicht spekulieren. Möglich, daß die Vorliebe für Wasser ein puritanischer Zug ist oder daß sie mit der Prohibition zusammenhängt. Für mich ist die Liebe zum Wasser eine esoterische Leidenschaft, die einzige. Das Leben kommt aus dem Wasser. Ich trinke aus der Quelle. Am liebsten trinke ich an der Wasserleitung aus der Hand.

Die Amerikaner habe ich immer um ihre Eismaschinen auf den Hotelfluren beneidet, *Icemaker* genannt. Ein physikalisches Wunder, daß die Eisstückchen hier nicht zusammenbacken. Es tropft tagein, tagaus im *Icemaker*, nie geht das Eis aus, immer ist Nachschub vorhanden.

Vergleichbare Maschinen gibt es selbstverständlich auch bei uns, aber sie sind wahnsinnig teuer, vermutlich weil sie bei uns ungewöhnlich sind. Kindererinnerungen: Im Sommer kam mittwochs immer der Eismann. Mit einem Eisenhaken griff er nach den schweren, wie Kristall aussehenden Eisblöcken und schob sie vom Wagen bis vor das Haus. Wir mußten dann die Blöcke mit dem Eispickel in kleinere Brocken auseinanderhauen — wobei man sich übel verletzen konnte —, die Eisschränke auffüllen und den Rest in der kühlsten Ecke des Kellers lagern. Daß es einmal einen elektrischen *Icemaker* geben könnte, daran hätte niemand geglaubt.

Am schönsten zeigt sich das innige amerikanische Verhältnis zum Wasser an den Trinkbrunnen, die auf Hebeldruck dem Durstigen das Wasser in einer Fontäne in den Mund spritzen. Vereinzelt findet man sie auch in Deutschland. Im amerikanischen Konsulat in Frankfurt gibt es einen solchen Brunnen. Auch im Stadtbad Mitte, das inzwischen leider geschlossen ist, gab es einen. Wo immer man sie fand, es waren Imitationen. Die echten kennt man aus tausend Filmen. Man findet sie in den Staaten auf jedem Flughafen, in allen Museen, in allen öffentlichen Gebäuden, an vielen Straßenecken. Es ist eine moderne Form der Quelle: Überall da eine Quelle, wo man sie braucht.

In der U-Bahn-Station an der 42. Straße trinke ich zwischen Obdachlosen, bärtigen Stadtstreichern, betrunkenen Plastiktüten-Ladies. Die Trinkwasser-Fontäne verteilt ihre Gaben ohne Ansehen der Person, kalt, wohlschmeckend und hygienisch.

NACH NEW YORK

Vier Tage, fünf Nächte lang hatten die Schiffsmotoren gleichmäßig gedröhnt und gestampft und gerattert. Plötzlich hielten sie an. Es war ein Moment der Atemlosigkeit. Ich wurde wach von der Stille. Die Orchidee auf dem Schreibtisch meiner Kabine — mit einer gewissen Boshaftigkeit hatte Steward Alfred die feine Blumenvase bei jedem Kabinenaufräumen auf den Nachttisch gestellt, mit der gleichen Boshaftigkeit hatte ich immer wieder mit ihr den Schreibtisch geschmückt, aber nun waren es nur noch zwei Stunden bis zur Ankunft am Pier von New York, und alle purpurfarbenen Blütenblätter des Knabenkrauts waren mit einem Mal abgefallen und lagen jetzt dekorativ um die Vase herum. Draußen herrschte noch tiefe Dunkelheit. Es war sechs Uhr früh. Die Durchfahrt unter der Verrazano-Narrows-Brücke hatte ich schon verpaßt. Die *Queen Elizabeth 2* näherte sich der Freiheitsstatue. Fuhr das Schiff mit leisen, fast unhörbaren Motoren, aber mit eigener Kraft? Oder wurde es gezogen oder geschoben? Wie ein Geschwader Putzerfische um einen Hai schwamm eine Flotte kleiner Hafendampfer um den Ozeanriesen herum, zog, schob, ich weiß es nicht. Vor uns fuhr — klein, doch trotzig — das norwegische Kreuzfahrtenschiff *Song of America*. Weil dieses Schiff sich vorgedrängt hatte, so hatte es am Abend geheißen, mußte die *QE 2* eine halbe Stunde früher als geplant anlegen. Später als geplant wäre logisch gewesen. Aber die Gesetze der Seefahrt sind nicht immer logisch.

Fast alle Passagiere, selbst diejenigen, die man während der Überfahrt nie gesehen hatte, standen oben an Deck, schuddrig frierend — eine nasse Kälte zog in alle Kleider —, und erwiesen der hochgebauten Stadt, der geliebten und verfluchten, schweigend ihre Reverenz. Von weitem war ein zuerst leises, dann lauter werdendes Grummeln zu vernehmen, wie das Donnern eines entfernten, sich jedoch nähernden Gewitters, ein Hupen und Kreischen und Schreien, das nie endende Klanggemisch der Weltstadt. Hat Cage diese Musik aufgeschrieben? In Queens drehte sich tatsächlich zu dieser frühen Morgenstunde ein kleines Riesenrad. Auf der Seite von New Jersey blinkte eine Zahnpastareklame. Jetzt erst sahen wir die Silhouette von Manhattan, ein Gebirge aus Hochhäusern, aus Zivilisation und Hochmut, aus Stolz und Elend. Die Dunkelheit war einem schmutzig-milchigen Nebel gewichen. Oft sahen wir nur die Basis und die Spitze eines Wolkenkratzers. »Auch das hat seinen Reiz«, murmelte ein deutscher Passagier, dem es vermutlich wie mir erging: Die Seereise war uns nicht lang genug. Ich wäre gern noch ein paar Tage an Bord geblieben, vielleicht sogar ein paar Wochen.

Und wenn das Schiff immer weiterfährt, hatte ich zwischendurch einmal gedacht, über alle Meere, immer weiter? Jeden Tag würde Steward Alfred die Blumenvase mit der Orchidee auf den Nachttisch stellen. Nie würden die purpurfarbenen Blütenblätter abfallen. Immer hätte ich ein Ziel vor Augen und käme doch nie an. Jeden Nachmittag würde ich im *Queen's-Room* meinen Tee »nehmen«, die schönste und ruhigste Stunde des Seefahrttages. Jeden Nachmittag würde sich der Pianist, unmerklich für die anderen, in meine Richtung verneigen und wieder seine mit Chopin versetzte Fassung von *Evita* klimpern. Und immer würde ich dem verwehenden, fast todessüchtigen Klang mit der gleichen Gier nachhorchen. Es wird schon richtig sein, dachte ich später, daß die Blätter einer Orchidee am Ziel abfallen; außerdem sollte ich mich mehr um das Schiff kümmern.

Die *Queen Elizabeth 2* ist so groß, daß man vielleicht erst am letzten Tag einer Atlantiküberfahrt diejenigen trifft, die man gern am ersten Tag getroffen hätte. Das Schiff wirkt in mancher Hinsicht wie ein Fossil aus versunkenen Zeiten. Da ist zum Beispiel diese unanständige Größe: Bei voller Belegung kann das Schiff 1900 Passagiere aufnehmen; die Crew besteht aus 1015 Personen. Das Schiff ist so groß — 963 Fuß lang, fast 300 Meter —, daß man in den ungewöhnlich breiten Kabinengängen das andere Ende kaum noch sieht. Das Schiff ist ein Irrgarten. Man braucht ein, zwei Tage, um sich im Durcheinander der verschiedenen Restaurants, Bars, Ladenstraßen, Theater- und Gesellschaftsräume einigermaßen durchzufinden; von den Außendecks ganz zu schweigen, denn um diese spätherbstliche Jahreszeit ist die Atlantiküberfahrt vorwiegend ein Indoor-Vergnügen. Mit einer Tonnage von annähernd 67000 ist die *QE2* das größte noch fahrende Passagierschiff, wahrscheinlich auch das letzte seiner Art.

Auf die Frage, ob er sein Schiff als Linienschiff oder als Kreuzfahrtenschiff betrachte, antwortete Kapitän Robin Woodall: »Ohne Einschränkungen als Linienschiff!« Denn das ist das eigentliche Geheimnis der *Queen Elizabeth 2*: daß sie — einfach und anspruchsvoll zugleich — Menschen vom einen Kontinent zum anderen transportiert, wobei es von zweitrangiger Bedeutung ist, ob man die Reise in einer Luxus-Außenkabine mit Balkon verbringt, in der die Überfahrt 17000 US-Dollar kostet, oder in einer Zweibett-Innenkabine auf dem vierten Deck, wo es übrigens auch nicht billig ist. Was die Reise von jeder Kreuzfahrt unterscheidet, ist die simple Tatsache, daß sie einen Sinn hat. Was die Kreuzfahrten belastet, wird bei einer Atlantiküberfahrt der *QE2* fast mit Vergnügen demonstriert: Es ist der touristische Schnickschnack —

vom Begrüßungs-Cocktail über den Kostümball bis zum Captain's Dinner, diese mit Ernst zelebrierten Albernheiten, die die Kreuzfahrt für viele unerträglich machen. Zwar finden alle diese Ereignisse irgendwo auch auf der *QE2* statt, aber irgendwo, man merkt es kaum, und zur Kenntnis nimmt sie keiner. Die Kostümschau zum Beispiel, die ich zufällig von der Shopping-Promenade aus mit Blick in die darunter liegende Grand Lounge beobachten konnte, eine Orgie in buntem Kreppapier, hatte von allen, die ich später im *Princess-Grill* danach fragte, keiner gesehen. Wo war das? Wann war das? Die Kostümschau war ein reines Middleclass-Vergnügen; keiner aus der ersten Klasse hatte sich daran beteiligt. Damit sind wir beim zweiten Geheimnis der *Queen Elizabeth 2:* der Einteilung nach Klassen.

Schon bei der Einschiffung in Southampton glaubt der Passagier zu spüren, daß die *Queen* einerseits an den Klassen festhalten will, daß es ihr andererseits jedoch peinlich ist. Sieht man von den Schildern ab, dieser oder jener Raum sei den Passagieren der ersten Klasse vorbehalten, so wird von Klassen fast nie gesprochen, sondern vorwiegend von den verschiedenen Restaurants, für die man gebucht hat. Ganz oben für den *Queen's Room,* gefolgt von den beiden *Princess-Grill-Rooms,* dem *Mauretania-Restaurant* und dem *Columbia-Restaurant.* Bei der Ausschiffung nach dem Anlegen — hervorragend organisiert übrigens, die Paß- und Visakontrolle findet bereits während der Überfahrt an Bord statt — wird wiederum die Klasseneinteilung gleichsam hinter Wörtern versteckt: Zuerst dürfen die Passagiere der Penthouses aussteigen, dann die des ersten Decks, die des zweiten, des dritten, des vierten — sollten denn weiter unten, im fünften, sechsten und siebten, auch noch Menschen wohnen? Oben kann man sich das wahrhaftig nicht vorstellen.

Die Erfahrung mit dieser Klassenordnung ist ein merkwürdig fremdes Abenteuer, das zum Nachdenken zwingt. Wir haben uns daran gewöhnt, nach amerikanischer Art eigentlich, daß jeder, der genug Geld hat, auch überall und zu jeder Stunde eingelassen wird. Wir haben uns außerdem an den kaum wahrnehmbaren, stillschweigenden Fortbestand der europäischen Ordnung gewöhnt, daß bestimmte Hotels beispielsweise nur bestimmten Leuten vorbehalten sind — die fortbestehende Schwellenangst der Sensiblen: Neureiche müssen schon sehr plump sein, wenn sie nicht einmal dies bemerken. Das Paradox stört keinen. Meistens bedarf es der Erfahrung eines ganzen Lebens, um dahinterzukommen, daß der Tee im Luxushotel oft besser und sogar billiger ist als in einem alternativen Café, in das sich jeder hineintraut. Aber dann steht man plötzlich auf der *Queen Elizabeth 2* zum Tee vor dem *Queen's Room* und stellt fest: Die einen dürfen hinein, die anderen dürfen nicht hinein. Ich muß gestehen, daß mich das gleichermaßen schockiert und fasziniert hat. Diese Einteilung machte mich nervös und beschäftigte mich während der ganzen Reise, so daß ich kaum darüber nachdenken konnte, ob die überlebensgroße Büste der jugendlichen Königin Elisabeth aus Goldbronze, die den *Queen's Room* schmückt, Kitsch oder Kunst sei. Meine Frage nach dem Schöpfer der Büste war dem Kapitän furchtbar peinlich. Er wußte es nicht. Das Buch, worin es verzeichnet sei, habe man ihm gestohlen.

Kapitän Woodall ist ein Riese von Gestalt. Wenn er in seinem Stuhl auf der Brücke thront — der Stuhl gleicht einem hochgestellten Zahnarztsessel —, erinnert er mit seinen buschigen Augenbrauen an eine Figur aus der Filmserie *Enterprise,* ein Kapitän über alle Zeiten hinweg. Fragen nach Unfällen und kritischen Situationen sind ihm unangenehm. Lieber antwortet er auf die Fragen britischer Gesellschaftstanten, nach seinem Hobby etwa. Man hätte es sich denken können: Er segelt. Er wohnt in Liverpool, wo seine Frau die Hunde hütet. Er ist alt geworden mit seinem Schiff; lange wird er nun nicht mehr auf der *Queen* fahren. In seinem mit Wimpeln und Pokalen vollgestopften, gemütlichen Büro zeigte er uns ein in Silber gerahmtes Foto, kaum größer als ein Polaroidbildchen, auf dem er zusammen mit Königin Elisabeth im *Queen's Room* zu sehen ist. Er hielt das Bild fest, während er es herumzeigte; niemand durfte es in die Hand nehmen. »Dort hat sie gesessen«, sagte Woodall und zeigte auf mich. Du lieber Himmel, ich habe auf dem Sofaplatz der Queen gesessen!

Am nächsten Abend war ich zu einem Cocktail beim Hotelmanager des Schiffs eingeladen *in his office,* wo drangvolle Enge herrschte. Ich hatte mir im Geiste eine Liste von Fragen notiert, die ich beiläufig stellen wollte. Es kam nicht dazu. Selten bin ich so herzlich begrüßt worden — wie wundervoll, wie absolut wundervoll es sei, mich zu sehen. Aber darin bestand auch schon die ganze Unterhaltung. Irgendwer drückte mir ein Glas Champagner in die Hand. So stand man da, lauschte ergriffen den wahrhaft unfaßlichen Belanglosigkeiten, die feine Leute sich zu erzählen haben, und dachte darüber nach: Wie komme ich hier nur wieder heraus? Es ist ganz einfach, man geht. Die Verabschiedung ist ebenso herzlich wie die Begrüßung. Es war absolut wundervoll, mich zu sehen, wurde mir von verschiedenen Seiten versichert. Warum sollte ich es nicht glauben? Die Bestätigung, wie absolut wundervoll man sei, ist vermutlich im Klassenticket eingeschlossen.

Bei unserer Überfahrt von Southampton nach New York waren nur 1267 Passagiere an Bord, darunter 58 Deutsche, von denen einige — welche Klasse auch immer sie gebucht hatten — schon beim Bustransfer von London-Heathrow nach Southampton die gebotene Contenance verloren. Wegen Nebels in Deutschland kamen nämlich alle Flüge mit Verspätung an. Da wir aber mit dem Bus der Reederei fuhren, diese also über die Flugprobleme informiert war, bestand kein Grund, sich wegen der Verspätung zu sorgen: Ohne uns würde das Schiff nicht abfahren. Als es dann aber hieß, wegen der besonders hohen Verspätung des Fluges aus Berlin müßten wir im abfahrbereiten Bus noch eine halbe Stunde auf zwei Passagiere warten, kriselte es bereits. Ich dachte, wie freundlich von der Reederei, die zwei Verspäteten nicht einfach stehenzulassen. Andere indes, vor allem eine Dame aus Düsseldorf, sahen das anders: Wir sind extra einen Tag früher gekommen und haben in London übernachtet. Es ist eine Unverschämtheit, uns hier warten zu lassen. Und so weiter. Als nun endlich, verschüchtert, die beiden Verspäteten eintrafen, ging das Gezeter von neuem los. Das fängt gut an, dachte ich. Aber damit war die Geschichte noch nicht zu Ende. Als der Bus in Southampton eintraf, pünktlich übrigens, stürzte die verspätete Berliner Dame auf die Düsseldorferin los: »Ich hoffe, das Schiff ist so groß, daß ich Sie während der Reise nicht sehen muß!« Ich habe weder die eine noch die andere Dame auf dem Schiff wiedergesehen. Nur dachte ich darüber nach, ob britische oder amerikanische Passagiere ebenso gereizt auf eine so lächerliche Unannehmlichkeit reagieren.

Obwohl die Zahl der deutschen Passagiere in der *Queen*-Statistik nach den Amerikanern, Briten und Franzosen an vierter Stelle steht, machen sie sich im Bild der *Queen*-Klientel wenig bemerkbar. Das verhält sich anders mit den amerikanischen Passagieren. Es beginnt bereits damit, daß fast alle Gesellschaftsräume nach europäischem Verständnis unterkühlt sind; daß in den meisten Bars Dunkelheit herrscht, nur von flackernden Kerzen erleuchtet, versteht sich von selbst. Ich hasse diese erzwungene Romantik. Wie mir Kenner der *Queen* erzählten — fast alle Passagiere, mit denen man spricht, sind schon acht- oder zehnmal auf dem Schiff gefahren —, wurden bei dem letzten Umbau weite Räume, zum Beispiel die Bibliothek der zweiten Klasse, der Erweiterung des Spielkasinos und der Räume für Spielautomaten geopfert. So sieht es heute in einem Teil des Schiffes auf dem Upper-Deck wie in einem Las-Vegas-Film aus. Die bekannten alten Ladys mit lila Löckchen stehen mit dem unvermeidlichen Plastikbecher in der Hand vor den Automaten und verfolgen mit wunden, gierigen Blicken den Lauf der Rollen. Fatalerweise klackert es meistens auch irgendwo. Eine der Damen hat also den großen Hauptgewinn gemacht. Das spornt die anderen an, noch fleißiger zu spielen.

Den größten Fauxpas hat sich das Schiff jedoch mit der sogenannten *Art Gallery* geleistet. Man schämt sich, das Wort überhaupt auszusprechen. Die Wände aller Treppenaufgänge, aller Kabinengänge, überhaupt aller zugänglichen Räume sind zugehängt mit Bildern, gerahmten Drucken, wie man sie bei uns in zweitklassigen Rahmenhandlungen findet: Von der nacktbusigen Zigeunerin über Renoir, Monet, den hundertfach kopierten Gaukler von Picasso bis zu wilden Seestücken und Stilleben. Jeden Tag finden zwei Führungen durch diese Galerie statt; die Amerikaner und Amerikanerinnen, die gerade einen Europabesuch hinter sich haben, kaufen die Bilder, die, sage und schreibe, zwischen 300 und 500 Dollar kosten; in jedem Pariser Museums-Shop hätten sie diese und bessere Bilder als Plakat für 30 oder 50 Franc erwerben können. Daß sich ein würdiges altes Schiff durch eine solche Galerie entstellen läßt, erlaubt Zweifel am Stilbewußtsein der Reederei. Für die trinkenden Mönche — »das Bild wird gern genommen« — sollen zum Beispiel Graphiken von Henry Moore abgehängt worden sein, obwohl der Künstler sie eigens für die *Queen Elizabeth 2* angefertigt hatte. Heute muß man nach Originalkunstwerken auf dem Schiff suchen. Bemerkenswert ist ein dreiteiliger Webteppich von Helena Baryinka, auf dem das Schiff trotz der Grobheit des Materials wie eine japanische Tuschezeichnung erscheint. Bemerkenswert ist auch eine alte Lederprägung, ein Seestück in Leder — das Geschenk der deutschen Werft, auf der das Schiff, zum Ärger der britischen Konkurrenz, zuletzt umgebaut und renoviert wurde. Dann gibt es noch ein paar interessante Silberarbeiten zu sehen und, nicht zuletzt, die persönliche Standarte von Königin Elisabeth II., auch das ein Geschenk.

Im *Princess-Grill* und in der kleinen Bar davor war es wohlig warm. Die Einrichtung ist gediegen, elegant. Auch nach der Meinung von Besuchern aus den anderen Restaurants: Der *Princess-Grill* ist das kleinste und schönste Restaurant an Bord. Das Personal, wie auf fast allen Schiffen, von ausgesuchter Zuvorkommenheit. An dem üblichen Trinkgeld stört nur eines: daß dem Passagier mit der ersten Bordzeitung schon mitgeteilt wird, was und wieviel er wem geben »muß«, was die Idee des Trinkgelds ad absurdum führt. Man würde es gern geben, man würde sogar mehr geben, wo es aber bis in die Einzelheiten vorgeschrieben ist, findet man es ärgerlich. Denn letzten Endes ist es nicht einzusehen, warum ein vorgeschriebenes Trinkgeld nicht im Passagepreis enthalten sein soll.

Im übrigen wird auf der *QE2* hart gearbeitet. Der Barkeeper in der *Princess-Bar*, ein Ire, erzählte mir, daß er nun schon über ein Jahr auf dem Schiff fahre, in New York aber noch keinen Fuß auf den Boden gesetzt habe. Wegen der hohen Hafengebühren liegt das Schiff nur sieben Stunden am Pier; nur zwei Stunden nachdem die Passagiere das Schiff verlassen haben, treffen die neuen Passagiere ein. Pünklich auf die Sekunde legt das Schiff ab und fährt nach Southampton zurück. Für das Personal bleibt keine Zeit für Landgänge. Im Gegenteil, das Schiff muß aufgerüstet werden, daß es aussieht wie neu.

Im *Princess-Grill* kannte man sich bald untereinander. Man durfte wählen, einen Einertisch, einen Zweiertisch oder einen großen Tisch. An großen Tischen herrscht meistens die beste Stimmung. Die Frage der Garderobe, die auf Kreuzfahrtenschiffen immer wieder diskutiert wird, ist im *Princess-Grill* einfach gelöst: Abgesehen vom Abfahrtstag und vom Abend vor der Ankunft wird grundsätzlich Gesellschaftskleidung getragen, wobei ein dunkler Anzug oder ein Seemanns-Blazer den Smoking ersetzen mag.

Die fast aggressive Herzlichkeit amerikanischer Tischnachbarn: Wenn ich den Lunch ausließ, weil mir eine große Mahlzeit am Tag schon zuviel war, wurde ich einem regelrechten Verhör unterzogen, wo ich nur geblieben sei und was ich getrieben hätte. Wen ich getroffen und über was wir geredet hätten. Wie sehr der Tisch unter meiner Abwesenheit gelitten hätte. Das Spiel wiederholte sich jeden Abend. Einem solchen Übermaß an ritueller Höflichkeit ist man hilflos ausgeliefert. Ob es nun ehrlich gemeint ist oder nur so dahergesagt, die Höflichkeit ist ein Spiel, auf das man sich verlassen kann. Es funktioniert allerdings nur, wenn man die sogenannten guten Umgangsformen als Fortbestand der europäischen Zivilisation akzeptiert.

Das interessanteste Paar an unserem Tisch war ein altes Ehepaar aus der Hauptstadt Washington, die — sie wußten es nicht mehr genau — zum zwanzigsten oder zweiundzwanzigsten Mal auf der *Queen Eliza-*

beth 2 fuhren. Sie war klein und pfiffig, sah aus wie Giulietta Masina, trug ausschließlich Kleider und Schmuck von Coco Chanel, war Malerin, reiste Jahr um Jahr durch alle europäischen Museen, haßte Picasso, aber liebte de Chirico. Sie stritt — und sie stritt gern — mit blitzenden Augen für »ihre« Maler. Leider hörte sie schlecht, so daß alle Streitgespräche in hoher Lautstärke geführt werden mußten. Ihr Mann schien der gutmütigste aller Menschen zu sein, dem allerdings zuweilen anzumerken war, daß er alle ihre Argumente schon hundertmal gehört hatte. Er konnte schlecht sehen, so daß sie für ihn die Speisekarte lesen mußte. Weil Rückfragen sowohl an ihren Mann als auch an das Personal ihr zu lästig waren, bestellte sie grundsätzlich das vom Küchenchef empfohlene Menü, was keineswegs immer das beste war. Aber die beiden kauten lustlos auf dem einen Brocken, den sie von ihren Tellern nahmen, während alle anderen am Tisch längst das Essen abgeschlossen hatten. Reden war ihr lieber als essen. Er schwieg, nickte freundlich, übersetzte ihr zuweilen die Reden der anderen — sein Flüstern verstand sie kurioserweise. In New York wohnten sie im *Plaza,* wo sonst. Bevor sie nach Washington zurückreisten, mußte sie noch einen Gang durch die Galerien an der Green Street machen. Im nächsten Jahr wollten sie nach Lissabon reisen.

Das Essen im *Princess-Grill* — in Variationen gleichen sich die Gerichte aller Restaurants an Bord — entspricht nicht ganz dem hohen Anspruch, den das Ambiente verspricht. Es ist wie in feinen englischen Restaurants: Immer ist das Ansehen der gedeckten Tafel eine Lust, fast immer ist das Essen enttäuschend. Vor allem die Vorspeisen: In Frankreich lebt und stirbt man für phantasievolle Vorspeisen — hier auf dem Schiff waren alle Vorspeisen kulinarische Todsünden. Sie wurden nämlich immer eiskalt serviert, fast wie gefroren, so kalt jedenfalls, daß ein Geschmack nicht auszumachen war. Kaviar etwa auf russischen Blinis, so hatte es geheißen, aber die »Blinis« bestanden aus einem dicken, fetten, eiskalten Pfannkuchen. Muß man mehr über das Essen erzählen? Jeder russische Neckermann-Dampfer hält interessantere Höhepunkte der Küche im Programm. Der eigentliche Luxus der *Queen Elizabeth 2* besteht nicht aus Pasteten oder Pralinen, weder aus Größe noch Ausstattung der Kabinen, sondern aus der Zeit, die sich die Passagiere für die Transatlantiküberquerung nehmen.

Wenn man auf der *Queen Elizabeth 2* die Sauna auf dem siebten Deck, tief unten also, besuchen will, muß man einen Fragebogen über seine Gesundheit ausfüllen, als wollte man den Nanga Parbat besteigen. Jeder fortgeschrittene Kranke hat mit solchen Fragebogen schon seine Erfahrungen gemacht und sich daran gewöhnt, das Verschweigen von Krankheiten als läßliche Sünde zu betrachten. Mein Sauna-Unternehmen scheiterte zunächst lediglich an meinem mangelhaften Englisch, da ich die Frage *»Pregnant?«* nicht verstand. Man wollte wissen, ob ich schwanger sei. Die Antwort erforderte nun allen Mut der Aufklärung und der Sprache: Nein, schrieb ich, *never*. So durfte ich dann endlich in die Sauna, von nun an jeden Tag. Auf allen Schiffen der Welt gehört die Sauna zu den stillsten Räumen. Von den fast 1300 Passagieren an Bord traf man höchstens fünf regelmäßig in der Sauna, zwei mundfaule Amerikaner, die immer die Badehose anbehielten, und drei schamlose Europäer, geschwätzige dazu, ein Italiener, ein Franzose und eben ein Deutscher, die sich später auch zum Tee im *Queen's Room* trafen und sich darüber einig waren, daß die Reise viel zu schnell verlief.

Am Dienstagmittag waren wir in Southampton abgefahren, am Abend dann von Cherbourg. Die

Route verlief an den Scilly-Inseln entlang über die Grand Banks of Newfoundland am Cape Race vorbei, dann am Cape Sable, wir ließen Nantucket links liegen und fuhren auf gerader Linie nach New York City. Beim Tee am Donnerstagnachmittag sah ich plötzlich durch die breiten Fenster eine Möwe, die das Schiff umflog. Auf der *Santa Maria* des Kolumbus hatte einst das Auftauchen eines Vogels eine unvorstellbare Erregung ausgelöst. Als ich von meiner Möwe erzählte, wurde ich von erfahrenen Seefahrern gefragt, ob ich denn nicht den Fischdampfer gesehen hätte, der in einiger Entfernung von der *Queen Elizabeth 2* operierte. Die Möwe habe ihm, nicht uns gegolten. Das Wetter war gut, etwas stürmisch am ersten Tag, an den weiteren Tagen sonnig, aber kühl und zuletzt fast windstill. Jeden Abend stellten wir die Uhr eine Stunde vor, eine Zeitverschiebung bemerkten wir nicht. Am Freitagabend sahen wir am Horizont einen grauen Streifen, die Küste von Neufundland, und ein Leuchtturm blinkte beruhigende Signale, Cape Race. Am frühen Sonntagmorgen legten wir in New York an.

IM CAFÉ REGGIO

Es gibt bekennende Raucher, öffentliche sozusagen, und heimliche Raucher, Toiletten-, Hintertreppen- und Parkbank-Raucher. Zu letzteren zählen auch die Flugpassagiere, die ihren Platz im Nichtraucherabteil haben, zum gierigen und schnellen Rauchen einer Zigarette aber auf den freien Mittelplatz der einzigen Raucherbank im Flugzeug spekulieren und regelmäßig beleidigt sind, wenn man sie dort nicht eben freundlich empfängt. Dennoch erscheint die Raucherfrage, von Europa aus betrachtet, wie ein individuelles Problem: Da die Raucher nach Überzeugung der Nichtraucher sowieso früher in den Himmel kommen — oder in die Raucherhölle? — muß man ihnen die Freude am Leben doch nicht völlig verleiden. Philosophisch enthielte die Forderung nach weiterer Askese ja auch einen Widerspruch; von den fiskalischen Wohltaten des Rauchens ganz zu schweigen. Was lasterhafte Raucher im allgemeinen auszeichnet, ist die Tatsache, daß man mit ihnen über alles reden kann, sogar über die Gefahren des passiven Mitrauchens. Die sollen nicht verharmlost werden, wenngleich sich zuweilen der Gedanke aufdrängt, daß ernstere Gefahren uns bedrängen als der Rauch einer Zigarette. Immerhin scheinen die Gefahren mit der Einhaltung der Raucher- und Nichtrauchergebote so weit gebannt, daß jeder nach seiner Façon leben kann.

In den Vereinigten Staaten allerdings beginnen damit erst die Probleme. Nirgendwo sonst wird der Streit zwischen Rauchern und Nichtrauchern mit solch ideologischer Verbitterung geführt, daß man über die Gründe nachdenken muß: Warum schießt man hier mit Kanonen auf Spatzen? Der Besucher von New

York erinnert sich mit Vergnügen der Nonchalance und der unaufgeregten Ruhe, mit der in Frankreich und Italien zum Beispiel die Raucher- und Nichtrauchergebote gehandhabt werden. In New York scheint dagegen eine Art Krieg zu herrschen. Auf der einen Seite schreit man »Diskriminierung!«, »Eingriff in die Menschenrechte!«. Auf der anderen Seite werden die Nichtrauchergesetze so scharf ausgelegt und angewendet, als gälte es, ausgerechnet New York in ein Nichtraucher-Paradies zu verwandeln. Als wenn es in der Stadt keine anderen Sorgen gäbe. Auf jeden Fall sind die Raucher die Bösen im Spiel, das gilt als ausgemacht, und so muß man sie verfolgen, wo immer sie sich zeigen.

Im Vorraum eines Broadway-Theaters, wo wir für Tickets in einer Schlange standen, stellte die Frau an der Kasse plötzlich den Verkauf ein: »Ich rieche Tabakrauch«, kreischte sie. »Ich mag das nicht, daß hier geraucht wird.« Witzig, die Lady, dachte ich, bis ich verstanden hatte, daß ich der Böse war, den nun alle vorwurfsvoll musterten. Der Vorraum des Theaters war nur durch ein Gitter von der Straße getrennt. Die Raucher von New York haben sich längst daran gewöhnt, daß ihnen im Restaurant grundsätzlich der Tisch gegenüber der Toilette angewiesen wird oder ein zugiger Platz hinter der Eingangstür. Das Rauchen in Hotelzimmern versucht man wohl durch das Weglassen von Aschenbechern zu unterbinden. Aschenbecher scheinen überhaupt plötzlich zur Mangelware geworden zu sein; man muß immer erst danach fragen. Die Sauberkeit von New York hat dadurch um keine Zigarettenkippe zugenommen. Man glaubt nicht, wie viele ältere Damen, die sich bisher tapfer und ohne größere Beschwerden durch das Leben geschlagen haben, nun schon in Atemnot geraten, wenn sie nur eine Zigarette sehen. Den empfindsamen Damen stehen allerdings die robusten gegenüber, die im Village, das lila Kapokhütchen auf dem Kopf, öffentlich rauchend vom Waschsalon in den Supermarkt eilen — und noch lange nicht in den Himmel wollen. Einen Tip für Raucher verdanken wir indes einer heimlich-unheimlichen Raucherin aus dem alten Europa: »Geht in das *Café Reggio* in der MacDougal-Street, südlich vom Washington Square«, sagte sie uns. »Dort fragt man nicht ›*Smoker or non-smoker?*‹, wie sonst überall in New York, sondern ›*smoker or chain-smoker?*‹« Ein Hauch von *Café de Flore* liegt über der Szene. Fundstücke in Kitsch und Kunst, gesammelt in der ganzen Welt, hängen zur Dekoration in dem kleinen Café-Raum. Der *café-crème* hat noch nicht die sahnige Bitterkeit des Originals. Dafür schmeckt der Blätterteigkuchen, *millefeuilles,* schon fast ebenso gut wie in Paris. Tatsächlich, fast alle Besucher und Besucherinnen rauchen um die Wette. Das sieht nach jahrhundertealter Tradition aus, als das Rauchen noch etwas Avantgardistisches, gar Revolutionäres hatte. Die Jungen und Mädchen in der MacDougal-Street, vorwiegend Studenten, rauchen aus Trotz. Sie diskutieren über eine bessere Welt, husten sich durch Rauchschwaden an und versuchen, anrührend für den melancholischen Besucher aus Europa, einen Rest des trägen, geschwätzigen Europas herüberzuretten. Weil man in manchen Zirkeln dort immer noch an die kreativen Möglichkeiten des Gesprächs glauben will. Allen zu Recht oder zu Unrecht beschworenen Katastrophen zum Trotz, denkt der Besucher aus Europa, so schnell geben wir nicht auf.

VON OBEN

Es gibt Spezialisten für Tropfsteinhöhlen, für Fischmärkte, für Eisenbahnen, für Wildparks, für Museen, für Schuhläden, für Friedhöfe, für Teestuben, es gibt für fast alles Spezialisten unter den Touristen. Die Gattung der Turmbesteiger, *salitori turris,* kann für weniger turmbegeisterte Mitreisende lästig werden. Nehmen wir zum Beispiel das Empire State Building. Wir stehen davor. Man reiht sich artig ein in eine lange Schlange von Besuchern für den Erwerb eines Tickets. Die Aufzug-Auffahrt ist in zwei Partien zu bewältigen, das letzte Stück muß man über eine enge Wendeltreppe zu Fuß gehen. Vor allem muß man vor jedem Teilstück warten, Schlange stehen. In den Aufzugkörben hat sich der Mief von fünfzig Jahren angesammelt. Hätten wir nun oben gejodelt, die Mützen in die Luft geworfen und Juchhe gerufen oder sonst etwas, meinetwegen nur fotografiert, ich hätte es geduldig hingenommen. Mein Turmbesteiger aber verwickelte sich in eine komplizierte Philosophie: »Von oben sieht es meistens so aus, wie man von unten dachte, daß es von oben aussehe.« Sprach's und wollte auf dem schnellsten Weg wieder herunter. Am nächsten Tag vor den Türmen des World Trade Centers wiederholte sich fast das gleiche Spiel. Auf dem einen Turm ist oben lediglich eine Cafeteria, auf dem anderen ein Restaurant; abends kann jeder in das Restaurant, mittags jedoch nur Clubmitglieder und deren Gäste. Wir waren dort zum Mittagessen eingeladen. Das verleiht in diesem Falle der Turmbesteigung einen gewissen Snob-Appeal. Wie auf allen Türmen der Welt war das Essen teuer und schlecht; bis auf eine Ausnahme allerdings: Das Essen im Restaurant *Jules*

Verne auf der zweiten Etage des Eiffelturms ist phantastisch, hat übrigens einen Stern im Michelin und lohnt die Mühe. Man muß sich anstellen in einer langen Schlange von Besuchern, fährt in zwei oder sogar drei Partien nach oben. Wir kennen das Spiel. »Von oben«, sagte der Turmbesteiger, »sieht es meistens so aus, wie man von unten dachte, daß es von oben aussehe.« Paris verschwimmt aus dieser Höhe zu einer grauen, körperlosen Masse, New York zu einer schwarzen mit roten und grünen Einsprengseln. Um eine Stadt wirklich von oben zu sehen, ihre Anlage zu studieren, darf man seinen Standort nicht zu hoch wählen. Die oberste Etage des Centre Pompidou ist beispielsweise ideal. Das ehemalige Hallenviertel und der Blick darüber hinaus bis zur Seine und zur Place de la Bastille erschließen dem Betrachter die Stadt. Noch günstiger, schöner, eindrucksvoller ist der Blick vom Turm des Petersdomes über Rom. Er ist immer noch das höchste Bauwerk in der Stadt: Man versteht die Stadt besser, wenn man sie von oben gesehen hat. Ich habe (teuer und schlecht) gegessen auf der Space-Needle von Seattle, im sich drehenden Turmrestaurant von S. Antonio, auf dem Tokio-Tower und auf dem Henninger Turm in Frankfurt-Sachsenhausen, der in seiner liebenswerten Klobigkeit das gültige Wahrzeichen von Frankfurt ist. Mein eigenes Turmerlebnis fand nicht auf einem Turm statt, sondern auf der Terrasse der Villa S. Michele in Anacapri. Vor dem Absturz in eine tiefe Schlucht schützt den Besucher lediglich ein nicht einmal kniehohes Mäuerchen; Mussolini und später auch Hitler liebten bei Reden solch niedrige Geländer: Sie machen den Kleinen groß und größer; sie fördern cäsarische Visionen. Tatsächlich verschränkte ich die Arme, sah hinunter auf Capri, sah über das Meer, das eine, kleine, weiße Segelschiff, sah den Vesuv, das mächtige Neapel; mir kam es vor, als sähen so die Götter die Welt. — Ein Tempelwächter in Ägypten machte uns den frevlerischen Vorschlag, in der Nacht mit ihm die Cheops-Pyramide zu besteigen. Dem Turmbesteiger verschlug es die Sprache, am liebsten wäre er auf die Knie gesunken: »Daß ich das erleben darf!« Nur weil er einen gesunden Schlaf hat, kamen wir weder in dieser noch in einer anderen Nacht dazu. »Genaugenommen«, sagte er, »steige ich am liebsten in die Erde. Höhlen sind meine Welt. Über der Erde kann man sich nicht vorstellen, was sich unter der Erde befindet.« Wir haben in Ägypten kein Königsgrab, keinen Wassergraben, kein noch so düsteres Tempelloch ausgelassen. Auf Türme steigen wir seitdem nicht mehr.

XII

FREIZEIT

Der französische Dichter Paul Valéry beschreibt in seinem Dialog *Die fixe Idee oder zwei Männer am Meer* zwei Herren, die verzweifelt das Nichts suchen, aber immer auf das Etwas stoßen. Der eine flieht vor sich selbst, vor seinen Gedanken, wandert ziellos umher, entdeckt endlich das Meer, glaubt schon, Stille, Weite und Unendlichkeit gefunden zu haben, als er nah bei sich, zwischen den Felsen, einen entfernt Bekannten auf einem Stuhl sitzen sieht, der seinerseits ihn beobachtet. Von dem Stuhl aus verläuft eine Schnur ins Meer, als ob der Mann angle; neben dem Stuhl steht eine Staffelei, als ob er male; aber er angelt nicht und er malt nicht. Er »simuliert«, wie er sagt, gleichsam als Einübung in das Nichtstun und Nichtsdenken, was ihm bisher noch nie gelungen ist. Jeder der beiden Männer fühlt sich von dem anderen unangenehm gestört; nur aus dem Zwang zur Höflichkeit beginnen sie ein Gespräch. Es ist einer der witzigsten und tiefsinnigsten Dialoge der neueren französischen Literaturgeschichte (1932 geschrieben, 1965 zum ersten Mal auf Deutsch erschienen), ursprünglich wohl als Lesestück gedacht, wie Platons Dialoge, von mutigen Regisseuren allerdings dann und wann auch auf die Bühne gebracht. Immer begeisterten sich die Kritiker über die »literarische Anmut« des Stückes. Nur wenigen ist aufgefallen, daß es auf dem höchsten Niveau eine der frühesten Auseinandersetzungen mit der sogenannten

Freizeitgesellschaft ist. »Freizeit«, Valéry sagt nicht mehr und nicht weniger, als daß es sich dabei um eine naive Utopie handelt, daß es sie nicht gibt, daß der Mensch zu steter Tätigkeit und zu steter Inspiration verurteilt sei, daß unser Sehnen zum Ende geht: Freizeit nur als Umschreibung des Todes. Die arg pessimistische Konsequenz sollte den Leser nicht verschrecken. In Wahrheit kennt jeder, der Urlaub machen will, seine eigenen Bemühungen, Denken und Tun »abzuschalten«, wie es salopp heißt. Man will den Wolken nachträumen; zählen, ob die großen Wellen, die ans Ufer schlagen, einem mathematischen System unterliegen; man will den Sinn der fein geschwungenen Linien in der Dünenlandschaft ergründen — und wird plötzlich auf die banalste Weise dabei gestört, weil man auf der Stirn die ersten Anzeichen von Sonnenbrand spürt. Vermutlich ist es der Menschen Schicksal, das Hohe in immer neuen Versuchen anzugehen, doch nie zu erreichen. So endet auch Valérys Dialog versöhnlich. Obwohl die beiden Männer einander hassen, lädt der eine den anderen am Ende zum Essen ein. Der andere sagt: »Ich sag Ihnen ja, ich lasse Sie nicht los. Allein ist man immer in schlechter Gesellschaft.«

SASCHA

Raucherzimmer wird auf der vierten Etage des Krankenhauses der zugige Vorraum des Treppenhauses genannt. Um 21 Uhr ist tiefe Nacht in der Klinik. Im Nichtraucherzimmer flimmerte der Fernsehapparat. Ein grausiges Filmdrama war zu sehen, *Leise weht der Wind des Todes,* so oder so ähnlich, mit Gene Hackman. Eine etwas zu groß geratene Frau im weißen Bademantel und mit schwarzgefaßter Brille sah ich Nacht für Nacht vor dem Fernsehapparat sitzen. Auf der kalten Rauchertreppe unterhielt sich ein junger Mann, der am nächsten Tag nach Hause gehen durfte, mit einer alten Berlinerin über einen brutalen Überfall auf seine Wohnung. Die Alte sagte mit rauchiger Stimme: »Kenn ick, kenn ick allet.« Mit einem Wohnungsüberfall konnte man sie nicht beeindrucken. Der junge Mann versuchte es mit der detaillierten Beschreibung eines Überfalls auf seine Freundin. »Kenn ick«, sagte die Alte, »kenn ick allet«, und angelte aus den Tiefen ihres Mantelkittels ein Päckchen *Lucky Strike.* Ich machte meine nächtliche Runde durch das Haus.

Auf der dritten Etage stellte ich fest, daß ich mich selbst ausgeschlossen hatte. Denn die Türen des hinteren Treppenhauses, das ich in sündhaftem Vorwitz benutzt hatte, waren nur von innen zu öffnen. Ein vollbärtiger Türke, der vorbeischlurfte, sah mich schließlich durch die Scheibe. Er legte die Hand vor die Augen, um besser ins Dunkel sehen zu können, und ob es denn wahr sei: Draußen, ein Mensch? Wir waren wie zwei Fische im Aquarium. Bis er mich endlich erlöste und hereinließ. Mein Mißgeschick sei ihm in der ersten Nacht auch passiert, genau so.

Damit es mir auf der zweiten Etage nicht wieder passierte, nahm ich jetzt gleich den Aufzug. Direkt gegenüber dem Aufzug, dort wo sich auf anderen Etagen Schwesternzimmer und Untersuchungsräume befinden, ist auf der zweiten Etage der Aufenthaltsraum für Patienten. Er ist eingerichtet wie ein bürgerliches Wohnzimmer mit Sofa, Sesseln und Couchtisch, mit ein paar abgegriffenen Büchern in einer Versandhaus-Vitrine. An den Wänden angeheftete Informationen, über die Veranstaltungen der Berliner Aids-Hilfe zum Beispiel oder Werbung für das *Café Viktoria;* dazu zwei gerahmte Bilder von hübschen, halbnackten Männern, kolorierte Schwarzweißfotos: Die zerrissenen, ölverschmierten, mit einem groben Seil gegürteten Jeans sind blaßblau, die Körper glänzen schwarz und silbergrau. Kerle, denen das Leben offensteht, ohne Einschränkung, und die das Gegenteil von dem wirklichen Leben unter den Bildern repräsentieren.

Sascha war der erste, den ich hier kennenlernte. Er ist vierundzwanzig Jahre alt. In sein dunkles Haar sind sorgfältig ein paar blonde Strähnen eingefärbt. Wenn man nicht genau hinsieht, fallen die allzu dünnen Beine unter dem blauen Bademantel kaum auf. Er versteht es, sich lässig-elegant anzuziehen, als langweile er sich hier auf der Aids-Station wie in einem extravaganten Sanatorium.

Immer saß er rechts vom Eingang auf seinem Sessel und hielt hof. Er führte das große Wort. Wenn seine Mutter, die jeden Abend zu Besuch kam, von der Wohnung erzählte, von Freunden und Verwandten, von ihrer Arbeit und von den Behörden, mit denen sie kämpfte, fiel Sascha ihr unwirsch ins Wort. Sie solle nicht solchen Unsinn erzählen. »Du hast das Eurocil nicht vertragen«, sagte sie. »Eurocil? Kenn' ich nicht. Nie gehört«, sagte er mit der Bösartigkeit eines unartigen Kindes. »Aber du weißt doch, das Eurocil!« »Du meinst Neurocil.« Er behandelte die arme Frau nicht sehr nett. Aber sie nahm seine schlechte Laune nicht zur Kenntnis, plapperte ungerührt vom Tagesgeschehen, von der »Hauptstadt-Frage«, von der Politik, vom Blut-Skandal. »Interessiert mich nicht«, grummelte Sascha, »ick hab et von 'nem Mann.« Es klang nach Selbstbewußtsein und Stolz. Die Schwestern, die Pfleger, die Ärzte, die Patienten — ein Wink von Sascha, und sie gehorchten. Die ganze Station war verliebt in ihn. Einmal fragte er mich: »Wo kommst du eigentlich her?« »Von der vierten Etage«, sagte ich, »die Bilder gefallen mir hier besser.« »Ick hab gleich gesehen, dat du hierher gehörst«, sagte Sascha. Von da an gehörte ich dazu.

Wenn man mit ihm allein war, verstummte bald die Rede. Die Spannung seines Gesichts löste sich wie die eines Schauspielers, der seine Rolle abgespielt hat. Das Stück, in dem er auftrat, handelte konsequent von der platten Gegenwart und vermied peinlich jeden Gedanken an Vergangenheit und Zukunft. Dem Zuhörer wurde schmerzlich bewußt: Ohne Hoffnung und Pläne fehlt dem Leben die Tiefe. Den Zuhörer zwingt dies allerdings, sich der Realität zu stellen. Saschas Augen bekamen einen somnambulen Blick. Er ging dann: »Ich leg' mich ein bißchen hin.« »Das viele Morphium«, sagte seine Mutter an einem Abend, »Sascha schläft.« An dem Abend war nichts los auf der zweiten Etage.

Peter war ganz anders. Auch er konnte seinen fast lächerlich dünnen Körper unter dem Bademantel gut verstecken; indes fehlte ihm die schwere Schläfrigkeit. Er war stets im Fieber. Wenn es nicht so traurig gewesen wäre, hätte man sagen müssen, daß das Fieber ihn schön machte. Er wirkte wie geschminkt. Die roten Lippen. Der schwarze Lidstrich. Die glühenden Augen. Er konnte von einer Minute auf die andere mit jedem Streit bekommen. Dem Streit folgte regelmäßig eine Entschuldigungs-Orgie. Er zappelte herum. Rannte vom Krankenzimmer in den Aufenthaltsraum und wieder zurück. Er wartete immer auf wichtige Telefongespräche. Immer trug er ein dickes, schwarzes, ledernes Adreßbuch bei sich — für den Fall, daß er plötzlich anrufen müsse. Er rief nie an, er wurde nie angerufen. Eines Tages war er verschwunden, er war einfach weg. Am nächsten Tag war er wieder da. Er erzählte von einer langen Reise durch Nord- und Südamerika, von Mexiko nach Costa Rica und Kolumbien, zurück nach New York, wo er im Village gewohnt habe. Vor ein paar Monaten erst. Wir erzählten einander stundenlang von Reiseabenteuern, rauchten *Camel light,* eine Zigarette nach der anderen — in Wirklichkeit glaubte ich ihm kein Wort. Seine Geschichten waren Illusionen, Fieber-Phantasien. Es war schon nach Mitternacht. Peter hatte sich auf das Sofa gelegt, gekuschelt unter eine flauschige gelbe Wolldecke. Gerade wollte ich von einer Show in New York erzählen, als ich bemerkte, daß er mit einer glühenden Zigarette in der Hand eingeschlafen war. Er lag gekrümmt unter der Decke, aus der sein fiebernder Kopf mit den struppigen Haaren hervorlugte. Das Bild erinnerte an ein Gemälde von Toulouse-Lautrec im Musée d'Orsay. Ich drückte die Zigarette in dem übervollen Aschenbecher aus, löschte das Licht und fuhr mit dem Aufzug in die vierte Etage, wo nur noch die Frau im weißen Bademantel vor dem Fernsehapparat saß. Sie schaute sich *Todfreunde — Bad Influence* an.

Walter sah von allen Patienten auf der zweiten Etage am elendesten aus. Dabei war er der frechste und der witzigste. Daß seine Sozialhilfe nun endlich genehmigt sei, wie seine Schwester ihm erklärte, machte ihn so glücklich, als hätte er sein Leben lang darauf gewartet. Statt eines Bademantels trug er eine Art Kittel. Nein, er versteckte seine aggressive Magerkeit nicht. »Wer mich nicht sehen will, kann ja weggucken.« Chemotherapie oder ähnliches, das komme für ihn nicht in Frage. »Wenn das Leben nicht mehr lebenswert ist, mach' ich Schluß«, sagte er ohne Rücksicht auf meine grübelnden Gedanken, was für rätselhafte Signale den Zustand des Nicht-mehr-Lebenswerten wohl anzeigten. Was wissen Gesunde vom Leben? Und was vom Sterben?

An diesem Abend war Sascha besonders still. Obwohl der Aufenthaltsraum fast gedrängt voll war — Saschas Mutter erzählte wieder von tausend Freunden, die alle grüßen ließen — und obwohl alle darauf warteten, daß Sascha den großen Monolog spreche, damit der Abend endlich beginnen könne, weigerte er sich, seine Rolle zu spielen. Er starrte nur vor sich hin. Plötzlich stand er auf, verließ den Raum und stürzte draußen mit einem gurgelnden, fast stummen Schrei auf den Boden. Aus seinem Mund blubberte Schaum wie Seifenblasen. Er zuckte mit den Beinen wie in einem Tanz. Die Mutter rief nach einem Arzt. Schwestern und Pfleger rannten durcheinander. »Jetzt haben die epileptischen Anfälle wieder begonnen«, sagte die Mutter, als müsse sie sich für Sascha entschuldigen. »Er hat die Anfälle seit zwei Jahren, seitdem er krank ist.« Sascha hatten die Pfleger längst ins Krankenzimmer gebracht. Die Patienten saßen stumm und wie gelähmt im Aufenthaltsraum und gingen bald. Die Mutter kam noch einmal, um mit flatternden, zitternden Händen eine Zigarette zu rauchen. »Sascha schläft«, sagte sie, »er hat eine starke Spritze bekommen.«

XIII

WEIHNACHTEN IN GEORGETOWN

Das Hotel an der Batu Ferringhi Beach auf Penang hatte für den Heiligen Abend ein stimmungsvolles Candle-light-Dinner angekündigt, Weihnachtsmusik, für jeden Gast ein angemessenes Geschenk der Hoteldirektion, Tombola, Tanz, den leibhaftigen Besuch des Weihnachtsmannes inklusive. Schon am frühen Morgen sah es so aus, als schlügen die Wellen des Chinesischen Meeres an diesem Tage besinnlicher ans Ufer. Die Sonne brannte heiß. Am Strand war es stiller als sonst. Die Hotelboys brachten kichernd rund um den Pool bunte Lichterketten an. In der Hotelhalle strahlte schon ein Plastik-Tannenbaum. Ich war vor Weihnachten geflohen. Jetzt hatte das Fest mich eingeholt. Am Nachmittag bin ich nach Georgetown gefahren.

In der rauchgeschwärzten Bar des *Eastern & Oriental*-Hotels saßen verknautschte Allerwelts-Säufer auf den abgewetzten Lederhockern und schwiegen beharrlich in ihren Whiskey. Obendrüber, über der Bierreklame *Red Star,* die sich natürlich drehte und drehte und drehte, stand das unvermeidliche Plastik-Tannenbäumchen. Ich ging gleich wieder.

Draußen, auf der engen Straße, die an dem hinduistischen Sri-Mariamman-Tempel vorbei zu dem Haus der chinesischen Khoo-Kongsi-Sippe führt, herrschte ein ungewöhnlich dichter Verkehr. Wie in Prozessionen drängten sich die Menschen herauf und hinunter zum Hafen. Aber auch die Nebenstraßen waren gleichermaßen vollgestopft von dem bunten, lärmenden Gewimmel. Nach wenigen Minuten hatte ich mich schon verlaufen; ich wußte nicht mehr, wo ich war. Ich wurde geschoben oder gezogen. Ich ließ mich immer weiter treiben. Aus allen Geschäften dröhnte laute Weihnachtsmusik, europäisch, amerikanisch, auf deutsch, englisch und italienisch gesungene Lieder, Chöre, auch Märsche und Schlager wie *Griechischer Wein* oder *Memories of Heidelberg*. Die Leute lachten, alle redeten begeistert durcheinander, sie zupften mich am Ärmel und zeigten fragend auf ihr Ohr, wie toll ich ihr Fest wohl finden würde, immer wieder fragten sie mich mit ihren Gesten. Dabei waren sie sichtlich stolz darauf, daß sie mir so etwas Exzeptionelles bieten konnten. Ich stimmte ihnen zu. Denn mir gefiel es schon lange in ihrer Mitte. Ich fühlte mich verzaubert. Ich hatte das Fest nicht gesucht. Es hatte mich überfallen. Natürlich war ich nicht der einzige Europäer in der Menge. Aber mit einem Male kam es mir vor, als werde das Fest für mich allein veranstaltet. Am Heiligen Abend mögen einem die wunderlichsten Gedanken erlaubt sein.

Durch wie viele Geschäfte, Kaufhäuser, Kramläden, Markthallen bin ich diesen Abend gedrängt worden? Vorbei an Bergen von rosa Damenwäsche, vorbei an meterhohen Hochzeitstorten aus rosa Buttercreme, vorbei an Galerien von geheimnisvollen Glasbehältern, in denen Schlangen in giftgrünen oder rubinrot funkelnden Säften sich ringelten und als Aphrodisiakum angepriesen wurden. Stille Nacht, heilige Nacht, immer heller, immer lauter wurde es rundherum. Schließlich befand ich mich in einem chinesischen Restaurant, dessen unerhörte Spezialität, ein Schildkrötensuppentopf, von solch betörendem Wohlgeschmack war, daß man erst viel später oder gar nicht auf den Gedanken kam, gerade eine ökologische Todsünde begangen zu haben. Das sündige Gericht, das an kulinarischer Kostbarkeit jedes herkömmliche Weihnachtsmenü bei weitem übertraf, kostete umgerechnet noch keine fünf Mark; man hatte es mir serviert, ohne daß ich danach gefragt hatte.

Um mich herum saßen Chinesen und Malaien und beobachteten gespannt, ob es mir schmeckte. Einer kritzelte auf ein Stück Papier in lateinischen Buchstaben seinen Namen. Ich schrieb auch meinen Namen auf. Einer sagte: *»Christmas.«* Ich sagte: *»Yes, Christmas.«* Dann gab er mir die Hand, als müsse man sich dazu gratulieren. Das Mahl war, alles in allem, etwas anstrengend, aber lustig. Später bin ich mit ihnen in den *Jockey-Pub* vor Georgetown gefahren, wo man zwar etwas geläufiger Englisch spricht, wo es indes nicht weniger chinesisch zugeht.

Ich will das nicht alles hier erzählen. Um Mitternacht riefen die Gäste, an den Fingern mitzählend, die Sekunden wie in einem Countdown herunter, als hätte man Weihnachten mit Silvester verwechselt. Schlag zwölf rief der Wirt: *»Happy Christmas«,* und alle Gäste fielen sich gegenseitig in die Arme. Die Tür flog weit auf, und eine bizarre Gruppe formierte sich, unter den Klängen von *Jingle-Bells,* zum feierlichen Einzug. Sechs kleine Mädchen in langen weißen Kleidern mit Flügeln und Perücken aus weißem Engelshaar und silbernen Glöckchen in der Hand machten den Weg frei für einen langbärtigen Weihnachtsmann mit roter Zipfelmütze, doch würdigem Bischofsstab. Dahinter drängten sich Scharen von Jugendlichen, einer spielte Flöte, einer Geige, zwei trugen ein Schriftband *»For handicaped People«,* ihre Freunde gingen mit der Sammelbüchse herum. Wir alle sangen mit ernstem Gesicht *Jingle-Bells,* immer wieder *Jingle-Bells,* der Gesang wollte nicht enden. Weiß der Himmel, was jeder Sänger sich dabei gedacht hat.

In der Tombola, die auch im *Jockey-Pub* veranstaltet wurde, habe ich den dritthöchsten Preis gewonnen, eine kunstlederne Brieftasche mit dem Reklameaufdruck der Brauerei *Red Star.* Es lag schon ein erster Strahl der Sonne über dem Meer, als ich in Batu Ferringhi Beach eintraf. *»Seven, one, one«,* sagte ich an der Rezeption. Der Portier gab mir den Zimmerschlüssel und sagte: »Bestimmt wird es heute wieder heiß am Strand.« »Bestimmt«, sagte ich.

DURCH DEN PANAMAKANAL

Wer kennt schon den Markt von Puerto Limon. In den Brutzelstuben in den schattendunklen Winkeln der Markthalle köchelt und dampft es aus hundert Töpfen. Dicke Frauen kochen einen Eintopf aus Fischköpfen, Bohnen und Bananen. Paco, der nur noch einen Zahn hat, auf einem Auge blind ist, barfuß und in zerrissenen Hosen, wollte mir unbedingt einen Christbaum verkaufen. Christbäume in Costa Rica sind keine Tannen, keine Fichten, sondern struppige Lärchen, die radikal auf die Form eines deutschen Weihnachtsbaumes geschnitten werden. »Ich kann den Baum nicht gebrauchen«, erklärte ich Paco; »ich kann ihn nicht mitnehmen auf das Schiff, in das Flugzeug schon gar nicht.« Paco lachte mit seinem einen Auge und seinem einen Zahn und ging mit dem Preis noch etwas herunter, *»a very special price for you«,* der Baum sollte nur ein paar Pfennige kosten. Da ich jedoch als Kunde für Weihnachtsbäume keinesfalls in Frage kam, wollte er mir wenigstens seine Stadt zeigen. »Hier ist Kolumbus gelandet.« In diesem Jahr scheint Kolumbus in allen karibischen Häfen gelandet zu sein. »Dort ist der Hafen.« Gigantische Bananendampfer liegen am Pier. Containerschiffe für Kaffee und alle Arten von Früchten. *»Here is the house with nice girls. I will make a very special price for you.«*

Puerto Limon, weitab von der Welt, ist ein wildes, wirres, chaotisches Städtchen, verbrannt von der glühenden Sonne, die Farben sind fahl geworden. Das auf- und niederschwappende, unglaublich tintenblaue Meer, die Karibik auf der einen Seite, der Pazifik auf der anderen, umschließt Costa Rica, ist Tor und Wall zugleich. In der Hauptstraße von Limon fällt mir das Hotel *Excelsior* auf, alt, heruntergekommen, die Zimmertüren hinter den Balkonen hängen fast alle schief, eines der staubigen Fenster ist zerschlagen, dennoch erscheint das würdige Bauwerk wie die lächerliche Kopie eines französischen Grandhotels aus der Zeit der Jahrhundertwende, aber auch wie die stehengebliebene Kulisse eines trostlosen Abenteurerfilms. Erschrekkend der Gedanke, man sei in diesem Etablissement gestrandet, das Schiff sei weitergefahren, die Flugzeuge in der Hauptstadt San José seien für immer ausgebucht: Puerto Limon, Hotel *Excelsior* als Endstation, letzte Adresse. Vielleicht kommt am Ende jeder nach Limon. Stadt und Hotel scheinen auf Gestrandete mit magnetischer Anziehungskraft zu wirken. Stadt und Hotel wären ein unheimlich starker Abgang. Der Gedanke legte sich mir beklemmend auf die Brust. Prompt sah ich auf der Taxifahrt von Limon nach Puerto Moin, dem zweiten Bananenhafen von Costa Rica, wo »mein« Schiff vor Anker lag, auf einem Felsvorsprung am Meer eine Versammlung von schwarzen Geiern, zwanzig, dreißig prachtvolle Exemplare dieser achtunggebietenden, heiligen Vögel.

Taxifahrer Alberto sah kein schlechtes Zeichen darin. Er hupte laut und fröhlich, wie er es sonst nur vor allen Señoritas auf der Straße tat, und mit einem Rauschen wie ein Windstoß erhob sich der Schwarm der Vögel über dem Meer. Ich hatte Albertos Taxi gewählt, weil das Auto so klapprig aussah und Alberto mit seinem abgerissenen Wagen so schüchtern und bescheiden dastand neben den fast luxuriös wirkenden großen Taxikarossen, und weil er gar nicht damit rechnete, daß einer von diesen fremdländischen, irgendwie geckisch aussehenden Touristen ausgerechnet sein Auto aussuchen würde. Als wir uns dem Pier von Puerto Moin näherten, stellte sich heraus, daß er tatsächlich noch nie so nah an ein nobles Passagierschiff herangefahren war. Er wußte nicht, ob ihm das überhaupt gestattet sei. »*Why not, car is car, taxi is taxi!*« So tat er mir den Gefallen, ließ mich an der Gangway aussteigen, fuhr aber gleich wieder weg, blieb in sicherer Entfernung stehen und wartete, bis ich im Schiffsbauch verschwunden war. Schließlich wollte er mich sicher abgeliefert haben. Für ihn schien die Fahrt ein größeres Abenteuer gewesen zu sein als für mich.

In Wirklichkeit sind die Ein- und Ausreiseformalitäten in allen Häfen, in denen wir anlegten, Costa Rica, Kolumbien, Aruba, erstaunlich simpel: Es gibt keine. Kein Paß, kein Boarding-Paß, keine Kontrolle, nichts. So scheint es zumindest dem Kreuzfahrer. Angenommen, das Geld würde plötzlich knapp, die Kreditkarten wären nicht mehr gedeckt, dann könnte sich die Situation entschieden ändern. Ich will es mir gar nicht vorstellen, obwohl mich der Gedanke vom umherirrenden Emigranten während der ganzen Reise verfolgte. Als »reicher« Tourist, der Geld ausgibt, wird man jedenfalls überall mit offenen Armen empfangen.

Ich bin auf der *Regent Star* durch die Karibik gefahren. Das Schiff ist alt, renoviert zwar, ausgestattet mit allem Komfort, den man von einem Kreuzfahrtenschiff heute erwartet, aber im Kern ist es die alte, 1957 für den Transatlantikverkehr gebaute *Statendam* der Holland-Amerika-Linie geblieben. Genaugenommen war das Schiff von der Zeit überholt, bevor es vom Stapel lief. Denn exakt 1957 war das Jahr, in dem der Transatlantikverkehr zur See vom Flugverkehr abgelöst wurde: Es gab eine Million Seepassagiere und eine Million Luftpassagiere; von da an nahm die Zahl der Flugreisenden beständig zu, die Zahl der Seepassagiere nahm beständig ab. Der Besitzer der Regency Cruises, zu der die *Regent Star* gehört, hat ein Herz für alte

Schiffe. Neben der *Statendam* besitzt er auch die alte *Gripsholm,* die heute *Regent Sea* heißt, und die alte deutsche *Hanseatic,* die heute unter dem Namen *Regent Sun* fährt. Die alten Schiffe sind würdevolle Fossilien, übriggebliebene Dinosaurier, verzaubert von den Geschichten einer untergegangenen Welt.

Träume, Sehnsüchte, Erwartungen, die einst die Passagiere auf ihren Reisen zwischen der Alten und der Neuen Welt beherrschten — nicht nur gute Gedanken, auch Abschiede, Fluchten, letzte Hoffnungen —, mischen sich mit dem sanften Tingeltangel des heutigen Touristenbetriebs. Den amerikanischen Touristen in ihrer unkomplizierten, unbefangenen Art, immer nur das Positive zu sehen, ist das Grübeln des Europäers fremd. Sie finden das Schiff, das wahrhaftig kein Luxusschiff ist, einfach *charming* — und damit Schluß. Auf der *Regent Star* gibt es kein schnittiges Design. Viele Teile der Inneneinrichtung sind vielmehr, deutlich sichtbar, in der schiffseigenen Zimmerei gefertigt, plump und solide. Dafür allerdings sieht die Glaswand vor dem Hallenbad und der Sauna so aus, als hätte René Lalique sie noch selbst geschnitten.

Unser Schiff mit seinen 650 Passagieren — zweihundert weniger, als Kabinenplätze vorhanden sind — und mit seiner Besatzung von nahezu gleicher Stärke, 640 Mann, war ein merkwürdiges Gefährt auf dem endlosen Meer. Zwar heißt es heute in fast allen Angeboten für Schiffsreisen, die Besatzung des Schiffes sei international. Das ist die Regel. Auf der *Regent Star* jedoch ist die bunte Internationalität der Besatzung eine Art Markenzeichen. Der Kapitän und seine seemännischen Offiziere sind Griechen. Der Hotelmanager ist Italiener. Der Koch und der Restaurantchef sind Franzosen. Die Stewards, Stewardessen und Tischkellner sind Portugiesen, Kroaten, Serben, Türken, Indonesier, Chinesen, Filipinos. Die Putzer und Anstreicher kommen aus Costa Rica und Kolumbien, die Barkellner aus Vietnam, der Ausflugsorganisator aus London, nur der Entertainer aus den Staaten, die Musiker aber sind Polen und Tschechen. Die unbekümmerte Fröhlichkeit innerhalb der Crew teilt sich den Gästen als erstes mit. Der gottvatergleiche Kapitän hält pedantisch auf Disziplin — das schreckt keinen von der Besatzung, die meisten sprechen es offen aus, wie froh sie sind, auf dem Schiff »untergekommen« zu sein. Wie arm wären wir ohne das Fremde.

Die Zahl der europäischen Gäste an Bord der *Regent Star* ließ sich an einer Hand abzählen, ein Schweizer Ehepaar, zwei Holländer, ein Deutscher — wir waren die Exoten auf dem Schiff; denn sonst waren nur Nordamerikaner an Bord. Das Ehepaar an meinem Tisch, rechts neben mir, ein pensionierter Unteroffizier aus San Antonio, erinnerte stark an Alfs Familie. Wenn die Frau nur nicht so ein breites Texanisch gesprochen hätte. Links neben mir saßen zwei Damen aus Kentucky, von denen eine, eine Kettenraucherin, aussah wie Uta Ranke-Heinemann in der Talkshow; selbst deren Vorliebe für grün-blaustichige Kostüme teilte sie. Eine ältere Dame aus New Jersey verfolgte mich mit Einladungen und der Bitte, ihr das Rezept für Schwarzwälder Torte zu verraten, so daß ich mir vornahm, ihren Tisch künftig weiträumig zu umgehen. Die Treffsicherheit, mit der jeder Amerikaner die für ihn häßlichsten Shorts herausfindet, ist bemerkenswert; ebenso das Selbstbewußtsein, mit dem sie ihre Bäuche und Hosenträger tragen. Nach und nach lernte ich Bewohner aller fünfzig Staaten kennen. »Hallo Häns«, riefen sie, wenn ich über das Promenadendeck ging. Mein eifrigster Informant, der über jeden Schiffsklatsch Bescheid wußte und außerdem auch noch Deutsch, Französisch und Spanisch lernte, war ein Rentner aus Rapid City in South-Dakota. Warum so viele Sprachen auf einmal, fragte ich. Sonst habe er keine Zeit mehr dazu, antwortete er.

Am Abend zu der unvermeidlichen Show mit Tanz- und Spielwettbewerben saß ich zusammen mit fünf alten Herren an der Bar, die allen Anwesenden im Salon gnadenlose Zensuren erteilten: Wir waren wie die zwei Alten in der Muppet-Show. Ein Schwarzer mit einem überaus gravitätischen Gang, daß man ihn für einen äthiopischen Priester hätte halten können — darauf deutete die strenge Dreiecksform seines Gesichts und der Schnitt seines grauen Bartes —, stellte sich am Ende als alkoholkranker Rechtsanwalt aus New York City heraus. Ein altes Ehepaar saß jeden Abend zum Sonnenuntergang still auf der Bank vor seiner Kabine wie die Bauern vor ihrer Hütte. Im Salon, nach dem hundertsten Bingo-Spiel, tanzte indessen eine fröhliche Dicke in unsäglich häßlichen Shorts Samba und Rumba.

Bei den Erläuterungen zu den Landausflügen — nur amerikanische Touristen können mit solch hingebungsvoller Andacht den halbgaren Erklärungen eines Reiseführers lauschen — notierten die Gäste ganze Hefte voll, schlugen nach in dicken Büchern, verglichen die heutigen Notizen mit früheren. Immer gehört zu den Erklärungen auch, was die Touristen *shoppingwise* in den einzelnen Häfen erleben könnten. Schließlich offenbarten die amerikanischen Gäste zuweilen dann eine Ahnungslosigkeit, daß man sich an den Kopf greift. »Halten wir in Costa Rica?« fragte einer, ernsthaft fragte er dann weiter: »Gehört das zu den Vereinigten Staaten?« Wir waren schon drei, vier Tage auf See, als ich im Vorbeigehen hörte, wie eine Ehefrau ihren Mann fragte: »Was bedeutet eigentlich dieses Zeichen: Zu den Rettungsbooten?«

Dabei hatten wir vorschriftsmäßig am ersten Tag auf See unsere Seenotrettungsübung absolviert. Alle standen mit korrekt gebundenen Rettungswesten auf dem Promenadendeck unter dem richtigen Rettungsboot. Kapitän Nikos Papathanasiou nahm die Parade ab, korrigierte hier eine Schleife der Bindung, hielt dort ein Schwätzchen über die Sicherheit des Schiffes. Als einziger trug er keine Rettungsweste, um anzuzeigen, daß er in einem Notfalle als letzter oder gar nicht das Schiff verlassen werde. Kapitän Papathanasiou ist ein Kapitän aus dem Bilderbuch, so viel weißhaariges Vertrauen strahlt er aus. Am Captain's Table erzählte er so viele und spannende Seemannsgeschichten — über Stürme, über Drogen- und Mädchenschmuggel, über versoffene Matrosen, die in wilden Kaschemmen einfach verschwunden sind, über unzuverlässige Hafenlotsen —, daß keiner der Gäste eine Chance hatte, auch nur einen einzigen Satz zu sagen. Der gute Geist des Schiffes, Hotelmanager Pietro Lumachi — *»my good friend«,* nannte ihn der Kapitän —, saß still dabei, regelte schweigend alle Geschäfte, sorgte dafür, daß jeder Gast fand, was er suchte.

Mir hatte er als besondere Aufmerksamkeit eine reichlich defekte Schreibmaschine in die Kabine stellen lassen, eine alte, klapprige schwedische Ericsson, deren Wagenhebel abgebrochen war und die Gott weiß was für ein Schriftsteller einst an Bord vergessen haben muß. Am Captain's Table glaubte ich schließlich einer weiteren Fernsehgröße zu begegnen, einer Dame, die aussah wie Margaret Rutherford als Miss Marple. Das gleiche energische Kinn, die gleichen hellsichtigen und spottlustigen Augen. Die zweite Margaret Rutherford stammte in Wahrheit aus Chicago, war eine Weltreisende aus Passion, »auf allen Schiffen zu Hause«. Daß ich ständig Bekannte aus dem Fernsehen »traf«, von den »Golden Girls« bis zur Mafia-Braut, das lag wohl zum einen an der amerikanischen Realität, zum anderen an der Tatsache, daß es in den Kabinen, völlig unamerikanisch und nahezu einzigartig auf einem Kreuzfahrtenschiff, weder Fernsehen noch Video gab. Das Telefon an Bord funktionierte übrigens auch nicht.

Die Fahrt durch den Panama-Kanal, durch den von der Karibischen See aus ersten und interessantesten Teil bis in den Gatun Lake, war zweifellos der Höhepunkt der Reise. »Ein technisches Weltwunder«, so wird der Kanal in dem Bestseller *The Path between the Seas* von David McCullough genannt. Nach ihm wurde auch ein Film gedreht, der auf dem Schiff täglich mehrere Male zu sehen war und an dem sich die amerikanischen Gäste nicht satt sehen konnten. Viele kauften ihn als Video.

Die drei hintereinander-, fast möchte man sagen, übereinanderliegenden Schleusen, die die Schiffe durchfahren müssen — eine lange Reihe von Schiffen, Bananenfrachter, Container-Schiffe, Musik-Dampfer warten auf die Passage —, es ist wie eine Parade der Ozeanriesen, der Seeungeheuer. Kleine Lokomotiven, zwei vorne, zwei hinten, vier also auf jeder Seite, ziehen das Schiff durch die Schleusen. Die Lokomotiven überwinden dabei atemberaubende Steigungen und Absenkungen — wie auf einer Achterbahn. Die Steuerung des Schiffes wird allerdings durch die Treidel-Lokomotiven nicht einfacher. Kapitän und Lotse müssen strikt auf die Signale von draußen achten. Während des Schleusenvorgangs arbeitet die Mannschaft auf der Brücke in höchster Anspannung.

Ein tropischer Regen prasselte derweil hernieder. Kapitän Papathanasiou grummelte, als er mich auf der Brücke sah: »47000 Dollar müssen wir dafür bezahlen« — für Lokomotiven, Lotse, Hilfsmannschaft, Durchfahrt. Wenn man bedenkt, daß sich die *Regent Star* nur etwa eine halbe Stunde im Gatun Lake aufhielt, dann wieder durch die Schleusen ins offene Meer zurückfuhr und das Ganze nur zum Zeitvertreib, mußte man bei dieser hohen Summe ein schlechtes Gewissen bekommen. War es das wert? Die *Queen Elizabeth 2*, das größte Passagierschiff, das durch den Kanal gefahren ist, soll für die Passage über 80000 Dollar gezahlt haben. *»Happy new year!«* rief der Kanal-Lotse zum Abschied. Entlang der gesamten Kanalzone Panzer, Jeeps, amerikanisches Militär, bewaffnet, mit Ferngläsern den Betrieb beobachtend. Über Präsident Bushs unglückseliges Panama-Abenteuer und über den fatalen Prozeß gegen den panamesischen Expräsidenten sprechen die Amerikaner nicht gern; dann schon lieber über Präsident Clinton.

Der Landausflug von Cartagena/Kolumbien war wie eine Karikatur des Tourismus. »Hier ist die Zitadelle. Zurück zum Bus!« Eine Viertelstunde für die Kathedrale: »Zurück zum Bus!« Eine halbe Stunde sogar für das Kloster hoch oben auf dem Hügel über der großen Stadt: »Zurück zum Bus!« Eine halbe Stunde Shopping in einem Einkaufszentrum in der Innenstadt. Dann an den Stadtrand, wo die Strandhotels stehen. Wieder eine Dreiviertelstunde Shopping. »Zurück zum Schiff!« Während des Ausflugs umschwirrten uns die jugendlichen Verkäufer von T-Shirts, imitiertem Silberschmuck, Kaffee, wahnwitzig billigen Zigaretten, kolumbianischen Indio-Christbäumen (die auf Tücher gemalt sind, ausgeschnitten werden und zum Aufhängen vorgesehen sind). Einige der Jungs trugen ein verschlafenes Faultier im Arm und ließen sich für ein paar Pfennig damit fotografieren. Einer, der sechs T-Shirts (aus Taiwan) für zehn Dollar verkaufte, durfte sogar in den Bus einsteigen und mitfahren. Die Textilindustrie hätte Grund, dem Erfinder des T-Shirts ein Denkmal zu setzen, hoch wie das Empire State Building.

Das war also Kolumbien. Es war natürlich nicht Kolumbien. Selbst unser lächerlich kurzer Aufenthalt reichte aus, ein fesselndes Bild von diesem Land zu zeichnen. Ein Blick in die verträumten Straßen der Altstadt von Cartagena erinnerte sofort an die lastende, von ekstatischem Warten geprägte Stimmung des Romans *Die Liebe in den Zeiten der Cholera* von Gabriel García Márquez. Kolumbien ist sein Land. Warum konnte ich nicht länger in Cartagena bleiben? Wie habe ich diesen aufgeblasenen Reiseführer mit seinem Ruf *»Back to the bus!«* gehaßt. Ich muß so bald wie möglich wieder nach Kolumbien. Ich habe es allen Andenkenverkäufern, Kaffeehändlern und Faultier-Boys feierlich erklärt: Ich komme wieder nach Cartagena.

Aruba, das zu den niederländischen Antillen gehört, war unser letzter Anlegehafen. Einen groteskeren Unterschied als der zwischen Cartagena und Aruba läßt sich kaum denken. Dort das pulsierende Leben, hier gepflegte Langeweile. Es ist heiß, es ist luxuriös, die Einkaufszentren quellen über von all den Überflüssigkeiten, die man auf jedem Airport rund um die Welt findet. Man denkt an den Werbespruch, den man einst auf dem Frankfurter Flughafen lesen konnte: *»All you need is duty free!«* Auf Aruba gibt es immerhin ein paar veritable Luxushotels mit traumhaft weißen Sandstränden. An den Rändern der Strandregion stehen aber auch halbfertige, aufgelassene Bauruinen, mit Stacheldraht umzäunt. Sie sehen wie Gefängnisse aus: So erscheint dem Reisenden am Ende die ganze Insel wie ein Gefängnis. In der Halle des *Hyatt*-Hotels erklang festliche Weihnachtsmusik aus einem Saal. Dem vorwitzigen Besucher wurde feierlich zumute, bis er entdeckte, daß sich in dem Saal, flankiert von zwei aufgeputzten künstlichen Tannenbäumen, deren Kugelschmuck sich in elektronischem Rhythmus farblich veränderte, ein Spielcasino befand mit Hebel-Apparaten, Black Jack und Roulette. — Im Gegensatz zum französischen Réunion etwa oder auch zu Martinique, wo die historischen Bedingungen von anderer Art waren, ist es auf Aruba nicht gelungen, den tropischen Charakter mit europäischem Stil zu vereinen. Nun ist es weder tropisch noch europäisch. Immerhin ist es relativ friedlich, »wir wollen nicht daran rühren«, erklärte mir ein Inselbewohner. *»It is boring«,* befanden wir einhellig in unserer Muppet-Runde an der Bar im Salon der *Regent Star*.

Das Ausfüllen der Aus- und Einreisedokumente zur Ausschiffung, wie es heißt, und der verschiedenfarbenen Kofferanhänger, das Packen, Verabschieden, Adressen aufschreiben und das Trinkgeld erledigen beschäftigte das Schiff nahezu einen ganzen Tag. Wie Auswanderer kamen wir uns vor; auch wie Verräter gegenüber dem Schiff, das wir alle ins Herz geschlossen hatten. Wie vor jeder Grenze befiel mich auch wieder diese leise Aufregung, Angst, die sich auf die Brust legt: Sind die Papiere in Ordnung? Was hätte ich auf »meiner« Ericsson noch schreiben können? Und wem? Habe ich an alle gedacht? Als am Morgen, als alle Gäste samt Gepäck im Salon lagerten und auf den Aufruf der Paß- und Zollkontrolle warteten, tatsächlich dort einer Ziehharmonika zu spielen begann, Seemannslieder, glaube ich, hätten wir am liebsten alle geweint.

Zwischen Aruba und Jamaika war Sturm aufgekommen. Weiße Schaumkronen bis zum Horizont. Stolz und unbeirrt zog die *Regent Star* ihre Bahn, ächzte ein wenig, schwankte, legte sich gutmütig mal auf diese, mal auf die andere Seite. In wirren Sturmträumen begegnete ich Menschen, die ich noch nie vorher gesehen hatte. Zwei erschienen immer wieder, zwei Alte, ein Mann und eine Frau, die munter über ihren nahen Tod redeten. Der Mann schlug dazu im Redetakt mit seinem Stock auf den Boden. Das Geräusch weckte mich. Es war der Steward, der an meine Kabinentür pochte. »Mister, es ist Zeit zur Ausschiffung, Mister«, sagte er. »Sie müssen im Salon warten.«

SCHLOSSHERR FÜR EINEN TAG

Das gilt in immer neuen Variationen von jedem Ort auf der Welt: Man kann ihn so oder so erleben. Montego Bay auf Jamaika zum Beispiel. Das Städtchen erscheint dem Fremden wie das Zentrum karibischer Lebenslust. Die Musik, das Singen und Tanzen, die grellen Farben, die Blumen und Früchte, das ewige Gekicher, das wie eine Hintergrundmusik über der Szene liegt. Der Betrieb, das Gewusel und Gewimmel, die Marktschreier in den buntesten Hemden — letzter Schick: die lederne Baseballmütze mit langem Schild, quer auf den Kopf gesetzt —, die dicken, gutmütigen, immer breit lachenden Marktfrauen mit ihren kunstvoll gebundenen, gezipfelten Kopftüchern. Das Leben ist ein Jahrmarkt und ein Vergnügen. In den Hotels am Strand setzt sich das lärmende, aufgeregte Getriebe fort. Doch seltsamerweise wirkt es hier störend, künstlich, verkrampft.

Ziemlich treffend wird Jamaika auch das »Mallorca der Nordamerikaner« genannt; die amerikanischen Touristen erscheinen vorwiegend als Konsumenten, denen die karibische Lebensart nichts weiter als eine Urlaubszutat bedeutet. Es ist vielleicht auch eine Frage der Stimmung, des Alters, der Gedanken. Mit den Ferienhotels von Jamaika konnte ich mich noch nie arrangieren. In den Restaurants, deren Einrichtung auf die amerikanische Klientel zielt, ist es, gegen die tropische Hitze draußen, kalt wie in einem Eiskeller, als müsse man jede Erinnerung an die Wärme vertreiben. Außerdem ist es so dunkel, daß man weder sieht, was auf dem Teller serviert wird, noch was auf der

Rechnung steht. Kerzenlicht soll Vornehmheit signalisieren; das Schummrige steht für Sinnliches; die Namen der Drinks an der Bar, Planters-Punch in allen Farben des Regenbogens, sollen witzig klingen. Immer habe ich solche Gemütsinszenierungen gehaßt. Dazu auch noch das Folklore-Gedudel bis spät in die Nacht, das Gejubel und Gejohle der Gäste, direkt vor meinem Balkon. Vielleicht bin ich aus dem Alter heraus. Ich wäre am liebsten auf der Stelle umgezogen. Aber wohin?

Da ich am nächsten Tag sowieso ausziehen mußte — das Hotel war, zu allem anderen, auch noch überbucht —, lernte ich durch diesen Zufall das andere Montego Bay kennen. Für den einen Tag auf Jamaika könne ich doch eine »Villa« mieten, bot man mir an; sie stehe gerade leer, und ich bekäme sie zu einem Freundschaftspreis. Ich sagte zu, ohne eine Vorstellung davon zu haben, was mich erwartete. Das Taxi fuhr den Hügel hinauf, am Golfplatz Ironshore entlang, und hielt vor einem weißen Schloß mit schwarzen Eisengittern vor dem Park. Die beiden Hunde *Pepper* und *Pretty Boy,* zwei figürlich mißratene Dackel — sie waren vorne und hinten dick, in der Mitte dünn —, kamen mir schwanzwedelnd entgegengelaufen. Das Gepäck wurde ausgeladen. Ich ging über einen knirschenden Kiesweg. Auf der Treppe stand die dicke Melda Smith und begrüßte mich mit einem Knicks. Andy, der alte Gärtner, der aus Port Antonio stammte, wie er mir später erzählte — *»Port Antonio is my home«* —, trug das Gepäck ins Haus. Mein Zimmer war oben oder unten, wie ich wollte, das ganze Haus stand zu meiner Verfügung, vier große Schlafzimmer, zwei Salons, vier Badezimmer, eine große Küche, Miss Meldas Reich, und ein weiß gekacheltes Speisezimmer mit Kamin. Um das Haus zogen sich oben und unten Balkon und Terrasse, von denen die letztere zum Garten hin in einem gebuckelten Brückchen à la Venise zum Pool führte, der an den Golfplatz grenzte. Das satte Grün des Golfplatzes, das azurne Meer unten, das Vogelgezwitscher in den Bäumen. *Pepper* und *Pretty Boy,* die aufgeregt um mich herumliefen, es nahm mir fast den Atem. »Es ist schön hier«, sagte ich, »hier bleibe ich.« Miss Melda knickste und dachte wohl bei sich: So schnell gehe ich diesem Weißen nicht auf den Leim.

Miss Melda hatte Polster auf die Liegestühle gelegt und einen Berg weicher, weißer Frotteetücher; ich hätte einen ganzen Verein empfangen können, dachte jedoch im Traum nicht daran, mein Glück mit irgend jemandem zu teilen. Ich schwamm ein paar erfrischende Runden im Pool, entdeckte jetzt erst den gurgelnden Brunnen, einen Wasserspeier, ein gipsernes Medusenhaupt. Ich streckte mich aus in der glitzernden Sonne. Es war so still hier, daß man den leisen Windhauch in den Palmen wie tropfendes Wasser hörte. Miss Melda versorgte mich mit kühlen Getränken, und da ich zu ihrem Kummer nichts zu essen wünschte, brachte sie mir wenigstens eine Silberplatte mit Früchten, geschält und in Happen geschnitten, angerichtet auf Bananenblättern, verziert mit Hibiskusblüten, Melonen, Papayas, Erdbeeren, Ananas, Mango, Kiwi, Bananen, Grapefruits, Orangen und Zitronen. Weil mir die Sonne nach kurzer Zeit zu stechend wurde, verlegte ich meinen Platz unter die blauweißen Markisen. Andy und Miss Melda machten aus dem »Umzug« ein Aufheben, als gälte es, das Haus zu versetzen, obwohl ich aus Meldas freundlichen, doch immer auch spottlustigen Augen herauslas, was sie dachte: Dieser weißhäutige Angeber, der Angst vor der Sonne hat.

Ich saß also da und las *Der dritte Zustand* von Amos Oz. Manchmal hörte man das trockene Plopp eines fernen Golfballaufpralls. Andy, der an diesem schönen

Tag im Garten offensichtlich nichts zu tun hatte, setzte sich auf ein schattiges Plätzchen in einem kleinen Pavillon, sah auf das Meer hinunter und rührte sich bis zu meiner Abreise nicht mehr. Miss Melda hantierte in der Küche. Ich wollte sie nicht stören, beobachtete sie jedoch, wie sie Karotten schälte, Fische ausnahm. Sie saß breitbeinig, wie nur alte Negerfrauen es können, um ihre Hüften herum legte sich das Fleisch in Wülste wie Wagenräder. Von Zeit zu Zeit ging ich durch »meinen« Garten und sah, daß alles gut war. *Pepper* und *Pretty Boy* verteidigten tapfer ihr Terrain gegen eine mißgünstig blickende graue Katze. Auf meinem nur halb aufgegessenen Früchteteller beobachtete ich zwei genießerische Fliegen, mit grün-goldenem Panzer die eine, mit schwarzem Panzer und rotem Kopf die andere. Es war schön hier. Es war wahnsinnig schön und still und einsam. Darf es überhaupt so schön sein? Darf ich das einfach so genießen? Darüber muß ich eingeschlafen sein. Wach wurde ich erst durch das unverschämte Hupen des Taxifahrers. »Ist es schon Zeit?« fragte ich ihn. *»Yes, Sir«,* antwortete er. Andy hatte mein Gepäck eingeladen. Ich gab Miss Melda die Hand. Sie knickste. Ich verabschiedete mich von Andy. Wenn ich wieder nach Jamaika komme, müsse ich unbedingt Port Antonio besuchen. »Wir müssen wirklich schon losfahren zum Airport?« — *»Yes, Sir«,* sagte der Fahrer; ich wollte sein *»Yes, Sir«* noch einmal hören; den Ton muß er britischen Soldatenfilmen abgelauscht haben. Morgen werde ich in Frankfurt sein, dachte ich.

XIV

AUS DEM NOTIZBUCH

Ich, der ich zittere, hört ich ächzen vom Weiten / Der Behemothe Brunst, den Maelstrom, dicht und schwer, / Ich, ewiger Segler blauer Unbeweglichkeiten, / Ich sehn mich nach Europas alter, enger Wehr.« *Das trunkene Schiff,* vollendet in der Sprache, souverän in der Gedankenführung, ist für viele das schönste und auch geheimnisvollste Gedicht von Arthur Rimbaud. Aber es gehört — man wagt es kaum auszusprechen — zu den frühen Gedichten des Dichters, die neben ein paar Habseligkeiten in seinem ärmlichen Rucksack steckten, als er im September 1871 im Alter von knapp siebzehn Jahren auf Einladung Verlaines nach Paris kam — mit der Absicht: »Ich will Dichter werden.« In späteren Gedichten, vor allem in *Eine Zeit in der Hölle,* das als Generalabrechnung mit seinem Leben und gleichzeitig als Neuentwurf gedeutet wird, bekannte er sich immer wieder zur ewigen Wanderschaft, zum unbehausten Unterwegssein. Das Jagen durch die Welt von Ort zu Ort, das von nun an tatsächlich sein Schicksal wurde, war in seiner Vorstellung immer gleichbedeutend mit einem Fliegen durch die Gedanken und durch das eigene, begrenzte Leben. Obwohl zwischen dem *Trunkenen Schiff* und der *Zeit in der Hölle* nur zwei, drei Jahre liegen, erscheint die hellsichtige, auch resignative, altersmüde Selbsterkenntnis in dem großen, letzten Gedicht folgerichtig, fast selbstverständlich. Denn da war er schon bis an die Grenzen gegangen oder auch darüber hinaus.

Da lagen die vielen, trotzigen, zum Teil vergeblichen Fluchten aus seinem engen heimatlichen Charleville in den Ardennen schon hinter ihm. Da hatte er schon Paris bei Tag und Nacht durchstreift. Da war er mit oder ohne Verlaine schon zwischen Paris, London, Wien und Brüssel hin und her gehetzt. Doch damals, als er das *Trunkene Schiff* schrieb, als er, ohne jede eigene Lebenserfahrung, noch daran glauben mußte, daß hinter den Ardenner Bergen die Welt in einem helleren Licht leuchte, auch damals schon wies er dem Kind die Rolle des flüchtigen Besuchers zu, des immer weiter Getriebenen, der sich nach Europas alter, enger Wehr sehnt, was immer das sein mag. Was für frühe Verletzungen offenbaren sich in diesen Versen! Wie klar sah er sein Schicksal voraus: Zwar wird er immer weiterlaufen und suchen; finden wird er am Ende nur sich selbst.

In diesem Zusammenhang mag es etwas abgeschmackt klingen, eine Mahnung des Fürsten Pückler an seine reisenden Zeitgenossen zu zitieren: »Auch wenn du bis an das Ende der Welt reist, jede Reise endet immer bei dir selbst.« Doch selbst hinter diesem höheren Gejagtsein, das Rimbauds Leben schließlich bestimmte, verbergen sich Elemente des Touristischen. Kluge Reisende wußten schon immer, daß die Reise nur eine scheinbare Flucht ist. Man kann sich nicht entgehen. In einem schlichten deutschen Gedicht, fast wie ein Gebet, lautet eine Zeile: »Jeder Weg, ein Weg nach Haus'.« Pflicht ist ebenso der Weg wie das endliche Zu-Hause-Ankommen. Rimbaud kannte beide Pflichten. Claude Jeancolas, der sich in einem prachtvollen Bildband mit den Reisen des Arthur Rimbaud beschäftigt, beschreibt es treffend in seiner Einleitung: »Er [Rimbaud] liebt nur die Orte, an denen er nicht ist.« Rimbaud fühle sich nur dann wohl, wenn alles im Werden und in Bewegung sei.

Das Buch von Jeancolas, unterscheidet sich wohltuend von vielen anderen, vorlauten Rimbaud-Büchern dadurch, daß der späte Rimbaud, der mit der Niederschrift der *Zeit in der Hölle* seine Dichterlaufbahn, nach außen hin zumindest, beendet hatte, darin nicht weniger wichtig genommen wird als der frühe Rimbaud. Das sind immerhin siebzehn Jahre, in denen der Dichter nun ruhelos durch die Welt zieht. Holland und Batavia, Hamburg, Dänemark und Schweden, Stuttgart, Marseille, Alexandria, Kairo und Zypern, Genua, Genf und Aden, schließlich Harrar in Äthiopien. Von hier aus unternimmt er Geschäfts- und Expeditionsreisen. Er handelt mit Häuten, Waffen, Sklaven und Kaffee. Einen exakten Plan seiner Reisen gibt es nicht. Bis in unsere Tage hinein lassen sich durch neu aufgefundene Briefe weitere Stationen seiner großen Reise ausmachen. Als er von Harrar aus zu seiner letzten Reise nach Frankreich aufbricht, wegen der immer stärker werdenden Schmerzen im Knie — er litt an Krebs —, plante er noch Reisen nach Sansibar und nach Indien. Er entwarf ein Holzgestell, mit dessen Hilfe er trotz der Schmerzen gehen wollte. Doch selbst in Frankreich, todkrank, es blieben ihm nur noch sieben Monate, reiste er wieder umher: Von Marseille nach Charleville, er hält es zu Hause nicht aus, er hetzt zurück nach Marseille; er verhandelt mit einem Kapitän über die Überfahrt nach Kairo, er will zurück nach Harrar. Doch am 10. November 1891 stirbt er in Marseille. Sein letztes Wort gilt Dschami, seinem Freund und Diener in Harrar. Die Reise ist an ihr Ende gekommen.

Für die meisten Autoren von Büchern über Rimbaud ist der Dichter nach der *Zeit in der Hölle* eine ausgebrannte, tote Hülse. Man glaubt zu sehen und zu hören, wie enttäuscht sie sich abwenden: Rimbaud hat nichts mehr zu sagen. Was sollen wir uns mit einem leeren Dichter abgeben? Aus ihrer Haltung spricht die Herzlosigkeit des Literaturbetriebs. Aber bemerkenswert ist auch das Unverständnis. Zwar nennen sie den frühen Rimbaud entzückt einen Seher, doch erscheint er ihnen auf seiner ruhelosen, stummen Pilgerschaft fast als Verräter, obwohl gerade dies die Konsequenz seines Sehens ist. Gewissenhaft bleibt Claude Jancolas Rimbaud bis zu seinem Ende auf der Spur; mit alten Fotos versucht er, ein annäherndes Bild der Orte zu entwerfen, wie Rimbaud sie einst wohl gesehen haben mag. Nur wenige Fotos, fast lassen sie sich an den Händen abzählen, haben tatsächlich eine Beziehung zu Rimbaud. Die Beharrlichkeit jedoch, mit der Jeancolas in Hunderten von Archiven und privaten Sammlungen nach zeitgenössischen, treffenden Fotos gesucht hat, teilt sich dem Leser nur am Rande mit. An keiner Stelle wirken die Bilder aufgesetzt; wie selbstverständlich scheinen sie dazuzugehören. — Im Nachstellen von Rimbaud-Bildern hat sich übrigens selbst der alte Verlaine schon hervorgetan: Das Bild, das ihn vor Tintenfaß und Schreibpapier, samt dem unerläßlichen Glas Absinth, im *Café Procope* zeigt, das die gemeinsame Welt Rimbauds und Verlaines beschwören sollte, wurde erst 1896, kurz vor dem Tod Verlaines, aufgenommen.

*

Das Haus Rimbauds in Harrar hat mir Ali gezeigt. Ali war höchstens zwölf Jahre, sprach ein kindliches Französisch und Englisch, war schwarzhaarig und glutäugig. Bevor ich ihn als Guide anheuerte, hatte er mir seine Referenzen in einem zerknitterten Schulheft gezeigt. »Ali ist ein braver und ehrlicher Junge, der sich in Harrar bestens auskennt«, hatte ihm dort ein Billy aus New York bescheinigt. Zuerst gingen wir über den Markt. Ein paar alte, zahnlose Frauen boten Tomaten an, die sie nach der Sitte afrikanischer Märkte in einer kleinen Pyramide vor sich aufgebaut hatten. Aber sonst war nicht mehr viel los auf dem Markt. Die Mittagssonne blitzte so grell, daß man vor ihr floh. An den Rändern der staubigen Straße saßen die Männer im Schatten der Bäume oder unter ihren breiten Schubkarren und kauten mit verträumten Augen Kat, dieses schleichende Rauschgift, das Laub des Kat-Baumes, das man einfach von den Bäumen pflückt. Ob ich Kat probieren wolle, fragte mich Ali. Ich wehrte ab. Ich hatte Angst davor.

Rimbauds Haus sieht gegenüber den zerfallenen, aus Müll gebauten Hütten ringsum fast wohlhabend aus. Über die Besitzverhältnisse, wem Dschami, der Diener, der als junger Mann schon bald nach Rimbaud gestorben ist, das Haus vererbt hatte, darüber konnte mir Ali nichts sagen. Das einstöckige Haus besteht aus der Eingangshalle unten mit dem Treppenaufgang und den privaten Räumen oben. Es sieht öffentlich aus, als gehöre es der ganzen Stadt und jeder könne hineingehen und wieder heraus. Ich wollte Ali zum Mittagessen einladen, aber wir fanden kein Restaurant. Ali fragte, ob er sich eine Pepsi-Cola kaufen dürfe. Coca-Cola habe er schon oft getrunken, aber Pepsi noch nie. An einem rollenden Getränkestand kaufte ich einen kleinen Vorrat von Pepsi-Cola für Ali. Er reichte mir sein Referenzbuch. Ich schrieb: »Ali ist ein braver und ehrlicher Junge, der sich in Harrar bestens auskennt und der am liebsten Pepsi-Cola trinkt.« Dann brachte mich Ali zu der Stelle, wo ich meine Gefährten wieder treffen sollte; sie waren mit dem Jeep in der Umgebung herumgefahren. Ali winkte uns lange nach, und oft habe ich an ihn gedacht: Ich habe einen Freund in Harrar.

JEDER MOND IST BÖS UND JEDE SONNE LEID

Von den vielen Büchern über Arthur Rimbaud, die in den hundert Jahren nach dem Tod des Dichters geschrieben worden sind, ist das von Henry Miller das kurioseste. Henry Miller, der Eitle, ewig Selbstverliebte, versucht in dem breit angelegten Essay *Vom großen Aufstand* zum Erstaunen der Leser nachzuweisen, in welch hohem Maße er, Henry Miller, ebenso denke, fühle, schreibe, handle wie Arthur Rimbaud, in dem er einen Rebellen und Abenteurer bis zum Tode sieht. Mitgerissen von seinem Thema, gelingen ihm großartige Gedankenbilder; es ist vermutlich der schönste Text, den Henry Miller je geschrieben hat. Aber er scheut auch vor obskuren Parallelen nicht zurück. Daß er zum Beispiel schreibt: »Wie Rimbaud haßte ich meinen Geburtsort«, als gäbe es keinen Unterschied zwischen Millers Geburtsort, New York, und Rimbauds Geburtsort, Charleville in den Ardennen, ist nur eines dieser Rätsel, das Miller jedoch überzeugend auflöst: Jeder Dichter muß der Heimat, wo immer sie liegt, entfliehen; erst auf der Flucht, erst im Exil vermag er es, sich selbst zu finden. »Wer Vater und Mutter mehr liebt als mich, ist meiner nicht wert«, heißt es im Matthäus-Evangelium. In den Interpretationen von Rimbauds Leben und Werk häufen sich seit je die christologischen Vergleiche. Das hat nun schon hundert Jahre Tradition.

Selbst Millers Buch, so verblüffend seine Zuneigung zu dem ihm wesensfremden Dichter sein mag, steht in dieser Tradition. Immer entdeckten die Schriftsteller, sobald sie Rimbauds Werk kennengelernt hatten, ihre Verwandtschaft zu ihm, und immer versuchten sie, dies aller Welt mitzuteilen. Immer gerieten sie ins Schwärmen über die Weisheit dieses Jungen, dieses Sehers, dieses Priesters der Dichtkunst, der im Alter von fünfzehn Jahren schon mit seiner spitzen, tintenklecksenden Feder Gedichte geschrieben hatte, in denen jedes Wort und jede Silbe seine sprachliche Kraft bewies. Man sieht im Geiste den kleinen, durch und durch zerlumpten Rimbaud mit den trotzigen Augen und der widerborstigen Frisur im Kreise der Schriftgelehrten sitzen, und wieder bietet sich eine Stelle aus dem Neuen Testament an: »Alle, die ihn hörten, staunten über sein Verständnis und seine Antworten.« Die alten, mit allen poetischen Tricks vertrauten Dichter und Schriftsteller — von Paul Claudel bis Stefan Zweig; die Rimbaud-Literatur füllt Regalwände — waren zu Tränen gerührt: so ein geniales, böses, rätselhaftes Kind. Und immer verwendeten sie in ihren Büchern über Rimbaud die gleiche Technik: Sie ließen weg, was ihnen nicht paßte.

Henry Miller zum Beispiel haßte Verlaine so sehr, daß er sogar das Aussprechen seines Namens scheute wie der Teufel das Weihwasser. Zweifellos war Paul Verlaine für Rimbaud die wichtigste Begegnung in seinem Leben — Henry Miller übergeht sie schweigend. Paul Claudel hielt es fast ebenso. Unnachahmlich beschreibt André Gide in einer Tagebuchnotiz vom 19. November 1912 ein Gespräch mit Claudel über dessen Vorwort zu den Werken Rimbauds: »Als er sich einen Augenblick hinreißen läßt, von Rimbauds Beziehungen zu Verlaine zu sprechen, berührt Claudel abwesenden Blicks einen Rosenkranz in einer Schale auf dem Kaminsims.« Rimbaud wurde zum Engel verklärt und in den Himmel gehoben. Der versoffene, alte, immer nach Absinth stinkende Verlaine galt indes als der verführerische Satan, Höllenfraß. In Wirklichkeit verhielt es sich eher umgekehrt. Aber die über Rimbaud schreibenden Dichter verteidigen ihren Liebling wie eine Löwin ihre Jungen. Immer sind ihre Bücher in einem wütenden, scheinbar mutigen, entschlossenen Ton der Verteidigung gegen böse Vorwürfe und üble Gerüchte geschrieben. Das ist die hartnäckigste Legende über Rimbaud, die sich bis heute erhalten hat: die angeblichen Angriffe, vor denen Rimbaud geschützt werden müsse.

Rimbaud hat dieses Schutzes nie bedurft. Zu Lebzeiten war er Manns genug, sich selbst zu verteidigen. Nach seinem Tode hat ihn überhaupt niemand mehr angegriffen. Die Rimbaud-Literatur richtet sich gegen eine Schimäre, und offenbart in fast karikaturistischer Übertreibung die sexuellen Verklemmungen ihrer Autoren. Sie sprechen von Laster, moralischen Verfehlungen, von Perversion und Vertierung, von »ungeheurer Unzucht, Gedanken darüber« (Thomas Mann). Sie finden tausend Umschreibungen für die Homosexualität, die ihrer Ansicht nach nicht sein kann, weil sie nicht sein darf. Ironisch ließe sich gar unterstellen, daß ausgerechnet in ihren wütenden Verteidigungsreden, in ihrem eigensinnigen Bestehen auf der Schutzbedürftigkeit des Dichter-Kindes eine verborgene päderastische Neigung aufflammt.

Die gute Enid Starkie, deren Rimbaud-Biographie über weite Partien immer noch bestehen kann — sie ist immer groß, wenn sie das Leben des Dichters beschreibt; sie wird tantenhaft albern, wenn sie sich an psychologisch-philosophische Deutungen heranwagt, sie untersucht auf vielen Seiten, ob Rimbaud denn nun wirklich homosexuell gewesen sei oder ob er mit Verlaine lediglich das Bett aus gleichsam ökonomischen Gründen geteilt habe. Sie kommt zu dem Schluß: »Er scheint nicht homosexuell veranlagt gewesen zu sein.« Sowohl Verlaine wie auch Rimbaud hätten »unmoralische Beziehungen« immer abgestritten. Aber was sollte an ihrer Liebe unmoralisch sein? Sie war, für wenige Monate nur — alles im Leben Rimbauds hat etwas atemlos Gehetztes — das schönste Erlebnis auf ihrer langen Wanderschaft durch das Leben.

Der alte Verlaine, der für ein paar Gläser Absinth alle Zoten dieser Welt erzählte, schön in Reime gesetzt, schwieg über seine Beziehung zu Rimbaud sein Leben lang. Ohne Einwilligung Rimbauds gab er noch zu dessen Lebzeiten einen Teil seiner Gedichte heraus. Absichtlich oder unbewußt verwechselte er das eine oder andere Gedicht Rimbauds mit seinen eigenen; in den knapp zwei Jahren, die sie miteinander verbrachten, waren ihrer beider Handschriften zum Verwechseln ähnlich geworden; den Graphologen geben sie heute noch Rätsel auf. Über seine Beziehung zu Rimbaud sprach er nur widerwillig, gequält, nur Allgemeines. Dichter können nur Geschichten erzählen, die zu Ende sind. Verlaines Geschichte mit Rimbaud dauerte dagegen an, die Erinnerungen, die Verletzungen, die Kränkungen, die erfüllte und die zurückgewiesene Liebe. Die Begegnung mit Verlaine war einzigartig für Rimbaud, weil Verlaine von Anfang an durchschaute, daß hinter der hochfahrenden Dichter-Attitüde ein kleiner Mensch seine Verwundungen und seine Einsamkeit versteckte. Die Liebe hatte Verlaine hellsichtig gemacht. Er war der einzige, der für die allgemeine Verehrung des Wunderkindes aus der Provinz unempfindlich war: Er bewunderte ihn nicht, er korrigierte ihn. Er verbot Rimbaud die Verwendung gesuchter, fremdartig klingender Wörter, Argot, Slang-Ausdrücke und rätselhafter Fremdwörter — in seinen frühen Gedichten war Rimbaud ein Meister im Gebrauch solcher Wörter, wie in Deutschland später Gottfried Benn. Verlaine jedoch zwang ihn zu einer einfachen, schlichten Sprache, die zu der schönsten Melodie seiner Gedichte werden sollte.

Vermutlich hat kein Dichter das Werk Rimbauds stärker beeinflußt als Baudelaire. Doch läßt sich auch kein größerer Gegensatz denken als die Gedichte von Baudelaire und die von Rimbaud. Wo Baudelaires Gedichte leicht zur Schwülstigkeit neigen, zum Taumeln, weil sie immer von einem Opiumduft durchzogen sind, bleibt Rimbauds Stimme stets klar und rein, keck und witzig, düster oft und verzweifelt, aber stets von herausfordernder Nüchternheit. Dafür sorgte ausgerechnet der versoffene Verlaine. Dessen leicht spießige Freunde aus dem Dichter-Zirkel, entsetzt und erschrocken über die Wildheit des Jungen, nannten Rimbaud die »blonde Katze« oder auch höhnisch »Mademoiselle Rimbaud«. Gäbe es für Verlaines Liebe keine anderen Beweise — es gibt sie in vielen Dokumenten; es gab sie auch in vielen Briefen, die von der Familie später vernichtet wurden — so brauchte man sich nur die rührenden und drolligen Zeichnungen Verlaines anzusehen: eine Neckerei unter Verliebten.

Während Henri Fantin-Latour in seinem berühmten Gemälde *Coin de table* von 1872, auf dem Rimbaud neben Verlaine und dessen Freunden vom Dichter-Kreis zu sehen ist, bereits mit der Verklärung Rimbauds zum Engel begann — der andächtig lauschende, in sich gekehrte Blick, die sauber in Wellen gelegten Haare, die durchgeistigte rechte Hand, auf die der Dichter sich sanft stützt —, scheint Verlaine ihn in seinen Zeichnungen auf liebevolle Weise zu verspotten. Fantin-Latours Gemälde und Porträt von Rimbaud sind recht hübsch, aber falsch. Der Blick ist falsch, die Haare sind falsch, die Hand ist falsch. In Wirklichkeit hatte Rimbaud nach dem Urteil Mallarmés Pranken wie ein Bauernbursche, die zudem noch voller Frostbeulen waren. Verlaine hat ihn nie verklärt, obgleich auch seine Zeichnung von Rimbaud mit flachem Hut, langer Joppe und der Pfeife im Mund für Generationen das Bild vom verträumten jungen Dichter geprägt hat. Er zeichnete Rimbaud wütend, vor einem Weinglas sitzend, dumpf brütend. Er zeichnete ihn weinend und nackt vor einem Wiener Hotel, nachdem ein Kutscher ihn gerade aller Habseligkeiten beraubt hatte.

Rimbaud kam im September 1871 im Alter von knapp siebzehn Jahren nach Paris; ein paar Anläufe vorher waren ihm mißlungen. Jetzt hatte Verlaine ihm geschrieben: »Kommen Sie, teure große Seele, wir rufen Sie, wir erwarten Sie.« Verlaine hatte nur ein paar Gedichte von ihm gelesen. Er erwartete einen jungen Mann um die zwanzig Jahre alt. Er selbst war zu dieser Zeit achtundzwanzig, verheiratet, seine Frau war schwanger, er lebte im wohlhabenden Haus seiner Schwiegereltern, war arbeitslos, als Dichter aber geschätzt, er trank damals schon zuviel. Rimbaud kam in seinem zerrissenen, zu klein gewordenen Erstkommunions-Anzug, den dicken Wollsocken, die seine Mutter gestrickt hatte; er fühlte sich ungemütlich in feiner Gesellschaft, war zuerst schüchtern und gehemmt, wurde leicht rot, wenn er sprechen sollte; er hatte Läuse, Kopfläuse und Filzläuse; die Reste seiner abgebissenen Fingernägel hatten schwarze Ränder. Bei sich trug er einen Schulranzen voller Gedichte, die zu den schönsten zählen, die jemals in französischer Sprache geschrieben worden sind, darunter auch schon das berühmteste: *Das trunkene Schiff.*

Wie war es zu diesem Wunder an Gedankenfülle gekommen? Woher nahm er die Wörter? In dem Gedicht *Les Assis* verspottet er die Bibliothekare von Charleville, seiner Heimatstadt, die er ironisch »Charlestown« nennt, weil sie dem Fünfzehn-/Sechzehnjährigen keine »schweren« Bücher ausleihen wollen. Im Gymnasium gewinnt er spielend alle Preise. Nachdem er über die Schlachtfelder des Krieges von 1870 gewandert ist, entsteht das wunderschöne Gedicht *Der Schläfer im Tal,* wie in der Idylle das Grauen aufbricht. Mit zwölf Jahren soll er so ekstatisch religiös gewesen sein, daß er sich das Martyrium wünschte. Mit fünfzehn Jahren schreibt er das Gedicht *Die Erstkommunion,* das von einem Gott handelt, den er haßt, und in dem er von befleckter Unschuld spricht, weniger durch konkrete Sünden als durch Heuchelei. Ein Mädchen, mit dem er sich verabredet hatte, läßt ihn vergeblich warten. An einen Besuch im Bordell denkt er ein Leben lang mit Grausen zurück. Nur darum habe er so gehässig über Frauen geschrieben, deutet Enid Starkie wiederum psychologisch. Das ist nicht wahr. Die Lektüre seiner Gedichte beweist das Gegenteil. Vielleicht verehrte er die Frauen nicht; es gibt in seinen Gedichten nichts hymnisch Weibliches, was ihn hinanzieht; aber er beobachtete die Frauen scharf und schrieb witzig über sie. Selbst sein Gedicht *Die Läusesucherinnen* ist so rührend schön, daß schon Böswilligkeit dazugehört, es einem Frauenverächter zuzuschreiben. Wie er sich über alles erstaunliche Gedanken machte: Ausgerechnet er schrieb im Alter von sechzehn Jahren über die eigensüchtigen Männer, die die Frauen nur ausnutzen. Einem Frauenverehrer der alten Schule wäre so etwas nicht in den Sinn gekommen. Rimbaud wußte, wovon er sprach; er sah es in seiner eigenen Familie. Aber richtig ist, daß Rimbaud sich ein Leben lang in Gesellschaft von Frauen unwohl fühlte.

Der Pariser Aufenthalt mußte allein schon deshalb in einem Fiasko enden. Die Ehefrau und die Schwiegermutter Verlaines, später auch dessen Mutter, brave

Bildungsbürger allesamt, erwarteten von dem jungen Dichter Anmut und Ergebenheit, auch Dankbarkeit für ihre Großzügigkeit. Unter diesen Bedingungen wären sie bereit gewesen, ihn zu bemuttern. Rimbaud wies ihre Annäherungsversuche jedoch schroff zurück. Er hatte nie gelernt, sich gut zu benehmen. Es machte ihm dagegen höllischen Spaß, die Bürger und Bürgerinnen zu schockieren, es diesen eingebildeten Parisern zu zeigen, wie ein Provinzler sich ein freies Bohème-Leben vorstellte. In verblüffend kurzer Zeit hatte er es geschafft, sich alle Freunde und Verwandte Verlaines zum Feind zu machen. Sie sahen in ihm ein kleines, böses Monster — und er benahm sich auch so. Der Schwiegervater Verlaines hat ihn schließlich aus dem Haus geworfen; zwei, drei Monate lang war Rimbaud verschwunden. Er schlief unter den Brücken, lag betrunken in Spelunken und Haustoren, rauchte Haschisch und Opium, verkaufte Schlüsselringe auf den Champs Elysées, schrieb an seinen spröden, ordentlichen und immer treuen Schulfreund Delahaye in »Charlestown«: »Ich will Dichter werden.« Kein Preis sei ihm dafür zu hoch.

Verlaine, der inzwischen Vater eines Jungen geworden war, suchte ihn aufgeregt überall in Paris. Seine Freunde wollten von der räudigen »blonden Katze«, diesem *»poète voyou«,* dieser Dichter-Göre schon lange nichts mehr wissen. Mit einem von ihnen hatte er sich geschlagen, einem anderen hatte er bedenkenlos während eines angeblich kindlichen Spiels ein spitzes Messer in die gespreizte Hand gestochen, andere hatte er beleidigt; ein Maler, der ihm ein Zimmer für die Nacht überlassen hatte, fand statt Dankbarkeit am Morgen Kot in der Milchschüssel. Das ist merkwürdigerweise das einzige, was Proust von ihm wußte.

Schließlich fand ihn Verlaine. Rimbaud war abgemagert wie eine streunende Katze. Verlaine hatte

Streit mit seiner Frau, mit seinen Schwiegereltern, mit seiner Mutter. Rimbaud überredete ihn auf der Straße: Wir fahren weg. Wir ziehen durch die Welt. Die Idee zu dieser sinn- und ziellosen Irrfahrt, die nun begann, ging von Rimbaud aus, nicht von Verlaine, wie viele seiner späteren, selbsternannten »Dichter-Väter« ihren Lesern nahelegen. Die beiden fahren nach Brüssel, nach London, nach Wien. Sie leben in elenden Hotels. Sie geben Französisch-Stunden. Sie schreiben Gedichte. Sie lieben sich. Sie streiten sich. Verlaine fährt nach Paris zurück. Rimbaud reist sofort hinterher. Er fährt weiter nach Charleville und nach Roche bei Vouziers auf den Bauernhof seiner Mutter. Wieder nach Paris. Wieder nach Brüssel. Wieder nach London. Die Liebe zwischen den beiden Dichtern verglüht im Streit. Jedem Haßausbruch und jeder Flucht folgen bittende Versöhnungsbriefe, Hilfeschreie, Selbstmorddrohungen, Weinkrämpfe. Sie leben von dem Geld, das Verlaines Mutter ihnen schickt. Sie können nicht ohne einander und nicht miteinander leben. Das ist so ungewöhnlich nicht im Zusammenleben von Menschen. Es klingt vielleicht nur so. Selbst das folgende Ereignis von Brüssel, der Schuß Verlaines auf Rimbaud aus Eifersucht und aus Angst, ihn endgültig zu verlieren — was hat man in den hundert Jahren seit Rimbauds Tod in diesem Schuß für wahnsinnige Geheimnisse sehen wollen —, kann einem Lebenserfahrenen so mysteriös gar nicht erscheinen. Verlaine schießt dreimal. Nur der erste Schuß trifft; Rimbaud wird leicht am linken Handgelenk verwundet. Man bringt ihn ins Krankenhaus. Verlaine wird wegen Mordverdachts verhaftet. Im nachfolgenden Prozeß werden die angeblich »unmoralischen Beziehungen« zu Rimbaud höher bewertet als die drei Revolverschüsse. Er muß für zwei Jahre ins Gefängnis; er wird es als gebrochener Mann verlassen, geschieden von Frau und Kind, zerstritten mit seiner Familie und seinen früheren Freunden.

Rimbaud kehrt nach Roche zurück und beginnt unverzüglich mit der Niederschrift seines letzten und größten Gedichts, der *Saison en Enfer,* der Zeit in der Hölle. Natürlich hat man darin eine Generalabrechnung mit seinem vergangenen Leben gesehen. Er gießt Spott und Hohn auf die Dichtkunst, was ihn übrigens nicht hindert, vollendet zu schreiben. Er rast und tobt gegen das Unglück. Er bekennt sich als »Sklave seiner Taufe«. Fast zärtlich schreibt er jetzt über Gott, den er vor wenigen Wochen noch blasphemisch karikierte. Er wendet sich von der Poesie ab; in der Wissenschaft allein liege die Zukunft. Über weite Passagen erinnert das Gedicht an die Bekenntnisse des heiligen Augustinus, der sich gleichfalls windet vor Gott, ein Büßer, der nach Erlösung lechzt, gleichzeitig aber froh darüber ist, so »schöne«, pittoreske Sünden bekennen zu können. Nein, nein, fallen wir nicht auf diesen Dichter-Komödianten herein. Gewiß war Rimbaud verstört und am Ende. Wie sollte er nicht verstört sein, wo der einzige, der ihm hätte helfen können, unerreichbar für ihn geworden war. So neu war übrigens die Verzweiflung für ihn nicht. Wer etwa das Gedicht *Das trunkene Schiff* genau liest, findet in einigen Strophen auch dort schon Vorläufer für *Die Zeit in der Hölle;* in anderen frühen Gedichten ebenso. Auch dies wird von den »Dichter-Vätern« gern verschwiegen. Eher paßt es ins Bild, Rimbaud noch einmal als Christus zu sehen: Nachdem er oben in seinem Stübchen *Die Zeit in der Hölle* geschrieben hatte, kommt er mit dem fertigen Manuskript in der Hand nach unten in die Wohnküche und erklärt, dieses Gedicht werde sein Leben verändern. Er ist nackt, *»déshabillé«,* wie der keusche Delahaye diskreter schreibt, und er sinkt ohnmächtig zusammen — wie

Christus, der Heiland, das Opferlamm, das alle Sünden der Welt auf sich geladen hat. Man trägt ihn auf sein Bett; vielleicht trägt die hartherzige, wenig gefühlvolle Mutter ihn sogar: die Pietà. Sein Werk ist damit getan. Er hat nie mehr ein Gedicht geschrieben. Von der *Zeit in der Hölle,* auf Kosten von Rimbauds Mutter gedruckt, versendet er nur drei Exemplare. Der Rest der Auflage verschimmelt auf dem Speicher.

Trotz aller Nachforschungen verwischen sich in den verbleibenden siebzehn Jahren seines Lebens immer wieder die Spuren. Er will jetzt reich werden. Mit vierzigtausend Francs glaubt er sich ein freies Leben leisten zu können; später erhöht er die Summe auf achtzigtausend; er bringt es mühsam auf höchstens fünfzehntausend. Er war und wird ein Traumtänzer bleiben. Die Wendemarke des Gedichts wird in seiner Biographie überschätzt. Sie bedeutet nicht mehr als die literarische Abwendung von der Literatur, die fast jeder Literat mindestens einmal im Leben durchgespielt hat. Man trifft Rimbaud jetzt in Wien, in Holland, in Batavia. Er fährt zurück nach Charleville. Er fährt nach Hamburg, nach Dänemark und Schweden. Dann über Hamburg, Marseille, Alexandria nach Kairo und Zypern, wo er Lagerverwalter einer französischen Im- und Exportfirma wird. Er erkrankt an Typhus. Zwischendurch war er aber auch in der Schweiz, in Genua und Stuttgart, wohin Verlaine ihm nachfuhr. Rimbaud verspottet ihn, er habe einen Rosenkranz zwischen den Zähnen. Sie haben sich nichts mehr zu sagen. Danach sollten sie sich nie wieder sehen.

Rimbaud findet schließlich eine Anstellung in einem Handelshaus in Aden. Er handelt mit Häuten und Kaffee. Später, nachdem man ihn als Filialleiter nach Harrar in Äthiopien geschickt hat, handelt er auch mit Waffen und Sklaven. Er beteiligt sich an einer Expedition durch unerforschte Gebiete Somalilands. Sein Bericht darüber wird, weithin unbeachtet, von der Französischen Geographischen Gesellschaft veröffentlicht. 1890 erhält er einen Brief vom Direktor der Literaturzeitschrift *La France Moderne:* »Verehrter Poet, ich habe Ihre schönen Verse gelesen« — Verlaine hatte inzwischen Rimbauds *Illuminations* veröffentlichen lassen —, der verehrte Poet antwortet mit keinem Wort. Im März 1891 spürt Rimbaud plötzlich einen heftigen Schmerz am rechten Knie. Die Schmerzen werden von Tag zu Tag schlimmer. Sein Diener Dschami, der bei den »Dichter-Vätern« mit Vorliebe zur »Dienerin« mutiert — auf dem Totenbett wird Rimbaud Dschamis Name als letzten aussprechen —, sorgt für ihn. Rimbaud plant noch immer weite Reisen, nach Sansibar, nach Indien. Er denkt sich Krücken und allerlei Gehinstrumente aus; seine Zeichnungen erinnern fast an die Gestelle und Erfindungen Leonardo da Vincis. Aber die Geschwulst im Knie läßt sich nicht wegzeichnen. Rimbaud hat Krebs. Im Mai 1891 entschließt er sich, sein Haus in Harrar Dschami zu überlassen und mit dem angesparten Geld im Gürtel nach Marseille zu fahren.

Vom Krankenhaus aus telegraphiert er an seine Mutter: »Todesgefahr. Ich weine Tag und Nacht.« Die Mutter telegraphiert zurück: »Geduld. Ich komme sofort.« Sie kommt tatsächlich, so schnell sie kann, aber inzwischen wurde Rimbauds Bein bereits amputiert, hoch über dem Knie. Anfang Juli wird er nach Roche in das Haus seiner Mutter transportiert. Rimbaud erkennt sofort, daß die Heimfahrt ein Fehler war. Die Mutter mit den schmalen Lippen kratzt nach Art alter Bäuerinnen nur noch Geld zusammen. Hatte Rimbaud ernsthaft erwartet, als der verlorene Sohn heimzukehren? Er erträgt die Gegenwart der Mutter nicht. Er duldet nur seine Schwester Isabelle um sich.

Sie hält ihren großen Bruder, der in der Schule einst alle Preise gewonnen hatte, immer noch für ein Genie. Sie versteht zwar nicht; aber später wird sie aus mißverstandener Sorge um seinen Ruhm und seinen guten Ruf mit dem Vernichten von Briefen und Dokumenten viel Unheil anrichten. Aber sie hält zu ihm. Rimbaud will wieder nach Marseille zurück, wieder in die Klinik. In Wirklichkeit wollte er, wie aus seinem letzten Brief an eine Schiffahrtsgesellschaft hervorgeht, nach Harrar zurück. Dort warteten Freunde auf ihn, sagte er zu Isabelle. Der letzte Brief übrigens, dunkel und schön wie die späten, nächtlich-rätselhaften Gedichte Hölderlins, ist ihm dann doch wieder zum Gedicht geraten, als höhne die Poesie seiner »Zeit in der Hölle«.

Nur er wußte es nicht. Alle um ihn herum wußten, daß sein Tod nur noch eine Frage der Zeit war. »Sagen Sie mir bitte, zu welcher Stunde ich an Bord gebracht werden muß«, endete der letzte Brief. Am 10. November 1891 um zehn Uhr stirbt Arthur Rimbaud in Marseille, er war sechsunddreißig Jahre alt. In Paris hatte sich, ohne daß der Dichter davon wußte, längst ein kleiner Kreis von Verehrern, Kennern und Liebhabern zusammengefunden. Wer in der literarischen Welt mitreden wollte, die Gebildeten und Pseudo-Gebildeten von Paris mußten, das war schon Pflicht, ein, zwei Verse Rimbauds zitieren können. Die geflüsterte Nachricht, daß der versoffene alte Verlaine einst mit dem jungen Dichter befreundet gewesen sei, wertete sogar ihn auf. Auch Verlaine hatte nicht mehr lange zu leben; er starb 1896. Aber die Jahre nach Rimbauds Tod waren finanziell seine besten. Man nannte ihn jetzt sogar einen *»homme de lettres«;* er konnte es selbst kaum fassen. Für kurze Zeit wurde er zu einer repräsentativen Figur der französischen Literatur. Bei seinem Tod war er schon wieder bettelarm und vergessen. Torkelnd und Gedichte vor sich hin lallend, streifte er durch die Gassen von St. Germain-des-Prés und suchte immer noch nach hübschen Jungen.

»Ich hab zuviel geweint. Weh tun die Morgenhellen, / Wahr, jeder Mond ist bös und jede Sonne Leid. / Die bittre Liebe ließ zu starrem Rausch mich schwellen. / Oh! bräche doch mein Kiel! O Meer, ich bin bereit!«

(Aus: *Das trunkene Schiff* in der fast klassischen deutschen Übersetzung von Walther Küchler.)

XV

IN BEIRUT

Auf der Fahrt vom Flughafen zur Innenstadt war die Nacht über Beirut hereingebrochen. Wie schwarzer Samt füllte die Dunkelheit nach und nach alle Räume aus. Oder wie dickflüssiges Öl. Der Wagen fuhr durch schmale Gassen, die gesäumt waren von stinkenden Müllbergen und überspannt von einem unentwirrbaren Netz von Elektroleitungen. Zwischendurch fuhren wir auch auf einem kurzen Stück Hauptstraße. Doch dann drehte der Fahrer wieder ab in noch schmalere Gassen mit noch höheren Müllbergen. Die Dunkelheit war jetzt überall. Wir fuhren ins Nichts hinein. Mühsam erkannten wir rechts und links die Silhouetten von Ruinen. Schwarze Löcher, in denen zuweilen etwas aufglühte, als rauche dort jemand eine Zigarette. Dann und wann war eines dieser Löcher erleuchtet wie ein bürgerliches Wohnzimmer. Da oben, aufgehängt zwischen Himmel und Müll, lebte eine Familie. Kinder hatten eine Matratze an den Rand des Lochs geschoben und sahen hinunter auf die Gasse, in der sich außer unserem Wagen nichts bewegte. Drei, vier Kinderköpfe. Die Mutter stand im Inneren und hantierte mit Kochtöpfen.

Später verstanden wir nicht mehr, warum der Taxifahrer ausgerechnet diesen Weg gewählt hatte. Er hätte auch am Meer entlang fahren können, wo es weniger schrecklich aussieht. Aber er hatte sich offensichtlich vorgenommen, uns zur Einstimmung Beirut in seiner Zerstörung zu zeigen. Das letzte Stück der Fahrt führte durch ein bürgerliches Wohnviertel. Es wirkte heruntergekommen und verwohnt, aber zerstört war hier nichts. Der Empfangschef des Hotels begrüßte uns mit den Worten, in seinem Hause wohne gar der Botschafter von Sowieso. *»Chez nous le client est roi«*, war, mit Goldstraß geschrieben, auf einem Plakat in der Halle zu lesen.

Das »Botschafterhotel«, das trotz aller arabischen Lobpreisungen nur von drittklassiger Qualität war, erwies sich letzten Endes als angenehme Herberge. Es hatte den Krieg nicht nur unzerstört überstanden, sondern war bereits renoviert worden und wartete nun mit ausgesucht freundlichem und aufmerksamem Personal sehnsüchtig auf die ersten Touristengruppen. Und siehe da, sie kamen: Libanesen aus Südafrika, Libanesen aus Jordanien, Libanesen aus Brasilien, aus den Vereinigten Staaten. Die Auslands-Libanesen sind die wichtigsten Gäste überhaupt. Zu einem großen Teil lebt das Land zur Zeit vom Geld der etwa elf Millionen Libanesen, die im Ausland wohnen und arbeiten, allein fünf Millionen in Brasilien. Im Libanon selbst wohnen nur knapp vier Millionen. Die Arbeitslosigkeit soll um die fünfzig oder sechzig Prozent betragen. Aber die Familie ist das soziale Netz, das alle Stürme des fast zwanzigjährigen Krieges überstanden hat. Auf den Fremden wirkt es allerdings auch verwirrend, indem es ihm falsche Bilder vorgaukelt.

Auf den hoffnungslos verstopften Straßen der Innenstadt fahren uralte amerikanische Autos, bemerkenswert vor allem deshalb, weil sie immer noch fahren. Der Verkehr ist mörderisch. Als einzige Regel gilt: Der Stärkere und Frechere gewinnt. Man muß einfach drauflosfahren. In dem unendlichen Autostrom immer wieder neue Modelle von Mercedes und BMW.

Wie können Arbeitslose diese Autos bezahlen? Nach dem Augenschein geurteilt: Es hungert niemand im Libanon. Das fruchtbare Land am Rande der Wüste liefert Früchte und Getreide im Überfluß. Man bettelt nicht im Libanon. Die Preise sind relativ niedrig. Man zahlt mit amerikanischem Dollar oder mit libanesischem Pfund (LL); eine Mark ist etwas weniger als ein abgewertetes Pfund. Beirut soll wieder das Banken- und Vergnügungszentrum des Nahen Ostens werden. Das ist das erklärte Ziel. Selbst Jüngere, die die Zeit vor dem Krieg, vor 1975 also, selbst gar nicht mehr erlebt haben können, bekommen träumerische Augen, wenn sie von dem alten Glanz Beiruts erzählen. Wie konnte es nur geschehen, daß der Glanz so total erloschen ist?

Jahrelang hatte sich der Libanon bemüht, im arabisch-israelischen Konflikt relativ neutral zu bleiben. Jahrelang war ihm das gelungen. Bis das Land 1975 schließlich das Opfer seiner eigenen inneren Kämpfe wurde. Die Schiiten gegen die Sunniten gegen die Maroniten (Christen) gegen die Drusen gegen die Palästinenser gegen die Syrer gegen einzelne Familien und Stämme. Allen zusammen diente Israel als Feindbild, und so ist es immer noch. Der Libanon, dieses heikle, künstliche Staatsgebilde (seit 1920), an dessen sogenannter Ausgewogenheit von Anfang an keiner glauben wollte, ging 1975 aus den Fugen. Terroristen und Geiselnehmer aller Grade hatten im Libanon ihr Hauptquartier. Während das kriegsmüde Land sich heute auf den Frieden einrichtet und vom Wiederaufbau spricht, muß man fragen: In welcher Immobilienagentur sitzen heute die Terroristen von gestern? In welcher Bank oder Anlageberatung sind sie untergetaucht? In welches Planungsbüro haben sie sich zurückgezogen? Mit was für einer unglaublichen Brutalität haben sie ihr Land zugrunde gerichtet, um als

Gipfel politischer Perversion nun auch noch vom Wiederaufbau zu profitieren!

Vom Fenster des Frühstückszimmers im »Botschafterhotel« beobachtete ich jeden Morgen, wie der Besitzer des kleinen Obstladens gegenüber liebevoll seine Auslagen aufbaute. Die dicken fleischigen Tomaten, die roten Zwiebeln, die gelben und die grünweißen Kürbisse, elfenbeinfarbene Trauben, die langen, dünnen Gurken und die blauviolett schimmernden Auberginen. Alles geputzt und mit Wasser begossen, damit die Waren in der grellen Sonne nicht austrocknen. Der Boy machte sich mit schweren Tüten auf den Weg zur Hauslieferung, kam zurück und ging wieder, mit Tüten bepackt. Neben dem Obstladen ein Geschäft, das versilberte Bilderrahmen, Vogelkäfige, Blumenvasen und Türknöpfe verkaufte, eben alles, was man so braucht. Der alte Besitzer, ein schlanker, hochgewachsener, sehr vornehm aussehender Herr, in dessen Laden ich nie einen Kunden sah, saß immer auf der Türstufe und schwatzte mit dem Gemüsehändler, mit seinen Kunden, mit dem Boy. Warum begeisterte mich diese kleine Welt, die ich wie aus einer Opernloge betrachtete, so über alle Maßen? Ich dachte an Nicolas Borns Roman *Die Fälschung* von 1979, der von der Zeit und der Wirklichkeit überrollt wurde, der aber in der Schilderung der Stimmung auch heute noch gültig ist. Man kann Beirut hassen und lieben, die Stadt macht den Fremden zornig, und sie rührt ihn zu Tränen.

Wie oft sind wir über die Promenade gegangen, auf und nieder. Zuerst kleinmütig und ängstlich. Bei jedem Spaziergang entdeckten wir neue Militärposten, neue Maschinengewehre, die auf uns gerichtet waren. An die Sandsackstellungen mitten auf den Straßen hatten wir uns schon gewöhnt. Und nach einer Woche kümmerten wir uns überhaupt nicht mehr um Maschinenpistolen. Wir übersahen sie, wie es die Einheimischen auch tun. Die Promenade heißt »Corniche« oder »Avenue de Paris«, ach, Beirut wollte immer französisch sein, mindestens Nizza, lieber noch Paris. Ein kompliziertes Straßensystem nach Nummern, Rue 1 bis Rue 70, beweist noch heute das Mißlingen der hochfliegenden Pläne. Im Laufe der Zeit wurden die Straßen mehrfach umbenannt, einmal gehörte die Straße zum christlichen Teil der Stadt, dann wieder zum muslimischen, so daß es heute Straßen gibt mit drei oder vier Straßennamen. Sucht man jedoch eine Adresse — der Taxifahrer kennt keine der aufgeführten Straßen. Er sucht lieber nach Stadtvierteln und — Wunder über Wunder — er findet alles, was er sucht.

Mittelpunkt der Promenade und fast das Wahrzeichen der Stadt ist die »Grotte der Tauben«, drei mächtige Felsklötze, abgebrochen von der Klippe der Promenade, ausgeschwemmt und preisgegeben der Erosion. Im Meer bilden sie einen Torbogen, vergleichbar den Faraglioni vor Capri. Sogar die enge Schichtung des rotgelben Gesteins gleicht den Felsen von Capri. Um die Grotte der Tauben herum gibt es auf der Promenade Hunderte von Cafés, Imbißbuden, Restaurants, Getränkewagen am Straßenrand. Sie sind eine Spezialität von Beirut, in ihren Miniküchen werden ganze Menüs zubereitet. Hier ist das Zentrum des Lebens. Von der vielgerühmten Eleganz des einstigen Beirut, sofern es sie je gegeben hat, findet man heute allerdings keine Spur. Die Strände sind von Müll und Schutt überdeckt, durch den katzengroße Ratten huschen. Das Meer, dem auch in klarem Zustand nicht zu trauen wäre, gibt sich gar nicht die Mühe, klar zu erscheinen: Es ist eine stinkende, braune Brühe. Die Strandhotels, die übrigens auch kaum mehr als den Schick der späten fünfziger Jahre repräsentieren, liegen in stadtfernen Touristen-Gettos ohne jede Verbindung zur Realität. Gewiß, nach dem furchtbaren Krieg sind solche Mißstände eine Selbstverständlichkeit, über die man gar nicht zu sprechen brauchte, wenn die Lektüre der französischsprachigen Beiruter Hochglanz-Zeitschrift *Prestige* nicht ein so haarsträubendes Ärgernis wäre.

Die Zeitschrift, die im Untertitel *Le Monde des Célébrités* heißt, die Welt der Prominenten, wird redigiert von Marcelle Nadim, der Ehefrau des reichen Michel Nadim, die für ihr Leben gern selbst zu den Prominenten gehören würde: So ist sie auch auf fast jedem Bild der Zeitschrift selbst zu sehen. Beirut besteht in ihrer Sicht aus Empfängen, Bällen, großen Diners, Vernissagen, Konzerten, und allüberall trifft sich *tout-Beyrouth,* Marcelle Nadim immer vorneweg und an der Spitze der Gesellschaft. Die Zeitschrift hier in diesem zum Himmel schreienden Elend ist eine Karikatur auf Buñuels Film *Der diskrete Charme der Bourgeoisie.* Die Botschafter Europas und aller Länder der dritten Welt drängen sich auf den *Prestige*-Fotos: Da muß man dabei sein. Zwischendurch Markenartikelwerbung für den gehobenen Bedarf, Parfums, Mode, Schmuck, unglaublich exklusiv aussehende Hotels, die sich bei näherem Hinsehen als bloßes Architektur-Modell herausstellen. Es ist eine Scheinwelt, die hier gefeiert wird. Die feine Gesellschaft von Beirut tanzt ungerührt auf der Verlogenheit.

Die Zeitschrift *Cedar-Wings* der Middle East Airlines (MEA) will es *Prestige* gleichtun und veröffentlicht noch mehr Architektur-Modelle: wie es werden soll, das neue Beirut. Hochhäuser, Wolkenkratzer, ein Manhattan, ein Hongkong am Mittelmeer. Die unter dem milliardenreichen Präsidenten Hariri mit dem Wiederaufbau der Stadt beauftragte saudisch-kuwaitisch-libanesische Aktien-Gesellschaft *Soldère* — auf die man in Beirut nicht gut zu sprechen ist, weil sie mit den einstigen Besitzern der zerschossenen Häuser ziemlich rüde umgehen soll — muß nur noch entscheiden, ob das alte Beirut völlig abgerissen oder zumindest in Teilen erhalten werden soll. Fast muß man sich vor dem neuen Beirut mehr fürchten als vor den Ruinen des alten.

Der »Platz der Märtyrer« und die vielen kleinen Straßen darum herum sollen einst das Geschäftszentrum von Beirut gewesen sein. Es gibt den Platz nicht mehr. Es gibt keine Straßen mehr. Es gibt nur noch Ruinen. Der Fremde, schon etwas älter — wie ihm angesichts der Trümmer ringsum bewußt wurde, weil er das alles schon einmal gesehen hatte —, fühlt sich an deutsche Städte nach 1945 erinnert, Köln etwa oder Frankfurt oder Berlin. Statt der verschütteten Straßen gibt es auch in Beirut neue, am Rande mit Gras bewachsene Trampelpfade von dem einen zerschossenen Gebäude zum anderen. Selbst an den Modergeruch erinnerte ich mich wieder: So war das damals auch in Deutschland. Die zerlumpten Kinder, die auf einem von klapprigen Maultieren gezogenen Karren, gottweißwelches Gerümpel fortschaffen. Die Frauen, die mit Eimern und Kanistern zu einer öffentlichen Wasserausgabestelle ziehen wie in einer Prozession. Der gutmütige Alte in der gestreiften Dschellaba, der uns zum Tee in seine Trümmerwohnung einlud. Die Jungen und Frauen, die uns aufmerksam und freundlich umstanden. Zwar patrouillierte draußen das Militär, die Hand am Abzug der Maschinenpistole, aber an keiner Stelle in Beirut habe ich mich sicherer gefühlt. Mehr noch, ich wußte plötzlich, warum ich hergekommen war: um das hier zu sehen, um es noch einmal zu sehen. Wie Menschen ihre eigene Welt zerstören können. Wie gefährdet und kostbar der Friede ist.

Die Menschen, die in den Trümmern wohnen, sind nicht die Bewohner der Häuser von einst. Sie haben hier nur eine Bleibe auf Zeit. Hier waren Banken und Geschäfte. Die, die heute hier wohnen, sind syrische Gastarbeiter oder auch libanesische Flüchtlinge aus dem Süden des Landes. Es herrscht Elend, aber nicht einmal hier könnte man von Hunger und Not sprechen. Doch die dumpfe Aussichtslosigkeit hat die Menschen gezeichnet. Ich habe keines der Kinder lachen sehen. Mir wäre es ja schon recht gewesen, sie hätten über den verrückten Touristen gekichert. Aber sie sahen mich nur mit großen, ernsten, hoffnungslosen Augen an. Der kleine Junge mit der Rotznase hielt unseren Fotografen an der Hand und ließ ihn nicht mehr los. Bis einer der Bauarbeiter ihm gut zuredete, ihm vorlog, wir kämen ja wieder. Dicke Tränen kullerten über sein Gesicht, aber er ließ endlich die Hand los. Der Kleine mit der Rotznase konnte Steine erweichen. Noch beim Rückflug mußte ich an ihn denken: Was wird er jetzt von uns halten?

Den Empfängen von Monsieur und Madame Nadim sind wir zwar entgangen, aber das touristische Besichtigungsprogramm haben wir schließlich doch absolviert. Selbstverständlich waren wir in Sidon, in Byblos, in Tripoli. Lediglich den Süden des Landes um Tyre und die Kreuzritterburg Beaufort, am Mündungsgebiet des Flusses Mahr-el-Litani ließen wir auf Empfehlung des deutschen Botschafters aus. Fährt man von Beirut aus in Richtung Süden, nach Sidon also, durchquert man etwa auf der Höhe des Flughafens den wildesten Teil des arabischen Beirut. Der Staub der Straße riecht nach allen Gewürzen des Orients, nach Exkrementen und Verwesung. Zwischendrin hängen vor Geschäften halbe Ochsen und ihre Innereien, lebende Hühner. Es ist ein Hupen und ein Geschrei, daß man nur noch weg will — und ausgerechnet da verlangt ein arrogant sich aufspielender Soldat, lässig seine Maschinenpistole schlenkernd, die Pässe zu sehen. Jeder Reisende kennt diese Erfahrung: Man fährt ein zweites Mal über dieselbe Straße, alles ist ebenso wie beim ersten Mal, aber nun fragt man sich: Was hat mich damals nur so erschreckt, es ist doch alles normal.

Das Hupen, du lieber Himmel, die Libanesen hupen halt gern. Das Hupen kann viel bedeuten. Man kann böse hupen, fröhlich hupen, drohend hupen, meistens hat das Hupen gar eine Bedeutung, die bei uns völlig unbekannt ist: Man hupt, weil man den, der an der Straße steht, mitnehmen will. Das ist hier üblich. Jeder wird mitgenommen. Der Preis? Man zahlt, was man will. Die Reise war eine Erfahrung in Menschlichkeit. Was haben mir Tourismus-Vertreter schon alles von verbrecherischen Taxifahrern in Asien oder in Brasilien erzählt, Beraubung war noch das geringste angedrohte Übel, und hier steige ich zu wildfremden Menschen und fahre mit ihnen in die abenteuerlichsten Viertel von Beirut. Erst im Hotel denke ich darüber nach: nach allen Tourismus-Regeln hättest du das natürlich auf keinen Fall machen dürfen.

Die Frage, woher man komme, gehört auch im Libanon zur Eröffnung eines jeden Gesprächs. Das Wort Deutschland, *Germany, Allemagne,* wirkt wie ein Zauberspruch. Daß hinterher gern mit »Heil Hitler« gegrüßt wird, läßt den Deutschen zusammenzucken. Nun gut, mag man denken, Geschichte, wie könnten wir vor ihr fliehen. Daß dem Hitler-Gruß aber stets eine Haßtirade auf Israel folgt, daß gerade diejenigen, denen man vorher Menschenfreundlichkeit und Güte bescheinigen wollte, im nächsten Augenblick nur Haß speien, nach Rache und Vernichtung schreien, verschlägt einem die Sprache. Betrachtet man die unselige Geschichte des Konflikts zwischen Israel und den arabischen Staaten, dann drängt sich der Gedanke auf: Der Libanon ließ Israel überhaupt keine Chance, als sich gegen die Angriffe etwa der von Iran unterstützten schiitischen Hizbullah zu wehren. Der heute auch von jüngeren Libanesen gepredigte Haß gegen Israel soll nur von der Korruption im eigenen Lande ablenken. In Wirklichkeit ist der Unterschied zwischen Libanesen und Israelis kaum größer als der zwischen Türken und Griechen.

Fährt man von Beirut aus in nördlicher Richtung, also nach Byblos und Tripoli, durchquert man nach dem einstigen, heute zertrümmerten Zentrum die sogenannten christlichen Viertel der Stadt, die die Städte Juniye und Ghazin inzwischen fast übergangslos eingemeindet hat. Das bedeutet allerdings nicht, daß hier keine Muslime wohnen oder daß es hier keine Moscheen gibt. Überhaupt darf man sich die Demarkationslinien, von denen während des Krieges immer wieder die Rede war, nicht als absolute Trennungslinien vorstellen. Vielleicht hat der Krieg wenigstens etwas Positives bewirkt, daß nämlich diese Trennungslinien nur noch symbolische Bedeutung haben. Die Stadt ist aufgemischt und durchgemischt. Richtig ist es jedoch, daß die feinen Leute hier im Norden von Beirut wohnen. Am Berghang, fernab von der Stadt, befindet sich auch das neue Botschaftsviertel. Hier gibt es sogar Restaurants, deren Kellner einen Frack tragen. Es gibt zur Freude der wie Schulmädchen kichernden Söhne Kuwaits Bordelle und Striptease-Shows: Den Boys vor der Tür werfen sie mit unnachahmlich hoheitsvoller Geste den Schlüssel ihrer langen Autos zu; der Boy muß dann irgendwie fürs Parken sorgen. Während wir überlegten, in welchem Gasthaus wir heute die tägliche Kichererbsenpaste, das Auberginenmus und den Petersiliensalat essen sollten, fragten wir uns, mit welcher *célébrité* Monsieur und Madame Nadim heute wohl speisen werden — in steter Erwartung der Weltrevolution.

Am schönsten war der Ausflug nach Baalbek. Die Landschaft, das Gebirge, der Blick ins libanesische und ins syrische Tal und schließlich die prachtvollen antiken Stätten von Baalbek. Baalbek ist das Großartigste, was vom Römischen Reich geblieben ist. Die Tempel sind gigantisch in ihren Ausmaßen und so gut erhalten, als sollten die heidnischen Kulte schon morgen wieder beginnen. Eigentlich wollte ich nur von Baalbek erzählen, man könnte ein ganzes Buch darüber schreiben, aber gerade darum nehme ich es mir für einen nächsten Besuch vor. Fast noch eindrucksvoller als Baalbek selbst ist die Fahrt dorthin. Es beginnt damit, daß die Beiruter, denen man von seiner Absicht erzählt, nach Baalbek zu fahren, die Hände über dem Kopf zusammenschlagen. Nicht etwa deshalb, weil das so gefährlich wäre, sondern deshalb, weil es so weit ist. Die Angaben über die Entfernung schwankten schließlich zwischen hundert und dreihundert Kilometern. Das kann nur damit zusammenhängen, daß die Beiruter noch nie über das Gebirge hinausgekommen sind. In Wirklichkeit ist Baalbek von Beirut knapp achtzig Kilometer entfernt. Auf diesen achtzig Kilometern sind wir allerdings einundzwanzigmal von schwer bewaffneten Militärposten kontrolliert worden. Es ist die Straße nach Damaskus, die erst wenige Kilometer vor Baalbek abzweigt. Je mehr man sich der syrischen Grenze nähert, um so dichter und schärfer werden die Kontrollen. Zuerst die Libanesen in ihren gar nicht schlecht aussehenden Tarnanzügen aus Silbergrau und Schwarz, dann die Syrer in Grün und Braun, zwischendurch auch einmal UNO-Soldaten mit blauer Mütze, dann Hizbullah mit rotweißkarierten Tüchern, aber auch Zivilisten, deren militärischer Status ausschließlich in ihrer Bewaffnung besteht.

Einige Kilometer vor Baalbek fährt man durch eine Art Triumphbogen, der mit schwarzen Fahnen behängt ist: Jetzt befindet man sich im Hizbullah-Land. Am Straßenrand überlebensgroße Pappfiguren, Chomeini auf der einen Seite, ein unbekannter Mullah auf der anderen. Nur wenige Meter dahinter der Marlboro-Mann, dann eine Reklametafel für Bidets und Wasserklosetts, auf einem anderen Plakat lutscht ein halbnacktes Mädchen sinnlich an einem Eis am Stiel, dahinter wieder der erdenmüde, nichts Gutes verheißende Blick des Chomeini. Wie soll er sich gegen Bidets und Eis am Stiel behaupten?

Bei greller Sonne waren wir in Beirut abgefahren. Doch lange bevor wir den Gipfel erreicht hatten, befanden wir uns schon in grauem, dichtem Nebel, Entlang der gesamten Strecke reiht sich Marktstand an Marktstand. Immer wird das angeboten, was gerade auf diesem Teilstück der Strecke wächst. Es beginnt mit herrlichen Kartoffeln, Knoblauch in allen Schattierungen, Zwiebeln, Melonen, Kürbisse, Weintrauben, Pfirsiche, Tomaten, Orangen, Gurken. Als die Kinder Israels das verheißene Land suchten und schließlich Palästina fanden, müssen sie sich um einige Kilometer verrechnet haben. Denn der Libanon — zur Zeit der israelischen Völkerwanderung vermutlich noch unter phönizischer Herrschaft — ist das Land, in dem Milch und Honig fließen. Alles, was die Israelis heute mühsam mit künstlicher Bewässerung der Wüste abgetrotzt haben, wurde dem Libanon einfach geschenkt.

Als wir am nächsten Tag in Beirut das Nationalmuseum suchten, um die kostbaren Fundstücke aus Baalbek und den anderen antiken Stätten zu sehen, fanden wir nur die Eingangssäulen. Das Museum ist ein Trümmerloch. Was aus den Fundstücken geworden ist? Wohin sie verschwunden sind? Wir fragten überall, erhielten aber keine Antwort. Statt dessen wurden unsere Pässe von zwei alten Soldaten, Syrern, glaube ich, zuerst eingezogen, durchgeblättert, Seite für Seite — aus unerfindlichem Grund hatten wir uns ihnen verdächtig gemacht. Die Sache begann recht unangenehm zu werden, endete aber schließlich damit, daß sie uns die Pässe vor die Füße warfen und wir ziehen konnten. Es war der einzige Auftritt dieser Art, den wir erlebten. Könnte sein, daß die beiden Alten nur betrunken waren.

Ein Fundstück der Schätze von Byblos, dem einstigen Adonis-Heiligtum, glaubte ich im Türkischen Bad wiedergefunden zu haben. Adonis, der schöne Jüngling, verkörpert den ewigen Frühling im heißen Sommer. Auch heute noch wird in der Umgebung von Byblos, arabisch Ibail, wo der Adonis-Fluß mündet, arabisch Nahr-Ibrahim, jährlich im Juli das Adonisfest gefeiert. Im Türkischen Bad von Beirut indes war Adonis selbst. Das Bad ist etwas verschmuddelt. Nun ja, mit einem Stern im Michelin dürfte es nicht rechnen. Aber Adonis, der schöne Jüngling, kümmerte sich so aufmerksam um alle Alten und Gebrechlichen im Bad, daß die Alten, die Zahnlosen, die Grauköpfe, die Gichtigen und die Geduckten lachten und strahlten: Der schöne Jüngling ist wiedergekommen. Adonis lächelte geheimnisvoll und war plötzlich verschwunden.

Ein paar junge Israelis hatten mir erzählt, daß sie während ihrer Militärzeit auf einem Schiff in Sichtweite vor Beirut Wache gehalten hatten, ob Kriegsschiffe aus dem Hafen von Beirut auslaufen würden. Nachts hätten sie mit dem Fernglas die Promenade von Beirut beobachtet und immer nur, Nacht für Nacht, das buntflimmernde, sich ewig drehende Riesenrad von Beirut gesehen. Tatsächlich hatten auch wir schon am ersten Abend das Riesenrad entdeckt: neben der Grotte der Tauben das zweite populäre Wahrzeichen von Beirut. Ich weiß nicht, ob es so alt ist wie das Riesenrad im

Prater, aber es sieht viel, viel älter aus. Es ist durch und durch verrostet. Die Gondeln baumeln daran wie Vogelkäfige. Von der bunten Beleuchtung brennt höchstens noch die Hälfte der Glühbirnen. Aber es dreht sich und dreht sich und dreht sich, Tag und Nacht. Meistens fährt es leer. Dann und wann springen ein paar Kinder auf. Abends schaukeln in den Gondel-Käfigen vereinzelte Liebespaare. — Natürlich stand es am ersten Abend schon fest, daß ich mitfahren würde. Gibt es denn irgendeinen Kreisel, den ich ausgelassen hätte? Aber dieses Fest habe ich für die letzte Nacht aufgespart.

LOB DER STIEFEL

Man muß nicht unbedingt in Arlington gewesen sein. Bemerkenswert an dieser texanischen Kreisstadt zwischen Dallas und Fort Worth ist ausschließlich ihre Langeweile. Auch ich hätte Arlington längst vergessen, wenn ich nicht vor fünf, sechs Jahren aus lauter Langeweile meine Stiefel dort gekauft hätte. Der Verkäufer in dem Western-Store hatte die sanften Augen Joe Dallesandros und hätte im Film allenfalls als *Lonesome Cowboy* von Andy Warhol getaugt. Das fand ich ermutigend. Mit einer verächtlichen Handbewegung fegte er allen texanisch-mexikanischen Stiefel-Schnickschnack hinweg, diese Tanz-, Zier-, Reit- und Renommierstiefel mit Spitzen, Schleifen und Schnörkeln; es kämen nur »Arbeitsstiefel« in Frage, und gefüttert müßten sie sein. So stand ich bald in meinen Arbeitsstiefeln, und der Verkäufer sagte immer wieder: »Auftreten, fest auftreten!« Er stampfte mit seinen eigenen, übrigens sehr zierlichen Stiefeln auf den Boden und schlug mit den Händen den Takt dazu. »Man muß die Erde spüren«, sagte der Verkäufer, »man muß spüren, die Stiefel gehören mir, und die Erde gehört mir.« Dabei tanzte er fast um mich und meine Stiefel herum, beschwörend wie ein Schamane. Ich behielt die Stiefel gleich an, zahlte, verließ den Laden etwas benommen und besah mir draußen zum erstenmal meine Stiefel: Sie waren schrecklich.

Diese peinlich gelbe Farbe war überhaupt das schlimmste. Dann ihre klobige Plumpheit, wie für Kanalarbeiter gemacht, vorne eckig, hinten ein breiter, hoher Absatz. Meine Mitreisenden zeigten mit den Fingern auf meine Stiefel, sie schüttelten sich vor Lachen, sie hätten sich fast verschluckt, als sie dazwischen juchzten: »Und gefüttert sind sie auch noch! Er hat sich im heißen Texas gefütterte Stiefel andrehen lassen!« Ich mochte die Gruppe von Anfang an nicht besonders. Obwohl ich Grund hätte, dankbar zu sein. Denn aus Trotz behielt ich einfach meine Stiefel an. Ich trug sie durch ganz Texas. In Stiefeln saß ich nachts am Lagerfeuer. In meinem schweren Stiefeltritt betrat ich die feinsten Hotels von Houston, Dallas und San Antonio. Wenn man von seinen Stiefeln Gegenliebe erwartet, muß man zu ihnen wie zu sich selber stehen. Im Flugzeug nach Hause stellte ich fest, daß meine Stiefel den peinlich gelben Glanz längst verloren hatten. Ich fühlte mich wohl in meinen Stiefeln. Die Stiefel gehören mir, und die Erde gehört mir, dachte ich und stampfte nach Schamanenart einmal mit dem Fuß auf den vibrierenden Flugzeugboden. Das war unser erstes gemeinsames Abenteuer.

Seither habe ich keine Reise mehr ohne meine Stiefel unternommen. Es kommt mir vor, als wäre ich mit ihnen schon um die Welt gegangen.* In Kalkutta hätte ich mich ihrer fast geschämt. Man muß wissen, wie deprimierend Kalkutta auf einen Besucher wirkt. Dieser Pesthauch von Krankheit, Verwesung und Verfall. Dieses himmelschreiende Elend. Am liebsten möchte man sich verkriechen in einem klimatisierten Hotel, die Augen schließen, wegfliegen, nur weg von hier: Was hab' ich dort verloren? Wenn man in dieser Stimmung dann auch noch Tempel besichtigen muß, alte, prachtvolle Bauwerke — immer führt der Weg über Geröll, stinkende Müllhaufen, durch Schlamm

* Johann Gottfried Seume schreibt am Ende seines 1803 veröffentlichten Berichtes *Spaziergang nach Syrakus*: »Zum Lobe meines Schuhmachers, des mannhaften alten Heerdegen in Leipzig, muß ich noch sagen, daß ich in den nämlichen Stiefeln ausgegangen und zurückgekommen bin, ohne neue Schuhe ansetzen zu lassen, und daß diese noch das Ansehen haben, in baulichem Wesen noch eine solche Wanderung mitzumachen.«

und Morast. Meine Mitreisenden in ihrem leichten Schuhwerk sprangen wie die Känguruhs oder hüpften wie die Gazellen. Sie sahen so lächerlich europäisch aus, so zickig bemüht, so hoffnungslos »gebildet« in ihrer Sightseeing-Gier, ausgerechnet an dieser Stelle. Ich mußte den grinsenden indischen Gassenjungen recht geben. Während ich selbst in meinen treuen Stiefeln durch alles hindurchging oder drüberweg trampelte. Der ganze Dreck berührte mich nicht. Ich kam mir plötzlich isoliert vor: Die Stiefel können ein verdammt herrenmenschliches Wesen annehmen. Aber damit mein Hochmut nicht in den Himmel wuchs, wurde ich just in diesem Moment von einer Taube bekleckert. In Kalkutta entgeht keiner der Scheiße.

Ich seh' noch das lachende Gesicht des kleinen Mädchens, dem ich in Lahore vor der phantastischen Moschee meine Stiefel zur Aufbewahrung gab; sie lachte, weil ich über den mittagsglühenden Hof der Moschee in meinen Socken wie auf einem Bratrost springen mußte. Oben in Kotzebue bei den Eskimos dachte ich daran, wie recht der Verkäufer behalten hatte, als er mir gefütterte Stiefel empfahl: »Im Sommer spüren Sie das Futter nicht, im Winter werden Sie mir dankbar sein.« Im Urwald von Malaysia habe ich am frühen Morgen nach den Regeln alter Tropenreisender meine Stiefel ausgeschlagen, damit sich keine Viper darin versteckt halten konnte. Oder in Bad Nauheim zum Beispiel, wo es um das kranke Herz ging; auf meinen stillen Spaziergängen durch den Schnee, um nicht immer daran denken zu müssen, warum ich in Bad Nauheim war, sagte ich mir vor: Die Stiefel gehören mir, und die Erde gehört mir. Das ist doch auch schon was.

Als wir nach einer langen Walking-Safari durch die Steppe von Sambia abends vor dem Zelt lagen, besah sich der schwarze Wildhüter meine Stiefel. Sie sind jetzt dunkel, graubraun geworden; statt glänzend sind sie nun aufgerauht und abgeschabt, aber immer noch dicht und fest und hart. »Wo haben Sie nur diese tollen Stiefel gekauft«, fragte er. »In Arlington«, sagte ich. Wo sonst?

XVI

TRUSCHEL-LOOK VERGEHT NICHT

Durch die Galleria Vittorio Emanuele II. in Mailand schritten ernst blickende Polizisten, gehüllt in weite schwarze Pelerinen, deren Faltenwurf eines Tintoretto würdig gewesen wäre. Man eilt durch die Galleria. Der Stakkato-Tritt in Stöckelschuhen gibt das Tempo an. In der Bar *Campari* vorne am Dom trafen sich, geschäftig und wichtig, die jungen Erfolgreichen von Mailand, immer auf Akten, Verträge, Dokumente, Preislisten verweisend, gestenreich diskutierend, gekleidet in selbstverständlicher Eleganz, Bilder wie aus einem Modejournal der gehobenen Stände. Der beobachtende Müßiggänger, der lediglich den Augenblick registriert und sonst gar nichts zum Bruttosozialprodukt beiträgt, fühlte sich unwohl, als müsse er sich für sein Nichtstun entschuldigen. Mailand ist keine Stadt für Müßiggänger. Daß sich ausgerechnet hier das Zentrum der Mode befindet, muß in geheimnisvollen Spiegelungen zwischen Zeit, Stadt und Geschäft zu entdecken sein.

Herrenmode, sagt man, sei statischer als Damenmode. Ein Anzug ist ein Anzug. Ein Hemd ist ein Hemd. Eine alte Legende, die merkwürdigerweise das Gegenteil beweist, indem sie nämlich unterstellt, es gäbe eine Instanz, die Anzug, Hemd und Krawatte vorschreibt. Während es in der Damenmode den Begriff des Modediktats schon lange nicht mehr gibt, ist die Herrenmode auch heute noch den Einfällen der Modeschöpfer, schlichter gesagt, dem Angebot des Herrenmodeladens unterworfen. Rechnet man hinzu, daß die meisten Ehefrauen immer noch den Anzug ihrer Männer bestimmen — sie kaufen etwas Graues oder Taubenblaues und nennen es mit Vorliebe »klassisch« —, wird deutlich, daß der Spielraum der Herrenmode ziemlich klein ist. In diesem engen Rahmen jedoch ist sie wild und revolutionär: Sie macht die Anti-Mode zur Mode; sie verwendet jedes Bild, das ihr vor Augen kommt, süchtig sammelt sie alle Erscheinungen und Strömungen der Zeit, dreht sie gleichsam durch den Fleischwolf — und macht eine Krawatte daraus.

Sie läßt sich nicht voraussagen, und sie ist schwer zu deuten. So haben sich beispielsweise in diesem Jahr alle Sprüche der eilfertigen Modepropheten und -prophetinnen als Makulatur erwiesen. »Eine arme Zeit«, sagten sie etwa, »folglich auch eine arme, dunkle Mode.« In Wirklichkeit waren die Modelle farbig und bunt wie eh und je; die Stoffe und Accessoires werden immer kostbarer. Völlig daneben lag wieder einmal die schon fünf, sechs Jahre alte Voraussage, die dennoch Jahr für Jahr wiederholt wird, nun sei es vorbei mit den bequemen Überweiten, mit den Walle-Walle-Gewändern, den um- und übergeschlagenen Tüchern, vorbei mit dem ganzen Truschel-Look. Das Gegenteil ist richtig: Jetzt fängt es erst an mit den Tüchern, Röcken und langen Gewändern; Pullover schlabbern grundsätzlich um die Kniekehlen; Hosen müssen weit und lang sein; Mäntel haben immer etwas Pelerinenartiges; Sakkos und Jakken erinnern an einen abgelegten Cutaway vom Flohmarkt. Wie soll man das nur alles deuten?

Zwischen dem Palazzo Orsini und dem Palazzo Moriggia an der Via Borgonuovo liegt der Palazzo des Giorgio Armani, des sensibelsten Fürsten unter den Modearistokraten von Mailand. Wie kein anderer versteht er es, das sogenannte Klassische mit dem Zeitgenössischen zu verbinden, und jedes einzelne seiner Modelle widerlegt die obengenannten Sätze, daß ein Anzug ein Anzug und ein Hemd ein Hemd sei. Aus weich fließenden, locker fallenden Stoffen »baut« er um die Männer amorphe Skulpturen, die entfernt an Beuyssche Filzwerke erinnern. Wenn dies Armanis Basisfigur ist, so sind die meisten seiner Modelle mildere Variationen dieser einen; denn Armani und sein Schneider-Imperium fühlen sich, wirtschaftlichen Zwängen folgend, dem Tragbaren verpflichtet. Ebendieses Spiel — Tragbares zu liefern, ohne die Idee zu verraten — beherrscht Armani hervorragend. Viele seiner Kollegen wollen es ihm nachmachen, nur wenigen gelingt es überzeugend. Gucci zum Beispiel, teuer und edel und manchmal auch langweilig, versucht sich an Sakkos aus Leder und Stoff, die peinlich an Modelle aus den fünfziger Jahren erinnern und auch damals schon abgestanden wirkten. Canali wiederum arbeitet mit verblüffenden Farbkombinationen und gewinnt dadurch auch einem konventionellen Anzug einen neuen Reiz ab. Wenigstens das ist ein Punkt, in dem die Propheten recht behalten sollten: Uni-Stoffe werden mehr und mehr verwendet, Uni-Hemden, Uni-Krawatten; die vor einigen Jahren schon einmal wichtige Kombination von Braun und Blau war in Mailand auf fast allen Modeschauen zu sehen.

Canali fiel nicht nur durch seine Anzüge auf, vielmehr durch ihre witzige Präsentation. Die Show fand in einem zeltartigen Raum statt. Rechts und links die Sitze für das Publikum, in der Mitte ein Laufsteg, wie man es kennt. Aber man betrat den Raum und war erstaunt, daß die Modenschau offensichtlich schon begonnen hatte, alle Stühle waren besetzt, auf dem

Laufsteg posierten schon die Models. Nervös sah man auf seine Uhr: Hatte man sich so verspätet? Nein, es dauerte einige Zeit, bis man begriffen hatte, daß die Figuren auf den Stühlen und auf dem Laufsteg in Canali-Anzüge gekleidete Puppen waren. Das Publikum drängte sich nun zwischen den Puppen durch und prüfte mit Daumen und Zeigefinger die Qualität von Kaschmir und Seide. Die Inszenierung, eine Art Satire auf das jährliche Modespektakel von Mailand, karikierte ironisch die Wirklichkeit.

Daß die Models in den Schauräumen der einzelnen Firmen zwischen den Besuchern posieren oder auf einer niedrigen Bühne stehen, Models zum Anfassen, ist in Mailand üblich. Die großen Ereignisse sind jedoch immer noch die Modenschauen, etwa die von Dolce & Gabbana oder von Romeo Gigli, letztere in der Rotonda della Besnan, fackelerleuchtet, man schlägt sich fast um die Eintrittskarten, hier Einladungen genannt. Ohne Einladung gaunert man sich erfolgreich an den amtlichen Türhütern vorbei, scheitert dann aber tragisch an einer der PR-Damen, die sonst gern liebevoll säuseln. Die italienische Herrenmode wird von schnippischen PR-Damen beherrscht, Drachen in verführerischer Weibsgestalt. Der einzige Trick, sie zu überlisten: Man muß warten, bis der Freund der PR-Dame kommt und mit Küßchen begrüßt wird, dann, hinter dem innig sich liebenden Paar, schnell hineingehen, pfeifend, leutselig nach allen Seiten grüßend, als käme man schon seit vielen Jahren. Wer es geschafft hat, hereinzukommen, gehört auch dazu.

Begehrte Adressen sind auch die Schauen von Krizia, Iceberg, Valentino und Byblos. Wo sich das Modevolk vor den Eingängen drängt, erwartet es Neues, Kreatives, junge Mode — »Heil dem, der neue Tänze schafft«. Eine Modenschau in Mailand ist wie eine Welturaufführung. Die Fotografen haben auf einer Empore ihre schweren Geschütze in Anschlag gebracht. Es brodelt, es raunt. Die Veranstaltung erinnert auch an einen Zirkus aus Kindertagen: Man glaubt Sägemehl und Pferdeäpfel zu riechen. Dann dunkel, Fanfaren, Musik — leider nicht der Barock-Marsch, mit dem nahezu jede Pariser Modenschau eröffnet wird —, hier mehr oder weniger unverbindliche Popmusik; das Tempo der Auftritte ist allerdings ebenso rasant wie in Paris.

Die Jungs, die die Mode vorführen, haben dagegen mit Paris nichts im Sinn, allenfalls bei einer Modenschau von Jean Paul Gaultier könnte man sie treffen. Es sind nicht die Brüder der grazilen, elfengleichen, unnahbaren Geschöpfe, die in Paris die Haute Couture vorführen. Die Jungs von Mailand sehen vielmehr aus, als hätte man sie gerade von der Straße hereingerufen: »Zieh das mal an, und geh einmal über den Laufsteg und wieder zurück.« Jeder weiß, daß es nicht so ist. In Wahrheit sind die Auftritte minutiös geplant und hundertfach geübt. Gerade das macht das Ballett so reizvoll. Die Choreographen, die auch bestimmen, welcher Typ welchen Anzug vorführt, sind zum Teil genial in ihrer Auswahl. Daß beispielsweise der Junge mit den romantischen Locken und dem träumerischen, wenngleich stets leicht blasierten Blick — er war tatsächlich auf jeder Mailänder Schau vertreten — immer die abenteuerlichsten Gewandungen für harte Kerls vorführte, zeigte nur an: Immer ging die Reise ins Gegenteil. Der lange Schlaksige, der beim Gehen seine Beine irgendwie durcheinanderwarf, führte immer die elegantesten Modelle vor. Verbindlich für alle war ein schluffernder Gang. Alle trugen Handschuhe, lederne oder gestrickte. Alle trugen Hüte, Mützen, Turbane. Beliebt war es, mit einem Schmuckstück, einer Kette mit Kreuz etwa, in der Hand zu spielen. Längst ist man davon abgekommen, für die Models der Herrenmode ein Einheitsmaß vorzuschreiben. Es gibt Große, Kleine,

Dickere, Ältere, Langhaarige, Glatzköpfige, Bärtige und Unrasierte.

Sah man genauer hin, entdeckte man, daß sich die Auswahl der Models nach einem Schlüsselwort der vorgeführten Mode richtete: Das Wort heißt multikulturell. Es gab Afrikaner, Araber, Asiaten, Inder, weißhäutige Europäer und Amerikaner; der italienische Typ war der seltenste. Die Röcke für Männer, über die schon so viel geschrieben und geredet worden ist, sind nichts weiter als Variationen exotischer Trachten wie etwa des Pathanenhemds oder des burmesischen und thailändischen Sarongs; Variationen auch der zwischen den Beinen gebundenen griechischen Fischerhose oder der arabischen Dschellaba. Überhaupt die Röcke, die von manchen als sensationell empfunden werden, in Wirklichkeit gibt es sie längst. Denn die unter kurzen Jacken, Pullovern und Westen hervorlugenden langen Hemden und Pullover, die selbst in der hintersten Provinz von Jugendlichen schon getragen werden, sind nichts anderes. In Mailand sah man exakt diese Jugendlichen, ausgestopft und zugehängt mit Tüchern, mit um den Bauch und um den Kopf gebundenen Pullovern, als bringe der nächste Winter arktische Kälte. Aber schon im nächsten Bild trugen die Jungen zu nackter Haut nur einen seidenen Burnus. So arg kalt scheint es nun doch nicht zu werden.

Ein Spiel, nichts weiter, ein heiteres dazu: Alle Völker werden eines, Friede wenigstens in der Mode. Aber kaum hatte man sich im Publikum auf Völkerverständigung eingelassen, schon folgte die Ernüchterung — grünes Loden. Anzüge wie aus den dreißiger Jahren. Mit vier aufgesetzten Taschen und Hirschhornknöpfen. Afghanischen Hirten nachempfundene Kleidung mit umgehängten Munitionsschärpen. Sich aufdrängende Interpretationen wehrte ich ab: Ich gucke jetzt nur. Die Kleider sind nicht schuld, die Menschen sind es.

Der Palazzo des Gianni Versace an der Via Gesú, mitten im sogenannten Goldenen Dreieck von Mailand — wo sich zwischen der Via Manzoni, dem Corso Venezia und der Via Monte Napoleone eine unglaubliche Ansammlung der feinsten und teuersten Modeadressen der Welt befindet —, ist, wie fast alle diese Palazzi, von außen wenig auffallend. Kaum hat man jedoch den Eingang durchschritten, eröffnet sich dem Besucher ein gigantischer Wintergarten, eine postmoderne Glaskuppel, die mit New Yorker Wolkenkratzern wetteifern kann. Versaces diesjährige Inszenierung bestand aus hohen und niedrigen Säulen, auf denen die Jungs in Versace-Modellen posierten. Zum Anfassen wieder, wie schon oben beschrieben, hier aber ins Mythische erhöht — mit einer naiven, fast gemütlichen Einschränkung jedoch: Man konnte sich mit den Jungen auch unterhalten. Wo sie herkamen, wo sie noch überall auftreten mußten. Obwohl die Bewegungsfreiheit auf den Säulen ziemlich eingeschränkt war, hatte es der Choreograph verstanden, auch im Stillestehen die Wirkung der Modelle zu unterstreichen. So hielt er sich zum Beispiel an das Knöpfen. Bei Mänteln, obwohl sie viele Knöpfe haben, wird grundsätzlich nur der oberste Knopf geschlossen. Besonders apart ist es, den untersten Jackenknopf im zweituntersten Knopfloch zu schließen. Bevor man das albern findet, sollte man sich daran erinnern, daß die salonfähige Sitte, darauf zu achten, daß die Manschetten aus dem Jackenärmel hervorlugen, auch nicht gescheiter ist.

So wandelte man also durch Versaces Wintergarten, knabberte hier und da eine Dattel, die Diener reichten, schlürfte Champagner, war mit sich und der Welt zufrieden — und entdeckte plötzlich im Garten, draußen, außerhalb der riesigen Scheiben, angestrahlte Großfotos, Versaces Unterwäsche. Aus ist es mit den bequemen Boxershorts, mit den Überweiten. Man trägt Griechisch-Römisches, Unterhosen mit Ledergürtel, du lieber Himmel.

GEGEN VORSCHRIFTEN WAR DIE MODE IMMER

Die Tochter der brasilianischen Familie im Luxushotel sah aus, wie für den Film *Zimmer mit Aussicht* geschminkt. Nur ihre schrille Stimme störte die edle Stille des Restaurants. Während sie feuerrotes Eis aß, Cassis vermutlich, aber feuerrot, vermischte sich das grelle Rot ihrer Lippen mit dem Rot des Gefrorenen. Es war ein obszönes Bild, wie mit Blut gemalt. Ihr Vater war der Chef einer Herren-Boutique in Rio. Während seine Frau, eine dicke Mama, täglich Shopping in Florenz machte, jeden Abend mit so vielen Tüten ins Hotel zurückkehrte, daß sie sie in ihren kurzen, dicken Fingern kaum tragen konnte, war die Tochter mit ihrem Vater in Sachen Herrenmode unterwegs. Keine Modenschau ließ sie aus. Immer holte sie tief Luft, wenn sie einen Dressman sah, der ihr Interesse erregte. Dann flüsterte sie mit dem Vater. Der nickte und sah sich den Jungen ebenfalls an. Ich glaube, ihr Vater benutzte sie als Köder.

Die Modenschau im Palazzo Corsini lieferte auch keine sicheren Antworten auf die Fragen, die uns seit Tagen bedrängten: Was denkt ein Dressman, während er die Kleider vorführt? Immer sah der kleinste von ihnen, der lockerste, der hübscheste den dicken Mann an. Der dicke Mann war unheimlich dick. Über einem weißen T-Shirt, das wie eine zweite Haut seinen schweren Leib verhüllte, trug er ein neckisches, kurzes Jeans-Jäckchen, hochgerutscht wie ein Nikos-Leibchen, das schon für sich genommen eines der erstaunlichsten Kleidungsstücke der jüngeren Herrenmode ist. Aber wo hatte der dicke Mann sein Jeans-Jäckchen arbeiten lassen? Der kleine hübsche Dressman trat vor den Vorhang und sah sich um. Mit Verachtung musterte er die feierliche Versammlung, die ihn andächtig anstarrte. Hinten im Raum traf sein Blick auf die hoffnungslos verstaubte Steinfigur des Bacchus mit der sinnlichen Zeichnung. Aber dann sah er wieder den dicken Mann an, böse, fast drohend. Er ging über den Laufsteg, trug einen »klassischen« Anzug mit einer locker gebundenen Krawatte, nichts weiter Besonderes; auf der Höhe des dicken Mannes sah er sich um, stellte sich dann vor den Vorhang, auf seine Kollegen wartend, endgültig gelangweilt von den vielen Augen, die ihn ansahen.

Das Publikum der Herrenmodemesse *Pitti Immagine Uomo* in Florenz ist an die stillen, heimlichen Gedankenspiele der Dressmen gewöhnt, so sehr, daß sie sie nicht mehr wahrnehmen. Das Heer der eleganten, schlanken Einkäufer, in diesem Jahr in vielen grauen Anzügen mit violetter oder grüner Krawatte, manche auch mit Blümchen. Der zerknautschte Japaner, der heftig an den Brocken Parmesankäse schluckte, die er sich vom Buffet in den Saal mitgenommen hatte; jeden Brocken spülte er mit einem Schluck Champagner herunter. Die Designer mit ihrem Gefolge, immer noch schwarz, schwarz wie schon seit vielen Jahren, zugeknöpft, in den Gewändern einer aufreizenden Einfachheit. Damen jeden Alters, so viele, daß man zuweilen glauben könnte, die Herrenmode werde von Frauen kontrolliert. Im Handel jedenfalls sitzen einige von ihnen an den Schaltstellen. Sie machen die Geschäfte, die Männer haben die Ideen, heißt eine der vielen falschen Moderegeln; denn auch das Gegenteil ist richtig. Auf jeden Fall aber mischen die Frauen mit.

Der kleine, hübsche Dressman, inzwischen hatte er etwas Pomade aufgelegt, das Haar in der Art von Eros Ramazotti herrisch nach hinten gekämmt, würdigte indessen die Frauen keines Blickes. Die Meute der Journalisten kämpfte längst um seine Aufmerksamkeit, da soll er gehen für das beste Bild, da soll er stehen, da soll er sich drehen. Immer sind sie zur Stelle, immer haben sie einen zerknitterten Briefumschlag in der Tasche stecken, auf dessen Rückseite sie ihre wichtigen Beobachtungen notieren, immer wissen sie, wo es die Kaviarhäppchen gibt, durch alle Löcher der Welt sind sie gekrochen, dahinter, denken sie, wer weiß, es könnte ja etwas passieren: Denn sie sind süchtig nach Ereignissen, und wäre es nur die neue Mode.

Derweil wir aber noch brav im Palazzo Corsini saßen, weltenthoben über das »Klassische« vor uns hin philosophierten — »klassische« Anzüge sind wie Ikonen: Man erwartet zwar Veränderungen, aber man darf sie nicht sehen —, fand draußen in der Villa Gamberaia die Show der Vivienne Westwood statt. Wäre ich doch dort gewesen. Ihre Herren-Kollektion (eindeutig eine Neuauflage nach Jean Paul Gaultier) wurde schließlich auch auf der Messe gezeigt. Aber die Meisterin selbst: In einem durchsichtigen Gewand soll sie über den Laufsteg gegangen sein, bekleidet letzten Endes nur mit einem Feigenblatt. Die Beobachter, die dabeigewesen sind, schilderten später den »Skandal« in immer neuen Variationen; diejenigen, die nicht dabei waren, wollten von der Geschichte nichts mehr hören.

Aber vor Gerüchten und Skandalgeschichten ist man in Florenz an keiner Stelle sicher. Es wird viel geflüstert, gelacht, verspottet, alles touristische Gewühle hat den frivolen Geist der Stadt nicht umgebracht. Was für eine Stadt. Die Schönheit in ihrem Überfluß nimmt sie als Selbstverständlichkeit zur Kenntnis: Sie leistet sich den Luxus der Bescheidenheit. Dem Nordländer nimmt es fast den Atem, er muß einmal schlukken bei ihrem Anblick. Wie die Geschäfte überquellen vom Feinsten, Besten, Teuersten und doch so einfach sind — obwohl in Wirklichkeit hinwiederum allein die kostbaren Gehäuse der meisten Läden jeden Vergleich mit anderen Städten lächerlich machen. Die Via della Vigna Nuova, eine schmale dunkle Gasse, gesäumt von altersschwarzen Palazzi, die am Ende auf die Via del Tornabuoni trifft, ist wie eine Perlenkette der feinsten Modeadressen. Wie verblassen dagegen unsere Maximilianstraße, Königsallee, Kurfürstendamm, Goethestraße, sie verblassen, weil sie so aufgedonnert wirken. Daß Eitelkeit und Eifersucht der verschiedenen Adelsgeschlechter den Urgrund des heutigen Florenz bildeten, dieses Auftürmens von Kunst bis in den Tod hinein, könnte den oberflächlichen Betrachter auf den Gedanken bringen, eben diese so negativen wie kreativen Eigenschaften prädestinierten Florenz zu dieser unvergleichlichen Modestadt.

Es ist nur Theorie; ein bißchen Wortgeklingel; ein Gedankenversuch. Schließlich wird die meiste italienische Mode in Mailand und in kleineren italienischen Städten (zum Beispiel bei Lugano) entworfen und geschneidert. Aber sie paßt so gut nach Florenz, als wäre sie am Ende doch für diese Stadt entworfen. Daß Eitelkeit und Eifersucht zwei, nur zwei der wichtigsten Antriebskräfte der Mode sind, darüber streitet niemand, gilt übrigens gleichermaßen für Männer wie für Frauen. Vielleicht ist es auch so, daß Florenz durch die Jahrhunderte hindurch stets offen war für alle Strömungen der Zeit: Denn nicht eine Stadt, ein Land, ein Designer machen die Mode, die Mode vielmehr fängt Stadt und Land und Menschen auf.

Darüber gibt es zuweilen Mißverständnisse. Der Film beispielsweise, der auf der Messe gezeigt wurde, *Qualità della Vita Italiana,* eine aparte Multi-Media-Show — die einzelnen Kapitel des Films wurden immer wieder durch witzig präsentierte Live-Modeschauen unterbrochen —, feierte, ein wenig ironisch verfremdet, den italienischen Mann mit seinen Eigenschaften, so auch die Mode, als nationale Institution. Das gibt der Mode einen falschen Akzent. Aus ihrem Wesen heraus ist ausgerechnet die Mode unbegrenzt, anational, weltweit. Daß sie Anregungen aufsaugt, wo sie sie findet, und selbst vor dem Trachtenanzug nicht zurückschreckt, widerspricht dem nicht. Trotz strenger Kleidervorschriften, die übrigens von Anfang an durchbrochen wurden, war vielleicht die Mode, mehr noch als die Kunst, die erste Erscheinung des Lebens, die auf die Verbindung der Menschen bedacht war. Heute beginnt man sich fast zu fürchten und zu hoffen, die Mode möge nicht auch die letzte dieser Erscheinungen sein. Denn immer war die Mode gegen die Vorschriften. Das ist ihre Qualität. Aus ihrem Wesen heraus ist Mode revolutionär.

Deutsche Männer, so klagte der Vertriebschef eines deutschen Herrenmode-Magazins, sind kein Publikum für unsere Zeitschrift. Das sei nicht üblich, daß deutsche Männer solche Zeitschriften lesen oder auch nur durchblättern würden; denn es gelte als unseriös: Wer Zeit hat für etwas so Überflüssiges wie Mode, ist schon verdächtig. Den ernsten Aufgaben seines Berufes vielleicht doch nicht gewachsen? Als könne sich ein Mann gegen die Mode wehren. Es ist gerade umgekehrt, daß nämlich ausgerechnet diejenigen, die, wie sie sagen, keine Ahnung haben, der Mode gleichsam hilflos ausgeliefert sind. Denn sie werden die Opfer der sogenannten Herrenausstatter, noch schlimmer, des Ehefrauen-Geschmacks, der ängstlichen Ton-in-Ton-Ideologie.

In stetem Wandel, der auch eine Verpflichtung ist, enthält die Mode eine gute Portion Komik. Heute drängen sich auf der Messe die Yuppies mit ihrem dicken Terminbuch in der Hand, Original von Filofax, sündhaft teuer, aber es gibt kaum noch eine ansehnliche

Herrenkonfektionsmarke, die nicht ihrerseits Terminbücher anbietet. Es gibt sie in feinstem Leder, in Gummi, in Plastik, in Leinen mit Metallbesatz. Vor ein paar Jahren noch trugen fast die gleichen jungen Herren die berühmten kleinen Handtaschen mit der Schlinge um den Arm. Erinnert sich noch einer daran? Fast alle hatten eine solche Handtasche. Wenn sie sie auch nicht wirklich benutzten, so hatten sie doch zumindest alle von irgendeiner Dame eine Tasche geschenkt bekommen. Es hieß, man trüge die Taschen, weil zu dieser Zeit Hosen und Jacken so eng waren, daß man nicht einmal den Autoschlüssel unterbringen konnte. Hosen und Jacken sind weit geworden. Die Handtaschen sind verschwunden, als hätte es sie nie gegeben, sie sind verschwunden samt ihrem Inhalt.

Vor einem Jahr tauchten plötzlich Hemden und Pullover mit Kapuzen auf. Nicht nur die amerikanischen Sweatshirts und Jogging-Anzüge, sondern Kapuzen, einfach so am Hemd oder am Pullover. Kann man darüber eine Jacke tragen? Oder einen Mantel? Die Frage blieb lange unentschieden. Die *Pitti Imagine Uomo* hat sie nun gelöst: Man kann. Es gilt sogar als besonders schick, wenn sich der Mann von heute gleichsam in Etagen aufbaut, zwiebelartig. Unten Schuhe, Socken, Hosen, dann das flatternde Hemdenende, ein guter Streifen Pullover, darüber die relativ kurze Jacke, über dem Kragen die Kapuze und zuoberst ein gehäkeltes Mützchen, richtig über den Kopf gezogen. Die Häkelmütze erinnert leicht an Krankenhaus, Unfall, rotes Kreuz, sie wurde allerdings auch als »multikulturell« bezeichnet; eine Dame mit spitzer Zunge behauptete gar: »Es sieht aus, als hätte man die Krätze. Waren sie eigentlich bei der Vivienne Westwood-Show?« fragte sie mich. Ich tat, als könne ich mich kaum noch erinnern. »Nein«, sagte ich, »wann war denn das?« So kam ich in den Genuß einer weiteren Schilderung des »Skandals«.

Die *Pitti Imagine Uomo* in Florenz, wenn nicht der Welt größter, so doch bestimmt ihr wichtigster Markt für Herrenmode, wobei die Italiener zwar dominieren, aber keineswegs allein das Feld beherrschen, ist wirtschaftlich schwer zu durchschauen. Die Produkte der einen berühmten Marke werden von der anderen, nicht weniger berühmten Marke vertrieben und von der dritten Marke überhaupt erst angefertigt. Das geht alles ziemlich durcheinander, auch über Grenzen hinweg, »multikulturell« wie das Häkelmützchen. Die strengen Unterschiede liegen eher in der geistigen Haltung, hier der »klassische« Anzug, dort die Avantgarde-Mode. Doch selbst hier gibt es eine Menge von Überschneidungen — Hemden, Schuhe, Krawatten. Ein verbindlicher Trend war weder in der einen noch in der anderen Richtung auszumachen. Schworen die einen darauf, daß nun die Zeit der Pastellfarben angebrochen sei, hielten sich die anderen an das seit Jahren gepflegte Schwarz. Die Zuordnung der Schuhfarben zur Kleidung, die für manche als besonders kompliziert gilt, weil das seriöse Angebot arg begrenzt ist, scheint immer »klassisch« zu sein, bis Italiener plötzlich zum schwarzen Anzug rotbraune Halbschuhe tragen.

Junge Herren in weißen Bermuda-Anzügen drängten sich an einem Stand, der wie ein Schaufenster dekoriert war, um die Bar, spielten Schach oder hörten dem schwarzen, ebenfalls weißgewandeten Barpianisten bei seinem Geklimper zu. Der Stand hatte etwas magnetisch Anziehendes, weil Menschen hier Kleiderpuppen spielten; den ganzen Tag über spielten sie Small talk, lachten, redeten — was für Skandalgeschichten werden sie sich erzählt haben. An einem anderen Stand war es umgekehrt: Ein kleiner Konzertsaal mit Puppen als Publikum; nur die Pianistin war echt und die Getränke an der Bar.

Sonst ging es bei den Modenschauen der jüngeren, avantgardistischen Mode und ihrer Freizeit-Variationen rauher zu, kerliger, bezeichnend ist der Name einer in Deutschland noch unbekannten Jeans-Marke, *Nudocrudo*.

Im allgemeinen hält man sich in Florenz auf dem Messegelände auf, Fortezza da Basso, nahe am Bahnhof, in den Hallen, Zelten, Pavillons. Ist eine Modenschau angesetzt, draußen, dann formiert sich ein kleiner Zug von Interessenten, Fußgängern, einer Kavalkade von Taxikutschern, Bussen — es ist wie der Zug der Gäste von Madame Aubernon bei Marcel Proust: Man könnte von einem Leben drinnen und von einem draußen sprechen.

Einmal zogen wir in den Palazzo Pitti, um uns Kostüme aus dem 18., 19. und frühen 20. Jahrhundert anzusehen. Die Menschen waren früher kleiner, stellten wir fest. Und außerdem: Alte Kleider sind alte Kleider.

HAUTE COUTURE

Madame Chirac, die Frau des Pariser Bürgermeisters, vergewisserte sich noch einmal im Manuskript ihrer Rede, damit sie nichts Falsches sage: Kreativität ist tatsächlich das oberste Kriterium für die Vergabe des Preises der Pariser Haute Couture, des »Goldenen Fingerhutes«. Madame Chirac las mutig auch diese Passage ihrer Rede vor und vergab dann den Preis an einen Mode-Designer, der nicht einen einzigen kreativen Nadelstich gesetzt hatte: an den Italiener Gianfranco Ferré, den neuen Mann im Hause Dior, der ausschließlich darum bemüht war, daß die diesjährige Winter-Kollektion von Dior so aussehe, wie die Kollektionen von Dior schon seit vielen Jahren aussehen. Die Pariser Gesellschaft, immer munter, immer dabei — sie scheut weder lange Nächte noch kochend heiße Säle, weder wackelige Goldstühlchen noch Schlachten am kalten Buffet —, sie jubelte; angejahrte Damen und Herren fielen einander in die Arme, herzten und küßten sich und tupften sich gegenseitig mit einem feinen Spitzentaschentuch, das gerade sehr in Mode ist, ein Tränchen von der Wange. Das soll nicht heißen, daß die Pariser nicht auch einem Neuen, einem Kreativen zugejubelt hätten. Aber es fand sich keiner, der überzeugte; man hätte lange nach ihm suchen müssen. So wurde während der Präsentationen immer dann Beifall geklatscht und Bravo gerufen, wenn etwas vorgeführt wurde, das vom Publikum wiedererkannt und »klassisch« genannt wurde. Für Kreatives blieb wenig Raum.

Das war eine Woche des heißen Gedränges in Paris. Draußen wurden im Schatten 33 Grad Celsius gemessen, drinnen in den Sälen, in denen die Winter-Kollektionen der Pariser Haute Couture vorgeführt wurden, wo Hunderte von Scheinwerfern es heller machten als die Sonne, stiegen die Temperaturen auf 40 Grad Celsius und mehr. Die Musik dröhnt, daß die Lautsprecher zittern. Die Mannequins eilen bis an den Rand des Laufstegs, als kämen sie dort zu einem Rendezvous zu spät, sie drehen sich, streifen sinnlich die langen Handschuhe ab, als befänden sie sich in einem Striptease-Schuppen auf St. Pauli, lassen den Mantel, den teuren, das kostbare Stück, fallen oder ziehen ihn nachlässig hinter sich her, bewegen sich mit wiegendem Gang wieder zur Bühne. Die Fotografen und Kameraleute auf der Galerie hinten pfeifen, feuern die Mädchen mit obszönen Sprüchen an, sie sollen gehen, sie sollen stehenbleiben, sie sollen lachen, sie sollen dieses oder jenes Stück ihrer Garderobe an- oder ausziehen. Die Fotografen, die sich auf beiden Seiten des Laufstegs postiert haben, sie hocken, knien oder liegen dort, schnellen wie ein Kasperle aus der Kiste hoch, sobald das Mannequin an ihnen vorbeigeht, und schießen ihr Bild. Als zum laut fetzenden *Ave Maria* ein junges Mannequin mit himmelwärts gerichtetem Blick und gefalteten Händen ein hochgeschlossenes Samtkleid mit Spitzenkragen vorführte, beirrte das die Fotografen keine Sekunde. »Streck die Brust raus«, schrien sie, »du kannst es doch. Zeig es uns!« Sie zeigte es ihnen. Wo alles falsch und verlogen ist wie auf diesen Modenschauen, schienen die Brunftschreie der Fotografen jedenfalls wahrhaftiger als die kalkulierte Frömmigkeit, die der Regisseur der Schau sich ausgedacht hatte.

Die jährlich zweimalige Präsentation der Haute Couture ist ein absurdes Unternehmen: Die meisten der gezeigten Modelle werden weder verkauft noch jemals getragen. Es sind Prototypen, so lautet die rationale Erklärung. Es sind die Selbstbeweise einer Gesellschaft, deren Mitglieder sich gegenseitig versichern, es sei alles noch so wie früher. So lautet die philosophische Deutung. Es ist einfach Werbung; erst der klangvolle Name garantiert den Unternehmen einen guten Umsatz für ihre Parfums, Schmuck, Tücher und Konfektionsware, *prêt-à-porter,* wie man heute vornehm sagt. So lautet das geschäftliche Bekenntnis. Es ist das alles zusammen und mehr. Es ist eines unserer Gesellschaftsspiele. Die Impulse, die einst von der Haute Couture auf die gesamte Mode ausgingen, das Diktat der Modeschöpfer, wie man früher sagte, das mag auch heute gelten für die Stoffe, die verwendeten Materialien, die im Modegeschäft eine größere Rolle spielen, als man es in der Öffentlichkeit im allgemeinen weiß; für die Schnitte indes, für die Silhouetten, gilt das nicht mehr. Da ist es im Gegenteil so, daß die weitaus fixer reagierende Prêt-à-porter-Mode oft genug die Haute Couture beeinflußt. Die hautengen, androgynen Ribbel-Ribbel-Hosen von Gaultier tauchen plötzlich bei Balmain unter hochgeschürzten Seiden- oder Brokatkleidern auf. Die lässigen Schlabberkleider, die fatal an den einstigen Unterrock erinnern, mal mit Spitzen-, mal mit Pelzbesatz, gibt es fast in jeder Kollektion; wirklich echt könnte man sie aber auch auf dem Flohmarkt kaufen.

Daß die Haute-Couture-Designer mit neuen Ideen geizen, mehr und mehr in den letzten Jahren, hat einen handfesten geschäftlichen Grund: Wer wirklich ein Chanel-Kostüm oder -Kleid kauft, will auch, daß man es als Chanel-Kostüm oder -Kleid wiedererkennt. Das gilt ebenso von Dior, Yves Saint-Laurent, Balmain, Nina Ricci und wie sie alle heißen. Neue Ideen können sie sich nicht mehr leisten; hier beißt die Schlange sich in den Schwanz. So behelfen sich die Designer, indem sie das Althergebrachte etwas umdekorieren. Die Kleider werden behängt, überladen mit Schmuck, schwere, glitzernde Kreuze auf der Brust, über der Schulter, auf dem Rücken. Christian Lacroix wühlt in seiner Glitzerkiste und zieht alle Register eines aufgedonnerten, schlechten Geschmacks. Serge Lepage zeigt sehr ähnliche Kleider, läßt aber klug den Schmuck weg — und schon wirken seine Modelle edel und vornehm. Die Stoffe sind in den letzten Jahren immer kostbarer geworden, reicher, fließender, Samt und Seide, Brokat und Pelz, Spitze mit und ohne Perlenbesatz. In den Winter-Kollektionen aller dreiundzwanzig Pariser Haute-Couture-Häuser wird mit den Materialien ein solcher Luxus getrieben, daß er nicht mehr zu überbieten ist. Dem Überfluß an Stoff steht aber eine solche Armut an Ideen gegenüber, daß auch diese nicht mehr zu überbieten ist. Die Haute Couture scheint zu einer goldbesetzten Ikone erstarrt zu sein, die sich von Kollektion zu Kollektion multipliziert. Ein paar Bilder bleiben vielleicht im Gedächtnis.

Ein Abendkleid von Christian Lacroix mit einem großen, weißen, wie eine Muschel geformten Kragen, asymmetrisch zum Kopf, der auf der Muschel liegt, als sei er allein lebendig und der Rest eine Gliederpuppe. Auf Jahrmärkten konnte man früher so etwas sehen: seltsame Menschen. Revolutionär bei Pierre Cardin war allein die Tatsache, daß das Hochzeitskleid, das nach langer Tradition jede Modenschau beschließt, bei Cardin als erstes gezeigt wurde. Damit hatte sich seine Kreativität erschöpft. Auf den Köpfen trugen seine Mannequins vorwiegend kaffeewärmerartige Pelzgebilde; derlei Hüte tragen sie schon seit sechs, sieben Jahren. Die Kleider von Serge Lepage aus schweren Stoffen, sich bauschend, sich aufblähend, schleppten, so müßte man tatsächlich sagen, schleppten die Mannequins über den Laufsteg, daß denen, die dabei waren, ein leichtes Gruseln über den Rücken lief: als hätte man soeben das letzte Aufgebot einer dekadenten Kultur gesehen. Lepage zeigte Abendmäntel aus Atlasseide, nachgeschneidert vielleicht den Chormänteln von Päpsten auf Renaissance-Bildern, von einer ausladenden Weite von mindestens vier Metern. Dem Menschen als Zuschauer bei einer Haute-Couture-Modenschau, einem erstaunlich anpassungsfähigen und widerstandsfähigen Geschöpf, werden dagegen allerhöchstens sechzig bis siebzig Quadratzentimerer Platz zugestanden. Alle träumen davon, einmal in die Vier-Meter-Menschen-Klasse aufsteigen zu dürfen.

Weithin unbemerkt, doch in Wahrheit das sensationellste Kleid dieser Pariser Woche präsentierte Balmain. Genaugenommen war es eines der üblichen weiten Walle-walle-Balmain-Kleider. Nur die Aufteilung der Stoffe war diesmal besonders raffiniert. Bis unter den Bauchnabel bestand das Kleid aus durchsichtiger Spitze, es folgten dann ein breiter, schwarzer Gürtel und der bis auf den Boden reichende Rock oder Saum. Das Kleid war oben so weit wie unten und die Stoffe von solch fester Konsistenz, daß der Körper des Mannequins sich darin wie in einem Gitter bewegte. So konnte man von oben in das Kleid bis auf den Boden sehen, und, ein geplanter, gleichsam vorgeschneiderter Voyeurismus, dabei sah man prompt, daß das Mannequin unter dem Kleid völlig nackt war.

Unter den zahlreichen Seiteneinsteigern zur Haute Couture — die Pariser Schneider-Kammer ist eine geschlossene Gesellschaft, die sich nach außen wie eine Festung verteidigt — wurde diesmal die Präsentation eines saudiarabischen Designers als delikat empfunden, Yahya Al Bishri. Unerhört war vor allem, daß Yahya Al Bishri gleich zwei Hochzeitskleider zeigte. Aber es blieb offen, ob dies ein Hinweis auf arabische Haremssitten sein sollte. Im Publikum saßen mehrere vornehme Araberinnen, ein wunderschönes Mädchen vor allem, von Hofdamen und Leibwächtern umsorgt, ungerührt lächelnd, potentielle Kundinnen, die jedoch dennoch überlegen werden, ob sie nicht lieber bei Chanel, Dior oder Yves Saint-Laurent kaufen werden — wie immer. Bei Yahya Al Bishri gab es zweifellos die üppigsten Kaviarhäppchen dieser Woche.

Paco Rabanne, kein Rebell von Hause aus und doch ein heimlicher Rebell im kommenden Mode-Winter: Rabanne war überhaupt der einzige, der etwas Kreatives wagte, indem er die Frauen in Skulpturen verwandelte. Nicht zufällig fand die Präsentation seiner Kollektion in der École des Beaux-Arts statt. Das war ein Anspruch, ein Programm. Schon die Auftrittsnummer seiner Schau nahm den Zuschauern den Atem: vier Frauen in vier Kleidern, eher Gebilde aus Stoff, Plastik und Metall, die sich bewegten wie die Figuren des Triadischen Balletts von Oskar Schlemmer. Es gab auch Tragbares bei Rabanne zu sehen. Aber die Grundidee seiner Kollektion blieb die Skulptur, hinreißende Modelle darunter, vor allem in der Materialkombination aus Samt und Metall. Silberkragen, die wie eine Sardinenbüchse aufgerollt sind. Spiegelnde Korsagen. Ärmel und ganze Kleider aus Panzerketten. Jedes Stück mit dem Ziel, einzigartig zu sein und zu bleiben. Höhepunkt der Schau war das Hochzeitskleid, *Boule de Neige,* aus Seide, Brokat, Stahlpailletten, gekrönt von einer karikaturenhaft überhöhten, weißglitzernden Tiara: Es muß sich um das Hochzeitskleid der sündigen Päpstin Johanna gehandelt haben.

Mit Beifall und Jubel wurde auch Paco Rabanne bedacht, aber den Preis, den er und nur er in diesem Jahr verdient hätte, erhielt er nicht. Er gehört zu den Modekünstlern, die die Frauen nach ihrem Bilde neu erschaffen. Er überhöht sie zu Göttinnen, aber alle Rechte an ihrem Bild behält er sich selber vor. Innerhalb des geschlossenen Klubs der Haute Couture ist Paco Rabanne der Gegner von Yves Saint-Laurent, der mit seiner Mode den Wünschen und Träumen der Frauen schmeichelt. Er zeigt sie in seinen Kleidern, wie sie sich selber sehen wollen. Demütig dient er den Frauen; der konsequente Verzicht auf die künstlerische Selbstbespiegelung des Designers hat er zu einer eigenen Kunst erhoben. Schon aus geschäftlichen Gründen wird seine Haltung von den meisten seiner Haute-Couture-Kollegen angestrebt, aber nur selten erreicht. Während sie dem Kult der Weiblichkeit opfern, zeigen sich in den Modellen doch ihre eigenen Wünsche zu stark, zu verkrampft, zu gewollt. Sie reden von den Träumen der Frauen, denken dabei aber die ihren.

Auch Saint-Laurent präsentiert Luxus in seiner Winter-Kollektion. Er benutzt die gleichen Stoffe wie seine Kollegen. Aber er kann besser damit umgehen. Daß er zu kurzen Röcken seine Mannequins in immer wieder andersfarbige, glitzernde, bis ans Knie reichende Brokatstiefel steckt, ist die einzige Entgleisung, die er sich leistet: Die Frauen wirken darin wie Prostituierte »auf dem Wackel«, wie man in Berlin sagt. Abgesehen davon gab es die gleiche Kombination, mit der gleichen Wirkung übrigens auch, schon zur ersten Minirock-Zeit. Damals war Yves Saint-Laurent noch jung, die Welt, das Leben lag noch vor ihm. Heute ist er alt und krank und fast am Ende.

Der Saal wartete gespannt, ob er sich nach der Modenschau zeigen würde. Während bei allen anderen Präsentationen die Musik mehrfach wechselte, konnte man bei Yves Saint-Laurent nahezu die gesamte Oper *Die Hochzeit des Figaro* hören. Lediglich für die Vorstellung des letzten Kleides, des Hochzeitskleides, wurde das *Agnus Dei* aus der Krönungsmesse von Mozart gespielt. Es war ein unglaublicher Auftritt, der selbst den Unverschämtesten die Sprache verschlug. Mit gefalteten Händen betrat das Mannequin den Laufsteg, schritt langsam bis zu seinem Ende und kniete dort nieder. Das Kleid war eine Wolke aus farbig getönter Seide, kein Weiß, nur etwas Glitzerglanz; der Schleier bestand aus sechs verschiedenfarbigen Seidenbahnen. In *Le Monde* hieß es am nächsten Tag, das Kleid sei einem Bilde von Botticelli nachgestellt, *Le Figaro* meinte dagegen, es handle sich um ein Bild Tizians. Wichtiger war jedoch, daß der Meister selbst den Laufsteg betrat und, so war es wohl vorgesehen, der Braut die Hand küßte, den Schleier ordnete und sie wieder auf die Bühne zurückführte. So planmäßig lief das allerdings nicht ab.

Kaum hatte Yves Saint-Laurent den Laufsteg betreten, setzten stürmischer Beifall und Bravorufe ein. Es klatschten wohl nur diejenigen, die ihn schon einmal während seiner Krankheit gesehen hatten. Die anderen waren wie gelähmt von seinem leidenden Anblick. Er geht tief nach vorn gebeugt, ständig schluckend, ängstlichen Blickes; die Arme hängen gerade nach unten oder bewegen sich unkontrolliert im Raum; immer wieder befeuchtet er seine Lippen mit der Zunge, keuchend wie in höchster Atemnot. Als er endlich bei dem vorn an der Rampe knienden Mannequin angelangt war, verhedderte er sich sofort in den Schleierbündeln und wäre um ein Haar gestolpert. Er brachte auch noch den Handkuß zustande, drehte sich dann, um wieder zurückzugehen, aber blitzschnell waren die Fotografen auf den Laufsteg gesprungen und verstellten ihm nun den Weg. Ordner versuchten, den Weg wieder frei zu machen, doch schon stand eine neue Gruppe von Fotografen auf dem Laufsteg. Es gab ein Gerangel, Yves Saint-Laurent schwankte gefährlich. Endlich konnte er sich wieder hinter die Bühne zurückziehen. Immer noch klang das *Agnus Dei* im Raum. Vielleicht war es der einzige Augenblick der Wahrheit in dieser heißen Pariser Woche.

EIN KURZER BESUCH IN MAILAND

Der Dom ist ein Wunder. Wenn aus den grauen Nebelwolken über Mailand plötzlich die Wintersonne blitzt, so hell, daß das Licht in den Augen schmerzt, erscheint der Dom mit seinen tausend spitzen Türmchen wie ein gigantisches und federleichtes Spielzeug zugleich. Die graurosa Tönung des Marmors saugt das Licht auf und gibt es strahlender zurück. Andächtig umschreitet man das mächtige Bauwerk, an dem fünfhundert Jahre gebaut wurde. Immer wieder kommt man in Mailand zum Dom. Der Dom ist das Zentrum der Stadt. So habe ich ihn während meines kurzen, geschäftigen Besuchs in vielen Beleuchtungen und zu jeder Tageszeit gesehen. Nachts, angestrahlt wie eine Theaterkulisse, künstlich; am frühen Morgen, der einzige Lichtpunkt in dräuender Dämmerung; am schönsten am Abend in zwiefacher Beleuchtung aus fahlem Sonnenuntergang und frühen Scheinwerfern.

In der Kirche werden, ohne die Besuchergruppen zu beachten, Messen und Andachten gehalten, die Beichtstühle sind besetzt, es ist eine Kirche, kein Museum. In italienischen und auch in französischen Kirchen erlebt man das immer wieder: Die vorwitzigen Besucher, verstört von den Gottesdiensten, schleichen beklommen davon. In deutschen, von Touristen gern besuchten Kirchen geht es fast umgekehrt zu: Während man über die Unarten der Besucher lamentiert, haben sich die Gottesdienste in verschwiegene Nebenkapellen zurückgezogen, als müsse man das Allerheiligste vor den Besuchern beschützen. Man verzichtet auf eine Demonstration des Glaubens und seiner Geschichte.

Was für ein kleinmütiges Gottesbild offenbart sich in dieser Haltung. In Mailand steht der Dom Gläubigen wie Ungläubigen zu allen Tageszeiten offen.

Zwischen wichtigen und weniger wichtigen Geschäften blieben mir von Tag zu Tag nur wenige Stunden, Mailand zu besichtigen. Erst später erfuhr ich, daß diese Getriebenheit Mailänder Art ist. Gegen den forschen Marschtritt der Mailänder wirkte ich mit meinem schleppenden Gang, der an jedem Schaufenster verweilt, wie ein orts- und zeitfremder Hallodri, ein Flaneur, einer, der die Ordnung stört. In den Fenstern der Konditoreien bewunderte ich die giftig aussehenden grünen und blauen Torten, die hügeligen weißen Puddings mit einer feuerroten Kirsche darauf — »Brüstchen der Jungfrau Maria« heißt dieses Naschwerk in Palermo; heißt es hier ebenso? Was für meisterliche Dekorationen in den Schaufenstern der Modehäuser um die Via Monte Napoleone herum. Was für ein Aufwand um eine einzige Krawatte. Zumal die Mailänder überhaupt nicht hingucken.

In der Scala hatte ich Pech, im Piccolo Teatro auch, überhaupt fast alle der immerhin neunundzwanzig Theater im offiziellen Veranstaltungsprogramm von Mailand hatten ausgerechnet an den Tagen, an denen ich dort war, Ruhetag oder bereiteten ein neues Stück vor, das aber erst Premiere hatte, nachdem ich wieder abgereist war. Ich bewunderte das Straßenpflaster aus den schweren schwarzroten Steinbrocken oder die von der Zeit und vom Smog gedunkelten Fassaden lombardischer Palazzi neben Bürgerhäusern aus der Zeit der Jahrhundertwende.

Mailand ist eine weitläufige Stadt — was sich unter anderem darin äußert, daß man ein kleines Vermögen an Taxigebühren verfährt, wenn man sich mit den quietschenden, allgegenwärtigen orangefarbenen Straßenbahnen und der Metro nicht auskennt. In Mailand, vor allem im Zentrum, fehlen die aufreizenden Hochhäuser von Frankfurt, aber es hat doppelt so viele Einwohner wie Frankfurt. Dennoch wird der Besucher oft an Frankfurt erinnert — hier ist es eine von Baugerüsten verstellte Parkanlage, dort ein Straßenzug, das Tempo der Menschen, ihr eilender Blick, die Atmosphäre.

Frankfurt mit seiner Neigung zu ehrgeizigen Zweitstädten hat Glück in der Wahl seiner Partnerstädte. Tel Aviv, Lyon, Mailand, immer sind es die Städte, deren Bewohner zwar kein Aufhebens davon machen, die im stillen aber davon überzeugt sind, daß bei ihnen und nirgendwo sonst die Musik spielt, oder wie es der Frankfurter Stadtdichter Horst Krüger einst formulierte: daß das, was sich anderswo ereignet, zuerst bei uns passiert, ob es die Revolution ist, die Kriminalität, das Verkehrschaos, der Museumsbau oder der Niedergang des Theaters.

Kein Mailänder weiß, warum sich ausgerechnet um die abseitige und wenig attraktive Stazione Genova und um die Piazza XXIV. Maggio die besten und teuersten Restaurants der Stadt befinden. Einigen von ihnen mußte selbst der französische Michelin einen Stern zuerkennen. Aber er hat die Sterne sparsam verteilt. Für den Besucher bleibt viel Raum für eigene Entdeckungen. Ich hatte eine solche Adresse. »Ein absoluter Insidertreff«, hatte man mir zugeflüstert. Aber jetzt stand ich auf der Via Tortona; ich ging dreimal an dem Restaurant vorbei, ich fand es nicht. Also ging ich zur Stazione Genova, fragte ein paar Taxichauffeure, nein, so ein Restaurant gebe es hier nicht. »Dann bitte zum Zentrum«, sagte ich und dachte, damit sei das Unternehmen »Insidertreff« beendet. Mein Taxifahrer grübelte indes weiter. Plötzlich bremste er scharf auf dem Corso di Porta Ticinese. Eine Erleuchtung war über ihn gekommen. *»Mo-*

mento«, rief er mir zu, wendete, sprach unterwegs noch mit drei seiner Kollegen und fuhr mich genau dorthin, wo wir abgefahren waren. »Sie müssen auf dem schmalen Steg über die Geleise gehen. Auf der anderen Seite ist Ihr Restaurant.« Ich bedankte mich, mußte für die Nichtfahrt auch noch ein Trinkgeld zahlen, ging über die Brücke und stand jetzt tatsächlich vor dem Restaurant.

Es war eine lächerlich schmale Fassade zwischen abbruchreifen Häusern oder gar Trümmergrundstükken. Eine staubige, klapprige Eisenpforte mit einem wackeligen Drehknopf war der Eingang. »Jetzt habe ich zwar die Kneipe gefunden«, dachte ich, »aber man hat mich hereingelegt.« Bis ich die Pforte geöffnet hatte und die luxuriöse Einrichtung mir den Atem verschlug. Der Geschäftsführer im grauen Cutaway, die menschgewordene Seriosität, musterte mich kurz und sprach fortan deutsch mit mir. »Was für ein garstiges Wetter«, sagte er und tänzelte, halb rückwärts, halb vorwärts, vor mir her. »Sie können im Wintergarten sitzen oder auf der Empore.« Oben gab es eine Art Logenumgang. Die Tische waren mit feinem Porzellan, altem Silber und kostbarem Glas gedeckt. Von rechts eilte ein Boy herbei, der mir die Serviette umlegte. Von links brachte einer den unbestellten Aperitif. Der hinkende Oberkellner reichte die erste Platte, mit Vorspeisen. »Piemontesisch«, sagte der Geschäftsführer und schnalzte mit der Zunge. Zwei Stunden dauerte das unaufhörliche Servieren immer neuer Platten mit Delikatessen. Bestellt hatte ich gar nichts. Rechts und links von mir saßen die berühmten Insider, die wußten, bei welcher Platte man kräftig zulangen mußte und welche Platte man möglichst unberührt vorübergehen ließ. Zum Schluß gab es Kaffee und Gebäck und die Rechnung, hoch, aber nicht zu hoch. Ich fühlte mich träge und satt und freute mich darauf, durch die Stadt zu gehen. Aber der Geschäftsführer geleitete mich tänzelnd zum Ausgang: »Das geht nicht«, sagte er. »Sie wollen zum Zentrum oder zur Piazza della Repubblica, das ist zu weit, Sie brauchen ein Taxi.« Er bestand darauf.

Nach den Vorstellungen eines notorischen Fußgängers war es nur ein kurzer Weg. Aber es ist merkwürdig, selbst die albernsten Sportarten gelten noch als seriös, während ein harmloses Zufußgehen, der natürlichste Sport, leicht lächerlich wirkt. Abgesehen von den vielen Hundekothäufchen, deren Unzahl selbst in Paris nicht übertroffen wird, ist Mailand die ideale Stadt für unbegrenztes Stadtlaufen.

Das berühmte Fresko *Das Abendmahl* von Leonardo da Vinci im Refektorium des ehemaligen Klosters Santa Maria delle Grazie wird wieder einmal restauriert. Wie Schautafeln erklären, soll es diesmal die endgültige Restaurierung sein, was allerdings von einigen Experten bezweifelt wird. Anders als bei der Restaurierung der Michelangelo-Fresken in der Sixtinischen Kapelle, die hinter Gerüsten und Vorhängen stattfindet, kann man in Mailand dem Restaurator bei der Arbeit über die Schulter sehen, wenn auch nur von weitem. Viel sieht man nicht; nur ein überhell angestrahltes Detail des Gemäldes. Man ist gerade erst bei der Figur des heiligen Petrus angekommen. Der Eintrittspreis beträgt übrigens, unabhängig von den Arbeiten und der Tatsache, daß man wenig sieht, 6000 Lire (6,50 Mark etwa). Der Eintrittspreis in andere Mailänder Museen beträgt 8000 oder 10000 Lire, der Eintritt in das Castello Sforzesco ist frei.

Das Castello beherbergt heute die städtischen Kunstsammlungen. Es ist ein veritables Labyrinth mit idyllischen, romantischen und gruseligen Zutaten. Man wandert über schmale Steintreppen, über gefährlich aussehende Holzstege, über eiserne Wendeltreppen —

und steht dann vor einer geschlossenen Glastür, durch die eine einsame, graugekleidete Wärterin dem Besucher anzeigt, er sei von der falschen Seite gekommen. Er muß den ganzen Weg wieder zurück und ihn durch einen anderen Turm noch einmal machen. Die Sammlung ist eine kleine Ausgabe des Britischen Museums. Zu sehen sind Musikinstrumente, Kostüme, Schlösser und Schlüssel, Keramik, Skulpturen und Gemälde, samt der dazugehörenden Bibliothek. Böse Stimmen behaupten, man habe die Burg 1450 so mächtig gebaut, nicht um fremde Eroberer abzuwehren, sondern um die Fürsten, die Sforza, vor den eigenen Leuten, den Mailändern also, zu schützen. Höhepunkt der Sammlung ist zweifellos die Pietà Rondanini, die letzte und eigenartigste Skulptur Michelangelos, um die man im Castello eine Art Kapelle gebaut hat, um sie abzusondern und herauszuheben. Die Skulptur ist unvollendet, ein absichtsvoller Torso oder ein Werk, das der nahende Tod des Künstlers mitgestaltet hat. Zu sehen sind zwei stehende, zwei einander stützende Figuren, die Gottesmutter und Christus, wobei der Christus fast lebendiger, standfester erscheint als die Mutter. Es ist keine Beweinung, die Skulptur ist weit entfernt von dem Schmelz sinnlicher Trauer, die etwa die Pietà von Rom hat. Es ist ein geschlagener und dennoch siegender Christus. Verstörend und unverständlich rätselhaft wirkt die Anatomie: Wie hat Michelangelo sich die Szene gedacht?

Die Antwort auf diese Frage bekommt man auch in Mailand. Auf dem Gemälde eines wenig bekannten Renaissancemalers in der Pinakothek der Brera, der alten und immer noch tätigen Kunstakademie, findet man eine Pietà mit gleichfalls stehenden Figuren: Die Gottesmutter hat den vom Kreuz abgenommenen Christus gleichsam aufgefangen und hält ihn im Arm. Vielleicht war das heute fremd erscheinende Bild einst so bekannt im Fundus biblischer Darstellungen, daß Michelangelo es nicht für nötig hielt, seine Skulptur, eine Momentaufnahme, anatomisch zu rechtfertigen; denn ihn interessierte nur der eine Augenblick.

Die Brera ist ein wunderschönes und reiches Museum. Hauptwerk ist wohl der aufgebahrte Christus von Andrea Mantegna. Pasolini hat sich in mehreren Kameraeinstellungen an diesem Gemälde orientiert. Das kurioseste Werk der Brera steht im Innenhof vor der Eingangstreppe: der nackte Napoleon von Canova, dem Apoll nachempfunden. Ein wenig merkwürdig wirkt er schon, der kleinwüchsige Kaiser, hier als Gott der Schönheit. Völlig nackt ist er nicht. Über das Geschlechtsteil hat der neckische Wind ein Spitzentüchlein geweht, das die imperiale Größe nur noch stärker hervorhebt. Die andere große Gemäldesammlung von Mailand, die Biblioteca Ambrosiana, ist geschlossen; sie wird bereits seit drei Jahren renoviert. Das beliebteste Museum der Mailänder indes, das Museo Poldi-Pezzoli an der Via Manzoni, fast im Zentrum also, ist geöffnet, überreich an Bildern, jedes einzelne ist eine Kostbarkeit. Es wirkt etwas muffig, zugehängt. Es erinnere an die Frick-Collection in New York, heißt es, was jedoch nur insoweit stimmt, daß es sich in den Wohnräumen der Museumsstifter, der Grafen Poldi-Pezzoli, befindet, unverändert so, wie die Stifter die Gemälde einst gesammelt und gehängt haben. Das mag interessant sein, entspricht aber keineswegs unserem heutigen Geschmack. In der Nüchternheit eines Museumsraumes hätte ich mir die Bilder lieber angesehen.

Mailand ist keine Touristenstadt. Dieses Schicksal teilt es übrigens mit fast allen Großstädten in Norditalien, Turin, Bologna, Genua, Triest, Trient. Man fährt nur durch. Das zeigt sich unter anderem daran, daß es relativ wenig Literatur über Mailand gibt, weder in den Museen noch in den vielen überquellenden Buchhandlungen, die eine prachtvoller als die andere: Nach Mailand-Literatur muß man suchen. Sonst stört es nicht, daß man als Fremder ziemlich allein ist in der Stadt, bis auf die zwei, drei japanischen Gruppen selbstverständlich, die sich vor dem Dom rasch abfotografieren und weitereilen. Aber man fragt sich, was sind das für rätselhafte Gesetze, nach denen die eine Stadt zur Touristenstadt erhoben wird, so daß man sie vor Überfüllung fast schließen muß, Florenz etwa, während die andere, Mailand zum Beispiel, das kaum weniger zu bieten hat, links liegen gelassen wird.

Was kümmert es mich. Ich folgte den im gemächlichen Trab reitenden Polizisten durch die Via Manin, ging dann durch den Park zu den Bastioni der Porta Venezia, wo es eine Treppenanlage gibt, die so aussieht, wie ich mir die Wiener Strudlhofstiege immer vorgestellt habe, wie sie aber gar nicht ist. Ich fühle mich dem Mailänder Treppenarchitekten nah verwandt.

XVII

DER DRACHENFLUG

Wer am Abgrund steht, sieht schärfer. Die Farben leuchten für ihn strahlender. Die Abstufungen des Grüns an den Berghängen. Das Schwarz der Felsen. Das Blau des Meeres. Der grellweiße Strand. Die aufgetürmten Hochhäuser. Wer am Abgrund steht, sieht auf die verbogenen Bohlen der Abflugrampe, über die er in wenigen Sekunden polternd rennen wird bis weit nach vorne, wo die Rampe endet, wo außer Abgrund nichts mehr ist, wo Tiefe ist und wo er sich hinab- und hinausschwingen wird, frei in die Luft. Wer am Abgrund steht, will fliegen. Die überraschendste Entdeckung für den Neuling unter den Drachenfliegern war wohl die, daß man am Abgrund nicht mehr über den Abgrund nachdenkt.

Auf dem Weg zum Treffpunkt der Drachenflieger von Rio de Janeiro am Strand von São Conrado, fast an der nördlichen Grenze der Millionenstadt, haben wir die Idee verflucht. Wer war nur auf diesen verückten Gedanken gekommen? Vor der Idee war allerdings der Wunsch. Immer wenn ich Drachenflieger sah, wenn ich sie still, surrend dahingleiten sah, getrieben und getragen von den Strömungen des Windes, spürte ich ein neidisches Kribbeln im Bauch. Nie werde ich das erleben dürfen, dachte ich, immer wird es ein unerfüllter Traum bleiben. Dazu bin ich zu alt, dachte ich, zu wenig sportlich geübt, zu steif, zu fett, zu ungelenk, zu krank: Daß nur von denen, die sich um meine Gesundheit kümmern, keiner je von einem so unsinnigen Wunsch erfahre. Ich bin zu vernünftig, um mit dem Drachen zu fliegen, dachte ich. Dachte ich und wünschte alle Vernuft zum Teufel.

Das war noch am Strand von Santos, nicht weit von São Paulo, wo wir die Drachenflieger beobachteten und nichts Böses dabei im Sinn hatten. In Rio plötzlich hatte einer die Idee, wir könnten doch mit dem Drachen fliegen. Wir fuhren zum Corcovado, dem Bergkegel mit der gigantischen Christus-Statue, und besahen uns von oben die prachtvolle Stadt unter dem Sonnenbogen. Wir fuhren zum Zuckerhut und besahen uns von oben die eitel flimmernde Stadt, alle Herrlichkeit auf Erden, wo selbst die Elendshütten der Slums noch ungerührt als romantische Sehenswürdigkeit vorgeführt werden. Dabei wußten wir, daß wir uns bald entscheiden mußten: Wollen wir fliegen oder wollen wir nicht fliegen? Wir brauchten nur Ja oder Nein zu sagen. Wir sagten nichts.

Noch wehrten wir uns gegen einen Gedanken, von dem wir in Wirklichkeit längst besessen waren. Wir hatten schon Ja gesagt, wollten es aber noch nicht wissen. Ohne Schaden an unserem Selbstbewußtsein zu nehmen, das wurde uns langsam klar, würden wir aus der Sache nicht herauskommen. Als Kind, erinnerte ich mich plötzlich ohne konkreten Anlaß, begann ich mich immer erst nach dem 6. Dezember auf Weihnachten zu freuen, wenn der unsägliche heilige Nikolaus mit seinem himmlischen und höllischen Gefolge wieder dorthin abgereist war, wo er hingehört. Mit dem lieben Gott habe ich mich immer prächtig verstanden, mit seinen Heiligen viel weniger. Es war merkwürdig still geworden in unserem klimatisierten Automobil. Draußen war es glühend heiß. Heiße Luftschwaden strömten zuweilen durch den Fensterschlitz, ein Duft von salzigem Moder, Fäulnis. Wir fuhren über die Avenida Niemeyer, nicht benannt nach Oscar Niemeyer, dem noch lebenden Architekten von Brasilia, sondern nach dessen Großvater Konrad Niemeyer, der den gesamten Norden von Rio de Janeiro urbanisiert hat. Die Villen der großen Familie Niemeyer besetzen nahezu den gesamten Felsen, der den Strand von Leblon vom Strand São Conrado trennt. Die Bewohner von Rio, die Cariocas, haben Konrad Niemeyer zu einem der Ihren ernannt, São Conrado. Da wollten wir hin.

Aber bis wir am Ziel waren, legte sich die erste Dämmerung über die Bucht. Sollte die Nacht uns gnädig erlösen? Außerdem war Rui Marra, der brasilianische Meister im Drachenfliegen, gerade von einem Wettkampf in Europa zurück, nicht in São Conrado. Wir atmeten auf. Er komme erst morgen, hieß es. Fliegen wollten wir? Die braungebrannten, durchtrainierten Jungs sahen uns skeptisch und anerkennend zugleich an. Wir würden Tennisschuhe brauchen, sagten sie, und kurze Hosen, die beim Rennen nicht hinderlich seien, Bermudashorts vielleicht. Dabei musterten sie uns von oben bis unten, von hinten, von vorn, dann hoben sie den Daumen der rechten Hand, nickten uns aufmunternd zu. »Viel Glück«, sagte einer. »Ich bin morgen vormittag auch da«, sagte ein anderer wie zum Troste, als würden wir uns schon ein Leben lang kennen. Die Jungs sind sympathisch. Alle. Was machen sie nur den ganzen Tag, außer mit dem Drachen zu fliegen und am Strand zu liegen? Der Hund, eine braun-gelbe Promenaden-Mischung, hieß »Whiskey« und war das Maskottchen im Drachenflieger-Camp. Wir dachten, es sei wohl angebracht, sich gut mit ihm zu stellen.

Am nächsten Morgen um 11.30 Uhr sollten wir Rui Marra in São Conrado treffen. Aus der fernliegenden

Idee war ein konkreter Plan geworden. Den Abend verbrachten wir mit Einkäufen, Tennisschuhe, Bermudashorts, Socken, ein total verrücktes Sommerhemd, wir kauften vom Besten, für den Preis des Drachenflieger-Zubehörs hätten wir auch einen mittleren Gebrauchtwagen kaufen können. Zum Scherzen war uns nicht, eine verbissene Pflicht trieb uns weiter. Man bemühte sich um ein Gespräch, das, kaum begonnen, wieder steckenblieb. Wir schliefen unruhig oder gar nicht. Blödsinnigerweise rissen am nächsten Morgen an einem der neuen Tennisschuhe beim ersten Probebinden die Halterungen aus. Wir mußten noch einmal in das Sportartikelgeschäft. Es war schon weit nach Mittag, als wir in São Conrado ankamen — immer noch mit der leisen Hoffnung, Rui Marra sei vielleicht schon wieder gegangen. Aber was für ein Mißverständnis der brasilianischen Pünktlichkeit. Rui Marra war gerade erst gekommen. Nein, er schwebte ein, vom Berg herunter. Fast vor unseren Füßen landete er.

Rui Marra ist ein stiller, freundlicher Junge, sieht aus wie ein Südfranzose. Aufregend ist der Ernst, mit dem er das Geschäft des Drachenfliegens betreibt.

Das Wort »springen« will er nicht hören; er redet lieber von »laufen«, »rennen«, »fliegen«. Er spricht ruhig und eindringlich. Das ist kein Jux, kein Rummel-Vergnügen. Er sagt, als wäre das für ihn eine Alltäglichkeit, »es ist eine Herausforderung auf Leben und Tod.«

Wir sitzen schon im Auto und fahren in atemberaubenden Spitzkehren auf den Gipfel des Pedra Benita. Auf dem Autodach sind die Drachen sorgfältig verschnürt. Jeder von uns trägt andächtig seine Ausrüstung über dem Arm, Helm und eine Art gepolsterte Lederschürze wie ein Röntgenschutz mit allerlei Verschnürungen, Kniepolster, die während des Flugs vor der Landung aufzureißen sind, damit sie beim Laufen nicht stören. Es ist drangvoll eng in dem Auto. Wir schweigen. Ein Junge fährt noch mit uns, der die einzige Aufgabe hat, das leere Auto wieder nach unten zu fahren; er guckt umher, als ginge alles andere ihn nichts an. Wir beneiden ihn.

Erst von oben sehen wir, daß der Nachbargipfel des Pedra Benita, der Pedra da Garea, nach innen geöffnet ist wie eine Bühne, wie eine vorzeitliche Kultstätte, fast wie Stonehenge; der meterdicke schwarze Fels bildet einen feierlichen Halbkreis um einen Opferaltar. Auf dem Plateau unseres Berges geht es ziemlich lebhaft zu. Neben uns bereitet sich ein Kamera- und Reporterteam des französischen Fernsehens für ihren ersten Sprung vor. Wir beobachten mit tröstlichem Vergnügen, daß sie ebenso nervös sind wie wir und daß die starre, unkleidsame Drachenfliegertracht sie an denselben Stellen zwackt wie uns.

Ein Mädchen, höchstens 17 Jahre alt, kommt in schnittigem Tempo hochgefahren. In Minuten hat sie ihren Drachen aufgebaut. Bevor sie die Rüstung anlegt, läuft sie einmal zur Probe über die Rampe, sie schlägt mit den Armen wie ein Vogel, daß man glauben könne, sie wolle sich einfach so hinabstürzen. Es muß sich um einen eigentümlichen Text der Winde handeln. Sie nickt, sie ist zufrieden. Sie ist süchtig nach dem Flug, man sieht es ihr an. Ihr Gesicht ist unbewegt. Sie spricht mit niemandem. Sie setzt sich den Helm auf. Sie legt die Lederschürze um. Die Schnallen der Verschnürung schnappen zu, klick, klack. Sie schließt einmal die Augen, bevor sie mit ihrer Vogelverkleidung auf die Rampe tritt. Sie breitet die Arme weit aus. Der Wind bläht sanft die Segel. Sie rennt kräftig nach vorn und fliegt einfach weg. Sie fliegt. Der Wind trägt sie hoch. Sie umkreist den Altar des Pedra da Garea. »Umsonst spannt man das Netz vor den Augen derer, die Flügel haben.« Wo habe ich das nur gelesen? Ihr Flug geht hinüber zum Strand. Man sieht sie kaum noch. Ich bin der nächste an der Rampe.

Rui Marra hat mich gelehrt, wie man beim Laufen sich festklammert an den Piloten, ohne diesen im Laufen zu behindern: die linke Hand auf dessen Schulter, die rechte Hand auf dessen Brust. Nach dem ersten Tritt ins Nichts muß man den Kopf unter den Bügel des Drachens stecken. Auf keinen Fall darf man sich als Mitflieger wie der Pilot am Querbügel des Drachens festhalten, weil man sonst die Steuerung blockiert. In knappen dreißig Minuten habe ich tausend Regeln gehört. Ich habe immer genickt, *yes, yes;* vergessen habe ich sie alle.

Rui Marra zählt leise das Kommando, es klingt wie ein Gebet: *»One, two, three!«* Wir rennen los. Ich renne nur, ich denke nicht. Ich hänge an den Seilen, am Drachen, an Rui Marra. Wir schweben. Rui Marra ist zufrieden mit dem Start. Der Abflug sei exzellent gewesen. Ohne darauf zu achten, scheine ich alle Regeln befolgt zu haben. Der Flug ist wunderbar.

Wird man von dem Abenteuer überhaupt erzählen können, ohne mitleidig belächelt zu werden, eine letzten Endes doch kindische Mutprobe bestanden zu haben? Die Eitelkeit des Bewußtseins, das Bild, wie jeder sich selber sieht oder wie er gern gesehen werden möchte, bestimmt im allgemeinen das Handeln. Wo das Bild einen Kratzer bekommen hat, versucht man, ihn rasch zu korrigieren. Noch während des Flugs schaltete ich meine hymnischen Empfindungen aus, wie einen Lichtschalter, und sah die Erde unter mir wieder nüchtern. Sechzig amerikanische Dollar kostet der Drachenflug. Ich begann mich auf die Landung vorzubereiten und sah zu meinem Schrecken, daß Rui Marra den Drachen nicht zum Strand lenkte wie üblich, sondern auf eine Wiese.

Obwohl Körper und Geist während des Flugs aufs äußerste angespannt sind, durchströmt den Flieger eine selige Ruhe, eine heitere Gelassenheit, nach der er sich ein Leben lang gesehnt hat. Biochemiker haben dafür eine wissenschaftliche Erklärung: Der bestandene Streß bewirkt die Ausschüttung einer narkotischen Substanz, so daß der Flieger sich wortwörtlich *high* fühlt. Wie in manchen Märchen der tumbe Tor plötzlich die Sprache der Tiere versteht, so versteht der Drachenflieger plötzlich die Auf- und Abwinde, und wie Mensch und Vogel sich listig ihrer bedienen. Ich bin geflogen, weil ich wissen wollte, wie weit ich gehen kann, oder weil ich wissen wollte, wie es ist, über den Abgrund hinwegzulaufen. Der Absprung, trotz Rui Marras Verweis habe ich immer festgehalten an dem Wort, der Absprung ist ein bißchen Sterben: eine Art Generalprobe in Kulisse und Kostüm.

Die Landung war weitaus problematischer als der Start. Wenn man die Beinhalterung vom Drachen löst, verliert der Mensch sofort seine stolze vogelähnliche Haltung. Die Beine fallen gleichsam nach unten, baumeln nun unter dem Drachenbügel, so daß man etwas würdelos in den Seilen hängt. Jetzt käme es nur noch darauf an, mit den Füßen den Boden zu erreichen, im Laufen den Schwung auszugleichen und stehen zu bleiben. Merkwürdigerweise hatte ich mehr Angst vor der Erde als vor der Luft. So verlief die Landung reichlich holterdiepolter. Rui Marra meisterte allerdings auch diese Situation souverän. Ich kam mit Nasenbluten und einem leicht angekratzten Knie davon, einer als Beweis vorzeigbaren Wunde. Der Hund Whiskey kam angerannt und wedelte mit dem Schwanz. Ich sagte, ich wäre lieber am Strand gelandet. »Die Meister«, sagte Rui Marra ernst und versonnen, »die Meister landen auf der Wiese.« Da hinter jedem seiner inhaltsschweren Sätze eine Lebensphilosophie zu vermuten ist, grüble ich nun schon seit Wochen über den Satz nach.

Rui Marra ist Ende 1994 bei einem Meisterschaftsfliegen mit seinem Drachen abgestürzt und tödlich verunglückt. Die obenstehende Geschichte ist seinem Andenken gewidmet.

XVIII

STAGIRA IST NICHT STAGIRA

Nachts herrschen die Katzen in Olympiada. Wie Skulpturen sitzen sie auf den Stufen vor den Eingängen und beobachten mißtrauisch den Fremden. Von ferne hört man das Kampfgeschrei der Kater. Die Katzen geben sich unbeteiligt. Plötzlich stürzt sich die große Weiße auf ein Mäuerchen, vor dem sich ein Schatten bewegte. Sie duckt sich ins Gras, lauert unbewegt. Der Fremde bleibt stehen. Die Katze wirft ihm böse Blicke zu. Es ist ihr unangenehm, beobachtet zu werden. Die Katze behält ihr Ziel im Auge und sichert gleichzeitig nach hinten ab. Da, da bewegt sich wieder der Schatten. Die Katze springt, faucht, schüttelt nach Raubtiermanier den Kopf. Ein dünner, kaum hörbarer Schrei verhallt. Die Katze schleicht sich weg. Links an ihrem Maul ringelt sich der Mäuseschwanz.

Der Kampf war das Selbstverständlichste auf der Welt. Ich habe schon Tausende von Katzen beobachtet, bewundert, beneidet um ihre zielstrebige Unabhängigkeit, ihre Vollkommenheit. Aber noch nie hatte ich gesehen, wie eine Katze eine Maus fängt. Mein Herzklopfen führe ich auf Zivilisationsverbiegungen zurück. *Kitekat* hat jedenfalls in Olympiada nur begrenzte Marktchancen. Die nächtliche Wanderung über die Hauptstraße, es gibt nur diese eine

Straße, ist im übrigen unergiebig. In Spielhallen von fast aufregender Tristesse hocken ein paar Jugendliche, die sich anschweigen. Ich halte einen Brief in der Hand und suche einen Briefkasten. Da begegnet mir ein junger Mann. Ich frage ihn in allen Weltsprachen außer Griechisch nach der Post oder nach einem Briefkasten. Er sieht mich wohlwollend und verständig an, sagt aber nichts. Ich spiele ihm eine Pantomime vor, was ich mit dem Brief zu tun vorhabe: ich will ihn in einen Briefkasten stecken. Plötzlich geht ein Leuchten über sein Gesicht. Er zeigt auf den Brief und sagt: *»Ici pas!«* Wir verabschieden uns in Freundschaft. Fünfzig Meter weiter rechts finde ich einen Briefkasten mit amtlichem Wappen. (Nach vier Wochen ist der Brief sogar angekommen.)

In dem kleinen Zimmer des Hotels *Germany* — der Wirt hat früher einmal in Dortmund gearbeitet — höre ich bei offener Balkontür das Meer an den Strand schlagen. Das Hotel hat eine Luxuslage und ist nur eine bescheidene griechische Herberge. Diese groben, immer griechischblau gestrichenen Holzmöbel, die in Wahrheit gar nicht so bequem sind, sind wunderschön. Wer Griechenland liebt, liebt auch die blauen, klobigen Holzstühle. Das Abenteuer mit der weißen Katze versuche ich tapfer zu verdrängen. Olympiada ist ein Städchen, in dem man zur Ruhe kommt. Mir gefällt das Hotel, das Restaurant mit dem aufmerksamen, wenn auch stummen bulgarischen Kellner, der einsame, vergessene Strand mit seinen Fischerbooten, als habe man sie zur Dekoration hierher gelegt. Aber ich erforsche ernstlich mein Gewissen, bevor die Brandung mich in den Schlaf wiegt, ob es mir vielleicht deshalb so besonders gut gefällt, weil ich am nächsten Tag schon wieder weiterreise.

Die wenigen Fremden, die im Herbst hier über den Strand wandern oder, wie ich, nachts über die leere

Hauptstraße pilgern, genießen die Exklusivität. Der Tourismus ist hier in der fernen, weltabgeschiedenen nordöstlichen Ecke der Halbinsel Chalkidiki mehr Verheißung als Wirklichkeit. Kaum fand man sich damit zurecht, begann der kriegerische Konflikt im ehemaligen Jugoslawien, der alle hochfliegenden Träume zunächst einmal beendete.

Man muß sich das auf der Karte ansehen. Die Busreisen aus Deutschland, die einst die Hauptklientel der wenigen Hotels bildeten, können seit dem Jugoslawienkonflikt gar nicht mehr oder nur noch mit Mühe herkommen. Das gilt auch für individuell reisende Autofahrer. Bahnreisen sind völlig unmöglich. Es bleibt nur die Flugreise über Thessaloniki; wobei die meisten Passagiere jedoch, ob mit oder ohne Veranstalter, schon von den vielen Hotels auf den drei Fingern von Chalkidiki abgefangen werden. Nein, ein »Renner« ist Olympiada nicht. Der rührige Wirt des *Germany* hat mit britischen Veranstaltern verhandelt und kam mit ihnen nicht zurecht. Erstens wollten sie das Hotel ausschließlich für sich, so daß er für seine Stammgäste keinen Platz mehr gehabt hätte. Zweitens verlangten sie, daß er den Namen seines Hotels ändere; das wollte der Wirt auf keinen Fall. Also war es nichts mit den Briten. Dann versuchte er es mit Billigreisen aus Tschechien, Ungarn und Bulgarien. Aber das paßte ihm auch nicht. Sie wollten so niedrige Preise zahlen, daß er seine griechische Qualität nicht hätte halten können. Jetzt wartet er wieder auf Deutsche und auf das Ende des Bosnien-Krieges. Er rechnet sich weiter Chancen aus. Wie sollte er auch nicht? Die Halbinsel Chalkidiki ist bestimmt eine der schönsten und weitgehend unentdeckten Feriengebiete Europas.

Nach den Vorstellungen des *Germany*-Wirtes soll ausgerechnet Olympiada im künftigen, aufblühenden Tourismus von Chalkidiki eine herausragende Rolle spielen. Das Dorf selbst gibt nicht viel her. Es wurde erst 1922 als Flüchtlingsdorf für aus der Türkei vertriebene Griechen gegründet. Der Name allerdings — in manchen Büchern und auf einigen Karten heißt es auch »Olympias« — hat einen klassischen Hintergrund: Der Ort ist benannt nach der Gemahlin von Philipp II., der Mutter von Alexander dem Großen, die nach einer Legende von seinem Nachfolger hierher verbannt worden war. Wichtiger als der Name sind aber die Ausgrabungen auf der Halbinsel Liotopi, zwei Kilometer östlich von Olympiada. Hier soll sich das antike Stagira befunden haben, außerdem gibt es hier zauberhafte, verschwiegene Badebuchten. Stagira unterlag während der Persischen Kriege den Persern. Später wurde die Stadt Mitglied des Athenischen Bundes, von dem sie sich im Peloponnesischen Krieg wieder trennte. Sie schloß sich Sparta an und wurde 348 vor Christus von Philipp II. erobert und zerstört. Zu Ehren von Aristoteles, der 384 vor Christus in Stagira geboren wurde, soll Philipp II., der sein Schüler war, die Stadt später wieder aufgebaut haben. Aber in der Geschichte spielte sie fortan keine Rolle mehr.

Wenn man vom »Stagira-Streit« spricht, wird der sonst friedliche *Germany*-Wirt richtig böse. Das sei kein Streit, das sei nun wissenschaftlich längst entschieden. Er stellt sich vor, daß auf Liotopi eine Art archäologischer Park entsteht, den zu besichtigen sich niemand entgehen lassen dürfe — und alle Reisenden werden dann in Olympiada wohnen müssen. Tatsächlich sind die Ausgrabungen eindrucksvoll, und man wartet mit archäologischer Spannung darauf, was sie noch alles zutage fördern werden. Stagira-Streit, entschieden oder nicht, Streit wird es in jedem Falle geben. Denn es gibt bereits ein Stagira.

Das moderne Stagira liegt gut dreißig Kilometer westlich von Olympiada im Innern der Chalkidiki-

Halbinsel. Es war einst ein byzantinisches Dorf mit einem Erzbergwerk, das noch bis im 18. Jahrhundert bestand. Es hat eine idyllische Lage zwischen den Bergen mit einer traumhaften Sicht auf den Berg Athos, und seine bekannteste Sehenswürdigkeit ist die äußerst häßliche Aristoteles-Statue. Man geht ungläubig um sie herum und kann ihr von keiner Seite einen Reiz abgewinnen. Die häßlichste Statue des neuzeitlichen Griechenlands für den folgenreichsten Philosophen der Antike. Das dürfte die Strafe dafür sein, daß Aristoteles hier völlig zu Unrecht gefeiert wird. Denn Stagira ist nicht Stagira — ich halte mich an den *Germany*-Wirt.

Touristisch wird Chalkidiki in drei Teile unterteilt: in den ersten Finger, Kassandra, in den zweiten Finger, Sithonia, und in den dritten Finger, Athos. Aber im Innern der Halbinsel, also oberhalb der drei Finger, hat es mir am besten gefallen. Die Mischwälder, die engen Bergstraßen, die nach jeder Kurve wechselnde Vegetation, die Stille und der Friede über dem Land. Einmal stießen wir mitten auf der Straße auf eine Schildkröte, die mühsam, doch offensichtlich in unaufschiebbaren Geschäften, vom Wald rechts in den Wald links mußte. Wir hielten an, nahmen sie hoch — sie strampelte in Todesangst mit den kurzen Beinen — setzten sie vorsichtig in den Wald links und hofften darauf, daß sie nicht allzubald wieder in den Wald rechts zurückmüsse.

Die Hauptstadt Polygyros vermittelt dem Fremden eine einzigartige Erfahrung: daß er künftig sagen darf, ich war in Polygyros. Wer kann das von sich behaupten? Sonst muß man nicht unbedingt dorthin. Anders verhält es sich mit dem Kreisstädtchen Arnaia, einem heimlichen Juwel griechisch-byzantinischer Architektur. Die Treppenstraßen, die vorspringenden Häusergiebel, deren Spitzen sich fast berühren, die geschnitzten Holzdecken über den traditionell blau gestrichenen Zimmerwänden, die wenigen, fast festungsartigen Herrenhäuser, die dennoch so bescheiden sind. Leider befinden sich alle Häuser in einem erbarmungswürdigen Zustand des Verfalls. Aber es ist nicht Rothenburg ob der Tauber, keine Museumsstadt, alle Häuser werden von ihren Besitzern bewohnt. Der Dorfplatz ist ein Zentrum der Kommunikation. Die Cafés, die Geschäfte mit ihren Wollwaren, Pullovern, grellfarbigen, aber elegant gemusterten Teppichen zu so niedrigen Preisen, daß man es zuerst nicht glauben kann. In einem bis an die Decke vollgestopften Haushaltswarengeschäftchen kaufte ich bei einem uralten Ehepaar, die zuerst nicht wahrhaben wollten, daß ich es ernst meinte, für umgerechnet zehn Mark eine Petroleumlampe, die nun jeden Abend auf meinem Arbeitstisch brennt und ein mildes Licht verbreitet.

Welcher Ort auf welchem der drei Finger als Feriendomizil zu bevorzugen ist, darüber streiten die Touristen. Der Streit ist fast so schön und so heftig wie der, welche der vielen griechischen Küchenspezialitäten nun die beste sei. Am besten ist, man ißt sich durch die Speisenkarte und sieht sich alle Orte an. Jeder ist eine Spezialität. Am besten hat es mir in Potidäa im Norden von Kassandra gefallen, wo der historische Kanal den ersten Finger durchquert. Nach Angaben des Geographen Strabon im 1. Jahrhundert nach Christus bestand der Kanal schon zur Zeit des klassischen Griechenlands. Später wurde er immer wieder erneuert. Auch zur Zeit der türkischen Besatzung war er noch eine wichtige Handelsstraße. Heute dient er mehr der idyllischen Dekoration. An der Toronäus-Bucht, wo der Kanal endet, liegt ein entzückender kleiner Fischerhafen.

Der sommerliche Hauptort — nicht nur von Kassandra, sondern von ganz Chalkidiki — ist aber zweifellos Sani mit der großen Hotelanlage *Sani-Beach* mit Yachthafen, Bungalows und Villen. Es ist das touristische Vorzeigestück von Chalkidiki, ganz im Besitz der allgegenwärtigen Familie Andreadis, die auf allen nur denkbaren Tasten der Touristik spielt: Hotels, Fliegerei, Immobilien, Bauunternehmungen. Vater Andreadis kam 1958 als Flüchtling nach Kassandra. Er kaufte das sumpfige Küstenland den Athos-Mönchen ab. Heute beschäftigt der Konzern seiner Söhne über tausend Angestellte, weit und breit der einzige Arbeitgeber von Rang und Namen. Das Problem von *Sani-Beach*: Die Saison ist zu kurz. Der Sommer ist heiß, aber schon im Oktober beginnen die Herbststürme, und im Winter ist Chalkidiki von allen Fremden verlassen. Andreas Andreadis bemüht sich darum, *Sani-Beach* zu einem Kongreßzentrum mit ganzjährigem Betrieb auszubauen.

Das Tor zur Halbinsel Chalkidiki ist Thessaloniki, schon wegen des Flughafens, aber auch als beherrschende Stadt. Es ist mit einer Million Einwohner die zweitgrößte griechische Stadt, und Kenner streiten sich gern darüber, ob es nicht die schönste Stadt Griechenlands sei. Es ist eine Stadt voller Leben und Betriebsamkeit. Griechisches Leben ist hier vermutlich unverfälschter zu studieren als in der Touristenstadt Athen.

Jede Besichtigung von Thessaloniki beginnt selbstverständlich im Archäologischen Museum. Architektonisch ist es kein Meisterwerk, aber seine Schätze sind wahrhaft atemberaubend. Im Mittelpunkt stehen die Funde der Ausgrabungen von Vergina, wo sich die Königsgräber des klassischen Makedonien befanden, die erst in den frühen siebziger Jahren entdeckt und zwischen 1977 und 1978 ausgegraben wurden. Ihre Pracht und Kostbarkeit ist schwer zu beschreiben. Alle diese Gräber fand man unversehrt; kein Grabräuber hatte vorher hier gewütet. Alle Schätze sind nun hier im Museum zu sehen. Die goldenen Haarkränze, die Urnen, der Schmuck, die Rüstung Philipps II., seine Beinschienen, sein Helm, sein Schwert, sein Schild — nicht einmal Fellini oder Pasolini hätten sich großartigere Kostüme ausdenken können. Im Gegenteil, dem Betrachter drängt sich immer wieder der Gedanke auf, die beiden hätten sich in ihren Filmen an den Funden von Vergina orientiert. Die wenigen Statuen aus römischer Zeit sind sorgfältig ausgesuchte Einzelstücke. Jedes Stück des Museums wäre für sich ein Museum wert.

Die Stadt ist ziemlich einfach angelegt, schachbrettartig: oben die Burg mit der großen Mauer, unten das Meer mit Hafen und Promenade. So prachtvoll sieht von unten die Burg aus, daß ich es für eine Pflicht hielt, nach oben zu pilgern. Eine große Enttäuschung: nichts außer der großen Mauer. Nun gut, man hat einen schönen Blick über die Stadt, erkennt die Kirchen und Plätze, die Altstadt, das Messezentrum und die Geschäftsstraßen — und kann dann über pittoreske Treppchen und Wege an Vorgärten und Weingärten entlang wieder nach unten wandern. Auf halbem Weg entdeckte ich zwischen Höfen und verfallenen Häusern das Hosios David-Mosaik, auf das man mich aufmerksam gemacht hatte. Es befindet sich in einer fast verfallenden Kirche aus dem 12. Jahrhundert. Als Athos-Besucher war ich nicht gar so beeindruckt wie meine Bekannten — auf dem heiligen Berg hatte ich großartigere Kunstwerke gesehen —, aber die byzantinischen Fresken und Mosaiken gehören bestimmt zum Kostbarsten, das Thessaloniki zu bieten hat. Erschütternd ist der verwahrloste Zustand der Kirche. Da finden sich einige der schönsten und ältesten Dokumente der Christenheit, die ohne jede Pflege und Beachtung einfach verfallen. Das Gesicht des Christus, das Hauptwerk der Kirche, ist von melancholischer Schönheit mit einem eigentümlich jugendlichen Schmelz.

Die Hauptgeschäftsstraße von Thessaloniki ist die Tsimiski, parallel zur Promenade. Die Altstadt über dem alten Hafen präsentiert sich am Tage als ein riesiger Markt, der allenfalls im sizilianischen Palermo ein Gegenstück findet. Das urbane Zentrum ist der Aristoteles-Platz, wieder mit einer Statue, hundertmal schöner als die von Stagira. Man muß übrigens darauf achten, den Namen in korrekter neugriechischer Betonung auszusprechen, also nicht Aristóteles-Platz, wie alle Westeuropäer sagen würden, sondern »Aristotéllis-Platz«. Hier gibt es alte Hotels und Cafés, in denen sich die feine Gesellschaft von Thessaloniki trifft, etwas müde und dekadent, und gelangweilt an süßen Torten knabbert, die an den Zähnen schmerzen. Besser hat es mir in den lauten, verrauchten und übervollen Cafés an der Promenade gefallen, wo die Mädchen Miniröcke tragen, die unmittelbar unter dem Gürtel zu enden scheinen, und wo die Jungs vor lauter Stiefeln und Lederklamotten kaum noch gehen können: Hier gibt es mehr Motorradfahrer als Motorräder in ganz Griechenland.

Doch, doch, in Thessaloniki findet jeder, was er sucht.

AUF DEM HEILIGEN BERG ATHOS

Immer wieder erzählte P. vom Berg Athos. Von den Mönchen, von den Klöstern, von der Landschaft. Wie er auf dem Berg, auf dem höchsten Punkt der Welt, wie er sagte, sich selbst gefunden und die Welt weit unten zurückgelassen habe. Da ich seine Neigung zu esoterischer Spökenkiekerei kannte, sagte ich »ja, ja« und vergaß, was er gesagt hatte. Es dauerte vier Jahre, bis ich, ausgerüstet mit Genehmigung, einer Art Visum, und Empfehlungsschreiben, in dem kleinen Schiff saß, das von Ouránopolis nach Dáphni fährt, dem einzigen Eingangstor zum heiligen Berg.

Das Schiffchen tuckerte gemütlich. Die Spätsommersonne schien angenehm verschleiert, während sich am Horizont dunkle Wolken zusammenballten, die später unserem Aufenthalt auf dem Berg eine ungewöhnliche Farbe geben sollten. Die Passagiere sahen auf den ersten Blick wie die zusammengewürfelten Mitglieder eines Kegelklubs aus, der einen Ausflug macht. Wer näher hinschaute, bemerkte die Unterschiede. Die Älteren sahen ernst aus, wie Bergsteiger vor einem hohen Ziel; viele hatten einen Wanderstock in der Hand, den sie sorgfältig prüften, ob er zu ihnen passe. Vor allem waren viele junge Männer an Bord, Rucksacktouristen mit langen Haaren oder ganz kurzen, griechische, amerikanische, eifrig in Büchern über den Berg Athos lesend. Ich erinnerte mich wieder an P. und seine Erzählungen. Die heitersten an Bord waren griechische Arbeiter, Handwerker und Baumfäller, die für die Klöster arbeiten. Ein Delphinpärchen begleitete das Schiff für eine Weile. Mit jubelnden

Sprüngen, einer über den anderen, so sah es aus, amüsierten sie sich über uns.

Berg Athos nennt man die langgezogene Spitze des sogenannten dritten Fingers der dreifingrigen griechischen Halbinsel Chalkidiki, der also Istanbul oder, wie man hier konsequent sagt, Byzanz oder Konstantinopel am nächsten liegt. Es ist nicht nur der Berg Athos selbst, der mit zweitausenddreiunddreißig Metern zu den höchsten Bergen Griechenlands zählt, sondern es sind vor allem die bewaldeten Vorgebirge mit steilen Küsten auf beiden Seiten des Fingers. Der Ehrlichkeit halber muß ich gestehen, daß ich den Gipfel des Athos nur für Sekunden gesehen habe. Zuerst lag er im Dunst, später in dichten Wolken. Das Vorgebirge und der Berg selbst erstrecken sich auf einer Länge von sechzig Kilometern und einer Breite von acht bis zwölf Kilometern. Auf einer Fläche von insgesamt etwa dreihundertsechzig Quadratkilometern bestehen heute zwanzig große Klöster mit einigen Dependancen. An der Spitze der Halbinsel leben auch heute noch Eremiten in Einsiedeleien. Es gibt ein Städtchen, das sich stolz Hauptstadt nennt, Karyés, ein paar Dörfer. Auf dem Berg leben etwa zweitausend Mönche, nicht alle in Klöstern, manche auch in bürgerlichen Wohngemeinschaften oder allein, außerdem ein paar zivile Arbeiter.

Die Geschichte des heiligen Berges beginnt unter undurchdringlichen Schichten von Mythen und Legenden. Die ersten Klostergründungen gehen nachweislich auf das 7. Jahrhundert zurück, doch die Historiker sind sich einig, daß es auch früher schon Mönche und Einsiedler auf dem Berg Athos gab. Die Idee des Mönchtums, die in Ägypten, Syrien und Kleinasien unabhängig vom Christentum ihren Ursprung hat, fand über Palästina und Konstantinopel auf dem Berg Athos ihre europäische Heimstatt. Als die Kaiserin

Theodora 843 die Wiedereinführung der Bilderverehrung beschloß, was später zum Schisma zwischen der abendländischen und morgenländischen Kirche führte, begann die große Zeit für den Berg. Einige der heute noch bestehenden Klöster wurden im 9. Jahrhundert gegründet, griechische Klöster, wie man heute sagt. Aber im 11. Jahrhundert kamen auch nichtgriechische Klöster, russische, georgische, rumänische, bulgarische dazu. Kaiser Andronikos unterstellte den Athos 1312 dem Patriarchen von Konstantinopel; darum nennt man den Athos auch den »Berg von Byzanz«. Ein eigener Staat indes, eine Mönchsrepublik, wie man sagt, ist der Berg Athos in Wahrheit nie gewesen. Er wurde lediglich von den Mönchen autonom verwaltet, auch während der langen türkischen Besatzungszeit. Seit dem Vertrag von Serres, 1920, gehört der Athos zum griechischen Staat.

Unser Schiff legte in Dáphni an. Fremdenführer Adam Koufonikolas, der zum Berg Athos ein eher verwandtschaftliches als kunsthistorisches Verhältnis hat, erledigte die komplizierten Grenzübergangsformalitäten. Mit hüpfendem Gang eilte Adam von Behörde zu Behörde, wies die Stempel und Papiere vor, redete, zeigte auf uns, verbeugte sich — ich verstand nicht, was gesprochen wurde, aber es sah aus, als bürge Adam für jeden von uns. Obwohl wir uns erst vor knapp drei Stunden kennengelernt hatten, redete er, als kenne er uns ein Leben lang. Adam hat nur noch wenige Haare, aber die wenigen hat er hinten zu einem Zöpfchen zusammengebunden. Adam sieht aus wie ein alter Indianer. Seine äußerliche Devotion kann blitzschnell umschlagen in Schärfe. Wenn er zum Beispiel das Gefühl hatte, man folge seiner Rede unaufmerksam, konnte er böse werden. »Hören Sie mir zu oder nicht?« fragte er dann, so daß man reuevoll mit höherer Aufmerksamkeit wieder seiner Rede lauschte.

Drei Tage waren wir auf dem Berg Athos, drei Tage lang redete Adam. Er organisierte für uns den Transport, die Unterkunft. Er wies uns an, wann wir in der Kirche zum Gottesdienst erscheinen mußten, meistens vor Sonnenaufgang. Er beschwatzte die Mönche, uns ihre Schatzkammer zu zeigen. Einmal öffnete er gar selbst, ohne zu fragen, einen Sarkophag, worauf wir der Kirche verwiesen wurden. Obwohl wir ihn inzwischen längst in unser Herz geschlossen hatten, konnten wir uns heimlicher Schadenfreude nicht enthalten. Adam hüpfte verlegen vor uns her aus der Kirche, rückte sein Zöpfchen zurecht und sprach nicht mehr über den Vorfall.

Ein Besuch auf dem Berg Athos ist keine Vergnügungsreise. Mit dem Einzug in Karyés, der kleinen Hauptstadt, dem Verwaltungszentrum — die zwanzig Hauptklöster unterhalten hier gleichsam diplomatische Vertretungen, denn Vertreter dieser Klöster bilden die Regierung des autonomen Gebietes — hat den Besucher eine sonderbare Stimmung erfaßt, sich außerhalb der Zeit zu befinden. Alles ist hier anders. Alltagsfragen wie etwa der Transport von einem zum anderen Kloster werden einerseits zu einem fast unüberwindlichen Problem, andererseits jedoch ist auf eine geradezu luxuriöse Weise für alles gesorgt. Zu bezahlen braucht man nichts. Alles ist gratis. Es wird eine Spende erwartet. Jeder kann geben, was er will. Keiner bleibt stehen. Jeder wird mitgenommen auf dem kleinen Lastwagen deutscher Herkunft. Vier Männer drängen sich auf der Bank hinter Fahrer und Beifahrer, etwa zwölf, dreizehn oder mehr drängen sich hinten auf der Ladefläche. Der Chauffeur, ein Mönch, nicht vertraut mit den sensiblen Rücken und Hinterteilen der Menschen in der Zivilisation, nahm keine Rücksicht auf unsere Leiden. Mit Horrido und Tempo überfuhr er Gräben und Buckel auf den Wald-

und Bergwegen, daß man als Passagier hinten auf der Ladefläche zuweilen das Gefühl hatte, jetzt breche der Rücken durch. Aber durch was für eine traumhafte Landschaft sind wir gefahren!

Das Vorgebirge des Berges Athos ist von einem dichten Mischwald bewachsen, dessen einzelne Bäume sich nahezu urwaldartig ineinander verwoben haben. Es soll hier Tausende von Schlangen und auch Wölfe geben; wir haben sie nicht gesehen. Es fällt auf, daß südliche Vegetation, wie etwa Palmen und Agaven, völlig fehlt. Dafür Eichen, Birken, Kastanien, baumhohe Farnkräuter, aber auch bei uns schon lange zu Raritäten gewordene Ulmen und Linden. Wirtschaftlich leben die Klöster, mehr schlecht als recht, von den Einnahmen aus dem Abbau einer Kupfermine, vom Weinanbau, vom Olivenöl, vom Handel mit nachgemalten Ikonen und anderen Devotionalien — leider aber auch vom Handel mit Holz. Im Winter, wenn auf der Halbinsel Chalkidiki die ohnehin schon mäßigen Einnahmen aus dem Tourismus völlig ausfallen, zieht es viele Bewohner, um wenigstens ein paar Drachmen zu verdienen, als Waldarbeiter auf den Berg Athos, und Bewohner berichten von Holzfähren und Holzfuhren auf schweren Lastwagen Tag und Nacht. Die Mönche müssen wissen, was sie tun. Man muß dem hohen Rat vertrauen. Aber wir, empfindlich in Umweltfragen und wohl wissend, daß meistens die schlechteste aller Lösungen gewinnt, sehen skeptisch in den Wald.

Ich habe sechs der zwanzig Klöster besichtigt, war verwirrt und erstaunt über die alten Kirchen, die unendlich kostbaren Fresken, Gemälde und Mosaiken, einzigartige Dokumente der Christenheit. Aber ich sah auch den schon erfolgten oder drohenden Verfall und die erschreckende Armut. Es muß etwas geschehen, denkt man in westlich-weltlicher Selbstverständlichkeit — und hört dann verblüfft, daß einige Äbte der

Klöster sich jede Geldzuwendung der Unesco oder der Europäischen Gemeinschaft verbeten haben. Zwar herrsche über diese Frage im Rat der Mönche Uneinigkeit, aber die Argumente der Gegenpartei wollen bedacht sein. Erstens fürchten die Mönche nach wie vor um ihre Unabhängigkeit, und zweitens, das Argument wiegt schwerer, sollten die Klöster und Kirchen auf keinen Fall den Rang eines Museums erhalten. Betrachtet man die für uns rätselhafte Verehrung der Bilder und Reliquien, das Küssen der Ikonen, das Niederknien und Verbeugen, das immer wiederholte Sich-Bekreuzigen, den pompösen Ritus, bei dem das bloß Formale das Inhaltliche vertrieben hat, möchte man sich zuerst entsetzt abwenden von dieser fremden Welt. Aber man begreift sehr rasch, zynisch und blasphemisch, daß allein die Erhaltung des Kults den Bestand der Kunstwerke garantiert.

Die erste Nacht auf dem Athos verbrachten wir in dem Kloster Megisti Lavra, dem ältesten und größten, das Athanasios selbst 963 gegründet hat. Es liegt auf einem Felsplateau an der östlichen Spitze der Halbinsel. In der zweiten Nacht waren wir im Kloster Vatopedi, nicht viel jünger als Megisti Lavra. Auch dieses liegt an der Ostküste, aber nun schon oben, fast an der Grenze des Mönchsgebietes. Die ruhigste, friedlichste, eine fast heitere Stimmung erlebte ich im Kloster Iviron, wo wir am Mittag des zweiten Tages waren. Vielleicht lag es daran, daß einer der jungen Mönche uns in geläufigem Englisch empfing und uns durch das Kloster führte, unbekümmert und gelöst, während wir in den anderen Klöstern viele mürrische Gesichter gesehen hatten. Das Iviron wurde am Ende des 10. Jahrhunderts von georgischen Mönchen gegründet. Nach dem Ersten Weltkrieg soll gar ein Verwandter Stalins hier gelebt haben. Der letzte Georgier ist 1955 gestorben. In Erinnerung bleiben wird mir das verblaßte und stark beschädigte Wandgemälde, das das Gesicht von Johannes dem Täufer zeigt. Der Mönch erklärte uns mit einfachen Worten, wie nebenbei gesprochen, »die Tragödie seines (Johannes') Lebens«, Christus zwar getauft, ihn gesehen, von ihm und seinem Auftrag gewußt, die Erlösung aber nicht erlebt zu haben.

Obwohl Adam nicht müde wurde, uns immer wieder auf die intellektuelle Bedeutung der Klöster hinzuweisen, mochten wir ihm zu seinem Kummer nicht recht glauben. Das Kloster Iviron wäre der einzige Platz gewesen, wo man es überhaupt gewagt hätte, einige von den vielen Fragen zu stellen, die uns seit Betreten des Berges beschäftigten. Aber auch dort unterließen wir es. Man redet nicht so viel auf dem Berg Athos. Man schweigt mehr. Nachdem ich das als wohltuend empfand, begann ich mich zu fragen, ob ich schon angekränkelt sei von der Idee des Mönchtums. Noch eine Frage also, und alle muß man sich irgendwie selbst beantworten. Wie ist das nun mit den Frauen und den weiblichen Tieren, die den Berg Athos nicht betreten dürfen?

Für die Tiere bin ich der Frage nicht nachgegangen. Für Katzen gilt sie offensichtlich nicht, denn ich habe selten so viele Katzen, männliche und weibliche, auf einen Fleck gesehen wie in den Klöstern. Und die Frauen? Schließlich können die Mönche einladen und zulassen, wen sie wollen, wie sie sich auch das Abfotografiert-Werden verbeten haben und von den Besuchern erwarten, daß sie sich nach ihren Regeln richten. Darüber hat sonst niemand zu entscheiden. Das wollte ich auf die Frage nach den Frauen antworten. Aber dann hört und liest man die gleichsam offizielle Begründung und kommt ins Grübeln. Die Entscheidung geht auf eine alte Legende zurück. Maria, die Gottesmutter, habe zusammen mit dem Evangelisten Johannes auf ihrem Weg nach Zypern den Athos besucht und in Bewunderung der Landschaft ihren Sohn gebeten, ihr die Halbinsel zu schenken. So geschah es, und der Berg Athos wurde zum »Garten der Muttergottes«. Darum durften keine anderen Frauen die Halbinsel je betreten. Es geschieht auf dem Athos oft, daß man von intellektuellen Höhen in ziemlich naive Dummheit herabgestoßen wird. Denn warum sollte der Besitz der Muttergottes die Frauen ausschließen? Ist Maria eifersüchtig? Oder ist sie, reichlich weltlich, verliebt in ihren Besitz? Das gibt alles keinen Sinn. Psychologen deuten das Frauenverbot anders: die Mönche hätten Angst vor den Frauen. Wie immer es damit sein mag, abgesehen von der sogenannten Marienverehrung auf dem Berg, die sich in Tausenden von Ikonen dokumentiert — die Frauen mögen es mir verzeihen —, vermißt werden sie auf dem Athos nicht.

Eine andere Frage beschäftigt mich mehr. Denn nicht nur Frauen ist der Zutritt verwehrt, sondern ausdrücklich auch den Nichtchristen. Selbst katholische Priester benötigen zu den üblichen Eintrittspapieren eine Genehmigung des Ökumenischen Patriarchats Konstantinopel. Ob auch hier wieder Angst eine Rolle spielt? Es klingt auch nach Hochmut, im Besitz der alleinigen Wahrheit zu sein und sich darin nicht stören zu lassen. Wir Weltliche wissen allerdings, daß es ein fataler Irrtum wäre zu glauben, man könne klarer denken oder gar beten, wenn man allen heilsamen Verstörungen aus dem Wege geht. Vor dem Kloster Iviron, wo wir wieder einmal zur Weiterfahrt auf unseren Lastwagen warteten, wurden wir von einem alten Mönch, dem Bruder Pförtner, regelrecht, wenn auch wohlwollend, beschimpft, weil wir in einer Gruppe gekommen waren. Auf den Athos müsse man allein und ohne Führer kommen, sagte er — und er hatte recht damit.

Inzwischen erlebten wir den Athos von seiner unfreundlichen, winterlichen Seite. Es goß in Strömen. Man war schon froh, wenn die Plane des Lastwagens wenigstens dicht war. Es war empfindlich kühl und ungemütlich geworden. Im Kloster Vatopedi sahen die Schlafräume für Pilger und Besucher nicht gar so kahl und abstoßend aus wie im Megisti Lavra. Hier gab es sogar richtige Sitztoiletten, während es in den anderen Klöstern nur Plumpsklos waren. Duschen suchte man auch hier vergeblich. Eine tröpfelnde Wasserleitung über einem angeschlagenen Emaillebecken auf dem Gang bot die einzige Möglichkeit, sich zu waschen. Der Spiegel, nur eine Scherbe, hatte die Größe von zwei Kämmen. Für insulinpflichtige Diabetiker empfiehlt sich der Athos nicht als Therapie. Denn die Frage nach der Verpflegung ist schnell beantwortet: Es gibt so gut wie nichts. Ich ernährte mich weitgehend von Traubenzucker-Bonbons und hoffte, daß mein Insulinspiegel nicht allzu verrückt spielte. Natürlich gibt es in den Klöstern nur Schlafsäle, neun Betten in unserem Zimmer. Einer schnarchte, daß die Erde bebte. Er wurde mehrmals in der Nacht geweckt, um ihn am Schnarchen zu hindern, während ich die sinnlichen und perversen Freuden einer milden Schlaftablette genoß und durchschlief, bis Adam auf Socken, mit der Petroleumlampe in der Hand in den Schlafsaal kam und erklärte, daß es nun Zeit zum Gottesdienst sei.

Im Vatopedi wurde schon seit dem Abend unserer Ankunft ein Fest zum Gedenken an einen lokalen Heiligen gefeiert, dessen Namen ich vergessen habe. Wir hatten beobachtet, wie der Mönch, das Schlagholz in einem komplizierten Rhythmus schlagend, durch alle Teile des weitverzweigten Klosters eilte und die Brüder zum Gebet rief. Wir hatten uns an den dumpfen Klang der Stundentrommel auf dem Athos schon gewöhnt. Wir hatten die Abendandacht erlebt. Wir kannten bereits die Besucher und frommen Pilger, wieder waren es vorwiegend junge Männer, Studenten, die mit fast ekstatischen Augen den Gebeten folgten. Als ich am frühen, noch dunklen Morgen in die Kirche kam, etwas verspätet, als letzter vermutlich, umfingen mich bereits dichte Wolken von Weihrauch, vermischt mit etwas Rosenöl, der himmlische Wohlgeruch. Die Kirche war dunkel, nur der innerste Raum erhellt von Kerzen und bunten Öllampen, deren Schein sich auf den Ikonen und den Messingbeschlägen hundertfach widerspiegelte. Es war eine Messe im alten Ritus, die allerdings immer wieder unterbrochen wurde von besonderen Gebeten zu diesem besonderen Feiertag. Der Höhepunkt des Gottesdienstes war zweifellos die Vorstellung und Verehrung der silberbeschlagenen Reliquien, die in einer feierlichen Prozession von der hinteren Kapelle der Kirche, dem Allerheiligsten, das den Priestern vorbehalten ist, in den mittleren, inneren Raum getragen wurden. Es gab ein Kreuzpartikel, das Hemd der Muttergottes, die Hand des heiligen Georg und mehrere Schädelreliquien: Silberne, reich mit Edelsteinen geschmückte Kugeln, deren oberen Deckel man aufklappen kann, so daß darunter tatsächlich eine Schädeldecke zu sehen ist. Alle Mönche kamen, knieten nieder und küßten die Reliquien. Es dauerte lange, bis auch die Pilger die Heiligtümer verehren durften. Es sah aus, als befänden sie sich in einem Wettstreit der Verehrung, noch mehr Kniebeugen, noch mehr Küsse, noch mehr Kreuzzeichen.

Jetzt herrschte eine trübe Dämmerung; nach unserer Uhr waren es acht Uhr; die Athoszeit richtet sich nach der Sonne: In einigen Klöstern gilt der Sonnenuntergang als Stunde Null, in anderen der Sonnenaufgang. Nach dem Gottesdienst ertönte wieder ein Signal auf dem Schlagholz: Die Tore des Refektoriums standen offen. Der Abt geht als erster hinein, alle anderen strömen ihm nach. Ich kannte schon die Refektorien von Megisti Lavra und von Iviron, aber wieder war ich verblüfft von der Kostbarkeit des Ambiente: Kein Luxusrestaurant auf der Welt bietet annähernd Gleichwertiges. Die uralten Fresken an den Wänden, die dicken Marmortafeln als Tische, die gemauerten Bänke. Was für ein genialer Designer hat sich das ausgedacht. Vor jedem Platz stehen eine Schüssel und ein Becher. Zuerst wird ein Gebet gesprochen. Dann beginnt der Vorleser mit der Lesung. Während des Essens wird nicht gesprochen. Man hätte auch keine Zeit dazu. Denn nach acht Minuten spätestens schlägt der Abt mit seinem Stock auf den Boden. Der Vorleser beendet mitten im Wort seine Lesung. Es wird noch ein Gebet gesprochen. Dann verläßt der Abt eilenden Schritts mit wehendem Gewand den Raum, und alle Anwesenden folgen ihm nach ungeschriebener, doch eindeutiger Rangordnung. Draußen stellt sich der Abt auf die rechte Seite vor das Portal. In der linken Hand hält er seinen Stock, die rechte Hand hält er, mit Daumen und Ringfinger ein Kreuzzeichen bildend. Die Pilger und Besucher dürfen seine Hand küssen.

Die Mönche essen zweimal am Tag, morgens und abends nach ihrer Zeit. So ist das, was wir hochgemut Frühstück nennen, für sie auch das Mittagessen. Die Kost ist, wissenschaftlich betrachtet, gemäßigt vegetarisch: kein Fleisch, doch Fisch und Käse, sonst nur Salate, Gemüse und trockenes, ziemlich hartes Brot. Zu trinken gab es kaltes Wasser, einmal einen wohlschmeckenden Salbei-Tee, einmal einen lauen Rotwein. Es roch in den so großartig ausgestatteten Refektorien unangenehm nach Gemüsesuppe, was meinen Appetit merklich dämpfte. Außerdem konnte man sehen, daß die geübten Athos-Besucher die Praxis der Kurzzeitmahlzeiten sehr genau kannten und von dem Essen herunterschlangen, was in den wenigen Minuten nur herunterzuschlingen war. Auch das hob meinen Appetit nicht; ich verließ mich lieber auf meine heimlichen Traubenzucker-Bonbons.

Schon standen wir wieder vor dem Kloster und warteten auf den Lastwagen, der uns zum nächsten, unserem letzten Kloster, Xeropotamou an der Westküste nördlich von Dáphni, bringen sollte. Der Regen hatte aufgehört, aber dichter Nebel lag über dem Land. Durchgerüttelt auf dem Lastwagen, Bilder und Gedanken in Schemen. Warum loben die Mönche den Herrn, wenn sie all seinen Herrlichkeiten stolz entsagen? Friedrich Nietzsche hat darauf in seiner Schrift *Zur Genealogie der Moral* eine schroffe Antwort gegeben: »Ein asketisches Leben ist ein Selbstwiderspruch: hier herrscht ein Ressentiment sondergleichen, das eines ungesättigten Instinktes und Machtwillens, der Herr werden möchte, nicht über etwas am Leben, sondern über das Leben selbst, über dessen tiefste, stärkste, unterste Bedingungen; hier wird der Versuch gemacht, die Kraft zu gebrauchen, um die Quellen der Kraft zu verstopfen; hier richtet sich der Blick ... gegen das physiologische Gedeihen selbst, insonderheit gegen dessen Ausdruck, die Schönheit, die Freude; während am Mißraten, am Verkümmern, am Schmerz, ... an der Entselbstung, Selbstgeißelung, Selbstopferung ein Wohlgefallen empfunden und gesucht wird. Dies ist alles im höchsten Grade paradox.« Aber was macht diese Art des Lebens heute für viele Junge so attraktiv? Flucht, Angst oder die Suche nach sich selbst? Christus kannte, wie wir aus dem Neuen Testament wissen, das Eremitenleben. Er widerstand den Versuchungen des bösen Geistes, ging in die Welt und verkündete seine Botschaft.

Auf dem Schiff, das uns in die Welt zurück nach Ouranópolis brachte, wurden die Taschen der Athos-Besucher von einem Polizisten so sorgfältig untersucht, als wollten wir nach Tel Aviv fliegen. Tatsächlich stehlen die Besucher auf dem heiligen Berg wie die Raben, daß man sich schämen muß. Es ist sehr einfach, in den Klöstern zu stehlen. Nichts ist gesichert. Die kostbarsten Bilder hängen einfach an einem Haken. Der Diebstahl ist ein Vergehen gegen die Gastfreundschaft. Wegen der nicht abreißenden Diebstähle wurden vor einigen Jahren die Besucherregeln noch einmal verschärft: Pro Tag dürfen nur einhundertzwanzig Griechen und zehn Ausländer die Halbinsel betreten.

Während der Schiffahrt klarte der Himmel auf, und bald herrschten wieder angenehme Spätsommertemperaturen. Ich stand oben und hielt Ausschau nach dem munteren Delphinpärchen. Aber es zeigte sich nicht mehr.

SYMPOSION AUF DEM ZAUBERBERG

Alle sechshundert Teilnehmer des Zauberberg-Symposions in Davos hatten in der Marienkirche schon Platz genommen. Es roch nach Tannenholz und Weihrauch. Draußen vor dem Portal stand nur noch Gert Westphal, der Nestor deutscher Rezitatoren, und pumpte Luft wie ein Maikäfer vor dem Fliegen. Er hatte beide Arme ausgestreckt und sah ekstatisch in den Himmel. Nur von ganz hoch oben konnte Erlösung kommen in seiner Not. Ach, einsam ist der Mensch vor einem Thomas-Mann-Text. Dann betrat Westphal die Kirche. Die Gespräche auf den Bänken verstummten. Der Rezitator hatte sich vor den Hochaltar gestellt, ein paar Stufen erhöht. In der linken Hand hielt er seinen Text, gebunden in eine dicke schwarze Mappe wie die Weinkarte eines alten Restaurants. Den rechten Arm hielt er ausgestreckt wie schon draußen vor der Kirche. In dieser nicht starren, doch zum Standbild gewordenen Haltung verharrte er eine Stunde lang. »Hans Castorp und Joachim Ziemßen saßen in weißen Hosen und blauen Jacken nach dem Diner im Garten«, begann er seine Lesung. Es war der Abschnitt »Humaniora« aus dem fünften Kapitel des *Zauberbergs*.

Westphal sprach den Hofrat Behrens in der Art eines kumpelhaften, rauhbeinigen, halbgebildeten Berliner Knochendoktors, den Hans Castorp mit spitzem, norddeutschen, etwas vorlaut klingendem Akzent. Daran mußte man sich gewöhnen, sich vorsagen, daß die beiden vielleicht tatsächlich so gesprochen hatten. Die erzählenden Partien des Textes indes bedurften in Westphals Lesung nicht erst solcher Gedankenkunststücke. Westphal sprach in jener unnachahmlichen Selbstverliebtheit Thomas Manns, in jenem Wörterrausch, in jenem hörbaren Triumph über jede gelungene Sprachfigur. Der Sprecher wurde zum Interpreten des Autors. An den witzigsten Stellen hielt er sich klug zurück, um die Wirkung zu vergrößern. Bei den tiefsten Fragen nach dem Leben reckte er sich und seine Stimme stolz auf, weil der Mensch, wenn er auch keine Antwort wisse, so doch immerhin imstande sei, solche Fragen zu stellen. Die Lesung war ein schönes Erlebnis. Vor allem nach den vielen gelehrten Vorträgen dieser Tagung überzeugte es jeden Teilnehmer, nun endlich Thomas Mann selbst zu hören. Daß es ungewöhnlich sei, einer solchen Lesung, die von betont Irdischem handelte, in einer katholischen Pfarrkirche zu lauschen, fiel nur wenigen auf. Der Beifall für Gert Westphal, der drei-, viermal auf die Altarbühne treten mußte, wollte kein Ende nehmen.

Nicht jede Lesung gelingt, auch nicht in Davos, das bewies zwei Tage später ein anderer Rezitationsabend — wieder in der Marienkirche. Vorgetragen wurde diesmal der Abschnitt »Fülle des Wohllauts« aus dem siebten Kapitel, dem letzten also. Es war weniger eine Lesung als eine Schallplatten-Aufführung der sogenannten Zauberberg-Musik. Denn es geht in dem Text um die Anschaffung eines Schallplatten-Automats im Waldsanatorium *Berghof,* den Hans Castorp bedient, verwaltet und unter Verschluß hält, weil er die Musik am liebsten in der Nacht und allein hört. Arno Bergler sprach die Texte zwischen den Musikbeispielen. Ihm fehlten völlig der missionarische Gestus und die Bedeutungsgewißheit eines Gert Westphal. Aber der Abend war nicht deshalb mißlungen, weil Bergler den Text nicht richtig vorgetragen hätte, sondern weil hier die

Wörter gegen die Musik standen, weil hier der schon im Ansatz falsche Versuch unternommen wurde, ein Werk der Dichtung zu materialisieren — und sei es auch nur durch ein so verwehendes Material wie Musik.

Damit sind wir endlich beim Thema. Das einwöchige Leser-Symposion »Davos und Thomas Manns Roman *Der Zauberberg*« war in seiner Art wohl eine internationale und touristische Premiere. Kaum war die Nachricht von dieser Veranstaltung veröffentlicht, schon meldeten sich über sechshundert Teilnehmer an. Weitere Interessenten wurden abgewiesen, denn sechshundert sind für eine Tagung mit wissenschaftlichem Anspruch fast schon zu viele. So wurden die Teilnehmer in zwei Gruppen aufgeteilt; alle Vorträge wurden, wortgleich, zweimal am Tag gehalten. Dabei waren die Preise nicht zimperlich: Davos sowieso, dazu betrug die Teilnehmergebühr zweihundert Franken pro Person, für Studenten und Senioren einhundert Franken. Kündigt sich hier ein neuer Trend an? Werden die Schriftsteller künftig vermarktet wie die Komponisten? Davos mag als Test gelten für das, was sich schamhaft verbirgt hinter Wortungetümen wie »Kultur-Tourismus« oder »Qualitätsmanagement im Tourismus«. Kuraufenthalte und Kunst, eine Kombination, die sich zwar anbietet, die aber in Wahrheit selten über ein bißchen Tingel-Tangel-Theater hinausreicht. Eben das könnte sich ändern. Wann erwartet uns das erste Giuseppe-Tomasi-di-Lampedusa-Symposion auf Sizilien, das Joyce-Kolloquium in Dublin, das Proust-Kolloquium in Paris? Ein Kafka-Festival in Prag? Oder, eine andere Frage, was haben die Teilnehmer des Zauberberg-Symposions erwartet? Demonstriert die verblüffend hohe Teilnehmerzahl eine neue Aktualität Thomas Manns?

Die Professoren von Davos scherten sich wenig um solche Fragen. Sie zerpflückten und zerteilten in ihren

Vorträgen Thomas Mann und sein Werk, wie sie es seit vielen Jahren tun, und trugen den Titel »Thomas-Mann-Experte« wie einen Lorbeerkranz um ihr Haupt. Nur einer von ihnen, Helmut Koopmann, wagte aufzumucken: *Der Zauberberg* enthülle die »Orientierungslosigkeit des Autors in den frühen zwanziger Jahren«, und die in dem Roman gegebenen Lehren seien kaum mehr als »rhetorische Seifenblasen«. Das war gegenüber den gesitteten Ausdeutungen der anderen Professoren ziemlich starker Tobak. Aber das zum stillen Lauschen erzogene Bildungspublikum schluckte kommentarlos auch diesen Befund, wie es mit den angesetzten Diskussionen nach jedem Vortrag sowieso nicht funktionierte. Entweder waren die Zuhörer mit allem einverstanden, oder der hohe Rang der Professoren ließ sie verstummen. So bestanden die sogenannten Diskussionen meist aus zusätzlichen Reden der Professoren, die sich gegenseitig, in abgezirkelten, mehr versteckenden als enthüllenden Worten ihr Besserwissen bewiesen: »Ich fand es interessant, wie du das *Zauberberg*-Muster ...« »Du hast mit dem Lessing-Aufsatz geendet, aber ...« Die darob eingeschüchterten Zuhörer genossen es, Zeugen so hoher wissenschaftlicher Disputationen sein zu dürfen.

Zwar gab es einen Vortrag, der sich mit der »Zeitdiagnose aus der Sicht des *Zauberbergs*« beschäftigte, Stefan Bodo Würfel, der die erschreckende These vertrat, der Erste Weltkrieg sei mehr oder weniger aus Langeweile begonnen worden und Thomas Mann habe mit seiner Analyse des Kriegsbeginns im Roman den Kern der Zeit getroffen, deutlicher als ihm vielleicht selbst bewußt war. Aber auch zu diesem Vortrag gab es wiederum keine Diskussion, und so wurde die Frage, was Manns treffende Analyse für die Gegenwart bedeute, nicht gestellt. Die Frage fehlte überhaupt auf dem Symposion. Die Professoren beschworen Eros und Thanatos und riefen alle Götter des Olymps, einschließlich Nietzsche, Wagner und Schopenhauer, zu Hilfe, um die vielfältigen Verbindungen von Liebe, Leben, Krankheit und Tod zu erläutern. Aber auf den naheliegenden Gedanken, daß für die Tuberkulose des Romans — diese sanfte Verrücktheit, die zum Tode führt — heute Aids steht, kam weder ein Mediziner noch ein Medizin-Historiker. Alle behandelten den Roman und die Umstände seiner Entstehung als ein Phänomen der Vergangenheit und somit als einen Fall für die Forschung. Es paßt nicht in das Weltbild der Professoren, daß das fortbestehende Interesse der Leser gerade die Zeitunabhängigkeit des Romans beweist.

Zum Thema Aids — das Wort wurde in Davos nicht ausgesprochen — muß man sagen, daß die Immunschwäche, die ja keine eigene Krankheit ist, sondern sich in tausend verschiedenen Krankheiten äußert, unter anderem auch eine Wiederkehr der Tuberkulose fördert. Die fatale Kombination von Aids und Tuberkulose ist daher keine Seltenheit. Berücksichtigt man außerdem die erschreckend zunehmende Resistenz von Tuberkulosebazillen gegen Antibiotika, dann ist es nicht ausgeschlossen, daß die vielen einstigen Sanatorien auf dem Zauberberg von Davos, von denen die meisten sich inzwischen in Hotels verwandelt haben, wieder ihre alte Bedeutung bekommen könnten.

Das Lieblingsthema der Professoren in Davos waren jedoch eindeutig die sogenannten Quellen. So meldete sich gleich nach dem ersten Vortrag Heinz Saueressig zu Wort — Saueressig ist Autor mehrerer wissenschaftlicher Aufsätze über den *Zauberberg* — und überraschte die Versammlung mit der Nachricht, er wisse Näheres über den Verbleib des wirklichen Hans Castorp. Den Ersten Weltkrieg habe er lebend überstanden; 1933 sei er gestorben; sechs Kinder von ihm lebten am Luganer See. Bis zum Ende der Tagung blieb unentschieden, ob es sich dabei um einen professoralen Scherz gehandelt habe. Das vergeistigte Antlitz des Thomas-Mann-Experten verbot jede Nachfrage. Aber wenn es um die Quellen geht, werden offensichtlich alle Professoren von einem gelinden kindlichen Kriminalistenfieber gepackt.

Der Davoser Mediziner Christian Virchow hatte herausgefunden, daß Thomas Mann beim Schreiben der physiologischen und medizinischen Stellen des Romans (die in leichter Abwandlung im Gespräch Felix Krulls mit Professor Kuckuck noch einmal auftauchen) als Quelle vorwiegend das Physiologie-Lehrbuch von Ludimar Hermann aus dem Jahre 1910 genutzt habe. Der Triumph eines Quellensuchers besteht in dem Ausspruch: »Ganze Sätze sind daraus übernommen!« Thomas Mann hat viele ganze Sätze aus allen möglichen Schriften, Büchern, Zeitschriften und Zeitungen übernommen. Wenn Professoren Schriftsteller wären, dann wüßten sie, daß jeder Schriftsteller nimmt, was er kriegen kann, wenn es nur in sein Konzept paßt. Was ist daran des Aufhebens wert?

Hans Wysling hat auch eine Entdeckung gemacht. Er präsentierte einer respektvoll staunenden Öffentlichkeit ein Foto des Williram Timpe, der sich angeblich hinter der Romanfigur des Pribislav Hippe verbirgt, der Hans Castorp einst einen Bleistift geliehen hatte und der als Williram Timpe der Jugendgeliebte von Thomas Mann war. Denn Thomas Mann — Hans Wysling senkte seine Stimme, und dem Publikum, Medizinern, Rechtsanwälten, Zahnarztgattinnen, lief ein Schaudern über den Rücken — war homosexuell. Wie das in der Presse dargestellt werde, darüber sei die Forschung nicht immer glücklich. Wysling rühmte die sexuelle Disziplin und Diskretion von Thomas Mann. Daß die Vorstellung seines Timpe-Fotos —

»Fragen Sie mich nicht, wie ich daran gekommen bin!« — weit indiskreter war als alle diesbezüglichen Presseberichte, fiel ihm nicht auf. Was ist auf dem Foto zu sehen? Ein engelgleiches Jüngelchen neben einem Strandkorb.

Die Homosexualität beschäftigte die Versammlung in mehreren Vorträgen. Deutungen, was Thomas Mann habe verdrängen wollen, was offenlegen, mit wem im Roman Hans Castorp latent homosexuelle Beziehungen hatte. Merkwürdigerweise gehört das Tagebuch zu den relativ wenig gelesenen Büchern Thomas Manns. Dabei ist alles, was die Professoren über die Homosexualität wissen, dort nachzulesen, nur klarer, eindeutiger, unverklemmter als in den Vorträgen und überhaupt nicht diskret. Hans Wysling müßten nach der Lektüre die Haare zu Berge stehen. In einem Brief an den Jugendfreund Otto Grauthoff gibt Thomas Mann den weisen Rat, »man sollte nicht so viel Schriftliches herumliegen lassen«. Er selber hat sich nicht daran gehalten.

In den Pausen zwischen den Vorträgen tranken wir im Foyer Kaffee und das Passugger-Mineralwasser *Theophil* aus der Felsenquelle der Rabiosaschlucht, dem vermutlich auch Hans Castorp und Joachim Ziemßen schon zugesprochen haben. Im Publikum gab es ein paar Männer, die gegen Ende der Tagung unwirsch wurden, weil sie sichtlich von ihren Frauen zur Teilnahme überredet worden waren, obwohl ihnen weder das Thema noch die Richtung paßte. »Meine Tochter studiert Germanistik«, erklärte mir ein Herr in deutlich schweizerischem Idiom, der eine pathologische Neigung zum Erzählen unpassender Witze hatte. »Wissen Sie, was dieser Thomas Mann 1949 von der Stadt Zürich an Honorar für einen Vortrag über Goethe gefordert hat?« Ich: »Hoffentlich viel.« Er: »Zehntausend Franken. Die Stadt konnte nur siebentausend bezahlen. Dreitausend Franken mußten bei der Industrie gesammelt werden.« Ich: »Dieser Thomas Mann.« Er: »Für fünfhundert Franken hätte jeder andere eine gehaltvollere Rede gehalten, sagt meine Tochter, die Germanistik studiert.« Die unvergeßlichen siebentausend Franken der Stadt Zürich und die sieben Kapitel des *Zauberbergs* brachten eine Dame am Tisch auf den Gedanken: »Hans Castorp blieb sieben Jahre auf dem Zauberberg. Die achtundzwanzig Fischsaucen der Frau Stöhr lassen sich durch sieben teilen.« Die Dame hatte über die Zahlenmystik bei Thomas Mann promoviert. »Wunderbar«, sagte ein Herr am Tisch. »Was soll an der Zahlenmystik bei Thomas Mann wunderbar sein«, fragte ich. »Vermutlich hat der kluge Schriftsteller überlegt, wenn ich statt fünf oder sechs nun sieben schreibe, wird genau siebzig Jahre später Frau Siebenschön oder so über meine Zahlenmystik promovieren.« — Ich hatte angenommen die siebzig Jahre hätten die Gemeinde versöhnt. Aber eisiges Schweigen schlug mir entgegen. Ich hatte den Komment verletzt.

Davos liegt so phantastisch im Wellental eines grandiosen Meeres aus Felsen und Gipfeln, daß ich mich weit eher als Hans Castorp zum Bleiben entschieden hatte: Wenn ich nur bleiben könnte, rechnete ich durch und kam zu dem Ergebnis, ich kann es eben nicht. »Die *Schatzalm* konnte Thomas Mann sich damals nicht leisten«, sagte der Junior-Besitzer des renommierten Alpenhotels mit einer gewissen Häme. Das heutige, immer noch erstaunlich stilreine Hotel war einst das Luxus-Sanatorium des lungenkranken Hoch- und Geldadels. Es wird im *Zauberberg* zwar erwähnt, aber — zum Ärger des ehrgeizigen Besitzers — nur nebenbei. Die Geschichte spielt in dem weitaus bescheideneren Sanatorium *Berghof,* dem heutigen Waldhotel *Bellevue,* das nicht recht glücklich renoviert worden ist und heute aussieht wie ein Allerweltshotel. Die beiden um Thomas-Mann-Gedenken miteinander konkurrierenden Hotels dokumentieren auch, wie heikel es sich mit den Quellen bei Thomas Mann verhält: Er versetzte einfach die Türme des einen Sanatoriums auf das andere, er verlegte die Balkone, die Wege, er schrieb vom Garten des einen und meinte den Garten des anderen. Er benutzte die Geographie, und da er sich in fast allen Schweizer Kurorten auskannte, darf man annehmen, daß er beim Schreiben auch die Erinnerung an alle diese Kurorte benutzte. So gesehen, ist der Zauberberg nicht unbedingt in Davos zu suchen. Wer sich ein bißchen in Krankheiten auskennt, weiß sowieso, daß sich der Zauberberg im sogenannten Aufenthaltsraum eines jeden Krankenhauses findet.

Es war der 12. August, der Tag, an dem vor neununddreißig Jahren Thomas Mann gestorben ist, als ich von der *Schatzalm* hinunter zum *Bellevue* ging. Es ist ein herrlicher Weg. Die Vögel zwitscherten. Die Eichhörnchen sprangen um die Wette. Es duftete nach frischem Gras und vermodertem Laub. Noch schien blitzend die Sonne, aber die Luft war schon kühl. Bald würde es schneien hier oben.

XIX

IM GLAUBEN AN DEN RECHTEN WINKEL

Allein die Vorbereitungen für die Geistersitzung in Taguatina beanspruchten zwei volle Tage. Der Bruder des Mediums, der auf dem Flughafen von Brasilia arbeitet, mußte zuerst seine Einwilligung geben. Eine Sitzung in der Bauarbeitersiedlung von Brasilia, Bandeirante, war plötzlich abgesagt worden. Bei einer anderen Sitzung in Sobradinho wollten die Eingeweihten keinen Fremden dulden. So fuhren wir in der glühenden Abenddämmerung des brasilianischen Hochlandes über die gleich Lianen verschlungenen Autobahnen von Brasilia in die Satellitenstadt Taguatina und suchten das Haus von Suely. Hinter den geplanten, rechteckigen Wohnbezirken enden die Querstraßen in holprigen Feldwegen, die sich schließlich als Trampelpfade in der Steppe verlieren. Wir wurden zuerst nach Süden, dann nach Norden gewiesen. Vor den Hütten brannten Feuer, um die herum die Bewohner saßen, lachten, sangen; freundlich wurde unser Anliegen diskutiert, aber man konnte sich nur schwer einigen, in welche Richtung man uns nun schicken sollte. Noch etwas tiefer in das Innere der Hüttensiedlung; vor dem Haus von Suely brannte kein Feuer. Aber wir wurden bereits erwartet.

Das Häuschen bestand genaugenommen nur aus zwei Räumen. Im ersten saßen ein kleiner Junge und ein kleines Mädchen vor dem Fernsehapparat, in dem eine Schlagersendung lief. Die Kinder krähten vor Lachen über die Witze des Entertainers. Sonst war das Zimmer vollgestellt mit Stühlen, Sofa und zusammengerollten Matratzen; es war wohl die Wohn- und Schlafstube einer Familie. Wir mußten zuerst dort Platz nehmen, ehe man uns ins Hinterzimmer rief, wo die Zeremonie bereits begonnen hatte. In einer Ecke des Zimmers brannten auf dem Fußboden vor einer angemalten und leicht zerdepperten Gipsmadonna Kerzen in Gläsern. Zwischen blumengeschmückten bunten Heiligenbildern lagen Bierdosen, Zigarettenschachteln, Äpfel und Nüsse. Fünf oder sechs schwarze Frauen begrüßten uns, boten Kaffee an und sangen, wenn Zeit dafür war, einen Choral. Alle Anwesenden kannten den Ablauf; die Choräle wechselten mit den Namen, die Suely mit hoher oder niedriger Stimme gleichsam herauspreßte. Suelys Augen glitzerten. Sie atmete schwer. Ihr Haar hing wirr. Suely ist höchstens zwanzig Jahre alt, ihr Gesicht von klassisch karibischem Schnitt. Sie stand breitbeinig in der Mitte des Zimmers und stampfte mit den nackten Füßen auf den Boden. Sie röchelte und stöhnte. Dann und wann hielt eine der Frauen ihre Hand und wischte ihr den Schweiß von der Stirn. Es ist ein schweres Geschäft, wenn der Geist in einen fährt. Nie weiß man vorher, welcher Geist erscheinen wird.

Auf ein Zeichen hin, einen Schrei, ein Aufstöhnen oder ein Niedersinken, stand plötzlich fest, daß an diesem Abend der Geist von Maria Padilha unter uns war. Alle Gesichter entspannten sich. Suely streifte über die Jeans ein weites, buntes Kattunkleid und hockte sich ächzend und erschöpft wie eine dicke Negermami nach getaner Arbeit auf den Boden. Nickend und mümmelnd verlangte sie jetzt ein Bier und zwei Zigaretten, die sie gleichzeitig rauchte. Wir sollten uns neben sie hocken. Sie begrüßte uns mit krähig gespreizten Fäusten. Obwohl sie offensichtlich nun eine alte Negerin spielte und auch deren asthmatische Sprechweise nachahmte, wirkte sie nie lächerlich, die Szenerie war allen Anwesenden vertraut und selbstverständlich. Der Geist von Maria Padilha zählt nach den Regeln von Voodoo und Macumba zu den »linken«, eher irdischen Geistern, die Gutes tun, doch böse Ränkespiele dabei nicht scheuen. Dem ungläubigen Fremden sagte der Geist von Maria Padilha so schlitzohrig wie salomonisch voraus, daß er ihm immer wieder begegnen werde, auch wenn er nicht wiederzuerkennen sei. Außerdem werde der Fremde nie an sein Ziel gelangen, so weit er auch reise.

Als wir nach Mitternacht die Wolkenkratzersilhouette von Brasilia wieder erreicht hatten und entlang der Betonpaläste durch die gespenstig leere Stadt fuhren, erschien sie uns plötzlich stolz und armselig zugleich. Ihre abweisende Atmosphäre, die nahezu jeden Besucher schaudern läßt, hat am Ende auch etwas Hilfloses, etwas gigantisch Mißratenes. Man denkt an Bäume, die zu groß gewachsen sind, an kontaktgestörte Riesen oder an Bradburys ungefüge Saurier, mit denen man nur noch Mitleid haben kann: Die Stadt ist ein Ungetüm. Daß sich ausgerechnet hier, nicht in Rio de Janeiro und nicht in Salvador, sondern ausgerechnet hier das Zentrum des brasilianischen Candomblés und aller afro-amerikanischen Religionen befindet, wundert merkwürdigerweise niemanden.

Über Brasilia ist schon eine ganze Bibliothek zusammengeschrieben worden. Zuerst waren die Berichte bewundernd oder sogar hymnisch. Später legte sich die Begeisterung. Während man in Europa und in den Vereinigten Staaten gerade die »menschliche« Stadt wiederentdeckte und den einst gefeierten Fortschritt als Bösewicht entlarvte, wurden Bau und Planung von

Brasilia vom ungebrochenen Glauben an den rechten Winkel beherrscht. Heute nennen die Kritiker das seelenlos. Der Stadt fehle jedes menschliche Maß. Die ernsten Architektur- und Städtebaubücher haben längst das Interesse an Brasilia verloren; meistens wird die Stadt unter dem Rubrum »Mißlungenes Experiment« abgehandelt. Besucher auf Rundreise, die für Brasilia im allgemeinen einen halben Tag, höchstens einen ganzen Tag im Programm vorgesehen haben, machen naserümpfend eine Stadtrundfahrt. Die meisten sind enttäuscht; sie hatten sich etwas völlig anderes vorgestellt.

Die Stadt tut sich schwer. Sie hat keinen Charme. Selbst die millionenfach als Attraktion fotografierten Bauwerke stammen schließlich von vorvorgestern. Fast jede westliche Großstadt, ganz zu schweigen von Rio de Janeiro und São Paulo, bietet heute schon kühnere Bauwerke zur Besichtigung an. Was die Stadt aber dennoch zu einer Herausforderung macht, das ist einfach die Tatsache, daß es sie gibt. Das übersehen die flüchtigen Besucher. Daß hier 1,5 Millionen Menschen leben oder mehr (weil sich die Zahlen in Brasilien nie sicher feststellen lassen). Daß erst die Anlage der Stadt das bis dahin völlig brachliegende Landesinnere wirtschaftlich nutzbar machte, was Arbeit, Lohn und Brot für Millionen Menschen bedeutet. Daß die Menschen mit der Stadt fertig werden müssen und wie sie es schaffen, das ist die wichtigste Erfahrung, die Brasilia dem Fremden vermitteln kann.

Die Bauwerke haben ihren Glanz verloren. Fast sah es so aus, als hätte man die Bauten von Anfang an als Wallfahrtsorte für moderne Architektur geplant; heute sind es nur noch Dokumente ihrer eigenen Geschichte, die Kathedrale, das Parlamentsgebäude, der Justizpalast, die Residenz des Präsidenten. Man kennt inzwischen Oscar Niemeyers überraschende Eingänge, seine

Lukeneinstiege von oben, seine Rampenaufgänge, seine Tunnelzugänge, seine Aversion gegen Stufen, für Architekturjünger gibt es in Brasilia immer noch Studienmaterial genug. Daß alle Häuser sich aber bereits in einem renovierungsnotwendigen Zustand befinden, ist gleichfalls nicht zu übersehen. Fensterscheiben sind zerbrochen, Vorhänge abgerissen, Bodenplatten liegen fast grundsätzlich lose herum. Das ist bei einigen Bauten so schlimm, zum Beispiel bei der Kongreßhalle, daß man sich ernstlich fragen muß, ob sich das Haus nun im Aufbau oder im Verfall befindet.

Oscar Niemeyer, der sich selbst übrigens »Kommunist« nennt, feiert in seinen Regierungsbauten eine bis ins Lächerliche gesteigerte Staatsidee. Wenn kühn geschwungene Linien zuweilen auch Leichtigkeit und Eleganz vortäuschen, so wird der Betrachter doch stets durch übertriebene Weite zur Ehrfurcht gezwungen: man muß nach oben blicken, man muß auf die Knie sinken. Das wird bei keinem Bauwerk so deutlich wie beim Hauptquartier der brasilianischen Armee. Das Gebäude selbst ist nichts als ein bombastischer Riegel. Davor aber erhebt sich ein gewaltig geschwungenes Betondach, eine ovale Röhre, eine Tribüne zur Abhaltung von Paraden, deren Hauptwitz ihr Echo ist. Zehnfach bricht sich hier der Ton, so daß Reden klingen wie die Persiflagen einer Rede: »Leute — eute — eute-eute-eute — eute-te!« »Versammelt — sammelt-sammelt-sammelt-ammelt!« Vielleicht wollte Niemeyer mit den regierenden Generälen auch nur einen bösen Scherz treiben.

Die beiden großen Baumeister der Stadt, der Städteplaner Lúcio Costa und der Architekt Oscar Niemeyer, die 1956 den Auftrag für die Anlage der Stadt erhielten, genießen in Brasilia, aber auch draußen, fast die Verehrung von Heiligen. Das ist in Anbetracht der himmelschreienden Mängel und Bausünden merkwürdig genug und kann nur das Ergebnis einer raffinierten Public Relation sein. Costa und Niemeyer sind vor etwa zehn, elf Jahren im Streit aus dem Baugremium ausgeschieden. Alle Fehler aber werden heute einfach ihren Nachfolgern oder den sogenannten »Verwässerern der Idee« angelastet. Thomas Binder, der sich in seinem Buch *Südamerika* zu einem besonders temperamentvollen Fürsprecher der »Idee« macht, schreibt zum Beispiel: »Bürokratische Schwerfälligkeit und Kleinkariertheit der Beamten haben viele ihrer Ideen pervertiert, viele große Würfe zunichte gemacht: eine urbanistische Tragik.« Das ist eine groteske Verkehrung von Ursache und Wirkung. Die auch von Binder beklagte Seelenlosigkeit der Stadt hat ihren Anfang nämlich in eben dieser seelenlosen Idee. Und alles, was später geschah, ob man die Häuser nun etwas »gemütlicher« baute oder den chaotischen Verkehrsstrom mit Ampeln zu dirigieren versuchte, geschah doch nur, um mit dieser fast unmenschlichen Idee der beiden Säulenheiligen fertig zu werden.

Die Geschichte von Brasilia beginnt bereits 1789, als die Inconfidentes die Errichtung einer Hauptstadt im Innern des Landes zu einem ihrer Programmpunkte erhoben. 1891 forderte die republikanische Verfassung die Verlegung der Hauptstadt in das Landesinnere. Die Forderung wurde auch in die Verfassungen von 1934 und 1940 aufgenommen. Am 2. Oktober 1956 besuchte der damalige Präsident Juscelino Kubitschek de Oliveira das für die Hauptstadt ausgesuchte Areal und bestimmte den Termin für den Baubeginn. Für Besucher ist es heute rührend zu sehen, wie andächtig die Stadt ihre eigene Geschichte verehrt. In der Kathedrale steht das große Holzkreuz, vor dem auf freiem Feld einst die erste Messe gefeiert wurde. Der Platz selbst, die höchste Erhebung in der Stadt, wird regelmäßig von den Touristenbussen angefahren; die Touristen nicken dann und sagen: »Jaja, hier hat es also angefangen.«

Auch die Form der Stadt, ihre Anlage um den künstlichen See herum, kann von den Touristen im Bus nicht richtig wahrgenommen werden. Durch das dauernde Fahren in Schneckenwindungen verliert man jedes Gefühl für Richtung. Erst vom Flugzeug aus oder wenn man auf dem Fernsehturm steht, wird die Anlage zum Bild. Aber als »Verwässerung der Idee« gelten bestimmt auch schon die Legenden, die sich die Leute über die Gründung und das Städtebild erzählen. Die einen sagen zum Beispiel, die Stadt habe die Form eines Kreuzes, weil hier vor hundert Jahren, als Keimzelle der Stadt, ein frommer Eremit gewohnt hat, der geweissagt habe, an dieser Stelle werde die Hauptstadt eines mächtigen Reiches errichtet. Andere sehen in der Stadt das Bild eines Adlers mit gespreizten Schwingen. Die meisten aber sagen, die Stadt habe die Form eines Flugzeugs, die Wohnbezirke sind die Flügel, das Regierungsviertel ist das Cockpit, im Schnittpunkt zwischen Tragflächen und Rumpf liegt der Busbahnhof.

Es gibt keine Straßen zum Flanieren, keine Plätze zum Verweilen. Der einzige Platz, an dem sich Fremde und Einheimische orientieren, ist dieser Busbahnhof von stupender, fast aufreizender Häßlichkeit. Auf der Nordseite ein Einkaufszentrum, auf der Südseite das »Vergnügungszentrum« mit Kinos, Pornokinos, Bars, Restaurants, alles reichlich schmuddelig und abgewrackt und dennoch eine erste Oase der Menschlichkeit. Aber selbst hier durchqueren die Baumeister mit ihren Ideen das Leben. Da sieht man plötzlich etwa zehn Meter über sich eine Passage, auf der Tausende von Menschen geschäftig hin- und hereilen, man möchte zu ihnen, aber es gibt nirgendwo einen Aufgang: es ist sage und schreibe nicht möglich, auf diese Passage zu gelangen, ohne mit dem Auto wieder ein paar Kilometer Schneckenwindungen zu fahren. Oder man hat als Besucher das Unglück, sich im Hotelbezirk der Südseite aufzuhalten, aber im Hotelbezirk der Nordseite zu wohnen. Dazwischen liegen höchstens zweihundert Meter, aber man kommt nicht herüber. Zwei dicht befahrene, etwa je hundert Meter breite Straßen machen es dem Fußgänger unmöglich, die Straße zu überqueren, ohne daß er um sein Leben sprinten müßte. Wie sollte eine solche Städtebauidee am Ende nicht verwässert werden?

In den Wohnbezirken sieht es übrigens nicht viel anders aus. Fußgänger sind buchstäblich beim Bau von Brasilia vergessen worden. Nein, es sind nicht die Fußgänger, die Baumeister haben die Menschen vergessen. Sie wollten sich und dem Staat lediglich ein Denkmal setzen.

Der zweite Hauptfehler der Stadt besteht übrigens in seiner rigorosen Aufteilung nach Funktionen und Menschenklassen. So gibt es nicht nur festgelegte Bezirke für die Regierung, Banken, Hotels, Geschäfte, Kirchen, Clubs, auch die Wohnanlagen sind eingeteilt für Minister, Botschafter, Abgeordnete, Reiche, Mittelklasse, Arme — und dazwischen liegen jeweils breite, wie wir gesehen haben, fast unüberwindliche Straßen als Grenzen. Diese mutwillige Zersplitterung und Verhinderung eines Zentrums, eines Stadtgefühls. Alle Anhänger sogenannter »Stadtteilkultur« kämen nach einem Besuch von Brasilia bestimmt bekehrt zurück.

Das größte Wunder von Brasilia aber besteht darin, daß alles das nicht gar so schlimm ist. Die Brasilianer in ihrer brisanten Völkermischung besitzen genügend Improvisationstalent, auch noch dem scheußlichsten Busbahnhof einen Witz abgewinnen zu können. Von den mindestens 1,5 Millionen Bewohnern des Distriktes Brasilia sind mindestens 1,5 Millionen auch Verwässerer der Idee. Das gibt Anlaß zum Optimismus.

In Brasilia wohnt kaum einer freiwillig. Man lebt hier ein wenig wie in komfortabler Verbannung. Das Klima ist angenehm kühl, nicht diese drückende Schwüle wie in Rio. Es gibt wenig Kriminalität; Polizei und Armee sind allgegenwärtig. Die Botschaftsangehörigen züchten Bananen, Rosen; sie halten sich Pferde auf der nahen Ranch; sie spielen Tennis und treiben alle Arten von Wassersport — und können zur Not ja immer mal wieder nach Rio oder São Paulo fliegen. Die Landschaft drum herum ist steppenartig. Bei künstlicher Bewässerung liefert der Boden allerdings alle Nahrungsmittel. Brasilia kann sich heute schon fast selbst ernähren. Die Schulen stehen in einem guten Ruf; Brasilia ist ein beliebter Startpunkt für eine brasilianische Karriere. Vor allem in den acht Satellitenstädten von Brasilia, von den puristischen Architektur- und Städtebaukritikern einst am heftigsten bekämpft, herrscht heute eine durch und durch brasilianische Atmosphäre, bunt, lustig und zukunftsgläubig. Brasilia ist nur noch Silhouette am Horizont.

In Planaltina zum Beispiel befand sich früher tatsächlich eine ärmliche Siedlung. Wenn man aus Brasilia hierherkommt, reibt man sich die Augen. Es gibt einen richtigen Dorfplatz, farbige kleine Häuser drum herum, kleine Restaurants, Bars, mit Stolz wurden wir sogar auf einen eigenen Red-light-Bezirk hingewiesen. Planaltina hat alles, was es braucht. Das Leben verläuft hier wie seit Jahrhunderten. Es ist still, ab und zu kräht ein Hahn.

In Brasilia selbst gibt es fast keine Vögel. Es gibt keine Katzen, keine streunenden Hunde, sogar mit den Ratten, Amandongos, besonders großen Exemplaren dieser Gattung, die am Anfang ein Problem der Stadt waren, ist man inzwischen fertig geworden: es gibt keine mehr. Auf den weiten, noch unbebauten Flächen der Stadt aus glühend rotem Lateritgestein haben zwischen struppigem Gebüsch und stinkenden Müllhaufen die großen brasilianischen Blattschneiderameisen breite Schneisen angelegt, wirre und dennoch durchdachte Verkehrssysteme. Für einen Besucher aus Frankfurt waren sie und ihre unbändige Nestbauwut überhaupt die allergrößte Attraktion; die Brasilianer schüttelten ungläubig den Kopf.

Dienstag abends um 18 Uhr findet unter dumpfem Trommelklang vor dem Amtsgebäude des Präsidenten die Wachablösung statt. Die Fahnen werden aufgezogen und eingeholt, Parolen werden über den Platz gebrüllt. Es hat etwas Beruhigendes, daß man sich in solch militärischen Ritualen nicht unbedingt auskennen muß. So gesehen, wirkt auch der mächtigste Aufzug wie ein zappeliges Kasperletheater. Am Ende schließlich kommt der Präsident selbst mit großem Gefolge Oscar Niemeyers Rampe heruntergeschritten, er steigt in seinen Wagen und darf als einziger Mensch auf der Welt die Ost-West-Straße in West-Ost-Richtung befahren, weil sonst der Weg zu seiner Residenz etwa zehn Kilometer länger wäre. Während seiner kurzen Fahrt sind alle Ampeln auf Rot geschaltet. Brasilia hält sozusagen den Atem an.

VERSUCH ÜBER DAS SCHREIBEN

Das Schreiben und Verschicken von Reisebriefen und Ansichtskarten mit Grüßen an die Daheimgebliebenen ist so alt wie das Reisen selbst. Die Erfindung der Fotografie — Ansichtskarten wurden sofort zu Sammelobjekten — hat das Schreiben von unterwegs zwar einerseits gefördert, mit der wachsenden Zahl der Reisenden multiplizierte sich die Zahl der versendeten Ansichtskarten ins Gigantische, andererseits dem Schreiben aber auch geschadet: Die Texte wurden kürzer, gedankenloser; die sogenannten Urlaubsgrüße sind zu einer lästigen Pflicht verkommen, deren lapidare Albernheit den Empfänger oft mehr verärgert als erfreut. Eine skurrile Kostbarkeit unter diesen Texten ist etwa diese: »Viele Grüße. Hier ist es sehr schön. Nun will ich denn schließen. Deine XXX.« Wenn auf dem Bild, das das Hotel zeigt, wenigstens der klassische Pfeil eingezeichnet gewesen wäre mit dem Hinweis: »Hier wohne ich!«, hätte der Empfänger glauben dürfen, die Absenderin habe sich einen Scherz erlaubt. Das Kärtchen war aber offensichtlich ernst gemeint. Die Wortlosigkeit wirkte auf den Empfänger erschreckend, beleidigend fast: Er fühlte sich als Freund und sah sich nun mit Leerformeln abgespeist. In einem Café vor dem Centre Pompidou in Paris saß ein in Schreibarbeit vertieftes Ehepaar. Vor ihnen lag ein Bündel von mindestens dreißig Ansichtskarten. Die Frau schrieb mit Kugelschreiber die Adressen und jeweils eine Textzeile, allenfalls einen Gruß also. Dann reichte sie die Karte an den Mann, der mit dem Füllhalter nur noch unterschrieb. Das Am-Band-Schreib-Verfahren war eingespielt, auf vielen Reisen vermutlich erprobt. Die beiden repräsentieren nur die eine Gruppe der schreibenden Reisenden, die Wortlosen; daneben existiert jedoch auch die Minderheit der Wortreichen. Man erkennt sie vor allem daran, daß der für den Text vorgesehene Raum der Ansichtskarte nicht ausreicht für all das, was sie zu sagen haben. So beschreiben sie, meist klitzeklein, jeden weißen Flecken der Karte, um die Briefmarken und die Anschrift herum, sogar rücksichtslos über das Bild hinweg. Ihre Karten zeigen deutlich, Wörter bedeuten ihnen mehr als Bilder: Das Ansichtskartenbild ist nur die Kulisse, vor der sich ihr eigenes Erlebnis abspielt. Der Schreiber dieser Zeilen gesteht gern, daß die zweite Gruppe ihm nähersteht als die erste, der Antrieb indes, von unterwegs zu schreiben, wird für alle der gleiche sein. Es ist die Herausgehobenheit aus dem Alltag; das Gefühl, weg zu sein, außer der Welt, außer der Zeit, das nur zwei Reaktionen zuläßt: entweder still zu sein, daß es zu Hause keiner bemerkt, oder Laut zu geben, daß man zu Hause nicht vergessen wird. So sind Reisebriefe und Ansichtskarten für den Absender meist wichtiger als für den Empfänger — das gilt von anderen Briefen und Karten ebenso —, Signale nach allen Richtungen; der Absender hofft, daß sie wahrgenommen werden. Der Dichter Detlev Spinell (aus dem *Tristan* von Thomas Mann) zeichnet sich nach der Meinung seines spöttischen Schöpfers durch zwei Merkmale als Mann der Feder aus: Erstens fällt ihm im Gegensatz zu anderen Menschen das Schreiben unendlich schwer; zweitens trägt er jeden Abend gewissenhaft mehrere Briefe zur Kurort-Post, obwohl er selber, wiederum im Gegensatz zu den anderen, nie welche erhält. Schreiben ist ein Akt der Denkhygiene; jeder Vielschreibende kennt das: Wenn ihn etwas verwirrt, setzt er sich hin und schreibt einen Brief. Seine Freunde und Verwandte hat er in eine Art Tabelle eingeteilt, leichte und schwere Briefpartner. Die leichten, also leicht zu überzeugenden Briefpartner kommen zuerst dran. Er schreibt sich ein, er schreibt sich locker. Die schweren Briefpartner kommen zum Schluß. Auf diese Weise ist er die ganze Reise über beschäftigt. Er beginnt mit dem Schreiben regelmäßig im Flugzeug; nur die Lufthansa und Air India verwöhnen ihre Passagiere auch in der Touristenklasse noch mit Briefpapier und Karten. Er schreibt beim Lotsenstreik acht Stunden lang auf dem Flughafen von Istanbul und bemerkt nicht, daß sich der Flughafen rundherum längst in ein chaotisches Heerlager verwandelt hat. Er schreibt in Hotelhallen, Sanatorien, an Caféhaustischen und in Liegestühlen am Pool. Hotelzimmer ohne Schreibtisch, Schreibmappe und Briefpapier bewertet er ohne Rücksicht auf den Preis als Absteigen. Er haßt Zimmermädchen, die zwar das Zimmer aufräumen, aber vergessen, Briefpapier nachzulegen. In einem indischen Palast hat er mit einem altertümlichen Federhalter geschrieben; die vertrocknete Tinte in dem Glas mußte erst mit heißem Wasser aufgeweicht werden. Für das Schreiben im Liegen besitzt er einen für die Raumfahrt entwickelten Kugelschreiber: Der kann auch an die Decke schreiben. Am liebsten schreibt er quer auf den Rückseiten von Kunst- und Ansichtskarten, das Format macht ihn schreibsüchtig; drei Karten als ein Brief sind die Norm, sein Rekord: acht Karten in einem Umschlag, am nächsten Tag schickte er noch einen Brief zur Erläuterung hinterher. Die Reise hat ihren Zweck erfüllt, so kam es ihm vor. Das war vor vielen Jahren in der Wüstenstadt Herat in Afghanistan. Von draußen her hörte er das Getrappel und Geschrei einer Eselsherde und die Rufe ihrer Treiber. Durch das Fenster sah er in der frühen Morgendämmerung nur Eselsrücken, auf- und abwiegend wie Meereswellen. Was für ein traumhaftes Bild, dachte er. Ich muß heute abend doch noch einmal an XXX schreiben.

XX

VIELLEICHT WAR RÉUNION DOCH DAS PARADIES

Der Flug ging in die Unendlichkeit. Wir schliefen ein, wachten wieder auf, benommen, dämmerten vor uns hin. Schon in Paris mußten wir acht Stunden auf den Abflug warten. Als wir endlich Höhe gewonnen hatten, setzte das Flugzeug wieder zur Landung an, in Marseille. Von Marseille flogen wir nach Dar-es-Salaam. Es war längst Nacht, wurde bald wieder heller Tag, nach Osten hin durchflogen wir die Zeiten, landeten in Moroni auf den Komoren, überflogen dann die Nordspitze von Madagaskar, sahen tief unten im Indischen Ozean Inseln, umgeben von grünleuchtenden Korallenriffen, Inseln, die einem keiner glaubt, bis endlich das Ziel der langen Reise in Sicht kam, der Flughafen von St. Denis auf Réunion; die hohen Vulkane ringsum warfen lange schwarze Schatten, es dämmerte. Daß wir im Trubel der Ankunft von zwei charmanten jungen Damen begrüßt und interviewt wurden, wie wir erst später bemerkten, hierhin und dorthin vor eine Kamera dirigiert und — zu Übungszwecken, so hieß es, als Examensarbeit der beiden Damen in Deutsch, Fremdenverkehr und Medienkunde — nach Reisemotiven ausgefragt wurden, war ein Ergebnis dieser lethargischen Willenlosigkeit, die jeden Passagier nach sechsundzwanzig Stunden Reisezeit erfaßt.

Zwei Tage später hörten wir: »Sie waren im Fernsehen, groß.« Was habe ich nur auf die Fragen geantwortet? Ich weiß es nicht. Die Ankunft war auch nicht mehr wichtig. Wir waren fern von unserer Welt, auf einer kleinen Insel irgendwo im Indischen Ozean, die uns fast stündlich mit neuen, atemberaubenden Attraktionen überraschte, fern, fern und fremd, obwohl sich das Fernseh-Intermezzo auch symbolisch deuten läßt: denn genaugenommen befanden wir uns immer noch in Europa, die französische Trikolore und die blaue Europaflagge flattern vor jedem Hotel auf Réunion. Jeden Abend sah ich im Insel-Fernsehprogramm um 23 Uhr über Satellit die Original-20-Uhr-Nachrichten von Antenne 2. Verloren im exotischen Meer waren wir also nicht, eingebunden vielmehr, Europa hat sein Netz weit gespannt.

Dennoch ist auf Réunion alles anders. Manchmal glaubt man, durch das deutsche Allgäu zu fahren, so still und friedlich ist die Landschaft, Kühe auf der Weide. Nur eine Straßenkurve weiter, und wir befinden uns in der Steppe, in der Wüste, im Hochgebirge, wo ein kalter Wind bläst, wieder weiter, und wir sehen uns im dichten, dunklen, tropischen Regenwald, das Klima ist mörderisch, schwül, heiß, man atmet schwer. Das Wandern auf dem weichen Urwaldboden ist wie eine Sucht. Der Wald saugt alles auf, Wasser, Sonne, Pflanzen, Menschen. Der Führer, der von Baum zu Baum, von Pflanze zu Pflanze schreitet, feierlich die lateinischen Namen der tausend Orchideenarten nennt, *Cynorkis Purpurascens, Habenaria Sigillum,* und uns dann und wann eine nie gesehene, nie gekostete Frucht zum Probieren reicht. Eine rote, herzförmige Kirsche zum Beispiel, deren Fleisch so hart, nahrhaft und säuerlich schmeckt wie das von frisch geernteten Datteln. Je weiter wir in den Wald eindringen, um so leiser wird seine Stimme, wir hören ihn kaum noch, als hätten wir Watte im Ohr. Er verstummt. Es ist still; es scheint bedrohlich still zu sein, wo es ringsherum dampft und brodelt vor Fruchtbarkeit. Noch oft haben wir auf Réunion die Stille gehört. Auf Réunion gibt es fast so viele Arten von Stille, wie es Abstufungen von Grün gibt.

Außerdem gibt es aggressive Mücken im Urwald, wespenartige Monster mit giftig-buntem, geschwollenen Leib. Das sind auch schon die gefährlichsten Tiere, die es auf der Insel gibt. Keine giftigen Schlangen, kein Wild, keine Affen, nicht einmal Luchse, nur geduldige große Spinnen, die auf die Ewigkeit warten und auf die eine arme Fliege, die eines Tages sich in ihrem Netz verfangen wird, und Geckos, die Insekten fangen, sowie schläfrige Chamäleons, die ihrerseits Geckos fressen. Es gibt die kuriosen Webervögel, deren Verhalten in der Eifersucht allzu menschlich ist: Sie schneiden das kunstvoll aufgebaute Nest des Rivalen, ritsch-ratsch, einfach ab vom Baum. Ich verstehe die Webervögel, leider. Es gibt die eitel gewandeten roten Kardinalsvögel, auch Bussarde in den Felsennestern der hohen Berge, aber es fehlen die schrillen Papageien. Dafür gibt es allerdings ein paar wilde Hunde, die ihre Wildheit längst vergessen haben. Bei Vollmond um Mitternacht ist ihre Stunde. Von tief unten in der Schlucht hört man das Heulen eines einsamen Hundes. Von hoch oben stimmt der Chor seiner Artgenossen mit ein: Es ist die Anbetung, die Wut und das Klagelied des Gottes der Wildheit, den die Menschen auf Réunion um seinen Lohn betrogen haben.

Nein, Réunion ist keine wilde Insel. Alles ist hier gezähmt, selbst die allfälligen Ausbrüche der Vulkane, von denen wir noch sprechen müssen, scheinen auf vorsichtige Weise gebändigt und in ein großartiges Naturtheater verwandelt worden zu sein. Bemerkenswerter aber als die schäumende Gischt, die dampfenden Vulkane und der üppig wuchernde Garten — die Insel ist ein einziger Garten — ist das Verhalten der Menschen untereinander, ihre sanfte, stille Freundlichkeit, die friedliche Rassenvielfalt und ihre Gleichberechtigung, auf die sie mit Stolz immer wieder hinweisen; denn geschenkt worden ist sie ihnen nicht. Sie haben sie vielmehr mit Beharrlichkeit erkämpft und weisen sie heute vor als schönen Beweis von Humanismus und Zivilisation, der uns kontinentalen Europäern zu denken geben sollte. Um es vorweg zu sagen, auf Réunion fehlt das Magische, das kunterbunte Gewusel eines Dritte-Welt-Landes. So gibt es auch keine Medizinmänner, keine Zauberer und keine Stammesriten, wie etwa im benachbarten Madagaskar; es gibt auch keine Kunst, keine Steinschnitzer und keine Holzschnitzer. Dafür darf man aber ohne Angst aus jeder Wasserleitung Wasser trinken, ohne sich um seinen Magen zu sorgen.

Von all dem wußten wir noch nichts, als wir direkt nach der Landung in St. Denis über die gewundene Bergstraße nach hoch oben in den Cirque de Salazié fuhren, wo am Fuße des höchsten Berges der Insel, des Piton des Neiges (3070 Meter hoch), das bescheidene Hotel von Madame Javel steht, ein Hotelchen eher mit fünf, sechs einfach eingerichteten Zimmern. Erst hier entdeckte ich, daß mir der Boden vor den Augen schwankte, als befände ich mich immer noch im Flugzeug. Ich schwärmte von einem heißen Tee aus Zitronengras, Citronelle, wie ich ihn vor vielen Jahren einmal in Madagaskar getrunken hatte. Ob es den hier auch gibt? »Kein Problem«, sagte Madame Javel, ging in den Garten, schnitt direkt ein paar Büschel von dem Strauch und brachte mir zehn Minuten später den dampfenden, duftenden Tee. »Hier gefällt es mir«, sagte ich, »hier bleiben wir.«

Madame Javel ist eine listig schauende alte Dame, die von ihrer kreolischen Küche aus zufrieden und ein wenig hochmütig über ihre kleine Gästeschar blickt, wenn diese eine Schüssel nach der anderen mit Staunen und Behagen verzehrt. Später haben wir überall gegessen, in Sterne-Restaurants, alten Herrenhäusern, und in billigen Gaststätten, aber immer waren für uns die Speisen von Madame Javel die Grundlagen der kreolischen Tafel. Keine machte das Chou-Chou-Ragout besser als sie. Chou-Chou, was im Französischen auch »Liebling« heißt, ist ein geheimnisvolles Knollengemüse, das vorwiegend in der Gegend von Salazié wächst. Joseph, unser Führer, war sehr beleidigt, als ich Chou-Chou eine Schmarotzerpflanze nannte. Es ist eine Schmarotzerpflanze. Aber sie hat auf Réunion mindestens die Bedeutung wie die Kartoffel in Deutschland. Man kann Chou-Chou kochen, braten, gratinieren, man kann Chou-Chou als Salat essen, man kann aus Chou-Chou Torten backen; am besten aber schmeckt das Chou-Chou-Ragout von Madame Javel, gewürzt vielleicht mit einem feuerscharfen Mus aus rotem und grünem Piment. Wie auf Madagaskar wird auch auf Réunion zu allen Speisen Reis gegessen, was eine Kuriosität in sich ist. Denn alle Pflanzen gibt es auf den Inseln in Überfülle, nur ausgerechnet der Reis ist eine Rarität und muß im allgemeinen eingeführt werden. Das hat auf Madagaskar schon zu Staatskrisen geführt. Aber das ist ein anderes Thema.

Wo soll ich nur anfangen mit dem Erzählen? Soll ich die donnernden Kaskaden beschreiben, die von den Bergspitzen, mehrere hundert Meter tief in die Flußtäler stürzen? Einigen der Wasserfälle haben die Leute von Réunion poetische Namen gegeben, »Brautschleier« heißt beispielsweise einer, einigen aber auch derbe, obszöne, wie die Einheimischen überhaupt mit ihren ehrwürdigen Naturdenkmälern und Pflanzen gern Scherze treiben, mit Bananen, mit Bambus, mit Knoblauch und Zwiebeln, mit Chou-Chou, man ahnt schon, um welche Art von Scherzen es sich hierbei handelt. So heißt einer der Wasserfälle *Pisse-en-l'air:* Er klatscht von oben herunter auf die Straße; viele Autos bleiben unter dem Wasserstrahl stehen und nutzen die kostenlose Autowäsche.

Das berühmteste Handelsprodukt der Insel ist die Bourbon-Vanille, die von Brasilien her erst relativ spät, 1841, auf Réunion eingeführt wurde. Auch die Vanille ist eine Schmarotzerpflanze, deren Blüte von den einheimischen Insekten gemieden wird, so daß jede einzelne Blüte künstlich bestäubt werden muß. Sehr bald stellte man jedoch fest, daß die Vanille, deren Herstellung als Gewürz ein langer, komplizierter Vorgang ist, nirgendwo sonst auf der Welt ihr berauschendes Aroma so voll entfaltet wie auf Réunion. Auf der Liste der Handelswaren von Réunion behauptet denn auch die Vanille, die man als Essenz kaufen kann, vorwiegend aber in geradezu lächerlich kleinen Abpackungen von ein, zwei Schoten zu einem hohen Preis, den zweiten Platz. An erster Stelle steht immer noch der Zucker, obwohl der Handel mit Zucker zunehmend schwieriger wird. Zucker wird immer billiger. Der Verbrauch geht indessen zurück. Zucker hat keinen guten Ruf. Um die Jahrhundertwende gab es etwa zweitausend kleinere und größere Zuckerfabriken auf Réunion, heute nur noch drei. In einem aufwendigen und klug eingerichteten Museum zwischen St. Paul und Trois-Bassins kann man den Weg des Zuckers verfolgen von der Ernte des Zuckerrohrs bis zur Bonbonkocherei, vor allem wird dem Besucher des Museums deutlich, welche zivilisatorische Bedeutung das Zuckerrohr für die Insel hatte.

Ursprünglich brachte man die Sklaven aus Madagaskar und Ostafrika ausschließlich für die Zuckerrohrernte nach Réunion. 1848 wurde die Sklaverei zwar offiziell abgeschafft, doch in einer Art Leibeigenschaft bestand sie fort bis in unser Jahrhundert hinein. Man muß an dieser Stelle einen Blick auf die Geschichte der Insel werfen: Am erstaunlichsten ist es, daß Réunion — wie übrigens auch Madagaskar — nicht vom relativ nahen Afrika aus besiedelt wurde, sondern von Osten her. 1502 erscheint die Insel zum ersten Mal auf einer Seekarte. Portugiesische, spanische und französische Seefahrer besuchten die Insel. Es gibt abenteuerliche Geschichten von Seeräubern, Sträflingen, Meuterern, die auf der Insel ausgesetzt wurden. Erst 1646 wurde sie unter dem Namen »Bourbon« offiziell von den Franzosen in Besitz genommen. Nach glaubwürdigen Berichten war die Insel damals noch weitgehend menschenleer. Kurz darauf allerdings, als die Franzosen begonnen hatten, das Land zu kultivieren, und sich immer wieder gegen britische Eroberungsversuche verteidigen mußten (um 1810 wurde die Insel tatsächlich für einige Jahre britisch), setzte der Einwandererstrom ein. Es kamen Malaien, Inder, Chinesen, Tamilen, Araber, Franzosen natürlich, alle blieben; die Afrikaner kamen, gezwungen, als Sklaven. Multikulturell, um ein aktuelles Schlagwort zu benutzen, war die Insel von Anfang an, multikulturell ist sie bis heute geblieben. Die heutige Gesellschaft von Réunion ist, von Weiß bis Schwarz, ein einzigartiger Spiegel der Einwanderungsgeschichte. Insgesamt leben 600000 Menschen auf der Insel. Der Hochmut der weißen Rasse gegenüber den anderen kann nur darin seinen Grund haben, daß die Weißen irgendwann begriffen, wie sehr sie unter all den aparten Mischungen verblassen.

Réunion ist kein Paradies. Manchmal glaubt man es vielleicht. Wenn man über die schwindelerregend hohe

Straße hinauf nach Cilaos fährt oder wenn man hoch über der Schlucht des Piton Maido (2200 Meter) steht und unter sich aus tausend Geranienöfchen den Rauch aufsteigen sieht — aus Geranien wird die Essenz Geranium gewonnen, die für die französische Parfumherstellung der vermutlich wichtigste Basisstoff ist —, aber nein, Réunion ist kein Paradies. Die Bauern haben Absatzsorgen. Bis hierher wirkt sich die EG-Agrarwirtschaft aus. Irgendwo ist Réunion auch eine Art Luxus, den die Franzosen, das heißt, wir Europäer überhaupt uns leisten. Die Arbeitslosigkeit auf der Insel beträgt dreißig Prozent und mehr. Die Preise sind fast so hoch wie an der Côte d'Azur. Die Armut zeigt sich nur deshalb nicht gar so beißend hier, weil es keine großen Städte gibt, also auch keine großstädtischen Slums: Alles bleibt ländlich, die fruchtbare Insel fängt auch ihre armen Bewohner auf. Alles in allem ist Réunion ein großes Dorf, jeder kennt jeden, Joseph zum Beispiel, unser Führer, kannte wahrlich jeden, dem wir begegneten, und konnte auch über jeden eine Geschichte erzählen. Es gibt vierundzwanzig Gemeinden, achtzehn davon sind nach einem Heiligen benannt. Die Insel ist sehr fromm und betet in allen Religionen der Welt.

Die Bergausflüge auf der Insel muß man am frühen Morgen beginnen, denn schon gegen zehn, elf Uhr ziehen Wolken auf. In den schwül-feuchten Gegenden der Insel beginnt es zu regnen. Oben auf den Bergen kann der Wind unangenehm werden. Während des Inselwinters, im Juli/August, können einige der Bergstraßen sogar vereist sein. Für unseren Helikopter-Ausflug waren wir denn auch schon um fünf Uhr früh aufgestanden, saßen pünktlich und brav nach deutscher Art vor der Hütte auf dem Abflugplatz und warteten und warteten und warteten. Wichtige Gäste, so hieß es, des Bürgermeisters von St. Joseph hatten erst verschlafen und sich dann verfahren, kurzum, der Abflug konnte erst zwei Stunden später als geplant stattfinden. Ärgerlicher noch als das Warten waren die penetranten Schweißausbrüche der drei »wichtigen Gäste« in dem engen Hubschrauber, so daß es einer gewissen Tapferkeit bedurfte, freundlich zu bleiben und starr nach vorne zu schauen. Abgesehen von solch irdischen Mißlichkeiten ist der Helikopterflug über die Insel ein Abenteuer, das dem Passagier zuweilen den Atem verschlägt. Dieser Tausendsassa von Pilot, der schon alle wichtigen Hubschrauberstrecken in der Welt beflogen hat — wenn er nicht so jung gewesen wäre, hätte ich ihm auch Vietnam-, beziehungsweise Indochina-Erfahrungen zugetraut —, wußte genau, wie Passagiere reagieren, und trieb seine Spielchen mit ihnen.

Man steigt auf, das ist einfach wie im Aufzug. Man rast über die Baumwipfel, die zum Greifen nah erscheinen, man denkt, er könnte ruhig etwas höher ziehen, bis sich plötzlich eine Schlucht von zwei-, dreitausend Meter Tiefe eröffnet, und man schwebt darüber weg. Man schluckt und atmet schwer. Es ist phantastisch. Was soll man tun? Es ist großartig. Man könnte niederknien und Gott danken. Gottseidank ist es dafür zu eng im Hubschrauber. Aber, um es vorsichtig zu sagen, ich könnte mir vorstellen, daß einer mit den Tränen kämpft. So schön ist die Welt, so weit, so groß, so wunderbar. — Seine eigentlichen Kunststücke führte der Pilot uns erst später vor. Wir flogen in eine Felsspalte. Auf der einen Seite donnerten Wassermassen in Kaskaden ins Tal. Auf der anderen Seite glaubten wir Passagiere, uns gegen die Helikopterwand stemmen zum müssen, um nicht gegen die Felsen zu fliegen. Nicht genug, es fehlte noch ein Element, ein kitschiges und doch so wahres, daß man sich scheut, es zu erzählen: Plötzlich entdeckten wir hoch über uns im gleißenden Sonnenlicht einen zweiten Hubschrauber. Schraubten wir uns am Ausgang der Felsspalte hoch, schraubte sich der zweite Helikopter an der anderen Seite hinunter. Es kam uns vor, als tanzten die beiden plumpen Maschinen graziös einen Pas-de-deux. Das Beste aber hatte unser Pilot immer noch zurückgehalten; das war natürlich der Flug über den Krater des Vulkans Piton de la Fournaise (2631 Meter).

Wenige Tage später standen wir selbst am Kraterrand; einer traute sich auch die beschwerliche Wanderung durch den Krater zu, die Gesamtsicht von oben aber ist kaum zu übertreffen. Das Farbenspiel vom Feuerrot des Eisens bis zum stumpfen Schwarz der Lava mit allen Schattierungen dazwischen, von kristallenem Grün bis zu speckig glänzendem Blau, der Wolkendunst über dem Krater mit all seinen Neben- und Unterkratern, der Fluß der Lava bis hinunter zum Meer, und wie der Lavastrom sich teilte und bei verschiedenen Ausbrüchen die Ortschaften St. Joseph und Tremblet einschloß. Auf Sizilien um den Aetna herum kann man Ähnliches sehen. In manchem erinnert die Vulkanlandschaft von Réunion auch an Lanzarote. Als wir vom Hubschrauber aus am Kraterrand eine Dame in einem grünen Kleid entdeckten, erinnerte ich mich daran, mit welch genialer Treffsicherheit Caesar Manrique auf Lanzarote herausgefunden hat, daß ein azurnes Grün-Blau die gültige Komplimentärfarbe zum Schwarz der Lava ist. Réunion unterscheidet sich von Sizilien und Lanzarote durch die tropische Überwucherung.

Auf dem Plaine des Palmistes, neben den Hochtälern von Cilaos und Salazié das wichtigste Bauernland der Insel — viele Ortschaften sind nur auf zwei-, dreistündigen Fußwegen zu erreichen — haben wir Monsieur und Madame Rivière besucht, die uns in die Geheimnisse des Safran-Anbaus und Herstellung einweihten. Es ist ein falscher Safran, der hier Safran genannt wird. Nicht das überteuerte Gewürz, das man in Südeuropa, im Orient und in Ostasien aus einer bestimmten Krokusart gewinnt. Hier handelt es sich vielmehr um das auch gelb färbende Gewürz, das in Indien und auch bei uns unter dem Namen Kurkuma bekannt ist und das im Plaine des Palmistes wie Tabak gezogen wird.

Auf der Uferstraße fuhren wir am Denkmal der Vierge au Parasol vorbei, eine Muttergottes mit Regenschirm; eine kreolische Wunderlegende verbirgt sich dahinter. In einer der vielen einfachen Kirchen, in denen überall noch die Weihnachtskrippe aufgebaut war, erschreckte mich das Jesuskind, eine Säuglingspuppe, so dick und rund und rosig und größer als alle Figuren ringsum, daß es den Stall von Bethlehem fast sprengte. Eine Ortschaft Bétléem gibt es übrigens auch auf Réunion. Und prompt gibt es auch eine Notre-Dame-des-Laves, eine Kirche, die, wie ihr Pendant auf Sizilien, auf wundersame Weise von der Lava verschont wurde.

St. Gilles-les-Bains, das zu der Gemeinde St. Paul gehört, ist heute das touristische Zentrum. Hier und nur hier, abgesehen von kleinen Buchten, gibt es Sandstrand, hier gleich zwölf Kilometer an einem Stück. Die Touristiker von Réunion weisen den Fremden immer wieder darauf hin, wie rücksichtsvoll und umweltbewußt ihre Bebauung sei. Man darf nur drei Stockwerke hoch bauen; fast alle Hotels liegen unter Palmen und in Bananenplantagen versteckt. Ein fataler Irrtum. In Wirklichkeit äußert sich in der Bebauung die Umweltideologie von vor zehn, zwanzig Jahren, als man noch glaubte, der Zersiedelung durch Verstecken entgehen zu können. Ich bin zwar nicht durch den Krater gewandert, dafür aber nach alter Gewohnheit die zwölf Strandkilometer herauf und hinunter gepilgert. Da steht ein Hotelareal, dann noch ein Hotel, dann ein Campingplatz, dann wieder ein Hotel und so weiter. Da ist kein Meter Strand von den zwölf Kilometern, der durch den Hintergrund nicht »besetzt« wäre. Wegen der kleinbürgerlichen Angst vor Hochhäusern hat man exakt das erreicht, was man vermeiden wollte: die Zersiedelung. Um ein Stück freien Strand zu finden, muß man erst mit dem Bus fahren, weit über die Strecke des Sandstrandes hinaus. Um dem Busfahrer anzuzeigen, daß man aussteigen möchte, muß man übrigens einmal in die Hände klatschen. Da draußen treiben die Surfer ihr wildes Spiel mit den hohen Wellen. Sie sind immer da, schon früh, wenn die Sonne aufgeht, auch in der prallen Mittagssonne, selbst wenn es regnet. Ich glaube fast, sie surfen auch nachts noch. Ob es Haie gibt? Die Einheimischen lachen über die Frage. Das schließt nicht aus, daß es doch welche gibt. Auch die Sizilianer lachen, wenn man sie nach der Mafia fragt.

Der Folklore-Abend im Strandhotel fiel nicht zur vollen Zufriedenheit von Joseph aus. Er hätte am liebsten die Bühne erstürmt und alles richtiggestellt, was die weiße Dame, eine Sängerin, seiner Ansicht nach Falsches über die Insel und ihre Bewohner erzählt hatte. Sie habe die Inselbewohner für die Augen der meist französischen Touristen wie hinterwäldlerische Deppen dargestellt, lammfromm, mit Familien mit zehn bis fünfzehn Kindern, lieb und nett und katholisch. Außerdem hätte die Folklore-Gruppe die einheimischen Lieder viel zu wehmütig vorgetragen. Nun ja, der gute Joseph hatte recht und unrecht zugleich; sein Zorn war vorwiegend eine Frage des Images und zeigte an, wo der eigentliche Konflikt auf Réunion liegt: Man fühlt sich vom Mutterland Frankreich etwas abschätzig behandelt. Frankreich heißt *»La Métropole«*, was man zwar auch als Mutterland übersetzen kann, worin aber auch die Bewunderung und Verehrung deutlich wird. Besonders schmerzlich ist es, wenn die Liebe nicht gebührend erwidert wird. Das SMIG beispielsweise (Salaire Minimum Garanti), das Mindesteinkommen also, beträgt auf Réunion zur Zeit 3800 Franc, in Frankreich dagegen, wo die Preise nicht höher sind, 4800 Franc, so Joseph. Die Beamten, deren Gehälter sowieso schon recht hoch sind, bekommen gegenüber ihrem Métropole-Gehalt auf Réunion einen Zuschlag von fünfunddreißig Prozent, dazu auch noch jährlich einen Gratisflug nach Métropole, so Joseph. Ärger, man ärgert sich, Reunion ist nicht das Paradies.

Für uns wurde es Zeit zum Abschied. Nachts gingen wir noch einmal durch St. Denis, entdeckten diese unvorstellbaren Prozessionen von Kakerlaken auf den Straßen — Kakerlaken, Kakerlaken in einer Ansammlung und tropischen Größe, nicht einmal in den Wäldern von Südthailand habe ich ähnliche Prachtexemplare gesehen; dort fängt und ißt man sie, geröstet, Delikatessen. Auf Réunion geht man über die Straßen und kann dem Zertreten von Kakerlaken nicht entgehen.

Joseph und seine Entourage brachten uns am nächsten Tag zum Flughafen. Joseph hatte an alles gedacht, die Flugplätze waren bestätigt, mit dem Gepäck, all die Steine und Wurzeln und Pflanzen und Gewürze und Essenzen, alles funktionierte. Es war nun alles gesagt, wir winkten noch einmal von der Paßkontrolle und mußten dann wieder warten, warten, Stunde um Stunde. Ich weiß es nicht genau, aber vielleicht war Réunion doch das Paradies. Die Leute von Réunion wissen es nur nicht.

ÜBER DEN WOLKEN

Beim ersten Flug, es muß Mitte der fünfziger Jahre gewesen sein, mit einer viermotorigen Super Constellation von Düsseldorf nach Rom, war das Fliegen so aufregend, daß jede ablenkende Unterhaltung mir wie Blasphemie erschienen wäre. Die dichte Wolkendecke, aus der die Alpenspitzen ragten. Die Schiffsspuren im Meer. Das Dröhnen der Motoren, deren regelmäßiger Lauf beruhigende Wirkung hatte. Bei der Landung glühten die Motoren rot wie Eisen im Schmiedefeuer. Nein, einen Film oder Musik aus Kopfhörern hätte ich damals nicht gebraucht. Sehr viel später, es war der erste Flug eines Jumbo-Jets von Frankfurt nach Bangkok, entdeckte ich die Kopfhörer. Was war das für ein Fest. Die Landung mit Beethovens Neunter oder der Start mit Reinhard Meys *Über den Wolken* — nur mußte man die Stewardessen bestechen oder ablenken, daß sie die Kopfhörer nicht zu spät ausgaben und nicht zu früh einsammelten. Wenn sich das Flugzeug in dieser Frühzeit des Flug-Entertainments in ein Kino verwandelte, war die Atmosphäre, ungeachtet der kleinen Leinwand, stärker als in einem veritablen Filmtheater: Man empfand sich als eine Art Schicksalsgemeinschaft im Filme-Ansehen. Auch die plattesten Filme, die man dort sah, blieben merkwürdigerweise in Erinnerung; begegnete man dem Film später noch einmal, im Fernsehen oder im Kino, dachte man: Das habe ich doch damals über dem Atlantik gesehen oder über dem Hindukusch. Immer saßen im Flugzeug auch Passagiere, die das Filmegucken sabotierten, indem sie von Zeit zu Zeit die Verdunkelung vor dem Fenster hochschoben, um einen Blick hinauszuwerfen und um sich zu vergewissern, daß die Erde unten lag, der Himmel oben war und das Flugzeug dazwischen flog. Ich erinnere mich an plötzlich auftretende Turbulenzen während eines sonst wahnsinnig stillen Fluges nach Amerika, als der Film gerade am spannendsten war. Der Film interessierte jetzt niemanden mehr. Sofort wurden alle Vorhänge hochgeschoben, obwohl draußen nichts zu sehen war. Alle empfanden wohl plötzlich das Leichtfertige, Übermütige, Hoffärtige eines solchen Zeitvertreibs: Der Mensch versuche die Götter nicht. Weniger pathetisch sagt es der berühmte Mainzelmännchen-Film, in dem einer die Sonne anstößt, worauf von oben eine mahnende Stimme erklingt: »Na, na, na!«

Mit dem Jumbo-Jet begann jedenfalls die große Zeit der Flug-Show. Unvergeßlich ist mir der Service einer amerikanischen Fluggesellschaft für die gestreßten und mit Verantwortung beladenen Passagiere der ersten Klasse: *»Piano in the air«*. Sie standen oben in der Bar des Jumbo-Jets, lässig an einen weißen Konzertflügel gelehnt, man spielte mit der Kirsche oder der Olive in seinem Cocktail wie Humphrey Bogart, staunte über die haarsträubenden Geschichten einer schönen Dame aus Texas, während der Pianist eine eigene Fassung von *Yesterday* intonierte. Das ist nun auch schon wieder Vergangenheit. Inzwischen geht es mehr um Raumausnutzung als Unterhaltung, mehr um »Flieg und Spar«. Immerhin kann man neuerdings bei einigen Fluggesellschaften vom Sitzplatz aus — mit Kreditkarte und über Satellit — jeden Telefonanschluß auf der Welt erreichen. Die Kopfhörer werden immer noch ausgegeben und eingesammelt — längst gratis übrigens, am Anfang mußte man dafür zahlen —, aber sie haben ihre Attraktivität verloren. Ein paar Kinder und Jugendliche hören noch gelangweilt zu, den meisten Passagieren sind die Kopfhörer eher lästig. Dem Filmprogramm an Bord ist es ebenso ergangen. Aus dem einen großen Film, der früher gezeigt wurde, ist ein fast während des ganzen Fluges laufendes Fernsehprogramm geworden — mit Werbung, mit kleinen Dokumentarfilmen, mit Anweisungen für das Verhalten der Passagiere im Flugzeug, bei Lufthansa sogar mit einem Sportprogramm: Wie man im Flugsitz fit bleibt. British Airways hält in der Filmberieselung wohl den Rekord. Aber alle diese »Bonbons«, die sich die Flugentertainer so liebevoll ausgedacht haben, finden kaum mehr Beachtung als das alltägliche Fernsehen: Man schaltet das Gerät ein und vergißt am Ende das Hinsehen. So gesehen hält sich die Unterhaltung im Flugzeug exakt an die Zeit. Ein Fest ist der Flug eben nicht mehr. Wieso sollte es dort anders sein als in der übrigen Welt? Nur eigensinnig naive Passagiere halten an ihrer Überzeugung fest, daß der Flug sie heraushebe aus der Welt. Nur so erklärt es sich wohl, daß die elektronische Anzeigetafel, wie es sie auf längeren Flügen zum Beispiel bei Air France gibt, auf der man ablesen kann, wie schnell man fliegt, wieviel Grad die Außentemperatur beträgt und wo das Flugzeug sich gerade befindet — auf einer Weltkarte kann man den Kurs des Flugzeugs verfolgen —, daß diese nüchternen Daten wichtiger geworden sind als Film und Musik. Die Daten sind ein blasser Abglanz des einstigen Festes.

WOHIN WILL ICH REISEN?

Wohin will ich reisen?

Nach Andorra zum Beispiel zieht mich überhaupt nichts. Noch nie hatte ich Lust, an das Asowsche Meer zu fahren. Aber die Andamanen haben mich schon immer gereizt. Natürlich handelt es sich dabei um irrationale Vorurteile. Wann hatten Träume, Wünsche, Sehnsüchte je etwas mit Vernunft zu tun. Die schönsten Reisen sind die unvernünftigen, denen man vielleicht später erst, mit Rücksicht auf das eigene rationale Bedürfnis, eine vernünftige Notwendigkeit unterlegt: dem rotglühenden Sonnenuntergang vor Tanger oder dem opalen Sonnenaufgang in der Steppe von Sambia. Gefährlich sind Vorurteile vermutlich dann, wenn sie als Ergebnis von Erfahrungen, Nachdenken oder Studium ausgegeben werden. Vorurteile sind eine Herausforderung der Ehrlichkeit. Was soll ich darum herumreden, ich will nicht in die menschenleeren Wälder von Kanada. Neuseeland interessiert mich nur am Rande. Auf eine Reise nach Australien kann ich verzichten. Nach dem geduldigen Ansehen von etwa fünfzig Ingmar-Bergman-Filmen will ich den skandinavischen Jammer nicht auch noch im Original erleben. Nach Holland bringen mich keine zehn Pferde; ich weiß, warum, aber ich will es nicht sagen. Und das Schottische Hochmoor, von dem vorwiegend deutsche Intellektuelle schwärmen, stell' ich mir kalt, naß, dunkel und unfreundlich vor. Sonst gefällt es mir überall.

Ich habe heulenden Sturm vor Cornwalls Küsten erlebt. Ich habe den smaragdenen Buddha von Shanghai gesehen. Ich habe stumm vor dem Mondstein auf Cap Canaveral gestanden. Siebenmal bin ich bei flirrender Hitze um den Sonnentempel von Konarak geschritten. In den kristallenen Wasserquellen von Band-i-Amir im Norden von Afghanistan habe ich meine staubigen Füße gekühlt, während ich daran dachte, genau um diese Zeit die Frankfurter Buchmesse oder den Five-o'clock-tea in *Reids* Hotel auf Madeira zu verpassen. So ist der Mensch. Meistens bin ich am liebsten da, wo ich bin.

Auf die Andamanen zieht es mich allerdings mächtig. Seit zwanzig Jahren etwa laufen meine Nachforschungen, ob es eine günstige Fährverbindung zwischen Madras und Port Blair gibt. Oder ob man vielleicht in Bangkok ein Boot chartern könnte? Ob ich auf dem Weg zu den Andamanen auch gleich die Nikobaren besuchen soll? — Früher wollte ich immer nach Sansibar, nach Samarkand und nach Yokohama. Da bin ich schon überall gewesen. Meistens verhält es sich so, daß man die Welt nach dem Besuch eines solchen Zieles, dessen Name allein Zauber und Seligkeit verspricht, nüchterner, jedoch auch weiser betrachtet: nur dem Liebenden offenbaren sich die Geheimnisse einer Stadt. Aber ungewiß bleibt stets, ob die Liebe den Anblick der Wirklichkeit erträgt. Darum fahre ich im kommenden Jahr vielleicht erst einmal nach Weimar.

NACHWORT

DIESER H.S.

H.S. ist schon lange Journalist. Auf Befragen erklärte er einmal, daß er nie etwas anderes habe werden wollen. Das ist nachweislich gelogen. Zuerst wollte er nämlich Dichter werden. Daß er zusammen mit einem Freund in Düsseldorf eine Literaturzeitschrift gegründet hat, *Stufen,* verschweigt er gern. Er hofft, daß die wenigen Exemplare der drei erschienenen Ausgaben der *Stufen,* die es noch geben muß, nie wieder auftauchen. Sonst fand sich kein Verlag, der seine Gedichte drucken wollte. Der Lektor eines bekannten Frankfurter Verlags schrieb ihm: »Später werden Sie auf diese Gedichte wie auf etwas Nichterlaubtes zurückblicken.« Darauf ist H.S. noch heute stolz. Nur seine Mutter sagte damals: »Junge, Junge, was soll nur aus dir werden?« Da klappte er wütend das Buch zu, das er gerade las, Gides *Falschmünzer,* und sagte: »Dann werde ich eben Journalist.«

Als er noch Volontär war, bei der überaus katholischen *Trierischen Landeszeitung,* sollte er bei seiner Vorstellung auf einem Seminar sagen, warum er Journalist sei oder werden wolle. H.S.: »Weil ich dann immer vorne dabei bin.« An den Satz hat er sich sein Leben lang gehalten. Obwohl er sich in Trier wohl fühlte, zog es ihn bald weiter. Nach einer trunkenen Nacht, in der er mit Freunden vor einem glühenden Kaminfeuer lag und immer wieder zwei Zeilen eines Gedichts modulierte, am Ende nur noch lallte, »Hütet das Feuer!/ Löschet das Licht!«, wanderte er in der Dämmerung des frühen Morgens zur Porta Nigra und quer durch die alte Stadt zur Römerbrücke, während ihm anständige Menschen auf ihrem Weg zur Arbeit begegneten. Da traf er für sich die Entscheidung: »Ich will nicht der Friedrich Luft von Trier werden. Ich muß weg.«

H.S., der einer biederen, erzkatholischen Kaffeefamilie entstammt, hat sich konsequent zum Teetrinker entwickelt. Er war auf Sri Lanka, in Assam, Darjeeling und in China. Über Tee erzählt er gern Geschichten. Zum Beispiel diese, wie der Wind den Tee erfunden hat: Der Wind wehte zufällig ein Blatt des Teestrauchs in den Topf mit heißem Wasser, das der Kaiser von China als Heiltrunk bevorzugte. Was immer man davon halten mag, H.S. kann jedenfalls keinen Kaffee kochen.

H.S. hält kaltes Leitungswasser für gesünder als Mineralwasser.

H.S. fällt allen Leuten ins Wort, weil er seine Geschichten vermutlich für die besseren hält. Er kann nicht zuhören. In den Königsgräbern von Luxor zum Beispiel eilte er, wie es in Museen seine Gewohnheit ist, der Gruppe stets hundert Meter voraus, verkündete aber später lautstark seine Erkenntnisse. Nachdem ihn ein Freund diskret darauf aufmerksam gemacht hatte, ebendieses habe auch der Guide erzählt, sagte H.S. ungerührt: »Siehst du, ich bin auch von selbst darauf gekommen.«

H.S. redet beim Fernsehen und behauptet, das sei eine alte Familientradition. In der Familie von H.S., in der nach seiner Auskunft immer schon viel geredet worden war, wurde das Fernsehen offensichtlich als weitere Anregung zum Reden verstanden.

H.S. ist nicht verheiratet.

H.S. kann im Flugzeug nicht schlafen. Mitreisenden Freunden fällt er auf die Nerven, weil er statt schlafen singen will, »Über den Wolken«.

H.S. bekommt kritische und gar böse Leserbriefe von Studienräten, weil er diesen oder jenen Namen wieder einmal falsch geschrieben hat. Mit der Orthographie nimmt er es nicht sehr genau. So hat er zum Entsetzen seiner Kollegen, aller Setzer und Korrektoren die Angewohnheit, stets ss statt ß zu schreiben. Er sagt: »Ich hatte einmal eine französische Schreibmaschine; auf der gab es kein ß.« In Wirklichkeit lag er schon als Schuljunge mit der Orthographie in Streit, und die ß-Regel hat er nie verstanden. So hat er das ß für sich einfach abgeschafft. Den Studienräten erscheint aber auch sein Ton zu leichtfertig. Lobende Leserbriefe bekommt er vor allem von alten Damen. »Ihre Geschichten«, schreibt eine, »lesen sich immer so, als wenn man dabeigewesen wäre.« H.S. stellt sich gern vor, daß »seine« Leserinnen einen Hut mit einem Netzschleierchen vor Augen tragen, Handschuhe, und daß sie nach Patschouli duften. Ein scharfzüngiger Kollege sagte: »Wenn ich die Abenteuergeschichten von H.S. aus aller Welt lese, denke ich immer, am schönsten ist es zu Hause.«

H.S. trägt am liebsten Jeans, kleingemusterte Socken, Seidenhemden von Yamamoto und einen weiten Pullover darüber. Davon besitzt er eine große Kollektion, mindestens vierzig Pullover, und auf fast jeder Reise kommt noch einer dazu. Früher kam er sich zu klein und zu dick vor. Nach seiner Hepatitis, die er von gottweißwoher mitgebracht hat, ist er abgemagert. Die deutlich sichtbaren Backenknochen gaben seinem Gesicht eine neue Form. Die Stirn wurde härter. Freunde und Verwandte, die ihn von früher kannten, blickten verstört und sagten, stotternd und wohlwollend: »Du siehst deinem Vater immer ähnlicher.« Er selbst sah in den Spiegel und sagte: »Ich habe einen Totenschädel. Es geht auf den Rest zu.«

H.S. hätte bei der *Frankfurter Allgemeinen Zeitung* gern H.S. als sein Zeichen etabliert. Das war aber schon vergeben. Da er »sch« oder »sche« nicht mochte, entschied er sich schließlich für »Sr.«, das chemische Zeichen für Strontium, ein silberweißes, weiches Metall, das bei 757 Grad Celsius schmilzt und bei 1366 Grad Celsius siedet. An der Luft oxydiert es und entzündet sich zuweilen von selbst. In Wasser wird es stürmisch unter Entwicklung von Wasserstoff in Strontiumhydroxid übergeführt. Das durch Spaltung von Urankernen entstehende Strontium-Isotop, »Sr 90«, wird für Bestrahlungen, als Isotopenindikator und für Kernbatterien verwendet. Es lagert sich wegen seiner Ähnlichkeit mit Kalzium leicht in den Knochen ab und schädigt dort, tödlich, die blutbildenden Zellen.

H.S. nimmt sich jedes Jahr zu Silvester vor, im kommenden Jahr nicht so viele und so weite Reisen zu machen. In Wirklichkeit hat er um diese Zeit schon das ganze Jahr verplant, so daß höchstens noch Zeit bleibt für zwei, drei »spontane« Reisen, die er meistens dann auch schon in der ersten Januarwoche festlegt. Was ihm mehr Sorgen als die Reisen macht, ist die Zeit zwischen den Reisen: Daß die Wäscherei die

Wäsche abholt; daß die Kosten für die vergangene Reise abgerechnet und der Antrag für die nächste Reise gestellt werden; daß die Putzfrau pünktlich kommt und ihr Geld erhält (weil es sich um eine Serbin ohne Arbeits- und Aufenthaltserlaubnis handelt, kann er sie nur bar bezahlen, sie nimmt weder Schecks noch Überweisungen und spricht obendrein kaum ein Wort Deutsch. Am Telefon meldet sie sich: »Scherer nix da, ich Putzfrau!«); daß der Briefkasten während seiner Reisen geleert wird und daß die drei nicht sonderlich attraktiven, ihm aber am Herzen liegenden Grünpflanzen ihr Wasser bekommen. Er würde es vermutlich nicht zugeben und in Gesprächen abstreiten, aber Reisen sind für ihn Versuchungen, die er nur überwinden kann, indem er ihnen nachgibt. Er hat kein Gefühl für Heimat, allenfalls für Seßhaftigkeit. »Ich reise nicht, um irgendwohin zu fahren; ich reise, um nach Hause zurückzukommen«, sagt er und glaubt daran; und mit dem ihm eigenen pedantischen Ernst bereitet er seine nächste Abreise für übermorgen vor. Er wohnt in Frankfurt am Main, in einer zweistöckigen Dachwohnung in Sachsenhausen, nicht weit vom Eisernen Steg, so daß er zu Fuß in zehn bis fünfzehn Minuten an der Hauptwache ist. Er wohnt draußen und doch drinnen. Das paßt zu ihm.

Am liebsten reist er in wilde Städte. Mit der Beschreibung schöner Landschaften quält er sich ab. Die Schiffsreisen, die unter Reisejournalisten im allgemeinen als langweilig gelten, hat H. S. erst vor einigen Jahren entdeckt. Es war in New York. Vor der Abfahrt eines veritablen Luxusschiffs für die Reise entlang der Ostküste Amerikas und über den St. Lorenz-Strom nach Montreal beobachtete er, wie ein alter, gehbehinderter Mann, ein New Yorker, im Rollstuhl an Bord gebracht wurde, umsorgt und bedient von vielen freundlichen Stewards. Später, als das

Schiff in der Dämmerung durch das festlich illuminterie Manhattan über den Hudson hinaus auf das offene Meer fuhr, saß der Mann, in warme Decken gehüllt, auf dem obersten Deck in seinem Rollstuhl und sah mit gierigen Augen, vielleicht zum letzten Mal, auf die Häuser seiner hochgebauten Stadt. H.S. dachte damals: »Wenn ich mir das im Alter leisten könnte.« Josef Müller-Marein hatte einst in einer Glosse für die *Zeit* festgestellt, Luxus bestehe darin, die Bar der *Queen Elizabeth 2* zu betreten und vom Barkeeper, ohne zu bestellen, einen zwölf Jahre alten schottischen Whisky zu bekommen, mit zwei Tropfen Malven-Water, so wie man es liebt. H.S. sah das nach seinen New Yorker Beobachtungen anders: »Wenn ich genug Geld hätte, für Freundlichkeit und Umsorge zu bezahlen. Wäre das nicht wirklich Luxus? Was ist mehr Luxus als ein bißchen Menschenfreundlichkeit.« Seitdem fährt H.S. gern auf großen Schiffen und genießt die Bedienung.

H.S. kann keinen Urlaub machen. Zwar erinnert er sich, daß er es sich schon oft vorgenommen hatte: »Jetzt fahre ich in die Schweiz oder nach Paris, suche mir ein schönes Hotel und mache Urlaub«. Aber schon zwei Tage später, in der Schweiz oder in Paris, überlegte er: »Reicht es für eine Reportage oder mache ich eine Glosse daraus?« Am liebsten bleibt H.S. im Urlaub zu Hause — und schreibt darüber.

H.S. ist ein manischer Bücherleser. Nach dem Gewicht besteht sein immer schweres Reisegepäck mindestens zur Hälfte aus Büchern. Nur die Bücher, die Verlage gern als »Reisebücher« bezeichnen, die liest er nie. Er blättert sie durch und schreibt über sie. F.R., der ebenso manisch Reisebücher herausgibt, wie H.S. andere Bücher liest, wirft ihm seit etwa zehn Jahren vor, H.S. habe in einem von ihm herausgegebenen Korsika-Führer die Erwähnung der Insel-Eisenbahn angemahnt, ohne zu merken, daß der Eisenbahn zwei Seiten gewidmet waren; lediglich im Register habe man sie vergessen. H.S. erklärte zu dem Fall: »Reisebücher, in denen man sich nicht auf das Register verlassen kann, sind von Grund auf schlecht.«

H.S. will Romane schreiben. Er will auf die Andamanen reisen, des Namens wegen. Er will in Frankfurt und Paris zugleich leben. Am liebsten wohnt er im Hotel *Welcome* in Villefranche bei Nizza. Seine abenteuerlichsten Reisen führten ihn nach Afghanistan und Äthiopien. Wenn er an Äthiopien denkt, spürt sogar er ein schlechtes Gewissen. Es war ein Erlebnis am Rande. Auf einer der stillen Klosterinseln im Tana-See wollte ihm ein besonders hübscher Junge, ein Klosterschüler vermutlich, allerlei Kreuze, Figuren, Ikonen verkaufen. H.S. wollte nichts davon haben. Nur das verrostete kleine Kreuz aus Eisen, das der Junge an einer Kordel auf seiner nackten Brust trug, interessierte ihn. »Das will ich haben«, sagte er zu dem Jungen. Der Junge schüttelte den Kopf: Er könne alles haben, das aber nicht. H.S., geübt auf Märkten und Bazaren in aller Welt, vertraut mit allen Tricks und Verkaufstechniken der Händler, ging ungerührt weiter. Der Junge versuchte sein Glück bei den Reisegefährten. Keiner kaufte etwas. Ein paar Minuten, bevor das Boot von der Insel ablegte, sprang der Junge auf H.S. zu, nahm die Kordel mit seinem Kreuz ab, *»how much?«* fragte er. H.S. gab ihm einen guten Preis. Als das Boot ablegte, hatte H.S. Kordel und Kreuz in seiner Faust. Der Junge stand oben auf dem Hügel und sah dem Boot nach. Heute hängt das Kreuz, genagelt, an dem Sekretär, an dem H.S. zu Hause schreibt. »Ich hätte es ihm lassen müssen«, denkt H.S. »Ich hätte es nicht annehmen dürfen. Aber der Junge war so hübsch, und das Geschäft war so einfach. Vielleicht müßte ich noch einmal nach Äthiopien auf die Klosterinseln im Tana-See.«

ÜBER DEN AUTOR

Hans Scherer wurde 1938 in Trier an der Mosel geboren. Er gehört seit 1973 der Redaktion der *Frankfurter Allgemeinen Zeitung* an. Vorher hat er als Redakteur in Trier, Düsseldorf, Duisburg und Nürnberg gearbeitet. 1986 war er eine Zeitlang als Kulturkorrespondent der Zeitung in Paris tätig; im übrigen ist er vor allem für das Reiseblatt zuständig. Veröffentlicht hat er bisher folgende Bücher: *Feuilletons eines Globetrotters,* Frankfurt am Main 1986; *Schiffe,* Badenweiler 1988; *Trier, Versuch, über seine Stadt zu sprechen,* Heidelberg 1988; *Lauter Zwischenstationen,* Frankfurt am Main 1989; *Tanzen zwischen den Krisen,* Frankfurt am Main 1991; *Côte d'Azur,* Nürnberg 1995.

STOPOVER. EIN JAHR AUF REISEN von Hans Scherer ist im Juni 1995 als einhundertsechsundzwanzigster Band der ANDEREN BIBLIOTHEK im Eichborn Verlag, Frankfurt am Main, erschienen.

Bis auf einige Tagebuchnotizen sowie Vorwort und Nachwort sind alle Geschichten des Bandes in der *Frankfurter Allgemeinen Zeitung* erschienen. Die Kapitel VI »Auf Capri im Winter«, XVI »Haute Couture« und XVII »Der Drachenflug« sind dem Band *Tanzen zwischen den Krisen* entnommen und werden hier mit freundlicher Genehmigung des Societäts-Verlags, Frankfurt am Main, veröffentlicht.

Der Einband zeigt ein Bild des amerikanischen Malers Alfred Jensen, *Another World.* © by The Pace Gallery, New York.

Das Lektorat lag in den Händen von Roswitha Gerlach.

Dieses Buch wurde in der Buchdruckerei Greno in Nördlingen aus der Korpus Garamond Monotype gesetzt und auf einer Condor-Schnellpresse gedruckt. Das holz- und säurefreie mattgeglättete 100 g/qm Bücherpapier stammt aus der Papierfabrik Niefern. Den Einband besorgte die Buchbinderei G. Lachenmaier in Reutlingen.

1. bis 7. Tausend, Juni 1995. Einmalige, limitierte Ausgabe im Buchdruck vom Bleisatz.

ISBN 3-8218-4126-5. Printed in Germany.

Von jedem Band der ANDEREN BIBLIOTHEK gibt es eine Vorzugsausgabe mit den Nummern 1–999.